成就与经验

中国改革开放40年论文集

下册

靳诺　刘伟　主编

中国人民大学出版社
·北京·

目 录

下册

高考改革 40 年：意义建构与制度变迁*

周光礼** 姜尚峰***

【摘 要】2017 年是恢复全国统一高校招生考试制度 40 周年。40 年来，高考改革取得了巨大成就和宝贵经验。如何解释高考改革 40 年的政策变迁，对进一步完善高考制度具有重要意义。本文从文化模式变革的角度解释高考政策的变迁，将其分为三个阶段：第一个阶段（1977—1991 年）的文化模式是公平竞争和贤能治国，高考政策定位为精英筛选机制；第二个阶段（1992—2011 年）的文化模式是崇尚自由和追求卓越，高考政策变迁表现为国家本位的政策范式向市场本位的政策范式转变；第三个阶段（2012 年至今）的文化模式是提高质量和实现公平，高考政策变迁表现为向国家本位政策范式回归。可见，我国高考政策的变迁始终以公平和质量为两条价值主线。

【关键词】高考改革；政策变迁；文化模式；意义建构

教育改革是指对教育体系存在的危机和矛盾做出反应，一般涉及对教育体系的结构进行调整，表现为不停地修改规则。高考招生作为社会与大学的界面，集中体现了教育系统存在的危机和矛盾。如何使教育更好地满足个体需求和社会需要，是高考改革的出发点。纵观 40 年高考改革历程，围绕质量与公平这对主题，我国相继出台多项政策。实际上，在

---

* 本文完成于 2017 年 8 月 3 日，原文刊发于《复旦教育论坛》2017 年第 6 期。

** 周光礼，中国人民大学教育学院副院长、教授。

*** 姜尚峰，中国人民大学教育学院博士研究生。

每一项政策制定、颁布与实施的过程中，都有相应的价值观念作为指导，而价值观念的变化又推动着政策变迁。本文遵循寻找社会现象背后的制度根源，寻找制度背后的价值根源的研究思路，拟对我国高考政策变迁 40 年历程进行系统梳理。

一、思想观念与制度变迁：一种文化视角

利益分析是研究政策变迁的传统方法。任何政策说到底都是关于利益的分配和再分配。所谓公共政策其实反映的是决策者或者利益集团的利益。根据利益分析法，决策者或者利益集团的更迭是政策变迁的主要推动力量。然而，这种方法无法解释利益集团组成稳定但政策还是发生了变迁的情况。为此，本文引入价值分析法，重视文化因素的作用，尝试回答文化因素如何影响政策变迁？我们的基本假设是文化观念发生改变，政策也可能变迁。这里所讲的文化不是指一个社会的全部生活方式，而是从纯主观的角度界定文化的含义，即一个社会中的价值观、态度、信念、取向以及人们普遍持有的见解，类似于“文化认知系统”。

根据制度学派的观点，思想观念与制度是互为表里的，价值观与制度具有同构性。意义建构和价值观念在制度创建和变迁中处于中心地位。马克斯·韦伯认为，文化价值与社会中的正式结构之间有着直接关联。从文化模式的角度看，制度本身就是一种意义系统。在制度内，行动者的行为依赖意义的注入和符号的运用。思想观念的改变是制度变迁的根本原因。对制度变迁的解释，制度理论的第一个核心论题是，文化环境为建构具体政策设计了蓝图，同时也是具体政策的基础部分。这个论题强调文化环境的作用，遵循同构性逻辑（环境机制），即制度将要并必须适应文化环境变迁方式，外在文化模式推动着制度变迁。当然，行动者也力图塑造他们的环境来满足自己的需要，而不是被动地对这些环境做出反应。制度理论的第二个核心论题是，强调行动者认知方式的作用（认知机制），特别关注当制度内成员做决策时，是如何在其结构和“框架”指引下认识和理解外部形势的。行动者认知方式的改变可能导致制度的变迁。制度理论的第三个论题是，强调制度的历史性和累积性（积淀机制）。制度变迁具有历史的延续性，制度化是一种历史过程。当前的政策是建立在过去基础之上的。在一个当前政策下面埋藏着历史遗留下来的不同层次的价值和理解力。

本文将高考改革视为一个政策“场域”，从价值观演变的角度考察高考制度变迁。这里的政策“场域”是指一群行动者与一个具体政策领域中的一些规则相互作用的行动舞

台。制度理论认为，政策“场域”是结构化的。具体地说，由共享各种不同价值观的行动者组成不同联盟，不同联盟之间因所处地位不同形成一个“场域”。“场域”内部存在的斗争与妥协是政策变迁的动力结构。就高考改革来说，一直存在两种不同的价值联盟，一种是坚守公平（正义）的外部行动者，另一种是强调卓越（质量）的内部行动者。前者是公平联盟，后者是卓越联盟。公平联盟强调国家利益高于个体利益，满足国家需求是高考改革的出发点，重视秩序、平等、守正、传承、本土实践等等。卓越联盟强调个体利益高于国家利益，人是万物的尺度，满足个体的内在需要是高考改革的出发点，重视自由、质量、效率、改革、西方经验等等。如果说前者体现的是一种自上而下的结构化过程，那么后者体现的就是一种自下而上的结构化过程。根据价值观的演变，我们将恢复高考后的40年分为三个阶段：1977—1991年、1992—2011年、2012年至今。为了识别每个阶段的主流价值观念，我们对不同时期学术论文的主题进行可视化处理。我们认为，在高考改革历程中，学术界对每一阶段的高考政策都进行了观点的交锋，各种价值偏好都得到了一定展示。本文选取中国知网（CNKI）的CSSCI期刊数据库，以“高考”为主题，共检索到1 519篇期刊论文。其中，第一阶段（1979—1991年）有83篇论文[①]；第二阶段（1992—2011年）有819篇论文；第三阶段（2012年至今）有617篇论文。我们利用Citespace 5.0 R2对每一阶段的主题进行可视化分析。

二、精英筛选机制：1977—1991年的高考政策

（一）全国统一高考制度的恢复和改革

高考政策是一系列的政策与规章制度，包括考试内容、考试时间、考试科目、考试次数、报考资格、招生录取方式方法、组织评价与监督等多个方面。虽然本文讨论的中心是1977年之后的高考改革，但回顾中华人民共和国成立后17年的高考制度依然是有必要的，因为这是我国高考政策变迁的初始禀赋。这为我们拓展1977年之后的高考改革研究提供了必要情景。

中华人民共和国成立之初，为了实现平稳过渡，各高校延续单独招生制度。1952年，基于国家利益考虑，教育部发布政策，规定从即年起，全国高校原则上一律参加全国统一招生考试，并在中央成立全国高等学校招生委员会，统一组织和领导全国招生工作。1954

---

① 由于中国知网（CNKI）收录期刊论文起始时间为1979年，故第一阶段文献检索是从1979年至1991年。

年，实行文理分科制度。1958 年，为调动地方积极性，开始向地方适度分权。为了实现实质平等，国家逐步实行“优先录取”政策，向工农群众和一线工人倾斜。作为我国高考制度的初创时期，中华人民共和国成立后 17 年建成全国统一高考制度。“文革”十年，全国统一高考制度被废除，取而代之的是工农兵推荐上学制度，教育公平异化为“反向歧视”和不公平，教育质量急剧下降。

1977 年，邓小平主持召开全国科学和教育工作座谈会，提出从当年开始，高等院校要恢复从高中毕业生中直接招考学生。同年 10 月，国务院批转了教育部《关于一九七七年高等学校招生工作的意见》，确定了“自愿报名，统一考试，地市初选，学校录取，省、市、自治区批准”的招生办法。这个《意见》标志着高校招生考试制度的恢复。应该说，1977 年恢复高考的决定让广大知识青年看到了希望，重拾对未来的信心，对重建动乱之后的社会秩序具有重要意义。

1. 招生改革

从 20 世纪 80 年代中期开始，为适应改革开放的新形势，高考招生制度开始进行一些改革。在招生方面，开始实行委托培养和定向招生政策，以弥补部分地区和行业人才缺乏的情况。1985 年的《中共中央关于教育体制改革的决定》提出要改变高等学校全部按国家计划统一招生、毕业生全部由国家包下来分配的办法，实行国家计划招生、用人单位委托招生、国家计划外招生（自费生）三种办法，这标志着高校招生制度“双轨制”的形成。除招收自费生外，1985 年，国家教育委员会发布了《关于做好普通高等学校试招中学保送生工作的通知》，规定在全国统考选拔新生的同时招收少量中学保送生。1988 年，国家教委印发了《普通高等学校招收保送生的暂行规定》，对保送生的条件、学校及比例、权利及职责、工作程序等做了明确规定，规定普通高校招收的保送生人数不应超过当年计划总数的 3%，师范院校可达 10%。

2. 考试改革

考试改革主要包括考试科目和考试形式的变革。1977 年恢复高考时的考试科目有文理之分：文科考试科目为政治、语文、数学、史地；理科考试科目为政治、语文、数学、理化。1978 年开始增加外语考试，但当年除报考外语院校和外语专业之外，其余不计入总分只作参考。从 1979 年开始外语成绩按比例计入总分。1983 年开始外语成绩 100%计入总分。从 1981 年开始生物考试纳入理工农医类。由于高考竞争日趋激烈，多数中学实行文理分类教学，从而造成学生在高中阶段的知识结构不完整。在总结浙江和上海两地的经验之后，国家教育委员会于 1989 年印发了《关于试行普通高中毕业会考制度的意见》

和《关于改革普通高等学校招生考试及录取新生办法的意见》，提出在会考的基础上设置高考科目，旨在将水平考试和选拔考试分开。

3. 录取改革

录取制度改革从1983年开始。以前的录取方法主要是分段择优录取，从1983年开始逐步实施“根据志愿，按比例投档”的方式。为落实扩大高校自主权的决定，1986年，国家教委在《关于普通高等学校录取新生体制与方法的实施细则》中明确规定“学校负责、招办监督”的录取体制，并于1987年以规章的形式确定下来，即颁布了《普通高等学校招生暂行条例》。

（二）文化模式与政策变迁

为了分析这个阶段高考政策的变迁，有必要仔细检视政策子系统的外在文化模式。恢复高考之所以能够很快重建人们的信心，一个重要的原因在于它唤醒了一种古老的价值观念：公平竞争、贤能治国。这种价值观念在延续一千多年的科举制中曾得到不断强化。科举制虽然早已被废除，但其核心价值观依然为人们所认同，并在新的历史条件下实现融合、转化，甚至异样再生，给社会成员以心灵或思想上的统摄影响[①]。从文化模式的角度看，1977—1991年的高考政策属于国家本位的政策范式。政策的出发点是维护国家利益和重建社会秩序，集权管理是其突出特点。此时的高考政策只是一种社会精英的筛选机制。实际上，从1977年到1991年，我国高等教育的毛入学率不到5%，是一种典型的精英教育模式。根据精英高等教育理念，高等教育只是少数人的特权。高等教育的本质是高深学问，绝大多数人不具备接受高水平的理智训练的能力。因此，社会要做的是建立一种筛选性的考试制度，通过公平竞争让少数有才华的学生脱颖而出。值得指出的是，在精英高等教育阶段，全国统一招生考试制度与国家统包统分毕业生工作制度是一体的。考生高考成功意味着获得国家干部身份，这与科举取士异曲同工。高考的精英筛选定位对中学教育影响很大。中学教育类似于科举时代的学校，其办学目标是“储才以应科目”。中学办学是“养士”，高考是“取士”，“学而优则仕”，高考成了中学教育强有力的“指挥棒”，对中学教育的目的、内容、方式方法等起着全方位的指挥和控制作用。这一阶段的高考改革基本上都是围绕如何弱化精英筛选机制的弊端进行的。

这一阶段的高考政策变迁呈现出两个特点：第一，通过公平竞争选拔社会精英。强调

① 高桂娟．科举制度的文化意义探论．武汉理工大学学报（社会科学版），2007（2）．

高考改革中的国家行为，以政治经济的改革为驱动，不计家庭出身，根据国家需要选拔优秀人才，旨在更好地服务于改革开放后的政治经济社会发展，维护社会秩序。第二，强调高考改革与中学教育的关系。为弱化高考对中学教学的“指挥棒”作用，减少应试教育的负面影响，进行了科目设置、高中会考制度和录取制度的改革。这段时间的学术文献，可以为此提供有力佐证。我们通过 1979—1991 年学术文献共现关键词的提取，发现在这个阶段“高考改革”“中学教学”等关键词的共现频次最高，表 1 是在这一阶段共现频次在 5 次以上的关键词列表。笔者通过归类处理表 1 中语义相近的关键词，得到表 2 中的两个主题。

表 1　1979—1991 年学术文献关键词及共现频次

序号	关键词	共现频次	序号	关键词	共现频次
1	中学教学	23	12	中学教育	7
2	考试科目	21	13	学生负担	7
3	高考改革	21	14	考试分数	7
4	高考制度	20	15	教学计划	6
5	毕业会考	17	16	招生考试制度	6
6	科目设置	17	17	全国统一考试	6
7	高等学校招生	14	18	招生制度	5
8	片面追求升学率	12	19	学生管理	5
9	考试制度	12	20	毕业考试	5
10	德智体全面发展	8	21	高考命题	5
11	选拔人才	8	22	选拔性考试	5

表 2　1979—1991 年学术文献关键词归类

主题	关键词
高考制度	高考制度、招生考试制度、招生制度、考试制度、全国统一考试、考试科目、科目设置
中学教育	中学教学、中学教育、德智体全面发展、教学计划、毕业会考、毕业考试、片面追求升学率、学生负担、考试分数

这一阶段对高考进行的相关研究主要是围绕“高考制度”和“中学教育”两个主题展开的。恢复高考之后，随着高考的竞争越来越激烈，多数中学根据高考科目的设置，在高一或高二阶段开始进行文理分科，旨在提高高考的升学率。这种片面追求升学率的现象，不仅会造成学生知识结构不完整，而且也不符合高考选拔优秀人才的目的。为了整治片面追求升学率现象，学界对当时的科目设置和考试内容进行讨论。1984 年《人民教育》开

展了关于高考分类、科目设置的讨论，多位学者认为考试科目过多、学生负担过重，建议实行分类考试，即实行高中会考制度和高考相结合，重视中学生的能力培养。杨学为认为高中会考制度基础上的高考制度改革如果成功，将会对中学教学、教学管理、学生知识结构以及减少高考对中学的冲击具有重要意义①。可见，这个阶段高考研究主题是相对集中的，高考制度改革主要聚焦于如何正确发挥高考的作用以提高中学教学水平，如何更好地通过公平竞争选拔优秀人才。

总的来说，这个阶段的高考改革主要是国家利益驱动的，不计家庭出身的公平竞争是其突出特点。在这种文化观念的支持下，高考改革的公平联盟处于主导地位。

三、市场机制与卓越联盟的兴起：1992—2011年的高考改革

（一）“去中心化”改革

1992年，社会主义市场经济体制正式确立，高考招生制度开始强化“分权”和“问责”方面的改革，以适应社会转型的需求。自此，我国高考制度进入了长达20年的频繁变动和改革时期。

1. 招生改革

第一，招生“并轨”改革。1993年，国家教委提出逐步实施学生缴费上大学，并开始在部分高校和地区试点。1996年，国家教委颁发了《关于1996年推进普通高等学校招生“并轨”的意见》。1997年，国家教委提出要在总结经验的基础上圆满完成招生“并轨”改革。2000年，师范专业的学生也开始实行缴费上大学的制度，标志着免费上学的结束。第二，招生规模扩张。1999年，我国开始实施大规模的扩招政策。我国高等教育的毛入学率由1994年的5%上升到2002年的15%。规模快速扩张引发了严重的质量问题，从2007年开始扩招幅度逐年放缓。2012年，教育部提出“稳定规模，保持公办普通高校本科招生规模相对稳定”，持续了13年的本科扩招宣告结束。第三，保送生制度改革。为了提高保送生的质量，教育部对保送生制度进行了调整。1998年，教育部在上海、湖北、河北、黑龙江、四川5个省市试行保送生综合能力测试②。1999年，教育部提出对全部保送生进行综合能力测试。2001年，教育部对保送生工作提出了“压缩规模，严格

① 杨学为．谈高考制度的一项改革．人民教育，1987（Z1）．

② 张民选．高校招生考试制度改革研究．上海：上海教育出版社，2008：56．

标准，严格管理”十二字方针。第四，其他改革。2001 年，教育部取消了高考报名的年龄与婚否限制。2005 年，教育部开通“阳光高考”信息平台。

2. 考试改革

一是考试科目的改革。1993 年，在总结湖南、云南、海南三省的改革试点经验基础上，国家教委提出要逐步实施高中毕业会考制度基础上的高考科目改革。具体做法是：按招生专业的文理倾向分为两组，其中，文科包括语文、数学、历史、政治、外语，理科包括语文、数学、物理、化学、外语。这就是所谓的“3＋2”方案。这一方案未能改变偏科现象。1999 年，教育部开始推行“3＋X”科目设置方案。“3”指语文、数学、外语，这是每个考生必考科目；“X”指由高等学校根据本校层次、特点的要求，从物理、化学、生物、政治、历史、地理 6 个科目或综合科目中自行确定一门或几门考试科目。“3＋X”方案与“3＋2”方案并无实质不同。二是高考内容改革。从总体上来看，考试内容更加注重考察学生的能力与素质，命题范围遵循但不拘泥于教学大纲，题目设计增加了应用型和能力型题目。三是高考形式改革。这方面主要包括高考次数和分省命题两方面。2000 年，北京、上海、安徽三地开始试点春季高考，部分高校参与了试点。但在扩招冲击下，春季高考的报名人数和招生院校逐年减少，北京、安徽、内蒙古等相继取消春季高考，上海和天津则一直延续，山东从 2012 年开始组织春季高考，一年多次高考的探索还在继续。分省命题是改革的重点。1985 年，上海已单独命题；2002 年，北京开始实行自主命题；2004 年，教育部决定扩大分省命题的范围；2006 年，全国共有 16 个省市实行自主命题。分省命题尽管取得了一定的成效，但是其负面作用不小。备受指责的是由分省命题直接引起的“异地高考”问题，其次是命题队伍的参差不齐造成命题质量的下降。为了保证中学教育的质量，保证高考的权威与科学性，近年来又开始逐步恢复全国统一命题。

3. 录取改革

录取制度改革包括网上录取和自主招生。网上录取的改革试点开始于 1996 年，广西和天津作为最早的试点地区，取得了较好的效果。1999 年，网上录取改革试点地区增加到 10 个。2000 年，全国已经有一半多的省（自治区、直辖市）实施了网上录取，全国招生网上录取系统也于 2001 年基本建成。2005 年，全国已基本普及网上录取工作。自主招生是这次改革的一个亮点。2001 年，部分高校经教育部批准开始实施自主招生试点改革。2003 年教育部批准了北京大学、中国人民大学等 22 所高校具有自主招生资格，规定自主招生计划人数控制在年度本科招生计划总数的 5％以内。2005 年，教育部办公厅发布了《关于进一步做好高等学校自主选拔录取改革试点工作的通知》，增加了具有自主招生资格的高校数量，并规定考生人数较多且生源质量好的高校可以扩大自主招生人数比例。最具标志性的事件是，2010年，围绕自主招生，国内顶尖大学形成3个自主招生联盟：以清华大学为首形成的“华约”自主招生联盟，以北京大学为首形成的“北约”自主招生联盟，由重点工科大学为主形成的“工科派”自主招生联盟。随着自主招生规模的扩大，对其公平性的质疑也越来越多。

（二）文化模式与政策变迁

1992—2011年是我国计划经济向市场经济转型的快速发展时期，这个时期的文化模式集中体现为非中心化和自主决策。计划经济时代，个人依附于单位、个体依附于群体，强调国家利益至上。市场经济崇尚个人自由，强调个体独立自主进行决策。决策权的“去中心化”表现为向各利益相关群体赋权，以激发他们的主动性、积极性和创造性。这个时期的各种高考制度改革，都是在“去中心化”的旗帜下进行的。扩大招生规模是向考生赋权，扩大自主招生范围是向高校赋权，分省命题是向地方政府赋权。分权化改革极大地调动了各方积极性，推动精英高等教育快速向大众高等教育转变，但由此又带来了质量问题。规模扩张与质量提升之间的矛盾成为这个时期的主要矛盾，分权与问责是随后许多改革的中心论题。“去中心化”文化模式包含卓越、效率、分权、问责、改革、西方经验等诸多价值理念。市场化机制在法治不完善的情况，容易导致无序和不公平。

这一时期的高考改革有两个突出特点：第一，确立市场本位的政策范式。在西方经验的鼓舞下，我们在高考改革中引入了市场机制，实施了一系列分权与问责相结合的政策，增强了质量和效益意识。第二，政策的重心从中学教育转向大学教育。在精英教育阶段，大学教育并没有进入高考改革的视野，因为人们相信精英高等教育不存在质量问题；在大众化阶段，随着规模的扩张，高等教育质量成为全社会关注的问题，追求卓越成为改革的主题。从这一时期学术论文的主题可以发现这种趋势。我们对1992—2011年的学术文献进行共词分析，得到关键词共现图谱（图1）和关键词共现列表（表3）。为了更好地显示分析结果，我们把阈值设置为“TOP30”，同时在表3中把相同语义的关键词进行合并之后显示。

从图1中可以看出，高考改革、高考制度、高考招生、教育公平、高等教育、科目设置等是这一阶段的研究热点，同时这些关键词之间也存在一定的相关性。表3显示的是这一阶段文献关键词在文献中共现的频次。

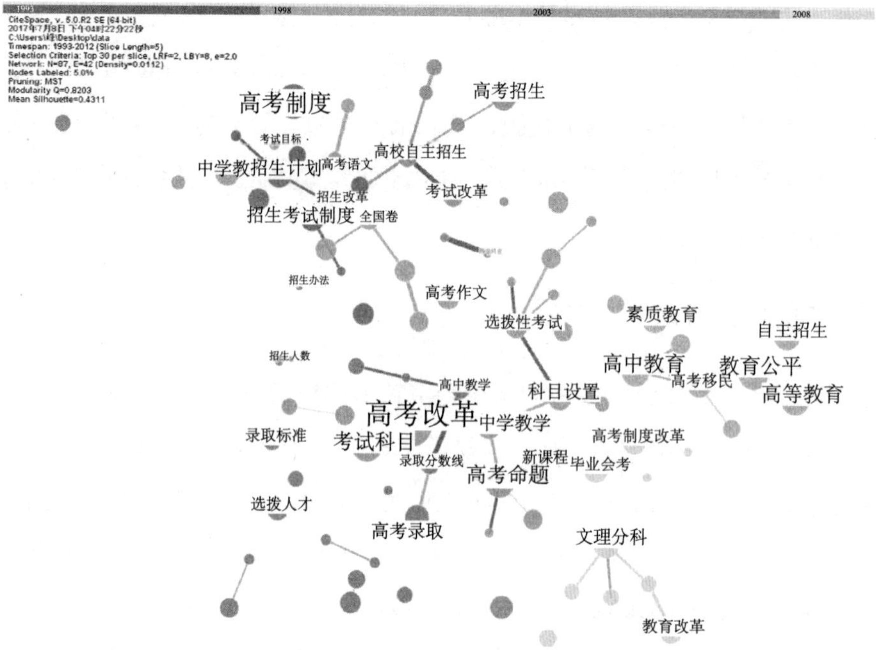

图1　1992—2011年学术文献关键词共现图谱

表3　1992—2011年学术文献关键词及共现频次

序号	关键词	频次	序号	关键词	频次
1	高考改革	165	21	高考英语	12
2	高考制度	99	22	学生负担	12
3	中学教育	75	23	高考竞争	10
4	科目设置	67	24	综合素质评价	9
5	高考招生	60	25	高考模式	9
6	考试内容和形式	48	26	考试改革	9
7	高考录取	37	27	价值取向	9
8	高等教育	35	28	全国卷	7
9	高考命题	33	29	应试教育	7
10	教育公平	31	30	高校自主权	7
11	自主招生	30	31	全国统一高考	6
12	选拔性考试	26	32	普通高考	6
13	新课改	24	33	恢复高考	6
14	文理分科	21	34	入学考试	6
15	招生计划	18	35	文化素质	4
16	志愿填报	18	36	考试分数	3
17	素质教育	17	37	考试目标	3
18	毕业会考	16	38	片面追求升学率	2
19	教育改革	14	39	高考指挥棒	2
20	高考移民	14			

应该说，改革是这个阶段的中心话题，从表3中可以看出，围绕“高考改革”这一主题，学者们从科目设置、中学教育、考试内容和形式、高考招生、高考录取、教育公平、自主招生等多个角度进行相关研究，分析高考制度变革的影响及政策背后所体现的价值观念。高考不仅具有教育功能，而且还有重要的社会功能①。这段时间讨论最多的是关于高考功能的问题，人们认为高考具有很强的社会功能，主要表现为对社会稳定、社会流动起到积极作用。在市场政策范式下，卓越与公平、效率与公平矛盾凸显。以自主招生政策为例，这一政策的目的是深化高校招生录取制度改革，扩大高校自主权，选拔综合素质高、有创新精神和实践能力强的优秀人才，推进素质教育的实施。虽然在政策层面提出自主招生要遵循公平、公正、公开的原则，但在实际操作中由于权力寻租、暗箱操作、人情等原因造成了实质上的不公平。

四、质量与公平：2012年及其后的政策转型期

（一）新高考改革方案

2012年，党的十八大报告指出：要深化教育领域综合改革，努力办好人民满意的教育。在这一政策指引下，教育部开始新一轮的高考改革。2013年，教育部发布《关于2013年深化教育领域综合改革的意见》，提出研究制定高考改革的总体目标和基本框架。2013年，中共中央发布《关于全面深化改革若干重大问题的决定》，指出要推进考试招生制度改革，探索招生和考试相对分离、学生考试多次选择、学校依法自主招生、专业机构组织实施、政府宏观管理、社会参与监督的运行机制，从根本上解决一考定终身的弊端。2014年，国务院颁发《关于深化考试招生制度改革的实施意见》（以下简称《实施意见》），提出新高考改革的四项原则：坚持育人为本，遵循教育规律；着力完善规则，确保公平公正；体现科学高效，提高选拔水平；加强统筹规划，积极稳妥推进。同时提出，到2020年基本建立中国特色现代教育考试招生制度。

1. 招生改革

在招生方面，《实施意见》提出以下改革措施：一是提高中西部地区和人口大省高考录取率。二是增加农村学生上重点高校人数。继续实施国家农村贫困地区定向招生专项计划，由重点高校面向贫困地区定向招生。形成保障农村学生上重点高校的长效机制。

---

① 刘海峰．高考改革的教育与社会视角．高等教育研究，2002（5）．

2. 考试改革

在考试形式与考试内容方面，《实施意见》提出了如下改革措施：(1) 改革考试科目设置。考生总成绩由统一高考的语文、数学、外语 3 个科目成绩和高中学业水平考试 3 个科目成绩组成。不分文理科，外语科目提供两次考试机会。(2) 完善高中学业水平考试。考试范围覆盖国家规定的所有学习科目，引导学生认真学习每门课程。(3) 深化高考内容改革。依据高校人才选拔要求和国家课程标准，科学设计命题内容，增强基础性、综合性，着重考查学生独立思考和运用所学知识分析问题、解决问题的能力。(4) 逐步恢复全国统一高考制度。2016 年，除北京、上海、天津、江苏、浙江 5 省市之外，已有 26 个省份采用全国统一命题的试卷。

3. 录取改革

在录取机制方面，推行如下改革：(1) 探索基于统一高考和高中学业水平考试成绩、参考综合素质评价的多元录取机制。(2) 推行高考成绩公布后填报志愿方式。创造条件逐步取消高校招生录取批次。截至 2017 年，已有 19 个省份取消了本科三批录取，海南、山东等部分省 2017 年开始探索本科第一、第二批次的合并。(3) 减少和规范考试加分。大幅减少、严格控制考试加分项目，确保政策的公平性和科学性。(4) 收紧自主招生。《实施意见》规定申请学生要参加全国统一高考，达到相应要求才能接受报考高校的考核。规范并公开自主招生办法、考核程序和录取结果。严格控制自主招生规模。2015 年起推行自主招生安排在全国统一高考后进行。

这一阶段的高考制度改革强化了顶层设计和总体规划，增强了改革的系统性、整体性和协同性。新高考改革终结了前一阶段频繁的“碎片化”改革对社会秩序的冲击，聚焦于公平与卓越，强调内涵发展，探索中国特色的高考招生制度。

（二）文化模式与政策变迁

强调中国特色、探讨中国模式是这个阶段的时代精神。针对在先前改革中大量引入西方经验导致水土不服的问题，新高考改革主张要增强教育自信，弘扬中国特色，重视本土经验。正如习近平总书记 2016 年 12 月在全国高校思想政治工作会议上所强调的：“我国有独特的历史、独特的文化、独特的国情，决定了我国必须走自己的高等教育发展道路，扎实办好中国特色社会主义高校。”① 正是在这一背景下，我们确立了“办好人民满意的教

---

① 习近平在全国高校思想政治工作会议上发表重要讲话．[2017－08－01]．http：//www.china.com.cn/newphoto/news/2016－12/08/content_39878764.htm.

育”的指导思想。在“办好人民满意的教育”的旗帜下，公平联盟和卓越联盟相互吸收了对方有益的价值理念，逐步凝聚改革共识。公平联盟认为，真正公平的教育应该是有质量的教育；卓越联盟也逐步认识到，应极大地扩大优质高等教育资源，让真正高质量的教育惠及全民。两个联盟的改革共识包括如下两个方面：一是人民满意的教育首先是有质量的教育。改革开放40年，我国教育事业取得了重大成就，走出了一条中国特色教育发展之路。对高等教育来说，我们基本上解决了“有学上”的问题，但是还没有解决“上好学”的问题。人民日益增长的高等教育需要同优质的高等教育服务提供能力相对不足的矛盾十分突出。如何扩大优质高等教育资源是当前高教改革的重中之重。二是人民满意的教育是公平的教育。教育公平是人发展起点的公平，是社会公平的重要组成部分。促进教育公平是和谐社会建设的必然要求，促进教育公平的关键是保障公民平等的受教育权。可见，建设更高质量更加公平的高等教育是两个联盟共同的政策信仰。

这一时期的高考改革有两个特点：第一，重新确立国家本位的政策范式。基于全国统一高考对维护国家统一和形成稳定秩序的重大意义，新高考改革方案重新确立国家利益原则。第二，将高考改革聚焦于卓越（质量）和公平（正义）两个主题。强调卓越与公平的统一性，对教育公平的理解由形式平等向实质平等转变；强调基础教育与高等教育一体化，通过高考整合中等教育与高等教育的鸿沟。这一时期学术文献的主题也印证了这种判断。我们对2012年至今的学术文献进行共词分析，得到关键词共现图谱（图2）和关键词共现列表（表4）。

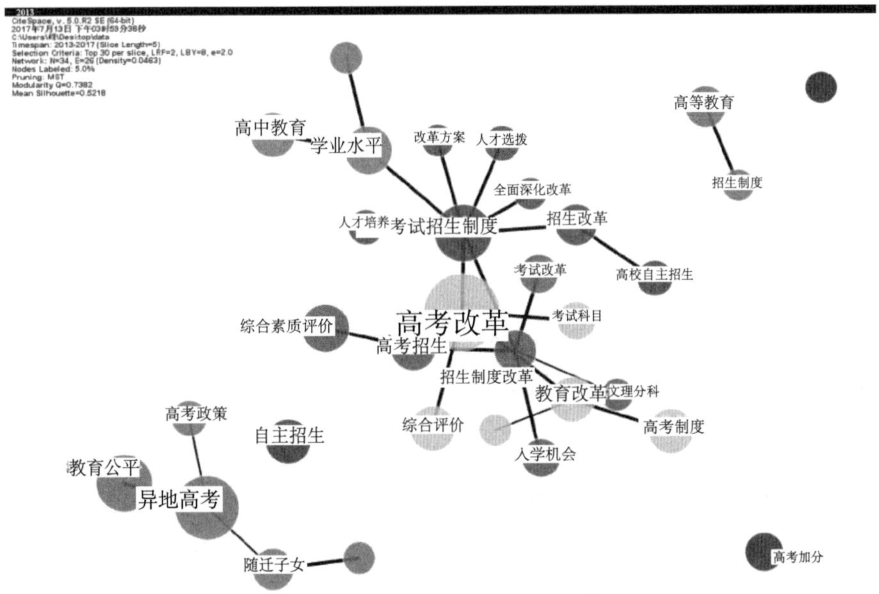

图2　2012年至今学术文献关键词共现图谱

从图2中可以看出高考改革仍然是节点最大的关键词，与其直接或间接相关的关键词也最多，说明这一阶段的文献研究聚焦于综合改革。此外，考试招生制度、综合素质评价、教育公平、异地高考、高考加分等关键词的节点也较大。同时围绕多个关键节点形成一定的聚类，表明这几个关键词具有高度相关性。如异地高考、随迁子女与教育公平之间存在较高的关联性，说明教育公平是高考改革的重要价值观；考试招生制度与改革方案、人才选拔、招生改革、人才培养等关联性较高，说明卓越也是高考改革的重要关切。

表4　2012年至今学术文献关键词及共现频次

序号	关键词	共现频次	序号	关键词	共现频次
1	高考改革	133	16	招生制度改革	14
2	异地高考	65	17	高等教育	13
3	教育公平	43	18	招生改革	13
4	考试招生制度	39	19	入学机会	12
5	自主招生	26	20	考试改革	11
6	学业水平	21	21	高考作文	11
7	综合素质评价	20	22	考试科目	11
8	高考加分	18	23	人才培养	10
9	高考制度	17	24	高考政策	10
10	高中教育	17	25	人才选拔	9
11	高考招生	17	26	全面深化改革	8
12	教育改革	17	27	招生制度	8
13	综合评价	16	28	改革方案	8
14	文理分科	15	29	课程改革	7
15	随迁子女	15	30	高考移民	7

结合图2和表4可以看出，这一阶段研究者们对高考的相关研究主要聚焦于异地高考、教育公平、高考招生、高考加分以及对改革方案的讨论，对这些关键热点的讨论也大多从提高质量、促进公平的视角进行。以异地高考为例，2012年8月，教育部等部门发布《关于做好进城务工人员随迁子女接受义务教育后在当地参加升学考试工作的意见》，要求各省市在2012年底前出台异地高考相关政策。随后有多位研究者对教育部和各地出台的异地高考政策进行分析讨论，主要包括政策本身、政策实施、政策价值等角度，多数学者认为异地高考政策主要是保障随迁子女的入学权利及其入学机会的平等，但在政策实施中往往会遇到较大的现实困境，如何进一步解决现实问题，完善政策并保障教育公平，学者

们从自身研究角度给出了相关建议[①]。在文化模式的影响下，新高考改革方案基本上都是围绕公平与质量展开的。《国务院关于深化考试招生制度改革的实施意见》以及《教育部 国家民委 公安部 国家体育总局 中国科学技术协会关于进一步减少和规范高考加分项目和分值的意见》等相关政策文件都把促进公平公正作为改革的基本价值取向。随着招生规模的扩张，高等教育越来越注重人才培养的质量。《教育部关于全面提高高等教育质量的若干意见》的发布对高考改革具有重要的指导意义。

五、结语

本文提出了文化视角研究法，以理解我国高考改革40年的发展过程。这一视角认为，政策变迁依赖于外在文化模式。作为宏观环境的重要组成部分，文化模式为建构具体政策设计了蓝图，同时也是具体政策的基础部分。作为群体的认知方式，文化模式的变革最终推动了政策变迁。文化模式具有历史性和累积性，政策变迁具有历史的延续性，具有渐进演化的特点。恢复高考40年来，我们历经30多次大大小小的改革，既有技术层面的改进，也有制度层面的革新。从文化模式的角度看，改革主要围绕公平（正义）与卓越（质量）两种价值理念进行。1977—1991年，主要复活了公平竞争、贤能治国的古老价值观；1992—2011年，在“去中心化”旗帜下，建立了以“自由”“质量”为特征的卓越价值联盟；2012年至今，试图建立公平与卓越对立统一的文化模式。

① 吴霓，朱富言．流动人口随迁子女在流入地升学考试政策分析．教育研究，2014（4）.

中国财政审计制度改革开放40年：回顾与展望

许光建*　马瑞晨**

【摘　要】审计是党和国家监督体系的重要组成部分，是实现国家治理体系和治理能力现代化的重要环节，也是现代财政制度的重要内容。改革开放40年，中国财政审计制度经历了从试点到全面铺开再到逐步完善的发展阶段，财政审计在促进实现社会公平正义、提高财政资金使用绩效、提高审计覆盖面和质量、推动党风廉政建设等方面取得了若干成功经验。在新时代，中国财政审计制度的改革，应紧紧围绕加强党中央对审计工作的领导，推动实现国家治理现代化的目标，构建集中统一、全面覆盖、权威高效的审计监督体系，树立科学审计理念、推动全口径预算管理、加强重点领域审计、加大财政绩效审计、完善审计体制机制，以提升国家治理能力。

【关键词】审计；国家治理；现代财政制度；改革开放

财政是国家治理的基础，是国家宏观调控的重要工具，党的十八届三中全会通过的《中共中央关于全面深化改革若干重大问题的决定》提出财政是“国家治理的基础和重要支柱”这一新的定位，并提出了建立现代财政制度的任务。审计作为党和国家监督体系中的重要组成部分，与公共财政的关联最为紧密和直接，财政资金运行到哪里，审计就要监督到哪里。在新时代中国特色社会主义条件下，财政审计作为落实权力制衡、科学决策和

* 许光建，中国人民大学公共管理学院公共财政和公共政策研究所教授、博士生导师。

** 马瑞晨，中国人民大学公共管理学院公共财政和公共政策专业硕士研究生。

有效监督要求的关键环节，对于推动建立现代财政制度、促进国家治理现代化具有无法替代的积极作用。本文通过回顾改革开放 40 年来中国财政审计制度的演进历程，归纳总结主要经验，并在此基础上对新时代财政审计改革进行展望。

一、改革开放 40 年我国财政审计演进历程

改革开放以来，在中国特色社会主义审计制度的建立和完善过程中，我国财政审计也经历了一个逐步探索和不断深化发展的过程。大体来看，我国财政审计大致经历了从试点到全面铺开、从“上审下”到“同级审”和“上审下”相结合的发展过程，形成了以下 4 个发展阶段：

第一阶段——试点阶段（1983—1988 年）。1982 年 12 月召开的第五届全国人民代表大会第五次会议通过的《中华人民共和国宪法》，正式在我国确立审计监督制度。1983 年 9 月，根据《中华人民共和国宪法》，国务院设立审计署，对国务院各部门及地方各级政府的财政收支，对国家的财政金融机构和企事业组织的财务收支，进行审计监督，开启了财政审计监督的崭新篇章。在这个起步阶段，主要采取“边组建、边工作”和“抓重点、打基础”的工作方针。1983—1986 年间，各级审计机关开始采取对部分地区财政收支进行审计的形式进行试审，当时财政审计覆盖面在 10%左右。1985 年，国务院开始每年在全国范围内组织开展税收、财务、物价大检查。审计的主要目标是通过揭露和查处偷漏税款、隐瞒侵占应交财政的利润和收入等违法违规行为，维护国家财经纪律的严肃性，确保财政收入任务的完成。

第二阶段——全面推进阶段（1989—1994 年）。《中华人民共和国审计条例》于 1989 年 1 月正式实施。该条例赋予审计机关独立行使财政审计的监督权，各级审计机关大规模开展了对下级政府预算执行和决算的审计监督，审计工作初步进入法制化轨道。这一期间，财政审计的基本特点是“上审下”，财政审计的对象是本级人民政府和下级人民政府。然而，由于这一阶段我国财税体制改革刚刚起步，在执行中预算级次不明确，挤占截流中央和上级财政收入的现象屡见不鲜，因此，在这一阶段后期，审计机关开始探索和实践对宏观财政政策的贯彻执行情况、税收征管质量等方面的审计。

第三阶段——快速发展阶段（1995—2012 年）。《中华人民共和国审计法》（以下简称《审计法》）于 1995 年 1 月 1 日起施行，标志着我国国家审计正式步入法制化轨道。这时期的变化主要体现在两个方面：一是财政收支审计在“上审下”的基础上，建立“同级

审”的财政审计监督制度。《审计法》第十六条明确规定“审计机关对本级各部门（含直属单位）和下级政府预算的执行情况和决算，以及预算外资金的管理和使用情况，进行审计监督。”二是开始实行“两个报告”制度。根据《审计法》第四条和第十七条规定，各级审计机关对本级预算执行情况和其他财政收支情况进行审计监督，向本级人民政府和上一级审计机关提出审计结果报告；国务院和县级以上地方人民政府应当每年向本级人民代表大会常务委员会提出审计机关对预算执行和其他财政收支的审计工作报告。在这个阶段，财政审计的重点从收支审计并重逐步转到了以支出审计为主。

第四阶段——改革完善阶段（2013年至今）。党的十八大以来，审计部门引入了财政审计大格局概念，财政审计制度也随着财政体制改革的深化不断完善。2014年10月，国务院印发了《国务院关于加强审计工作的意见》，对于审计工作的指导思想和基本原则，给予明确要求和清晰表述。随着《深化财税体制改革总体方案》的出台，我国开启了新一轮财税体制改革，随后修订《中华人民共和国预算法》并于2015年1月1日起实施，其中第八十九条明确了审计监督职责，即“县级以上政府审计部门依法对预算执行、决算实行审计监督”且要求“对预算执行和其他财政收支的审计工作报告应当向社会公开。”党的十九大以来，审计工作受到了党中央的高度重视。十九大报告中明确提出“改革审计管理体制”的要求。十九届三中全会通过《中共中央关于深化党和国家机构改革的决定》和《深化党和国家机构改革方案》，提出组建中央审计委员会，作为党中央决策议事协调机构，按照改革方案，优化审计署职责，将国家发展和改革委员会的重大项目稽察、财政部的中央预算执行情况和其他财政收支情况的监督检查、国务院国有资产监督管理委员会的国有企业领导干部经济责任审计和国有重点大型企业监事会的职责划入审计署，相应对派出审计监督力量进行整合优化，构建统一高效审计监督体系①。

回顾改革开放40年来我国审计制度的不同发展阶段，可以发现财政审计制度已经嵌入了国家财政管理机制，成为规范预算管理、推动财政改革、提高财政绩效水平的重要制度安排。在这40年间，财政审计法制建设不断完善，审计模式从传统的账项基础审计到风险导向审计再到绩效导向审计，审计技术从手工查账到大数据下的信息化，这些变革展示了财政审计量和质的飞跃发展成就，提高了对审计质量的要求，提升了审计的效果和效率。国家审计在保障公共资金安全、提高资金使用绩效，推动国家重大决策部署落实，更

---

① 关于国务院机构改革方案的说明. https://baijiahao.baidu.com/s? id＝1594899877086684301&wfr＝spider&for＝pc.

好服务改革发展、民生改善和社会进步等方面发挥了非常重要的作用。

二、改革开放40年我国财政审计工作取得的主要经验

改革开放40年以来，各地审计部门结合我国国情和当地实际，在财政审计诸多领域进行了有益探索，在有效服务党和政府科学决策、促进重大政策落实、提高财政资金使用绩效、改善公共服务质量等方面取得了很大成效，主要的经验体现在以下几个方面：

（一）财政审计推动资金管理体制改革，促进实现社会公平正义

审计部门在实施财政审计的过程中，自觉把审计工作纳入政府治理大局中进行考虑，既注重加强对存在问题的披露，又十分重视分析具有规律性、普遍发生的问题，查找问题源头，提出完善建议，通过严格审计，推动深化行政管理体制、财政体制和投资体制等改革，促进社会公平正义。这里以甘肃省为例可以说明问题。2015年初，甘肃省审计厅针对2014年实施完成的重点审计项目、审计发现问题整改落实情况赴被审计单位实地调查，以“见人、见账、见物、见项目”为原则，对审计整改报告的真实性和审计建议的采纳情况进行逐一核实，并与甘肃省人大财经委联合组成检查组，针对审计揭示部分市县部门执法不规范等问题进行督查、督办，结果显示，审计整改率大幅提高到90.24%，审计建议采纳率达到100%，为省委省政府领导宏观决策提供了有力依据，同时助推了一系列规范性文件的出台①。

（二）财政审计督促加强财政收支监管，提高财政资金使用绩效

随着绩效管理的提出，审计部门借鉴国外开展绩效审计的成功经验，通过综合评价财政资金使用的宏观效益、微观效益、短期效益和长期效益，比较财政资金在不同使用方向、不同管理模式、不同运行状态下的效益差异，进而提出改进和加强财政资金分配、使用监管，完善财税政策措施的政策建议，以提高公共资金的使用绩效。以湖北省荆州市审计局的做法为例，该局尝试将绩效评价与审计监督工作结合起来，在审计中针对财政部门制定的项目绩效评价指标是否可用、可行、有效，项目单位的评审项目是否具体实施、实施是否合法，以及负责评审的第三方机构工作程序是否到位、过程是否严谨、评价是否公

---

① 甘肃：合力促进审计整改　全面强化监督职能. http://www.audit.gov.cn/n4/n19/c66805/content.html.

正等方面进行监督检查，内容主要从项目执行合规性拓展到项目执行效益评价。在2017年预算执行审计过程中以绩效监督的形式对市直卫生单位2014—2015年重大公共卫生服务补助资金进行了重点绩效评价，涉及13家市直卫生机构的85个项目，在完成绩效评价工作后，结果迅速得到应用，荆州市财政局会同市卫计委根据审计结论共同起草制定了《荆州市直公共卫生服务补助资金管理暂行办法》，对资金的管理使用做出了具体规定，建立起专项资金使用管理的长效机制①。

（三）财政审计利用大数据平台，提高审计覆盖面和质量

《国务院关于加强审计工作的意见》明确将构建国家审计数据系统、运用大数据技术等内容作为审计能力建设的重要内容，标志着大数据分析利用已经从传统审计的辅助工具变成一种常态化的审计工作方式。运用大数据平台，有助于实现真正意义上的审计全覆盖，提升审计效率。一方面，大数据实现了财政审计由“点”到“面”对财政资金全过程审计监督；另一方面，大数据实现了由“事后”到“实时”的在线监督，依托财政与审计互联系统和信息共享平台，建立了财政资金运行预警系统，能够对财政预算执行与管理情况进行随机在线监测，跟踪检查财政预算资金流向、用途及效益。例如，湖北省黄冈市为搭建大数据审计基础平台，建成了总面积超过200平方米的大数据审计系统机房，开通了审计与财政专用光纤数据传输通道，同时构建了程序化数据分析系统。据初步统计，黄冈市财政大数据审计实施几年以来，共发现审计疑点500多个，筛选疑点资金58.7亿元，下达审计整改意见116条，基本实现了对政府财政性资金的审计全覆盖、环节全跟踪、重点项目的全关注。而且，在审计效率上大大提高，仅用20个工作日就完成了对200多家市直部门和单位的财务数据、国库集中支付数据的收集、分析、筛选、甄别、问题疑点分类等环节的审计任务，节约了审计成本，提升了审计工作效率，审计质量得以提高②。

（四）财政审计查处违法违纪行为，推动党风廉政建设

随着国家财政资金运行及国有企业资本运营、产权交易方式和过程日趋复杂，经济领域违法犯罪现象更加隐蔽。在实施财政审计过程中，根据财政资金分配、使用和监管中的一些不正常现象，追根溯源，积极协助查处利用职权徇私舞弊、贪污受贿、挪用公款等违

---

① 荆州市审计局积极探索财政资金绩效审计取得成效. http://www.hbaudit.gov.cn/html/2017/0921/63297.shtml.

② 大数据审计方法在财政审计中的运用. http://sjt.hubei.gov.cn/html/2018/0516/69773.shtml.

法犯罪行为，有力地推动了党风廉政建设。国务院在历年关于中央预算执行和其他财政收支的审计工作报告中，单独列出一个部分，报告通过审计查出并移送的重大违纪违法问题线索情况，通过抓好财政资金监管、揭露和协助查处腐败案件，有力地促进社会风气好转。

三、面向现代国家治理的财政审计改革前景展望

在我国进入新时代的大背景下，财政审计面临着新的形势和任务，特别是2018年5月23日习近平总书记在中央审计委员会第一次会议上的重要讲话强调，改革审计管理体制，组建中央审计委员会，是加强党对审计工作领导的重大举措。要落实党中央对审计工作的部署要求，加强全国审计工作统筹，优化审计资源配置，做到应审尽审、凡审必严、严肃问责，努力构建集中统一、全面覆盖、权威高效的审计监督体系，更好发挥审计在党和国家监督体系中的重要作用。在回顾和总结过去40年我国财政审计的演进历程及发展经验的基础上，当前及今后一个时期我国财政审计的进一步改革完善，应以习近平新时代中国特色社会主义思想为指导，着重从以下几个方面统筹推进：

（一）树立科学审计理念，构建财政审计大格局

推动构建财政审计大格局，主要着力点有以下两方面：

第一，整合财政审计资源，强化审计综合管理。在审计资源的配置上，牢固树立全局思想，打破部门分工限制，在安全的前提下共享信息资源；在审计计划的安排上，将预算执行审计、经济责任审计、金融审计、专项资金审计等多重审计结合起来，促进审计效率的提高；在审计工作的管理上，注重上下级审计机关联动，尽力做到统一方案、统一组织、统一实施、统一处理，避免出现上下级之间信息不对称导致的审计纰漏，进而最大限度地发挥财政审计的整体合力。

第二，紧跟财政改革进程，拓展财政审计内容。财政审计内容应从横、纵、深三个层面加以拓展。一是从横向范围上拓宽，既要关注一般公共预算资金管理，又要关注其他财政性资金管理，既要关注一级预算部门单位，也不能忽视二、三级预算单位和接受补助的下级单位；二是从纵向流程上延伸，全过程跟踪财政资金流向，从资金的征收、分配、拨付、使用、管理及绩效评价等各个环节，实现流水式资金监督；三是从深度进行有效拓展，从结果看过程，从数据看风险，要根据不同时期的审计结果，揭示财政经济运行中的

突出矛盾和潜在风险，如地方政府融资平台公司清理规范时期，要重点关注政府性债务风险，特别是对于数据上故意隐藏的隐性债务风险，应及时防范和化解，维护财政经济安全。

（二）推动全口径预算管理，实现审计范围全覆盖

2018 年修正的《预算法》提出实行全口径预算管理，将政府的全部收支纳入预算中。推动全口径预算管理，首先应重点关注“四本预算”即一般公共预算、政府性基金预算、国有资本经营预算和社会保险基金预算的执行情况，深化预算执行审计。按照《预算法》的要求，对一般公共预算、政府性基金预算、国有资本经营预算和社会保险基金预算全面展开审计，推动应进未进预算的政府收支纳入预算管理。重点审查预算编制不细化、不公开，预算调整不规范、不合理，预算资金拨付不及时，使用无效率等问题。促进政府性基金预算更加规范、细化，推动国有资本经营预算完整性。2018 年财政部预算司开始编制社会保险基金预算，其科学性合理性是审查过程中需重点关注的问题。其次，在进一步细化预算编制及其说明的基础上，也应对决算情况做出具体说明。根据近年来财政部公开的全国预决算情况，可以发现预决算表已经较为全面具体，但是对预算数据的编制和决算数据结果的说明相对薄弱。对预算执行情况进行审计，财政预决算说明是重要的参考依据，因此，下一步在细化预决算表的同时也应加强对其说明的编写。

（三）深化财政审计内容，加强重点领域审计

财政审计的主要业务包括财政部门对预算执行和决算草案审计的具体组织、部门预算执行和决算草案审计、转移支付审计、重点专项资金审计、对下级政府财政收支审计、财政收入审计及国家重大政策措施落实情况跟踪审计等 7 个方面。当前和未来一段时期，财政审计要紧跟财税体制改革步伐，加强对重点领域资金的监督检查，不断提高财政管理绩效。

第一，强化部门预算审计，加强财政资金监管。政府各部门是直接支配使用财政资金的主体之一，在对一级政府预算进行全面审计评估的基础上，要开展对本级各部门预算的审计监督。根据《国务院关于 2017 年度中央预算执行和其他财政收支的审计工作报告》中中央部门预算执行审计情况，当前部门预算尚存在预决算编报不够准确、资金资产管理不够规范、“三公”经费和会议费管理不严、一些部门和单位依托管理职能或利用行业影响力违规收费等问题，这些问题的解决既需要部门自身提高预算管理水平，也需要审计部

门充分发挥财政审计对财政资金的监管作用。一是夯实部门预算执行审计工作，跟踪财政职能和运行方式的变化，对预算执行审计的内容和重点及时做出调整，发挥好预算执行审计的监督管理作用；二是跟踪监督国库支付资金流向，以资金流向为主线，开展跟踪审计，审查财政专户管理是否有死角，各部门、单位是否严格贯彻实施了“收支两条线”管理等；三是深化政府采购审计，重点审查具体实行采购的各部门和单位实行公开招标或邀请招标的项目是否存在“陪标”等违背公开、公平、公正的现象等，从外部加强对部门财政资金的监管。

第二，加强税收征管审计，提高财政收入质量。税收征管中存在的调整税收完成进度、税务监管不到位、地方政府越权减免企业税务等问题亟待解决。目前税制改革正在不断深化，国税地税机构完成合并，税收征管审计面临着新的挑战，因此，在新形势下，应该注重税收征管审计，促进税收收入质量提高。在审计过程中，一要加强领导、统筹兼顾，税务机关应当配合审计部门的工作，为审计工作提供必要的证据支持和行动支持，同时应当保证税务部门内核和审计部门财政审计工作的独立性，各司其职；二要突出重点，进行延伸审计，在审计中加强对重点企业、重点差异、重点税源的审查，对无法完全掌握的税收征管情况，要通过审查相关部门、企业的纳税情况，进行延伸审计；三要完善审计问责制度，解决税收征管审计结果中权责不清、问责主体不当、问责范围过窄和惩治力度过轻等问题。

第三，加强转移支付资金审计，提高资金使用效益。随着转移支付力度的增大，很多问题也开始显现，《国务院关于 2017 年度中央预算执行和其他财政收支的审计工作报告》指出转移支付管理仍不够完善，存在一般性转移支付中具有指定用途的转移支付占比仍较高、专项转移支付退出机制不完善、部分转移支付安排交叉重叠的问题。针对这些问题，除了从制度本身进行完善改革之外，在审计过程中，应着力做到以下几点：一是点面结合，审计机关在分析审计发现的问题和情况的基础上，应将问题上升到宏观管理高度进行综合分析，进而为国家有关部门决策提供参考，健全事权与财力相匹配的现代财政体制；二是关注项目管理方面存在的重大违法违纪问题，针对同类事项或支出通过多个渠道安排资金现象，要实行资金流向和项目程序双向审计，弄清资金的真实用途和效益；三是加强跟踪审计，部分转移支付资金管理具有链条长、时间久的特点，需要防范财政资金沉淀现象。

第四，强化地方政府债务审计，防范化解财政经济风险。地方政府债务风险始终是财政风险防控的重点，党的十九大更是将防范化解重大风险作为重大攻坚任务之一，审计署先后印发了关于加强审计监督推动打好三大攻坚战的3个实施意见，债务风险得到有序有效防控。但是经审计，部分地区仍然存在违规举债、债务管理不到位等问题，要严格防范地方政府债务风险，财政审计应着力从借、管、用、还4个环节进行全方位审查监督。从“借”来看，应关注融资决策，查清债务主体，推动地方政府政企分开，关注举债计划和程序是否合法合规，特别是对投资建设及市场充分竞争领域的融资计划提出质疑。从“管”来看，应综合运用负债率、偿债率、逾期率等指标，对债务风险做出综合判断，提早发现并预防潜在的隐性债务风险。从“用”的角度，应重点关注资金使用效益，关注潜在的重大违法违纪行为。对“还”的审计，应针对是否存在偿债不及时、无法偿还等问题，做出预判，防止因偿还压力大而引发金融、社会稳定等领域的区域性风险，防止地方政府某些部门趁机滥用权力、制造寻租空间。

（四）加大财政绩效审计，推动预算绩效管理

一是由点到面逐步建立全面绩效管理体系。财政支出绩效审计涉及面广、难度较大，需要由点到面逐步推开。现阶段，主要是结合专项资金和重大项目开展绩效审计，以可行性、重要性和实效性为筛选原则，选择被审计单位本身财务工作比较规范、财务数据真实性较高、相关评价指标及数据易获得和绩效水平改进空间较大的项目，来试点推行财政支出绩效审计。将财政支出绩效的评价结果作为下年度预算编制时财政收入分配的依据之一，增强预算的科学性和准确性，减少预算寻租行为和预算棘轮效应，推动实施全面预算绩效管理。

二是建立绩效评价结果反馈和应用机制。根据绩效评价结果，建立财政支出绩效评价结果反馈和应用制度，增强支出责任。我国目前尚没有建立独立的绩效审计报告制度，应当尽快出台相应的规章制度将绩效审计报告纳入绩效管理体系，从法制层面强化绩效管理理念，将绩效评价结果向同级人民政府报告，为政府决策提供参考，特别是一些关系民生、重大的项目支出绩效情况，应连同预算执行审计报告等依法向社会公开，接受公众监督，建立健全责任追究制度。

（五）完善审计体制机制，提高审计监督效能

发挥财政审计完善国家治理体系的作用，良好的体制机制环境是基础。

首先需要健全审计法律制度建设。当前，我国已形成了以《宪法》《审计法》为基本内容的审计法律体系，审计署也制定了国家审计基本准则和部分专业审计准则，但是从制

定时间来看，当前实施的《审计法》是2006年修订的，《审计法实施条例》是2010年修订的，而近年来随着现代经济信息化的进一步发展，审计模式发生了转变，2018年修正的《预算法》对预算管理也增加了新要求和新规定，特别是随着党和国家机构改革中审计工作的加强、中央审计委员会的成立，原有审计法体系急需更新和完善。一方面，须进一步修订与完善《审计法》《审计法实施条例》等相关法律法规；另一方面，应尽快出台配套法律法规，夯实财政审计法律体系，增强财政审计法制化、规范化，提高审计质量。

其次应完善审计体制构建。审计的独立性是审计工作质量的重要保障，虽然我国《审计法》第五条明确规定“审计机关依照法律规定独立行使审计监督权，不受其他行政机关、社会团体和个人的干涉”①，但是基于我国实施的是行政型审计制度和行政机关的首长负责制，审计部门作为行政机关的内设机构，在进行财政审计的过程中必然会受到其他各方面的权力掣肘，“同级审”的内部审计模式使审计监督效果受到影响。另外，《审计法》对违反财政秩序和法律法规的行为规定的处罚力度不足。因此，地方各级政府要按照中央的要求，保障审计机关依法审计、秉公用权，不受其他行政机关、社会团体和个人的干涉。同时，审计部门要加强能力建设，不断提高审计部门干部队伍综合素质和专业能力，以保障财政审计工作高质量运行。

参考文献

[1] 习近平主持召开中央审计委员会第一次会议．(2018-05-23). http://www.audit.gov.cn/n4/n19/c122699/content.html.

[2] 国务院关于加强审计工作的意见．(2014-05-23). http://www.gov.cn/zhengce/content/2014-10/27/content_9170.htm.

[3] 关于国务院机构改革方案的说明．(2018-03-14). https://baijiahao.baidu.com/s?id=1594899877086684301&wfr=spider&for=pc.

[4] 甘肃：合力促进审计整改　全面强化监督职能．(2015-06-04). http://www.audit.gov.cn/n4/n19/c66805/content.html.

[5] 荆州市审计局积极探索财政资金绩效审计取得成效．(2017-09-21). http://www.hbaudit.gov.cn/html/2017/0921/63297.shtml.

[6] 大数据审计方法在财政审计中的运用．(2018-05-16). http://sjt.hubei.gov.cn/

① 中华人民共和国审计法．http://www.audit.gov.cn/n7/n34/n58/c109695/content.html.

html/2018/0516/69773. shtml.

[7] 刘家义．国家治理现代化进程中的国家审计：制度保障与实践逻辑．中国社会科学，2015（9）.

[8] 马骏，林慕华．中国预算改革：未来的挑战．中国行政管理，2012（6）.

[9] 牛美丽．中国地方绩效预算改革十年回顾：成就与挑战．武汉大学学报（哲学社会科学版），2012，65（6）.

[10] 田开友，李西泠．试论财政审计工作报告制度的法制建设．中南大学学报（社会科学版），2014，20（3）.

[11] 晏维龙，韩峰，汤二子．新常态下的国家审计变革与发展．审计与经济研究，2016，31（2）.

[12] 张军，孙永军，余应敏．财政审计与现代财政制度构建：基于国家治理视角的分析．审计研究，2015（4）.

[13] "中国转型时期的财政审计研究"课题组．转型时期我国财政审计存在的问题及原因分析："中国转型时期的财政审计研究"系列报告之三．经济研究参考，2007（49）.

[14] 国务院关于2017年度中央预算执行和其他财政收支的审计工作报告．（2018-06-20）．http：//www.audit.gov.cn/n4/n19/c123683/content.html.

[15] 中共中央印发深化党和国家机构改革方案．（2018-03-21）．http：//www.gov.cn/zhengce/2018-03/21/content_5276191.htm#1.

政府治理创新与政府治理的新典范：中国政府改革40年*

张成福**

【摘　要】政府治理改革与创新乃是对政府治理体系重新思考、重新设计、重新建构的过程。中国政府治理变革的动力来源于经济和社会的转型，亦是政府治理体系内部矛盾运动的结果。40年政府改革创新的结果便是产生和发展了具有中国特色的、不同于传统模式的新的政府治理典范。中国政府治理变革乃是一种基本典范的转移。

【关键词】社会转型；治理创新；政府治理新典范

一、前言

人类发展的历史表明，任何一个社会均需要一个治理的体系，用以贯彻集体的目标与维持内外的秩序。政府治理乃是一个社会的必需品。政府治理系统并非一个闭关自守的封闭体系，而是一个与社会大系统之间存在着“取”与“予”功能平衡的开放体系，治理体系获取社会的支持及资源的供给，有效转化为政策与政策的执行以及服务输出或对社会的“给予”。同时，治理体系也是一个生态适应的有机体，需要适应外在环境的变化，与时俱进，新陈代谢，求新求进，方能维持本身的存在、持续与发展。

* 本文原刊发于《国家行政学院学报》2018年第2期。

** 张成福，中国人民大学公共管理学院教授、博士生导师。

纵观人类社会治理发展的历史，我们不难发现，一旦治理的体系无法适应变化了的环境，便会出现治理的危机，导致国家的衰败，甚至于瓦解、灭亡。对安全的追求，对既定结构、规则及其利益的维护，似乎是人类的天性，或许正是这种天性，有助于治理体系本身的维持与持续。人类与其他动物的一个区别在于，人类具有无限的智慧和创造力，能够从历史的经验中学习和思考，不断超越和创新，这恰恰又是人类进步的源泉和力量所在。个体是如此，组织是如此，国家和政府亦是如此。无论是对个体、群体，还是对国家而言，如何维持其既定的基本规则体系，保持一定程度的连续性、稳定性，以及如何应对环境的改变和挑战，使得现存的制度体系与社会需求保持一致，不至于发生裂变，乃是治理的最大挑战。没有任何一种天然的机制能够保证国家和政府治理的有效性，除非这种治理体系能够产生自我革新的能力。从这个意义上讲，改革和创新乃是一切有机体的活力来源，政府治理体系也是如此。

政府治理改革与创新，乃是政府随着内外生态环境的变化，有意识地对其结构、功能、行为、政策乃至文化进行不断调整和改变，以谋取政府治理体系与环境之间的动态平衡，从而实现政府治理效能的行为或过程，是寻找和建立新的治理途径和方式（new approaches and mean），从而实现和创造公共目的（public ends）和公共价值（public value）的过程。政府治理改革与创新，是重新思考（rethink）、重新设计（redesign）和重新建构（reconstruction）治理体系，提升政府治理能力的过程。改革与创新，不仅仅是活力政府（governmental revitalization）的核心和关键所在，亦是提升应对国际国内社会各种挑战，提升国家竞争力的策略。是故，世界各国莫不重视政府治理的改革与创新，政府治理改革与创新已经成为世界性的趋势与潮流。从 20 世纪 80 年代起，中国政府适应社会的变化，持续不断地推进政府治理体系的改革与创新。经过 40 年的改革，中国政府治理体系发生了根本性的变化，形成了具有中国特色的、不同于传统治理的新的治理典范，同时，在政府治理改革与创新方面，也积累了丰富的经验，为世界贡献了政府改革的中国智慧。

二、中国政府治理改革与创新的契机和动因

马克思主义最伟大的贡献之一在于把世界看成是不断运动、变化和发展的过程，并揭示了变革与发展的内在动力和规律。马克思主义认为："一切社会变迁和政治变革的终极原因，不应当到人们的头脑中，到人们对永恒的真理和正义的日益增进的认识中去寻找，

而应当到生产方式和交换方式的变革中去寻找”[①]，同时认为经济虽然是决定性的因素，但不是唯一的因素。对于政府治理的变革和发展而言，其影响因素除经济因素之外，还有政治因素、社会因素、历史因素、政治领袖与社会大众因素等等。40 年中国政府治理改革与创新的主要原因或者推动力来源于政府治理环境的变化以及政府治理体系内部的矛盾。

政府治理体系外在环境的变化和发展乃是推动政府治理变革的主要原因。概括起来，40 年推动中国政府治理变革的契机和动因主要在于以下几个方面：

（一）意识形态和治国理政指导思想的变化

作为一个观念系统，意识形态不仅解释了社会的、政治的制度安排，也是一切社会的、政治的与政府治理的话语与行动的基础。对于政府治理而言，意识形态不仅仅论证了其合法性和合理性，而且是社会变革和发展的先导，成为引领国家和政府治理的号角和指南。改革开放以来，中国共产党和政府把马克思主义的基本原理与中国实际和时代特征相结合，在改革开放的实践中形成了邓小平理论、“三个代表”重要思想、科学发展观等指导思想，特别是十八大以来形成的习近平新时代中国特色社会主义思想，以一系列具有战略性、前瞻性和创造性的思想观点，明确了新时代坚持和发展中国特色社会主义的总目标、总任务、总体布局、战略布局和发展方向、发展方式、发展动力、战略步骤、外部条件、政治保证等基本问题。指导思想的创新，不仅仅丰富和发展了马克思主义，推动了马克思主义中国化，更是开辟了中国发展的新境界以及政府治理的新境界。如何适应这一新境界，对政府治理体系和能力提出了更高的要求。

（二）社会主要矛盾的变化与公民对美好生活的期待

国家和政府本身就是社会矛盾和社会冲突的产物，“正是由于私人利益和公共利益之间的这种矛盾，公共利益才以**国家**的姿态而采取一种和实际利益（不论是单个的还是共同的）脱离的独立形式，也就是说采取一种虚幻的共同体的形式”[②]。国家和政府的作用，最低限度便在于解决社会的各种矛盾，从而维护共同体的存在和发展。在各种社会矛盾中，把握社会主要矛盾乃是最重要的，因为社会主要矛盾决定国家和政府治理中的任务和基本战略选择以及政策选择。在新中国成立初期，党的八大报告就指出，我国的主要矛盾已是

---

① 马克思恩格斯选集：第 3 卷 . 3 版 . 北京：人民出版社，2012：797 - 798.

② 马克思恩格斯全集：第 3 卷 . 北京：人民出版社，1960：37 - 38.

人民对于经济文化迅速发展的需要同当前经济文化不能满足人民需要的状况之间的矛盾。但此后，由于诸多原因，阶级斗争被当作主要矛盾，以阶级斗争为纲，导致了国家的动乱和治理的衰败。党的十一届三中全会后，党和政府拨乱反正，十一届六中全会认为，我国需解决的主要矛盾“是人民日益增长的物质文化需要同落后的社会生产之间的矛盾”，以此为基本依据和判断，中国从此始终致力于生产力的发展，这也是推动中国改革开放的目的和初衷所在。经过 40 年的发展，我国社会主要矛盾的性质和特点发生了明显的变化，社会生产力发展有了历史性的跨越，落后的社会生产力已经不符合中国的实际，同时，在人民生活水平总体达到小康后，对更加美好生活的向往和需求更加强烈。中国社会的主要矛盾已经转化为人民日益增长的美好生活需要和不平衡不充分的发展之间的矛盾。社会主要矛盾的变化，对政府治理提出了新的要求和挑战，正确处理改革与发展中的重大关系，促进城乡区域协调发展，促进经济社会协调发展，促进经济社会和生态环境协调发展，促进硬实力和软实力协调发展，更好地推动人的全面发展和社会的全面进步，是政府的新任务。社会的全面进步同时要求政府自身必须更有能力、更有效率、更负责任，以政府发展来推动社会发展。

（三）社会主义市场经济与传统治理的困境

从计划经济走向现代市场经济无疑是 40 年中国社会最具革命性的变革。中国改革开放与经济发展的起点是僵化的计划经济、庞大而低效率的公共部门以及一个短缺的经济体。改革初期，中国体制转型的关键在于如何打破计划经济体制的束缚，推动市场化改革，推动资本积累，促进工业化和城市化。推动市场化并非透过市场的自发作用可以为之，其任务便落在政府身上，市场化改革意味着政府必须改变传统的以政府权力为中心的治理模式，并将自身的权力和掌控的资源让渡给市场和企业。从某种意义上讲，市场化改革能否取得成效，能否成功，从根本上取决于政府自身的自我革命。市场机制和市场经济要求市场在资源配置过程中起决定性作用，便意味着行政权力配置资源的退出；市场经济建立在产权制度的基础上，这便要求政府要完善产权制度并保护产权；市场机制要实现要素的自由流动，这便需要政府完善要素市场，实现要素的市场化配置；市场体制是建立在市场决定价格的机制基础之上，这便需要政府改革价格管制，由市场决定价格；市场经济需要公平的竞争环境，便需要政府放松规制，改革商事制度。同时市场经济也需要有为的政府，以弥补市场的缺陷和不足。中国市场经济的建立和发展与政府治理变革，是双向推动的过程。市场经济改革的发展推动着政府改革与创新，反过来，政府改革与创新也推动着市场经济的建立和完善。

（四）全球化与国际竞争的加剧

以贸易和投资自由化、便利化为核心的经济全球化乃是时代的潮流和不可逆转的趋势。40年中国改革的过程，也是中国走向开放，建立开放型经济和社会的过程。经济全球化不仅意味着国家之间的合作，也意味着国家之间的竞争，提升国家竞争能力乃是政府面临的重大议题。而政府能力则是一个国家综合国力和竞争力的主导性因素，引导和调控国民经济运行，参与国际经济竞争，促进经济发展，自然便成为政府工作的重心所在。同时，经济全球化对政府治理提出了更高的要求，要求政府的运行更加公平、更加透明，政府的治理要遵循法治，政府的行为具有可预测性，政府要为外资创造公平竞争的市场环境等，政府的运行要更具效率。顺应经济全球化和保持国际竞争力的内在需要，为中国政府治理变革提供了契机，也提供了强大的动力。

（五）网络社会和知识经济

从历史上看，科技的进步和发展乃是推动社会变革的主要力量之一。从20世纪80年代开始的现代通信技术革命，特别是互联网的发展和普及对人类社会产生了革命性的影响，它不仅改变了生产方式，也改变了人类的生活方式和交往方式。人类社会进入了网络社会和知识经济的时代，这一时代呈现出了与传统时代不同的特质，如数位化、全球化、虚拟化、去密集化、动态化、即时性、流动空间等。在网络化的社会中，知识已经成为经济活动的根本生产要素，成为国家创造持续经济增长，形塑竞争优势，积累附加值的主要驱动力。网络社会和知识时代的兴起，改变了政府施政的外部环境，动态、复杂、多元的环境，对政府的职能和角色、政府的组织形态与结构功能以及政府的运行方式提出了新的要求，同时，信息和通信技术革命，也为政府治理创新提供了新的技术和手段，催化着新的治理方式，成为推动政府改革与创新的最佳媒介与策略动力，为建立以服务民众为中心的，灵活、高效、透明的政府创造了可能性。

除了政府治理环境的变化之外，推动中国政府治理体系变革与创新的另外一个主要因素在于政府治理体系自身存在的一些基本矛盾。在一定程度上讲，正是这些矛盾的存在与变化构成了源源不断的力量，促成了政府的改革。创造性地利用矛盾，通过创新摆脱和解决矛盾，恰恰是政府改革本身的应有之义。具体而言，政府治理体系中的基本矛盾在于以下几个方面：

（一）政府职能和任务的繁重与政府能力

随着社会的发展和进步，政府管理职能日益扩张，任务日趋艰巨和复杂，几乎涉及社会生活的方方面面。这便要求政府自身的能力与其承担的职责相匹配。唯政府具有政策创新力、高效执行力、资源汲取力、广泛协商力、有效管制力等，方能适应不断变化和增长的需要，方能有效解决公共问题，有效提供公共服务。如果政府自身的能力与其承担的角色和发挥的作用不相适应，政府便不可能为经济和社会的发展做出贡献。而事实上，能力的欠缺或者不足始终是社会政府体系所面临的突出问题。

（二）整体的公共利益与局部的、个体的利益

利益是人们在一定社会条件下生存和发展需要的表现，利益关系是人从事生产和其他社会活动的动机。正是在这个意义上，马克思主义认为“人们为之奋斗的一切，都同他们的利益有关”①。政府治理，乃是追求公共利益的国家作用，然在多元利益社会中，始终存在着不同的利益群体，政府亦不是一个同质的集团，在政府体系内部也始终存在着整体的公共利益与部门利益、公共利益与地方利益、个人利益与公共利益的矛盾和冲突。政府改革的许多领域，均涉及利益关系的调整和利益的重新分配。而如何防止利益冲突，尽可能地保障和促进公共利益的实现，均是政府改革关注的核心问题。

（三）权力的集中和权力的分散

政府治理体系从纵向上看也是一个经由权力划分和配置所形成的多层级控制体系。中央与地方是公共权力的垂直分立，垂直分立事实上也是事务项目的区分，大的原则是由中央与地方各自处理分内的事务项目，归中央的事务，地方不能过问，归地方的事务，中央也不处理。中央管的事务项目较多者，为中央集权制（centralization），地方管的事务项目多者，为地方分权制（decentralization）。我国是单一制的中央集权制国家，地方与中央为代理关系、隶属关系；地方政府是国家机关；中央与地方为行政分治关系；中央与地方存在监督关系，以行政监督为主。如何处理中央与地方的关系，破除本位思考和零和思维，兼顾地方自主与中央统合，发挥中央与地方的比较优势和调动中央地方积极性，始终是中国政府面临的改革议题。

---

① 马克思恩格斯全集：第1卷.2版.北京：人民出版社，1995：187.

（四）部门分化与整合

政府体系，从横向上看，乃是经由专业化分工和职能划分而形成的部门体系。部门化的结果是形成了承担不同公共事务的职能部门，从而行使对不同公共事务的管辖权，展现了功能性政府的特质。部门化的初衷乃在于通过专业化的分工应对政府事务的复杂性，通过工作的专业化（task specialization）提高政府的效率。在现实中，部门化亦导致了许多问题，如：权责集中和集权，无法适应变化的需要；部门林立和机构膨胀；本位主义和部门利益；在权责不清的情况下，相互推诿、相互扯皮；政出多门，不易协调等。因此，在功能分制的情况下，政府治理便出现了高成本、缺乏长远观点、对民众缺乏责任心等问题。如何使政府成为一个完整的体系，发挥整体的合力，便成为改革的难题之一。

（五）政府权力的扩张与控制

在现代社会，行政权的扩张成为一个普遍现象。行政权力的扩张使得政府的自主性大大提高，有利于政务的推行，也能够使政府在经济发展和国家建设上发挥积极主动作用，但与此同时，公共权力亦面临误用、滥用、失去控制而导致的各种风险。如何既保证政府的权威和自主性，也防止权力的侵蚀，亦是政府治理的困境与矛盾所在。

上述矛盾并非政府治理体系中存在的全部结构性矛盾，还有许多其他的矛盾，如行政效率与公平之间的矛盾，政府管制与社会自主和创新之间的矛盾，照章办事与繁文缛节、形式主义、缺乏弹性之间的矛盾，等等。政府治理改革与创新，正是解决各种矛盾的过程。

三、走向政府治理的新典范：40年政府改革的成就

中国政府改革，实际上乃是一场社会再造运动，它是在中国社会整体转型的背景下进行的，改革所涉及的范围和内容已远远超出传统意义上政府自身行政的范围，涉及政府与社会的方方面面。其改革范围之广、幅度和力度之大、涉及的议题之多，已远远超出其他国家行政改革的范畴。改革开放以来，中国共产党和人民政府以极大的自我革命和创新精神，坚定不移推动政府治理的变革，经过40年的改革和发展，一种具有中国特色、不同于传统的、新的政府治理典范正在形成和显现，经济的高速增长和社会的整体性进步，便是这种新治理典范绩效的最好证明。具体而言，40年中国政府治理创新的主要成就（或

者新典范的主要特质）在于以下几个方面：

（一）政府治理的主导价值再确认：以人民为中心的政府治理

新中国历次颁布的宪法均明确申明我国是人民民主的国家，国家的一切权力属于人民，宪法明确规定："一切国家机关和国家工作人员必须依靠人民的支持，经常保持同人民的密切联系，倾听人民的意见和建议，接受人民的监督，努力为人民服务。"一切国家机关和工作人员都是人民的公仆，这便是共和国的立国精神和价值所在。政府改革40年，政府治理不变的是对这种主导价值的不断确认、强化和发展。早在20世纪50年代，邓小平明确指出："工人阶级的政党不是把人民群众当作自己的工具，而是自觉地认定自己是人民群众在特定的历史时期为完成特定的历史任务的一种工具"①。党和政府是人民实现其利益的工具，明确指明了政府存在的价值在于对人民期待的价值的创造。政府治理改革的目的在于废除官僚主义，发展社会主义民主，调动人民的积极性。"三个代表"重要思想以及科学发展观也是以人民的主体性为核心的。十八大以来，党和政府确立了以人民为中心的发展观，以人民为中心的发展观既是指导经济和社会持续健康发展的科学发展观，又是政府治理实践的核心价值观。正如习近平所讲的："中国共产党及其领导的国家是代表最广大人民根本利益的，其一切理论和路线方针政策，其一切工作部署和工作安排，都应该来自人民，都应该为人民利益而制定和实施"②，"坚持全心全意为人民服务的根本宗旨，实现好、维护好、发展好最广大人民根本利益，把人民拥护不拥护、赞成不赞成、高兴不高兴、答应不答应作为衡量一切工作得失的根本标准……"③ 以人民为中心的治理观的确立，标志着政府治理从国家中心主义转向人民中心主义。

（二）政府治理重心的转移：发展与变革导向的政府治理

改革开放以来，中国政府面对不断变化的国际和国内环境以及各种矛盾和挑战，积极主动调整和改变自己的工作重心，形成了以变革和发展为导向的现实主义的治理风格。中国社会的转型，固然是政府与社会双向推动的结果，但政府在整个社会的变革和发展中发挥着积极主导、催化、推动的作用，展现了创造发展和变革环境、促进经济和社会发展的能力。除了传统的维护秩序和政治社会稳定的角色之外，政府在社会转型和发展中扮演了

---

① 邓小平文选：第1卷．北京：人民出版社，1994：218.

② 习近平谈治国理政：第2卷．北京：外文出版社，2017：295.

③ 同②40.

多重积极的角色：(1) 经济和社会变革的代理人。中国社会经济和其他领域的变革，均是有计划的变革，而政府始终是变革规划的设计者和推动者。(2) 发展共识的建立者和领导者。改革开放初期，面对生存和发展的压力和挑战，中国政府从政治现实主义出发，确立了发展是第一要务，发展是硬道理，发展是谋取解决一切问题的解决之道这一基本共识，并积极创新发展的理念，领导和指导经济和社会事业的发展。(3) 制度规则的制定者。在任何社会中，经济和社会的发展前提都是建立有助于经济和社会发展的基本条件，即法律制度和规则，所谓有良法则有良治。改革开放以来，为适应市场经济和社会的发展变化，中国建立起了基本适应社会主义市场经济和社会发展的包括法律法规在内的规则体系，而政府在其中则扮演了程序领导者的积极角色。(4) 发展战略和规划的制定者和执行者。政府通过国民经济和社会发展规划以及各个领域的专门发展战略和规划，引领经济和社会的发展，使发展更具前瞻性、系统性和协调性。(5) 公共产品和服务的生产者和提供者。在大量公共产品生产和服务领域，如公共安全、基础设施以及基础性公共服务领域，政府不仅仅是直接的投资者，而且是直接的生产者和提供者，这不仅为经济和社会的发展创造了良好的条件，也直接促进了经济的发展，保障了民生及公民的基本权益。生产力的巨大进步，综合国力的提升，国民生活水平的改善，实际上与政府的积极作用密不可分。

（三）市场化改革和亲市场的政府治理

市场化改革，即承认和保护个人和企业对经济利益的追求，重视市场的作用，发挥市场在资源配置过程中的决定性作用，是 40 年中国改革的主要实践。中国政府改革也是沿着如何建立起与社会主义市场经济相适应的政府治理体制这一主线来进行的，政府与市场关系的变革乃是核心，这突出表现在政府职能的调整上。经过 40 年的改革，政府职能体系不断优化，基本上建立了与社会主义市场经济体制相适应的职能体系，建立了亲市场的政府治理。这主要表现在：(1) 明确了政府职能转变的基本方向，即政府职能转向创造良好的发展环境，提供优质公共服务，维护社会公平正义，既能发挥我国社会主义政治制度的优势，又能运用市场激发经济的活力。(2) 初步解决了政府职能的错位问题。市场在资源配置过程中的作用得到了体现；推动了市场的开放和公平的准入；放开市场价格，价格关系得到初步理顺，使得价格能够真实反映市场需求，重视价格机制对市场的调节作用。(3) 政府职能实现的方式发生了转变。对经济社会事务的治理从传统的行政命令、直接干预转变为经济手段和宏观控制，即发挥国家发展规划的战略导向作用，综合运用财政、税收、投资、金融等政策手段促进发展方式的转变。(4) 适应社会主要矛盾的变化。政府职能的重点领域逐步转向向全体人民提供统一、均等的公共服务。当然，政府职能的转变充满了各种矛盾和冲突，这一转变过程刚刚开始。政府与市场的关系永远是动态的、非均衡的。

（四）权力结构的调整与分权协同的政府治理

政府治理，并非政府单方面行使权力的过程，而是政府与企业、政府与社会、中央与地方之间有机互动和相互作用的过程。国家的优良治理和社会的有效治理乃是建立在负责任的政府、有活力的企业、有生命力的社会组织三大部门协力关系之上的。中国传统治理模式最显著的特征在于高度的集权，其弊端在于抑制国家、地方、企业、社会的积极性、创造性，最终导致整个国家缺乏活力，缺乏效率。中国社会的变革是从农村开始的，权力的下放使农民有了经营自主权，极大调动了广大农民的积极性，进一步解放了生产力。自此以后，调整权力结构，实行分权化改革始终是中国政府治理变革的主线之一。中国政府治理改革40年，其成果之一便是通过权力结构的调整，形成了一个分权协同治理的基本格局。具体而言：(1) 赋权企业。改变了传统的政府直接管理国有企业的方式，推进政企分开，实现了所有权和经营权的分离，确立了国有企业在市场经济中的主体地位。企业成为自主经营、自负盈亏的法人实体和市场主体。同时，从战略上调整国有经济布局和结构，进行了国有大型企业的股份制和公司制改造，逐步建立起了同社会主义市场经济相适应的国有资产监督和管理体系，改革的结果使得国有经济取得了较快发展，也大大增强了国有企业的市场竞争能力。(2) 赋权社会。坚持政事分开、管办分离的原则，积极推进事业单位的分类改革，激发了事业单位的活力。承认社会组织作为社会治理主体之一的地位，通过政府购买服务的方式，积极促进社会组织的健康发展。(3) 赋权地方政府。通过经济性和行政性分权，特别是财政分权，使得地方政府支出占政府全部支出的85%，极大地调动了地方政府发展的积极性，也调动了地方政府推动改革的积极性。分权化改革的另一个积极效应在于，在分权治理的框架下，中央政府通过地方局部地区的政策创新试验，探索和总结了经验，然后达成共识，在更大范围乃至全国推广，这不仅仅有利于政府政策创新能力的提升，而且大大降低了改革过程中可能出现的诸多不确定性和风险。权力结构的调整最终是多元利益格局的调整，权力分享、权力下放所产生的利益共享，恰恰为经济和社会发展提供了正当的诱因，最终有利于形成权力共享、利益共享、责任共担、风险共受的协同治理格局。

（五）政府治理架构调整与整体性的政府治理

政府组织机构是政府履行职能的载体，完整统一、事权确实、协调一致、精简效能的政府组织框架乃是政府体系良好运行的基础。受传统政府治理模式以及诸多因素的影响，长期以来，政府组织框架存在诸多问题，如：政府部门（特别是经济管理部门）仍然偏多，不仅超过了有效的控制幅度，而且增加了协调的成本；政府部门仍然存在职责交叉、职能重叠、权责不一的现象；政策的领导与统合功能不强，政出多门、条块分割等情况时有出现。是故，机构的调整与优化也始终伴随着政府治理的变革。经过40多年的改革和调整，政府组织框架日益合理化，这主要表现在：(1) 从单纯调整改革政府机构到统筹改革和调整党政群机构设置，强化了党的全面领导，强化了政策的领导和统合功能，维护了政令的统一。(2) 政府机构和人员膨胀、政府规模扩大的趋势得到了有效控制，政府机构和人员日趋精减，更符合运行经济的原则。(3) 大部制框架的确立，使得政府事权更加统一，改变了过去部门林立、职责不清和交叉、多头管理、多头执法的状况。(4) 建立了决策、执行、监督既相互协调又相互制约的政府组织权力运行机制。(5) 跨机关政府整合服务。随着地方服务大厅、行政审批服务中心、“互联网＋政府”服务模式的建立和推广，政府对民众提供服务的方式发生了改变，跨机关、整合性、便民化、高效率的新的服务模式已经形成。总的来看，面向社会需求和公共问题，服务社会与民众的整体性政府治理正在得到呈现。

（六）政府开放与民主参与的政府治理

政府治理体系乃是一个开放的系统，虽有其边界，但要维持其活力，增加治理的有效性，须保持其开放性。政府的开放也是40年中国政府创新的主旋律之一。主要表现在：(1) 建立政府信息公开制度，保障和落实人民的知情权，使人民成为知情的公民。(2) 建立政务公开制度，使政府在阳光下运作，政府的运作更加透明化，实现人民对政府权力与运作的有效监督。(3) 建立民主参与决策和政策制定的制度。重大事项决策的调查研究制度、专家咨询制度、社会听证制度、多元化的民主协商制度（政治协商、政府协商、社会协商）得到确立。(4) 以普遍主义为价值导向的，以公平、平等、竞争为基本特征的公职人员管理体系得到建立、发展和完善。(5) 城市社区居民自治以及农村村民自治制度的确立和实施，不仅使社区成为公民学习共同治理的场所，而且能够使居民由下而上地参与和投入，自发、自主、自治地解决社区存在的问题，创造社区的生机。民主参与的治理，不仅保证了政府治理的合法性，更重要的是能够促使政府理性地制定政策，提高政策执行的效率。

（七）治理方式变革与依法而治的政府治理

依法治国和法治政府乃是人类治理文明的共同特征。建设法治政府不仅是全面推进依法治国、建立社会主义法治国家的重要内容，亦是维护人民群众合法权益、实现社会公平正义的制度保障。中国政府治理改革和转型是从人治走向法治的过程，经过40年的改革，法治政府基本格局已经形成，为全面建成法治政府奠定了坚实的基础。主要表现为：(1) 建设法治国家和法治政府已经成为国家的基本方略，整个社会达成了广泛的政治共识；(2) 强化了党对法治政府的领导，完善了全面依法治国的领导体制，法治政府的建设有了领导保障；(3) 制定了全面推进依法行政、建设法治政府的规划和实施策略；(4) 建立了适应法治政府发展需要的基本的法律法规和规章体系，涉及规范政府组织、公职人员管理、行政行为、行政程序、行政救济等诸多方面。法律法规体系的建立和完善，使得政府权力的获取、组织、行使有了制度上的约束和保障，通过良法促进良治；(5) 在重视规范和约束政府权力的同时，更加重视公民权利和利益的维护，这主要体现在给付行政的范围不断扩大上；(6) 改革行政执法体制，整合执法主体，精简执法机构，实行了相对集中行政执法权，推进综合执法的改革探索，在一定程度上缓解了多头执法、重复执法、乱执法等突出问题；(7) 通过审批制度改革，大大压缩了政府权力寻租的空间，铲除了腐败滋生的土壤，为廉洁政府的发展奠定了良好的基础。

四、政府治理变革的经验与启示

40年政府治理的变革，其成绩是巨大的。在推进政府改革的过程中，既有教训，亦积累了许多成功的经验。第一，政府改革创新，是中国特色社会主义制度的自我发展和完善，改革与发展要坚持正确的政治方向，坚持“四个自信”。第二，思想解放与理论创新的重要性。诚如马克思讲过的，批判的武器当然不能代替武器的批判，物质力量只能用物质力量来摧毁，但理论一经掌握就会变成物质的力量。改革开放40年的历史经验在于，我们所取得的每一项重大突破和成就均是思想解放和理论创新的产物，思想自由促进了行动的自由，最终通过自由促进发展。第三，政府改革始终倾听人民的声音，回应人民的期待，坚持问题导向，人民期待政府改什么，政府就改什么，同时要尊重人民的首创精神，吸收民间的智慧。第四，政府改革要有整体观、系统观，要具有前瞻性。政府治理连接着政治、经济、社会生活的方方面面，涉及众多关系的调整和变化，改革要获取成效，必须从整体和系统的角度考虑问题，注重不同领域改革之间的配合，不同改革政策与措施之间的相互衔接，不同时间节点之间的相互调适，从而形成改革的合力，产生改革的"综摄效应"。第五，改革要有正确的方法论，既要重视顶层设计和规划的引导作用，又要大胆鼓励地方政府和基层政府的创新、探索和实践。

在任何时期、任何国度中，均不存在完美的制度，政府治理制度亦是如此。世界上唯一不变的事就是变，正如我们长大成人以后不能再穿儿时的衣服一样，随着经济和社会的变化，政府治理也要不断创新和变革。在中国特色社会主义进入了新时代，我国社会主要矛盾发生了转化，发展中国特色社会主义基本方略已经确立的背景下，政府面临着更大的挑战，肩负着更大的历史责任。建立人民满意的现代化的政府治理体系，提升政府治理能力，增进政府治理效能，通过政府自身的改革和发展，推动经济社会的全面发展进步，仍是不变的主题。政府改革与创新永远在路上，仍然是未竟的事业，其光明的前景值得期待。

参考文献

[1] 马克思恩格斯选集：第3卷.3版．北京：人民出版社，2012.

[2] 马克思恩格斯全集：第3卷．北京：人民出版社，1960.

[3] 邓小平文选：第1卷．北京：人民出版社，1994.

[4] 习近平谈治国理政：第2卷．北京：外文出版社，2017.

中国社会保障改革与经济发展：回顾与展望*

郑功成**

【摘　要】自 2008 年美国发生次贷危机并引发世界经济危机以来，全球经济陷入发展低谷，社会保障制度也成了人们关注的焦点。在许多国家经济增长乏力与紧缩福利并不断引发社会、政治危机的背景下，中国却在近 40 年间成功地采取了一种综合性的策略，使经济体制改革和社会保障变革相辅相成，在持续释放了经济增长潜力的同时，又通过对传统社会保障制度全面而深刻的变革使人民福利水平得到不断提升。中国的发展道路及已经取得的成果证明了社会保障与经济可以共同发展。尽管中国经济发展还面临着诸多挑战，新型社会保障体系亦需要通过更为科学的顶层设计才能走向完善，但已经取得的巨大进展，足以表明中国是当今世界社会保障与经济发展相得益彰的一个富有成效的案例。

【关键词】社会保障改革；经济发展；相互促进；中国案例

2008 年美国发生次贷危机并引发了世界经济危机，美国、欧洲及一些发展中国家的经济迅速陷入发展低谷。在这一背景下，一些国家采取紧缩政策来应对危机，也有一些国家选择经济刺激政策，而社会保障制度则成了一个被广泛关注的讨论焦点。如何理解并正确处理好社会保障与经济发展的关系，客观上成为摆在世界各国面前的重大议题。在发达国家经济增长乏力与福利紧缩并不断引发社会、政治危机的背景下，中国却成功地采取了

---

* 本文原刊发于《中国人民大学学报》2018 年第 1 期。

** 郑功成，中国人民大学中国社会保障研究中心教授。

一种综合性的策略，使经济发展和社会保障制度变革相辅相成，在持续释放经济增长潜力并使综合国力持续大幅度提升的同时，又通过社会保障制度改革使人民福利水平得到不断提升。中国的发展实践证明了社会保障与经济可以共同发展。

一、中国经济与社会保障在近 40 年间双双取得巨大成就

作为发展中国家，中国在 20 世纪 70 年代还属于低收入国家。但自 80 年代开始经济体制改革以来，迄今已经保持了 30 多年的持续高速增长，并且还在以较高速度继续增长。《中国统计年鉴》的数据显示，1978 年中国国内生产总值（GDP）为 3 645 亿元人民币，约合 2 165 亿美元①，人均 GDP 为 381 元人民币，约合 226 美元，属于极低收入国家，处于普遍贫穷状态。到 2016 年，国内生产总值（GDP）增加到 744 127 亿元人民币，约合 11.2 万亿美元，人均 GDP 达 53 817 元人民币，约合 8 102 美元，进入中等偏上收入国家行列，并正在向高收入国家迈进。在改革开放初期，中国 GDP 只占世界经济总量的 1%；到 2015 年时，在全球 GDP 总量 74 万亿美元中，美国占比 24.32%，中国占比提高到 14.84%，日本、德国占比分别为 5.91%、4.54%②，中国成为世界第二大经济体。按照 2015 年价格计算，2016 年中国、美国、日本对世界经济增长的贡献率分别为 41.3%、16.3%、1.4%③。

与此同时，中国的产业结构、就业结构、城市化率、恩格尔系数等宏观指标也发生了深刻变化。其中第一、二、三产业的占比从 1978 年的 27.7%、47.7%、24.6%发展到 2015 年的 8.9%、40.9%、50.2%，按产业分就业结构同步从 70.5%、17.3%、12.2%发展到 28.3%、29.3%、42.4%，城镇化率从 17.9%增长到 56.1%，城、乡居民恩格尔系数分别从 57.5%、67.7%下降到 34.8%、37.1%④。这组数据较为全面地反映了中国近 40 年的经济发展进程，以及与之相关发展指标的变化。这期间，中国减少贫困人口 6.6 亿人，绝大多数人进入了较为富裕的小康生活阶段。而国家的发展目标是在 2020 年消灭区域贫困与绝对贫困现象，全面建成小康社会⑤；到 21 世纪中叶建成富强民主文明和谐美丽

---

① 本文中的美元按照《中国统计年鉴（2016）》中的“历年平均汇率”折算。

② 全国 GDP 总量达 74 万亿美元　各国占比排行榜公布．（2017－02－24）. http：//finance. ifeng. com/a/20170224/15214241 _ 0. shtml.

③ 中国对世界经济增长的贡献不断提高．人民日报，2017－01－13.

④ 中华人民共和国国家统计局．中国统计年鉴（2016）. 北京：中国统计出版社，2016.

⑤ 中华人民共和国国民经济和社会发展第十三个五年规划纲要．北京：人民出版社，2016.

的社会主义现代化强国，全体人民共同富裕基本实现①。

在经济体制改革的触发下，中国的社会保障也在20世纪80年代中期进入全面而深刻的制度变革时期。社会保障体制的改革采取与经济体制改革相似的渐进改革方式，经历了从被动变革到主动变革，从自下而上到自上而下，从试点先行与单项推进到中央政府顶层设计与全面推进，从服务并服从于经济体制改革到独成体系地影响、维系和促进社会公正与经济发展的转变过程。目前，中国的社会保障体系已经从总体上完成了制度转型，即从计划经济时代的国家负责、单位包办、全面保障、板块结构、封闭运行式的社会保障制度转换成政府主导、责任分担、社会化、多层次化的新型社会保障体系，实现了从国家—单位保障制到国家—社会保障制的转型。

进入21世纪后，特别是在2008年美国次贷危机爆发后，中央政府在2009年决定加快社会保障发展步伐，并通过持续加大财政投入来实现全面推进社会保障发展的目标，取得了巨大的成效。2016年全国参加养老保险人数近8.9亿人，领取养老金人数达2.6亿人，97%的人口已经被职工医疗保险制度或居民医疗保险制度覆盖②。由政府负责并面向低收入群体的综合型社会救助制度全面确立，惠及了占总人口近10%的低收入家庭，救助水平在不断提升。包括保障性住房建设、养老服务、残疾人保障、儿童福利等在内的其他福利制度也在改革和发展。社会保障在从被动地应对贫困的体系转化为主动地将国家经济发展成果重新分配给有需要的人并惠及全民的过程中，事实上已经成为全体人民共享国家发展成果的基本途径与制度保障③。

社会保障的快速发展，不仅使全体人民的福利水平与民生质量得到大幅度提升，也对世界社会保障发展做出了重要贡献。国际社会保障协会秘书长康克乐伍斯基曾指出，如果不算中国，全世界社保覆盖面只有50%，算上中国就达到61%，中国对世界社会保障的贡献是巨大的，为其他国家做出表率④。2016年11月17日，国际社会保障协会将“社会保障杰出成就奖”授予中华人民共和国政府，以表彰中国近年来在扩大社会保障覆盖面工作中取得的卓越成就。

---

① 习近平．决胜全面建成小康社会　夺取新时代中国特色社会主义伟大胜利：在中国共产党第十九次全国代表大会上的报告．北京：人民出版社，2017：29.

② 2016年度人力资源和社会保障事业发展统计公报．http：//www.mohrss.gov.cn/syrlzyhshbzb/zwgk/szrs/tigb/201705/wo20170531358206938948.pdf.

③ 郑功成．中国社会保障发展总报告“十二五”回顾与“十三五”展望//中国社会保障发展报告2016．北京：人民出版社，2016.

④ 中国政府获国际“社会保障杰出成就奖”．人民日报，2016－11－19.

由上可见，中国在过去30多年间取得的是经济持续高速增长与社会保障持续快速发展的双成就。这种现象并不是偶然的，而是将社会保障作为应对改革风险和改善民生的重要治理工具，并坚信不断发展的社会保障与经济发展之间的积极关系的结果。正是在转型过程中，中国依靠对经济和劳动力市场发展与社会保障者间内在关系的妥善、积极和前瞻性处理，以及有效利用社会保障的核心功能，使得经济改革与发展得以顺利推进。这一过程同时对中国社会保障制度建设产生积极的影响，化解风险并不断增进人民福祉。中国经济的快速发展为社会保障制度的更为有效和“慷慨”提供了物质基础，而社会保障则为经济体制改革创造了稳定的社会环境及相关条件。中国为当今世界妥善处理社会保障与经济发展的关系提供了一个正面的范例。

二、社会保障对中国经济体制改革与经济发展的贡献

社会保障体系的日益健全和社会保障水平的持续提升，为中国的经济体制改革和社会转型创造了相对安定的社会环境，形塑了可以在全国范围内自由流动的统一劳动力市场；同时亦直接增加了城乡居民的福利收入，大幅度地消解了人民生活的后顾之忧，进而极大地提振了城乡居民的消费欲望与消费能力。根据商务部的报告，2014—2016年最终消费（包括居民消费和政府消费）对中国经济增长的贡献率达48.8%、59.7%、64.6%，分别比投资贡献率高1.9、18.1和22.4个百分点，消费动力不断增强，消费已成中国经济增长的最重要引擎[①]。这在很大程度上归功于全民社会保障目标的初步实现。职工养老金在2005—2015年间每年增长10%，2016年增长6.5%，2017年增长5.5%，同时医疗保险水平持续提高，这些措施增强了居民的购买能力，也同步减少了居民为养老、医疗所做的预防性储蓄，直接刺激了消费增长。因此，中国社会保障制度的变革与发展过程，既是促进和维系市场经济体制改革与经济增长的过程，也是维护社会公平和实现中国包括经济领域在内的全面发展的过程。

总体而言，社会保障对经济发展的贡献主要表现在如下方面：

（一）创设失业保险制度与下岗职工基本生活保障制度，为国有企业改革劳动用工制度和市场化改革提供了必要条件

中国经济体制改革的目标是从高度集权的计划经济转向更具效率的社会主义市场经

---

① 消费仍是经济增长“第一引擎”. 人民日报（海外版），2017-07-23.

济。在这场异常深刻的变革中，国有企业处于中心位置，只有让其成为真正的市场主体，才能与逐渐发展壮大的私有企业一起展开自主、公平的竞争，而让国有企业职工从终生“铁饭碗”转化为自由地签订和终止合同（“双向选择”就业）并融入统一劳动力市场就构成了这场改革最为关键的内容。在这样的背景下，中国经历了两次国有企业改革大潮。

第一次改革是20世纪80年代让国有企业从高度集权的指令性计划经济步入市场竞争环境，开始允许效益不良的国有企业走向破产，同时建立起劳动合同制度，这些措施激发了国有企业与劳动力市场的活力，也为优化企业人力资源配置和提高劳动生产率创造了条件，但失业工人却缺乏应有的制度保障，这一度成为影响国有企业市场化改革的重大阻碍因素。为解决这个问题，1986年，国务院颁布《国营企业职工待业保险暂行规定》，建立起面向国有企业工人的失业保险制度，它标志着中国正式进入重构与市场经济相适应的社会保险制度新时代。正是由于失业保险制度的建立，国有企业改革中出现的失业工人才有了基本的生活保障和重新就业的缓冲期，这一制度构成了改革初期推进国有企业市场化的必要条件。

第二次改革是1998年启动的，以让国有企业能够卸下与其直接经营目的无关的负担，轻装融入市场经济为目的。这一轮改革的主要目标是大规模裁减国有企业中的冗员，同时完善社会保障制度以减轻国有企业传承已久的社会负担。但若简单地采取让国有企业工人失业并进入就业市场的办法，不仅劳动者一时无法适应，亦有违当初用工的社会契约精神，还会产生巨大的社会震荡。为此，中央政府在推进养老保险、社会救助及相关公共服务等发展的同时，创建了有中国特色的下岗职工基本生活保障制度，即让国有企业冗员离开劳动岗位进入企业再就业服务中心，政府通过财政拨款、失业保险基金调剂、国有企业负担各占三分之一的比例建立下岗职工基本生活保障基金，在政策规定的期限（最长3年）内向下岗工人发放生活补贴。这一制度为1998—2003年下岗的3 000多万名国有企业职工提供了基本生活保障，为顺利实现国有企业裁员的目标做出了特殊的贡献。社会保障改革与制度建设的发展，为国有企业融入市场经济并加速发展提供了保障性条件，也奠定了经济持续高速增长的稳定基石。

（二）实现社会保障制度从单位保障制向社会保障制转型，为经济体制改革与经济发展营造了有利环境

在计划经济体制下，中国实行的是单位包办的社会保障制。城镇劳动者被固定在机关事业单位或国有企业，所在单位直接负责劳动者的养老、医疗、住房及其他各种福利保

障，并惠及其家属，国家对城镇单位实行财政补贴；乡村人口则被固定分割在不同的基层组织，居民福利主要通过福利化的分配制度在集体成员之间实现互助，政府只负责有限的救灾济贫工作。这种单位保障制既将劳动者固定在不同的单位而制约着劳动者的自由流动与人力资源的优化配置，也让各个单位承担着无所不包的社会保障事务而无法真正成为市场或社会主体。因此，中国社会保障制度改革的重要方向就是让社会保障从单位保障制走向超越单位的社会保障制，即在企事业单位之外建立自成体系的社会保障制度。经过 30 多年的制度变革，社会保障社会化改革任务基本实现。一方面，社会保险从单位包办走向政府主导、用人单位与参保者个人缴费、专业机构经办，实现了社会化管理与运行。它不仅覆盖了国有单位的工作人员，也覆盖了私有企业等的劳动者与灵活就业者，养老保险与医疗保险更是扩展到全民。这一改革使企事业单位得以从繁重的社会保障事务中解脱出来，各类企业逐渐成为平等竞争的市场主体。另一方面，社会救助与社会福利亦从政府包办的狭窄格局走向汇集政府、社会及个人力量的社会范畴。计划经济时代的社会救助与社会福利只面向城镇中没有单位归属的孤寡老幼，改革后的社会救助与社会福利则面向全体国民。社会化改革使社会保障制度构筑起日益严密的社会安全网，既有效地化解了市场竞争与天灾人祸衍生出来的社会风险，也有效地促进了社会公正。

（三）中国社会保障改革与发展直接推动着国民经济持续高速增长

(1) 社会化的新型社会保障制度扫除了单位保障制度下阻碍劳动力自由流动的壁垒，使丰富的人力资源在全国范围内不断得到优化配置。一方面，农村剩余劳动力大规模地进入城镇，在过去 30 多年中，3 亿多农村劳动力从第一产业转移到第二、三产业就业，并逐步享受到与城镇人口相似的社会保障；另一方面，城镇之间、不同机构或单位之间的人员流动也日益频繁，计划经济时代从属于单位保障制的就业分割格局被完全打破，新型社会保障制度避免了因工作单位或就业地域变换而造成的福利受损。国家统计局历次全国人口普查和全国 1%抽样调查数据显示，全国流动人口数量（居住地与户口登记地所在的乡镇街道不一致且离开户口登记地半年以上的人口）在 20 世纪 80 年代是以百万计，到 90 年代则从千万计到逾亿计，2010 年为 2.61 亿人，2015 年达到 2.92 亿人。因此，实现人力资源在全国范围内的优化配置，是中国经济发展始终保持活力与动力的重要原因。

(2) 公共教育事业大发展为经济增长提供了高素质的劳动力。30 多年来，中国的教育事业大致经历了从低水平免费教育到多元投资混合型教育，再到教育的公共福利属性不断增强的发展过程。在20世纪80年代以前，实施与计划经济体制相适应的低水平全面免费教育，但限于国家财力，高、中等教育发展不足，只有极少数人能够享受高中教育与高等教育。在20世纪最后10多年，伴随国家福利的整体削减，义务教育继续免费并全部由国家财政投入，高等和中等教育适度收费，并允许民间力量投资办各类教育，全社会教育总投入大幅度增加，但财政性投入比重有所下降。进入21世纪以来，教育的公共福利性又开始增强，困难群体教育帮扶体系逐步完善。从1991年到2016年，中国财政性教育经费投入由618亿元增长至31 396.25亿元，其占GDP的比重从1991年不足3%增长至2012年的4%，近5年保持在4%以上，2016年为4.22%①。这使得教育事业获得了全面发展，高等教育毛入学率从不到1%上升到2016年的42.7%，超过中高收入国家平均水平，进入了高等教育大众化时代②。全社会人力资本水平得以大幅度提升，支撑了劳动生产率的持续增长。1996—2015年，中国劳动生产率年平均增速为8.6%，高于同期世界平均水平③。2014年，全国劳动年龄人口平均受教育年限达到10.05年，高于世界平均水平④；2015年，新增劳动力平均受教育年限达到13年左右，接近中等发达国家平均水平，处于发展中国家前列⑤。这无疑有益于支撑国民经济持续发展，并使人口红利由数量型向质量型转变。

（3）城镇居民住房体制改革的去福利化极大地激活了房地产业的发展，不仅使人民的居住条件持续得到大幅度改善，同时也使房地产成了重要支柱性产业。20世纪90年代掀起的大规模住房体制改革的实质是去福利化，核心内容是推行住宅商品化、自有化，由此催生出规模日益巨大的房地产业。2003年以来，房地产投资一直呈上升趋势，占全社会固定资产投资的比重仅次于制造业。2016年全国房地产增加值占GDP的比重达6.5%⑥。与此同时，房地产业带动了包括钢铁、煤炭等上游产业和用气、用电等下游产业的发展，产生了乘数效应。还产生了显著的就业拉动效应，2015年房地产和建筑业就业人口超过3 200万人，占当年城镇就业总人数的18%，仅低于制造业⑦。同时，居民居住条件也迅速

① 2015年全国教育经费执行情况统计公告．http：//www.moe.edu.cn/srcsite/A05/s3040/201611/t20161110-288422.html.

② 中共教育部党组．发展具有中国特色世界水平的现代教育．求是，2017（16）.

③ 中国劳动生产率增速远超世界平均水平．（2016-09-19）．http：//finance.sina.com.cn/stock/usstock/c/2016-09-19/doc-ifxvyqvy6701963.shtml.

④ 中央财经大学中国人力资本与劳动研究中心．中国人力资本报告2016．北京：中央财经大学出版社，2016.

⑤ 同③.

⑥ 中华人民共和国国家统计局．中国统计年鉴（2016）．北京：中国统计出版社，2016.

⑦ 同⑥.

得到改善，城市人均住宅建筑面积从 1978 年的 6.7 平方米增加到 2016 年的 33.8 平方米[①]。据中国社会科学院的一项调研，2015 年受访家庭居民住房自有率为 95.4%，其中城镇居民家庭自有率为 91.2%，19.7%的家庭拥有两套以上的住房[②]。不过，住房商品化改革也带来了房地产市场“过热”和“泡沫”现象，使住房从生活消费品异化成为市场投资品、投机品，一些中低收入群体则无法承受房价快速上涨的压力，住房成为一个社会问题，因此需要在一定程度上增加住房福利的供给。但总体而言，住房改革与经济发展仍然具有正相关性。

（4）社会保障的快速发展培育了民生经济新的增长点。近年来，基于养老、健康、儿童、教育等民生方面的需求日益高涨，政府在努力增加公共投入和提供基本公共服务的同时，实行对社会资本开放的政策，促使私人资本投向这些服务领域的投资规模持续扩张，福利领域吸引了越来越多的劳动力就业，并成为民生经济新的增长点。例如，中国养老机构床位数从 2000 年的 113 万张增加到 2010 年的 314.9 万张，再到 2016 年的 730.2 万张，由企业或社会投资建设的占 40%[③]。这些依靠社会力量兴建的养老机构，既满足了一部分老年人入院养老的需求，亦增加了社会就业。这种现象在健康、教育服务领域同样存在。因此，向社会资本开放社会福利领域，壮大了社会保障体系的物质基础，也更好地满足了有需要者的需求。

（5）社会保障制度的日益健全激发了城乡居民的消费欲望，直接提升了其消费能力，消费扩张优化对经济增长的贡献率持续加大。伴随社会保障覆盖面的持续快速扩大和养老金等福利待遇持续提升，全国的最终消费（包括居民消费和政府消费）支出保持了较快增长。特别是 2012 年以来养老保险制度惠及所有老年人、医保制度覆盖全民后，消费对经济增长的贡献率更是不断提高。据人力资源和社会保障部发布的《人力资源和社会保障事业发展统计公报》，从 2009 年到 2016 年，领取养老金的人数从 7 142 万人增长到 25 373 万人。其中，退休职工月人均养老金从 2009 年的 1 276.41 元提高到 2016 年的 2 627.44 元，增长了 1 倍多；农村老年人与城镇非工薪老年人月均养老金从 2009 年的 40.7 元提高到 117.33 元，增长了近 2 倍。而全民医保体系的建立和患者自付比例从 1995 年的 46.4%降至 2014 年的 31.99%，减轻了人们的医疗费用负担及未来应对疾病风险的储蓄积累，进

① 2016 年城乡建设统计公报. http://www.mohurd.gov.cn/xytj/tjzljsxytigb/tixxtjgb/201708/t20170818-232983.html.

② 李培林，陈光金，张翼．社会蓝皮书：2016 年中国社会形势分析与预测．北京：社会科学文献出版社，2015.

③ 2016 年社会服务发展统计公报．http://www.mca.gov.cn/article/s/tgb/201708/2017080000-5382.shtml.

而带来居民消费急剧增长。据统计，全国商品性消费继 2008 年、2012 年先后突破 10 万亿元、20 万亿元之后，2015 年社会消费品零售总额突破 30 万亿元大关①。

（四）社会保障制度在中国遭遇经济发展危机时发挥了关键性的促进作用

最能够全面、综合地反映社会保障制度能够促进中国经济发展的是 1998 年、2009 年两个时间点。这两个重要时间点的共同背景是在国际金融危机背景下，中国的经济发展也遇到了危机，而政府采取了扩张投资、刺激消费等措施，社会保障制度发挥了特别重要的作用。

1997 年东南亚地区爆发金融危机，构成了不利的外部环境。在国内，由于一段时期内偏重经济增长而忽略了保障民生，社会保障制度改革亦偏重控制政府支出而未能顾及劳动者的合法权益，一度出现数以百万计的企业退休人员不能按时足额领取养老金、许多职工不能报销医疗费用等现象，造成了城市新贫困人口剧增，社会不安全感急剧上升，并直接衍生出居民消费率下降、企业库存剧增、国有企业亏损面急剧扩大等问题，国民经济也陷入困境。1998 年，中央政府认识到消费不旺是由于社会保障欠缺所致，便将社会保障改革与制度建设摆到各级政府头等重要的位置上，强力落实“两个确保”“三条保障线”，通过国家财政补贴来确保退休人员按时足额领取养老金，确保国有企业下岗职工按时足额领到基本生活保障金，同时建立面向低收入困难群体的最低生活保障制度，推进医疗保险改革与住房体制改革，还建立了应对未来人口老龄化高峰的社会保障战略储备基金——全国社会保障基金。通过全面落实这些重大的社会保障措施，不仅解决了城乡居民的现实困难，也重振了人们对社会保障制度的信心，提振了居民消费，有效地化解了当时的社会风险，创造了较为安定的社会环境条件，这是 1998 年后全面推进各项重大改革并实现国民经济再次持续高速增长的一个奥秘。

2008 年爆发的美国次贷危机引发了全球经济危机，中国经济也深受其害，支撑经济增长的主要引擎——外贸受到巨大冲击。商务部发布的《2009 年中国对外贸易发展情况》显示，2009 年全国进出口额下降幅度高达 13.9%，许多企业破产，失业工人增加。中央政府认识到，对外贸过度依赖是不可持续的发展模式，必须调动国内居民的消费，但如果不能有效地解除城乡居民在养老、医疗、住房、教育等方面的后顾之忧，内需就不可能调动起来；没有国内消费增长助力，中国经济就将面临步入低谷无法自拔的风险。因此，

---

① 2015 年零售销售首破 30 万亿，消费市场增长动能结构正在转换．中国信息报，2016－01－25.

2009年，中央政府在推出4万亿元投资刺激经济增长的同时，强力推进各项社会保障制度建设，包括开始为农民建立养老保险制度并很快实现制度全覆盖的目标，启动3年医改计划并很快实现医保覆盖全民的目标，还掀起大规模的保障性住房建设，再加上在四川汶川大地震后的救灾与灾后重建、扩大高等学校招生规模等方面加大投入力度，城乡居民的社会保障水平普遍得到大幅度提升。这些重大举措减轻了人民的后顾之忧，也增加了城乡居民的收入，促使居民消费快速增长，逐渐成为拉动国民经济增长的第一大引擎，综合国力显著增强。回顾近20年来的发展，如果没有中央政府在1998年、2009年两个关键时间点上强力推进社会保障制度建设，民生遭受经济危机的影响将不可避免，也不可能有1998年、2009年后的快速发展。这表明，不重视社会保障，经济发展也不会一帆风顺，发生危机更难以自拔；重视社会保障，则有助于国民经济持续发展，即使遭遇了经济危机，也能够很快地从危机中走出来，因而，发展社会保障和维护与促进经济发展并不矛盾，二者可以相得益彰地发展。

三、处理经济发展与社会保障关系的中国经验

中国的经济发展成就为世界所公认，中国经济成为当今世界经济增长的主要引擎；中国的社会保障改革与发展也取得了巨大成就，引起国际社会的广泛关注。这两方面的成就不是偶然地重叠在一起的，而是有着非常紧密的内在关联性。从总体上看，中国实现了经济发展与社会保障良性互动和共同发展的目标，其经验主要体现在五个方面：

（一）坚持经济增长与社会保障相互促进

近40年来，中国确立的是以经济建设为中心的发展方略，而追求经济增长的目的是为了快速摆脱贫困状态并持续不断地改善人民生活。特别是进入21世纪后，更是明确地将保障和改善民生作为经济社会发展的出发点和落脚点，同时让改善民生成为促进经济发展的恒久动力。在这种发展理念指导下，伴随中国经济的持续高速增长，财政收入也大幅度增加。据财政部公布的《2009年全国财政收入决算表》和《2016年财政收支情况》数据，仅个人所得税收入就从2009年的3 949亿元增长到2016年的10 089亿元，这些资金无疑成为政府提供社会保障的重要资金来源。中国经济增长与财政收入增长的进程也是政府持续加大对社会保障及公共卫生与公共教育投入的进程，这使得社会保障体系日益健全，人民福利以较快的速度持续增长。中国的发展实践证明：经济发展是保障与改善民生

的基础和前提，保障与改善民生是经济发展的目的和动力。只有将两者有机结合起来，实现良性循环，国民经济才能在科学发展之路上行稳致远。

（二）将社会保障作为保障与改善民生的基本制度保障，坚持福利水平与经济发展水平相适应

据统计，从2007年到2016年间，中国一般公共预算收入从51 321.78亿元增加到159 552亿元，增长了2.1倍；而社会保障与就业、医疗卫生与计划生育、教育三项加总从19 191.47亿元增加到62 758亿元，增长了2.3倍，超过一般公共预算收入增长速度。① 如果再加上在一般公共预算之外的各项社会保险基金收支规模，那么，支撑这一制度的物质基础就更为雄厚。近40年间中国卫生费用支出的变化也从一个侧面反映了用于民生的支出在快速增长。全国卫生总费用占GDP之比从1978年的3%增长到1990年的4%，再到2010年的4.98%，于2015年达到6.0%，2016年达到6.2%②，其中社会医疗保险支出扮演了极为重要的角色，所表明的是社会保险制度与经济发展、政府财政性投入基本实现了同步增长。正是由于财政投入的持续增长，养老保险、医疗保险才能迅速覆盖全体城乡居民，社会救助才能成为帮助低收入困难群体的重要制度保障，教育事业才能得以快速长足发展。因此，中国的经济增长成果通过社会保障制度惠及全体人民，这一制度又反过来构成支撑中国经济摆脱困境并持续增长的重要因素。

（三）坚持共建与共享相结合，建立以权利义务相结合的社会保险为主体的社会保障体系

作为世界典型的以工作和劳动生产力为导向的社会，中国社会保障制度改革的一个重要目标就是改变原有的风险分担与筹资方式，从由政府包办转化成政府、企业、个人多方共担风险的筹资机制。因此，中国确立的是以基于劳动者的社会保险为主体的制度体系。其中，从非缴费型转向缴费型的养老保险、医疗保险是最重要的保障项目。对于基于社会救助家计调查原则而享受最低生活保障的贫困人口和重度残疾人，政府还提供专门的养老保险与医疗保险缴费补贴。这种权利与义务相结合的制度安排，实质上是追求共建共享。以养老保险为例，计划经济时代实施的是由国家负责的非缴费型退休金制度，1991年国

---

① 中华人民共和国国家统计局．中国统计年鉴（2016）．北京：中国统计出版社，2016.

② 同①．2016年数据来源于《2016年我国卫生和计划生育事业发展统计公报》。

务院启动企业职工养老保险制度改革，实行国家、企业、个人三方共同负担，自此开始进入缴费型养老金时代。1995 年国务院推行统账结合的职工养老保险改革试点，1997 年正式建立面向企业职工和城镇个体劳动者的基本养老保险制度，实行统账结合的财务模式[①]。自 2009 年开始，以财政资金为主，为农民和城镇非工薪居民逐步建立基本养老保险制度，2012 年即实现了制度城乡全覆盖。2015 年又将国家机关和事业单位工作人员纳入社会养老保险制度，非缴费型养老金制度完全被缴费型养老金制度所替代。从 1998 年到 2016 年，职工基本养老保险参保人数由 11 203.1 万人增加到 37 930 万人，城乡居民参保人数由 8 025 万人增加到 50 847 万人。社会养老保险制度从单位保障向社会保险转型不仅顺应了国有企业改革的要求，相对均衡了企业之间的负担，增强了企业的经济活力，而且为劳动者提供了更加可靠的养老金保障，也提增了其消费能力和消费信心。尽管现行基本养老保险制度还处于地区分割、群体分割状态，不同地区的养老保险制度存在着缴费负担不公、基金余缺并存的现象，进而加剧了地区之间发展的不平衡，也影响了市场经济条件下的公平竞争，但伴随基本养老保险制度全国统筹的加快实现和多层次养老保险体系的建成，这一制度将继续成为支持中国经济增长的有益力量。

（四）高度重视解决贫困问题，通过有效的社会救助和有力的扶贫开发，保障人民的基本生活并最终消除贫困

一方面，针对市场经济体制改革导致原有的由单位负责的救助系统失效和因退休、失业及下岗等带来的新城镇贫困人口现象，我国于 20 世纪 90 年代末建立了最低生活保障制度并逐步覆盖城乡居民，现在已经形成了以最低生活保障为主体，同时设置灾害救助、医疗救助、教育救助、就业救助、住房救助、临时救助等多个救助项目的综合型保障制度，这一制度体系面向低收入困难群体与天灾人祸中的不幸者。根据民政部发布的历年《民政事业发展统计公报（报告)》和《社会服务发展统计公报》，2000 年享受低保待遇的城乡居民为 702.8 万人，2005 年为 3 059.2 万人，2010 年为 7 524.5 万人，2015 年为 6 604.7 万人；2007 年国家财政用于城乡居民低保的支出为 386.5 亿元，2016 年增长到 1 702.4 亿元。这意味着享受最低生活保障待遇的贫困人口在经历一段时期增长后开始减少，而低保标准在不断提高。社会救助制度的全面建立，不仅有效地保障了贫困人口的基本生活，也促进了社会公正与经济转型。因为低保资金全部来自国家财政，具有很强的收入再分配效

---

① 郑功成．中国社会保障 30 年．北京：人民出版社，2008.

应，低保对象得到这些资金后，增加了有效需求，助力经济增长。另一方面，早在20世纪80年代中期，中国就掀起了扶贫运动高潮，根据贫困地区的贫困程度确定国家级、省级贫困县并采取相应的扶持政策，取得了良好的效果，但因人口基数大、地区发展不平衡，到2014年仍有7 000万人口处于温饱问题尚未解决的贫困状态。中共十八大后，国家加大了扶贫投入，并将消除贫困列入地方的重要政治目标。政府动员社会慈善资源与市场资源投向贫困地区，中央要求发达省市对欠发达地区实行对口支援。正是在这样强有力的推动下，中国在减少贫困方面取得了举世瞩目的卓越成效。

（五）渐进改革与收入增长替代的策略的实施，成功地使中国渡过了社会保障改革的难关

一方面，中国过去30多年的改革是一项有风险的事业，因为众多主体、个人和机构卷入了这一改革中并受其影响。虽然改革的长期目标是相对明确的，但具体的每一步骤都可能出错。因此，为了能够应对错误的发展、失误或失败，同时也对积极的发展做出反应，政府采取了非常谨慎的试点先行、渐次推进的策略，使得在必要情况下可以快速调整行动方向，不会导致风险过度积累。在中国的改革发展过程中并未出现社会动荡，整个社会在改革中保持了安定，有力地促进了经济改革与经济增长。这种稳定性是因为经济已经开始增长，并且在改革进程中一直得以维持，人们很快看到个人机会由于“以初次收入增长取代就业安全的损失”的战略性策略而增多。同时，自下而上的渐进改革策略也使得人们的态度更加积极。以医疗保险为例，最初是个别地方因国有企业无法报销职工医疗费用而探索医疗费用社会统筹，1994年国务院决定自上而下推动缴费型医疗保险改革，但只选择在江苏镇江、江西九江开展统账结合型的医疗保险改革试点（简称“两江试点”），1998年正式确定职工基本医疗保险制度并在全国范围内实施；2003年开展新型农村合作医疗试点，2007年将基本医疗保险制度推广到城镇工薪劳动者之外的居民，2009年确立全民医保为目标并加速了制度全覆盖进程。经过上述几大步骤，目前，全民医疗保险的目标基本实现。据统计，2000年全国参加社会医疗保险的人数为0.4亿人（不含仍然被免费医疗制度覆盖的人口），2005年增长到3.2亿人，2010年达12.7亿人，2015年达13.4亿人[①]。职工基本医疗保险基金人年均支出在2000年时为328.8元，2015年提高到2 606.7

---

① 参见人力资源和社会保障部发布的2000年、2005年、2010年、2015年人力资源和社会保障事业发展统计公报与卫生部公布的2000年、2005年、2010年、2015年《中国卫生和计划生育统计年鉴》。

元；城乡居民基本医疗保险基金人年均支出在 2004 年为 33 元，2015 年增加到 450.3 元[①]。这种渐进改革和逐步扩大覆盖面及提高待遇水平的方式，既避免了一项制度的变革在全国范围内引发不安与抗议，又为改革者提供了行动参考，为公众逐渐适应新的制度安排提供了一个相对宽松的过渡期，从而是一种中国特色的改革方式与策略。另一方面，通过增加劳动者与居民的初次分配收入，弱化了城乡居民对社会保障制度的过度依赖，收入替代效应较为明显。例如，在 20 世纪 80 年代初期农村推行承包责任制时，农民的集体福利被削减，但土地承包后延期获得的收益大大超过了福利即期减少的份额，从而并未引起农民的持续抗议。此后，从免费医疗到参保缴费、责任有限的社会医疗保险，从不用缴费且高替代率的退休金到缴费型且替代率逐渐降低的社会养老保险，之所以未引起社会不安与强烈抗议，主要是因为绝大多数劳动者的报酬与居民收入在不断增长，人民生活在收入增长过程中得到了普遍改善，它既使中国人的获得感不断增强，也为弱化城镇人口对传统福利制度的过度依赖创造了条件。因此，渐进改革与收入增长替代作为推进社会保障制度变革并不断发展的中国方案，确实是优选方案。它同时也表明，要调整社会保障结构并增加国民福利，必须促进经济发展并保持相应的经济增长率。

四、努力维护社会保障与国民经济共同发展

（一）中国经济发展与社会保障面临的主要挑战

中国正在快速步入现代化建设的轨道，综合国力与人民生活水平均有大幅度提升。中共十九大更是明确勾画了到 21 世纪中叶建成现代化强国的目标与战略步骤，其确立的是以人民为中心和共同富裕的发展理念，明确将增进民生福祉作为发展的根本目的，并要求全面建成覆盖全民、城乡统筹、权责清晰、保障适度、可持续的多层次社会保障体系，这为中国社会保障发展提供了指引[②]。但经济发展已经从高速增长转向了中高速增长的新常态，社会保障亦面临着如何适应新时代发展更好地满足人民的福利需要的问题。

总体而言，中国经济发展与社会保障面临的挑战主要有：

（1）经济发展面临着结构调整、产业升级、增长方式转换的压力。社会保障与经济发

---

① 根据《中国统计年鉴》、人力资源和社会保障事业发展统计公报、《中国卫生和计划生育统计年鉴》相关数据整理。

② 习近平．决胜全面建成小康社会 夺取新时代中国特色社会主义伟大胜利：在中国共产党第十九次全国代表大会上的报告．北京：人民出版社，2017.

展相辅相成，中国的社会保障还需要进一步发展，直至步入有着完善社会保障制度的中国特色的福利国家行列。但正如2016年习近平主席在G20杭州峰会上指出的：“我们清醒认识到，中国经济发展不少领域大而不强、大而不优，长期以来主要依靠资源、资本、劳动力等要素投入支撑经济增长和规模扩张的方式已不可持续，中国发展正面临着动力转换、方式转变、结构调整的繁重任务。”[①] 中国经济从粗放型到集约化生产方式的必然转变，对于社会保障的制度设计和管理都具有重要的影响。由于中国采取的是以社会保险为主的解决方案，该制度的进一步发展还必须尊重社会保险与社会救助及社会福利之间独立而又互补的功能。如何让社会保障适应新常态，推动社会经济和社会保障的协调发展，保持和强化社会保障制度设计中促进增长的元素，以维持集约化而非粗放型的较高速度的经济增长，无疑是一大挑战。

(2) 地区之间、城乡之间发展不平衡和社会不平等现象加剧。根据国家统计局公布的数据，2015年，人均GDP超过1.5万美元的有北京、上海、天津三市，而甘肃、贵州、云南等省人均GDP只有4 000多美元，相差约3倍[②]。不仅如此，在城乡之间亦因长期的户籍制度壁垒及公共资源配置失衡而存在着较大差距，2015年全国城镇居民可支配收入是农村居民的2.7倍。同时，不同群体之间的收入差距也在扩大，基尼系数长期居于0.4以上的高位。其中，2008年的基尼系数高达0.491，2009年后虽连年下降，但2015年仍达0.462，2016年又回升到0.465[③]。此外，社会保障统筹层次低，社会保险制度仍处于地区分割状态，一些保障项目在职工与居民之间亦存在制度分割，这在一定程度上拉大了收入差距。按照现行标准，截至2016年底，农村贫困人口还有4 335万人[④]。地区及城乡之间发展失衡与社会不平等现象加剧，既影响到国民经济的持续健康发展，也影响了社会公正，从而是中国现代化进程中必须认真应对的重大挑战。

(3) 少子高龄化日益显性化与传统保障机制持续弱化。伴随社会发展进步所带来的生育率下降与人均预期寿命持续延长，加上以往30多年间推行独生子女政策，中国少子高龄化现象日益显性化，这一点与发达国家一致。根据国家卫计委发布的《中国家庭发展报告（2015年）》，中国家庭已经从大家庭型转向小型化，核心家庭占6成以上，家庭户平均

---

① 习近平在二十国集团工商峰会开幕式上的主旨演讲．http：//www.b20-China.org/mediacenter/article/406.

② 中华人民共和国国家统计局．中国统计年鉴（2016）．北京：中国统计出版社，2016.

③ 2016年全国城乡收入差距进一步缩小．（2017－01－20）．http：//news.xinhuanet.com/fortune/2017－01/20/c_1120353289.htm.

④ 脱贫攻坚砥砺奋进的五年．人民日报，2017－10－17.

规模仅为 3.02 人，2 人、3 人家庭成为家庭类型主体，单人家庭、空巢家庭不断涌现①。1.5 亿个家庭为独生子女家庭，80 岁以上的高龄老年人年均递增 100 万以上。在儿童照料和养老等方面，传统的家庭照料模式面临着日益严峻的挑战，对社会服务的需求较大。与此同时，传统的邻里互助因人口的高流动性而为“陌生人社会”所替代，传统的功能强大的单位保障制因市场经济改革被瓦解。家庭保障、邻里互助、单位保障等传统保障机制快速弱化，使城乡居民对社会化保障及服务的需求急剧上升，亟待国家和社会来填补。

(4) 社会保障制度还未完全成熟，面向老年人、儿童、残疾人的基本公共服务供给不足。中国社会保障制度改革采取的是试点先行、渐次推进的策略，虽然取得了较大的成就，但也必然因路径依赖而存在历史的局限性，导致现行社会保障制度存在缺陷。比如，法定养老保险还停留在地区分割统筹状态，全国统一的法定目标尚未实现，缴费满 15 年可领取全额养老金的规制陷入僵化，影响到制度的可持续发展；医疗保险亦分为职工与居民两大群体，退休人员不需缴纳医疗保险费的法律规制亟待改进；中央与地方政府的社会保障责任未明确划分；社会保障管理体制亦需要深化改革才能最终定型。同时，在家庭保障功能持续弱化的条件下，数以亿计的老年人口、儿童以及 8 000 多万残疾人，均迫切需要相应的社会福利与社会化服务，但目前国家与社会还无法全面满足这些群体的诉求，既影响了民生保障与民生质量，也不利于国民经济发展。因此，要真正促进中国社会保障制度走向成熟、定型，还需要更加科学的顶层设计和全面促进相关服务的发展，这方面的任务非常繁重，特别需要政治智慧与政治魄力。

(5) 中国还面临着大规模人口流动、快速工业化与城市化、社会结构转型以及各种新业态的出现等问题，这些既对经济发展产生直接影响，也对社会保障发展提出了新的挑战。特别是以互联网、智能化为代表的科技进步与新经济，对人们的工作方式与生活方式产生了直接影响，进而影响着经济社会结构变化，也给传统的社会保障经办方式带来前所未有的挑战。中国社会保障制度的改革需要继续遵循社会保障的核心原则。政府在确定中国社会保障的指导方针时，宜继续推行旨在平衡市场化解决方案（适用于少数高收入者）和社会保障核心原则（针对中低收入者）的政策。

（二）维护社会保障与国民经济共同发展的合理取向

要维护社会保障与国民经济之间的良性关系，还需要调整发展思路并采取新的举措。

---

① 2015 家庭发展报告：空巢老人占老年人总数一半．(2015－05－13). http：//politics.people.com.cn/n/2015/0513/c70731－26995290.html.

（1）切实解决好内生动力不足问题，努力使国民经济继续保持中高速增长。中国经济发展面临着资源环境压力日益增大、低劳动成本优势逐渐减弱、供需结构性矛盾突出、地区与行业走势出现分化等现实问题，再依靠传统的粗放型增长模式难以为继，必须转向集约化的生产率增长。但要使民生继续得到改善，就业不出现严重危机，并摆脱中等收入陷阱，就必须继续保持中高速增长，并持续壮大支撑社会保障制度的物质基础。因此，中国经济需要走向形态更高级、分工更优化、结构更合理、质量更提升的新发展阶段，而切实解决好经济增长内生动力不足问题成了最大挑战，这就是要把经济增长动力更多地放在创新驱动和扩大内需特别是消费需求上。为此，应当同时充分发挥好政府在公共领域中的决定性作用和市场在资源配置中的决定性作用，在有针对性地解决城乡居民实际困难和尽快扩大中等收入群体的条件下，让经济发展成果通过社会保障制度更多、更好、更公正地惠及民生，并辅之以促进生产力发展和工资增长的政策，将为全体人民提供稳定安全的社会保障预期摆到国家发展的更加重要位置上。这是持续释放居民消费潜力、进一步激活经济增长内生动力、促使国民经济继续保持中高速增长的必要举措，也是真正跨越中等收入陷阱的必要举措，是稳步走向共同富裕的必由之路。

（2）尊重社会保障与国家治理关系的历史逻辑，强化中央政府统筹责任，真正构建起有序组合的多层次社会保障体系①。一方面，面对新的挑战，需要将社会保障体系作为一个内容完整、结构优化的整体纳入国家治理体系，让其切实担当起促进社会公正、实现共享发展的历史使命，成为全体人民享受世代福祉的基本途径与制度保障。为此，特别需要对社会保障制度结构与功能异化保持警惕，防止动摇社会保障制度互助共济、稳定安全预期的根本。另一方面，有必要进一步强化政府对社会保障的财政责任，在地区分割的情形下特别需要强化中央政府的统筹责任，以建设积极、健康的社会保障体系为发展目标，与时俱进地优化制度体系结构②。中国需要采取正式制度与非正式制度有机结合，普惠性制度与特惠性制度双层构架，政府与市场、社会、家庭、个人等多种力量相融合，真正构建起有序组合并且具有一定弹性的多层次社会保障体系。在这一过程中，坚持政府主导并确保中央政府统筹规划的权威具有必要性重要性。当前需要尽快从以往的地方创新为主提升到国家层面，做好顶层设计。在地区发展失衡的条件下，可以允许一定时期内存在差距，但任何时候都不能动摇统一制度的目标，不能扭曲通向目标的路径，应当尽可能地通过社

---

① 郑功成．社会保障与国家治理的历史逻辑及未来选择．社会保障评论，2017（1）．

② 华颖．新时期社会保障与经济发展关系的再认识：第三届全国社会保障学术大会论要．社会保障评论，2017（2）．

会保障制度的统一来促使公共资源在全国范围内得到更为公正的配置，让社会保障成为缩小地区差距实现地区之间公正与协同发展的重要手段。中央政府宜担负起做好社会保障体系顶层设计、推动社保立法、合理配置资源、维护制度统一的重大责任。同时，重塑高效率的社会保障运行机制，包括健全治理优良的经办机构，充分利用日益发达的互联网、大数据等信息技术，提升制度运行的预测预警与监控能力，在坚持结构与运行稳定的同时也要保持一定的灵活性，赋予社会保障制度自我调节与不断修正的功能，以适应新业态人口流动性等发展的要求①。

(3) 坚持以共享为基石，实行多元主体共建共治。中国已经确立了共享发展的新理念，它是健全社会保障制度的理论基石。国内外发展实践表明，要实现社会保障制度可持续发展，须在政府主导下，充分调动各方积极性，让各方主体参与共建共治。一方面，社会保障肩负收入再分配职能，必须由政府主导，但当前完全由行政系统集权主导的局面不利于这一制度的健康发展，其方向应当是“让立法机关行政机关司法机关与经办机构各司其职各负其责”②。同时，还应当让代表不同群体利益的工会、雇主组织、残联等参与制度设计、监督制度运行。只有这样，才能确保各方主体有效地参与共建共治，这是维护社会保障制度健康持续发展的重要条件。另一方面，慈善与互助是自愿性共享机制，同样需要大力发展。中国有家庭保障、邻里互助等优良传统，劳动者的职业福利亦曾十分发达，但现在这些传统走向式微，不利于动员更多社会保障资源和提供社会保障服务。因此，社会保障政策还需要与家庭政策、机构福利等有机协同，同时促进互助、慈善及志愿服务不断发展，这将有利于不断壮大整个社会保障体系的物质基础，为更好地满足人民不断增长的福利诉求创造符合中国国情的条件。

(4) 促进并维护就业与社会保障良性互动。社会保障与就业实质上是共享与共建的关系，两者之间的良性互动在很大程度上决定若社会保障与经济发展的良性互动。因此，在处理二者关系时，需要在提供合理激励和确保人人有充足保障之间找到均衡点。在政策设计中，应当考虑就业与社会保障相互关联与相互促进的问题。为此，宜坚持与就业关联的社会保险为主体的社会保障制度发展取向，将健全社会保障制度作为提升就业质量的重要指标，让全体劳动者依法获得相应的社会保险，同时进一步完善非收入关联型的社会救助等制度，继续帮助符合条件的低收入人口与残疾人参与社会保险，以确保没有人被排斥在

① 郑功成．全面理解十九大报告与中国特色社会保障体系建设．国家行政学院学报，2017（6）.

② 郑功成．中国社会保障发展报告．北京：人民出版社，2016：26.

社会保障制度之外，并尽快增加护理保险制度安排，尽可能推进企业年金等与职业相关的福利，以为劳动者提供更加全面的保障。同时，提高劳动报酬占GDP之比重，增加工资协商谈判。此外，社会保障制度也要有利于促进就业，包括：坚持保障水平适度，不构成影响就业的负担；促进劳动者就业创业，发挥积极的政策效应；让失业保险增加预防失业和提升劳动者就业的能力，让社会救助具有激励就业的功能，变成积极的制度安排；全面发展社会保障体系，释放有质量的就业岗位，特别是面向老年人、儿童、残疾人、妇女的各项福利和社会服务，以及健康保障慈善事业，都是值得开拓并具有巨大空间的新兴就业领域。

（5）重视发展教育福利与社会福利服务。教育福利与社会福利服务既是社会保障体系的有机组成部分，也是国家发展进程中十分重要的人力资本投资，需要得到更高程度的重视。在教育方面，宜以全面覆盖当地常住人口为目标，尽快将以农民工为主体的流动人口中的适龄儿童纳入居住地的义务教育范畴并使其享受公平的教育机会；适时将义务教育年限从现行的9年制延长到12年制。同时，增加对职业教育的公共投入以增强职业教育的福利性，中央政府宜加强对欠发达地区的义务教育与职业教育的支持力度，以全面实现人口红利从数量型向质量型转化。在社会福利服务方面，特别需要加强儿童福利事业和老年人福利事业，宜将托儿所、幼儿园纳入儿童福利范畴并提供相应的预算保障，将退休人员人力资源再开发纳入养老服务体系，扩充残疾人福利中的教育内容以开发残疾人的人力资源，这将使中国未来的人力资源更加丰富并具有质量，是值得政府努力的重要方向。

（6）重视社会保障法制建设，让社会保障制度尽快运行在法治轨道上。一个成熟的社会保障制度必定运行在法治轨道上。但基于渐进改革的历史路径，现行社会保障制度还缺乏必要且充分的法律规制与保障，其后果不仅会损害这一制度应有的稳定性、权威性与公信力，也容易导致社会保障与经济发展的关系产生波动。因此，有必要加快制定综合性的社会保障法、社会福利法、社会救助法等基本法律以及儿童福利法、老年人福利法、残疾人福利法等专门法律，修订完善《社会保险法》《军人保险法》等。在中国加速现代化和社会保障发展已经取得巨大成就的条件下，让社会保障制度在法治轨道上运行，将是新时代进一步处理好社会保障与经济发展关系的重大任务。

总之，中国已经进入了一个新时代，国家发展与世界格局正在发生新的变化，社会保障与经济发展所面临的形势较之前更加复杂，中国要实现第二个一百年的目标并建成共同富裕的现代化强国，还必须与时俱进地处理好社会保障与经济发展的关系。在努力维护国民经济持续健康发展的同时，积极、理性地通过社会保障制度的发展来持续不断地增进人民的福祉将是国家的重要发展目标。

改革开放以来国家与农民关系的变化：基于权益视角*

孔祥智**

【摘　要】传统农村经济体制的三大制度——统购统销、人民公社、户籍管制是相互联系、不可分割的有机整体。这些制度的最大净收益就是初步建成了新中国的工业体系，但到了20世纪70年代末期，其制度净收益已经等于甚至小于零，制度变迁迫在眉睫。通过改革人民公社体制，农民获得了资源配置主体权益；通过改革统购派购制度，农民获得了市场主体权益；通过改革户籍管理制度，农民获得了自由迁徙权益。实施十九大报告提出的乡村振兴战略，关键还在于保障农民权益，包括财产权、自主经营权以及与城镇居民同等的权益。

【关键词】农村改革；利益关系；权益；乡村振兴

一、引言

中国的改革开放是从国家主动调整与农民之间的关系开始的。1978年12月召开的中共十一届三中全会被公认为中国农村改革开放的起点，实际上这次会议通过的《中共中央关于加快农业发展若干问题的决定（草案）》（以下称《草案》）仍然强调“不许包产到户，

---

* 本文原刊发于《中国人民大学学报》2018年第3期。

** 孔祥智，中国人民大学农业与农村发展学院教授，博士生导师，中国人民大学国家发展与战略研究院研究员。

不许分田单干”[①]，但同时做出了“粮食统购价格从一九七九年夏粮上市起提高百分之二十，超购部分在这个基础上再加价百分之五十”、各种农资价格“在一九七九至一九八〇年降低百分之十到十五”的决定，大幅度调整了国家与农民的利益关系。同时，由于十一届三中全会强调了解放思想、实事求是的思想路线，确认实践是检验真理的唯一标准，因此，《草案》提出“也可以在生产队统一核算和分配的前提下，包工到作业组，联系产量计算劳动报酬，实行超产奖励”，给了较贫困地区的农民以极大鼓励。以安徽省凤阳县小岗村为代表的一批农村率先突破“生产队统一核算和分配”的限制，打破传统体制，实行包干到户，把农业生产经营权从生产队让渡到了农户，开启了中国农村改革以及后来的全面改革，开启了中华民族伟大复兴的进程。中共十九大报告所指出的“中国特色社会主义进入了新时代”，其重要基础之一就是始于1978年的农村改革。对于这次改革的伟大意义，应该说怎么评价都不过分。

关于这次改革的实质，大多数学者都认为是家庭经营地位的重新确立。如陈锡文认为，家庭经营在农业生产中具有不可替代的地位，家庭经营地位被重新确立，是农业经营体制反映了农业生产规律的一种表现，之后，农村的财产积累、分工分业、要素流动和重新组合等规则，都会发生深刻变化[②]。姚洋认为，地权的稳定性与改革以后土地投入和产出增加呈正向联系，支持了进一步改革必须加强个人土地权利的观点[③]，实际上也强调了家庭经营地位确立的作用。周其仁从国家和所有权关系的变化来解释20世纪80年代的中国经济改革，认为一方面是国家集中控制农村社会经济活动的弱化，另一方面是农村社区和农民个人所有权的成长和发展[④]。杜润生的认识更进了一层：“包干到户，是属于分权性质的改革。分权才有利于培养农民独立自主的性格，有利于发展个人的社会交往，为新的联合创立前提。”[⑤] 而这样的联合，就是马克思所说的“自由人联合体”。孔祥智从政府和农民之间关系的角度解读改革，认为农村改革的过程，就是政府对农业和农村的控制逐步缩小、服务逐步增加、投入逐步加大的过程[⑥]。

从权益角度看，中国农村改革的实质就是在国家和农民围绕着权益进行的博弈中，农民权益不断增加的过程。政府在减少对农业生产直接控制和收益权的同时，由于农民权益

---

① 由于所引用的中央文件都是公开的，可以通过各种途径查询，因此本文不注明文件出处。

② 陈锡文．中国农村改革：回顾与展望．天津：天津人民出版社，1993：67，69.

③ 姚洋．土地、制度和农业发展．北京：北京大学出版社，2004：69.

④ 周其仁．中国农村改革：国家和所有权关系的变化：一个经济制度变迁史的回顾：上．管理世界，1995（3）.

⑤ 杜润生．杜润生自述：中国农村体制变革重大决策纪实．北京：人民出版社，2005：112－113.

⑥ 孔祥智．崛起与超越：中国农村改革的过程及机理分析．北京：中国人民大学出版社，2008：9.

增加而带来的外部性反而使政府的间接收益大大增加，远超过人民公社时期直接控制农业生产过程而带来的收益，这就是改革给政府带来的制度净收益，也是改革过程中政府逐渐放松对农业、农村、农民管控的动力所在。当然，政府和农民权益的边界究竟在哪里，还需要在以后的改革过程中进行探索。

基于上述分析范式，本文以下部分首先回顾传统体制形成过程中国家与农民之间的关系以及在传统体制下国家对农民利益的剥夺，然后分三个部分分别讨论在人民公社体制、统购统销制度、传统户籍制度改革过程中国家与农民利益关系的重建及其效果，最后一部分从国家与农民利益关系角度对未来的改革和发展趋势进行展望。

二、传统体制的形成及其制度收益

实际上，传统农业制度之所以形成，最初的原因就是政府要控制农业的净收益。农业的最主要功能就是为社会提供主要农产品，尤其是粮食，这在新中国成立初期食品短缺的情况下尤其重要。1953 年 10 月 10 日，陈云在全国粮食会议上做了题为《实行粮食统购统销》的讲话，预计当年缺粮至少 87 亿斤，必须采取坚决的措施加以解决。他认为，在粮食问题上，有四种关系要处理好，即国家和农民的关系，国家和消费者的关系，国家和商人的关系，中央和地方、地方和地方的关系，其中最重要的是前两种关系，最难处理的是第一种关系。而根据当时的情况，处理这些关系所能够采取的基本办法就是在农村实行征购、在城市实行定量配给、严格管制私商、调整内部关系，这个制度统称为统购统销[①]。1953 年 10 月 16 日，中共中央做出《关于实行粮食的计划收购与计划供应的决议》，确定在 11 月底之前完成各级的动员和准备，12 月初开始在全国范围内实行粮食的统购统销。据薄一波回忆，1952 年全国粮食获得大丰收，但到 1953 年初，粮食供求形势反而比上一年还要严峻。薄一波总结了两大原因：一是随着国民经济恢复和大规模经济建设，城乡粮食供应面比以前扩大了，即需求量增加了；二是农民生活改善，增产的粮食相当一部分被农民自己消费掉了。当然，还有私商囤积居奇、哄抬物价的原因。这就导致了国家决定对粮食实行统购统销。据薄一波回忆，在全国粮食工作会议上，邓小平的讲话着重论述了粮食统购统销与巩固工农联盟和国家有计划经济建设之间的关系，实际上就是国家和农民之间的关系。薄一波认为，统购统销限制了价值规律在农业生产和农产品经营中的作用，农

---

① 陈云文选：第 2 卷．北京：人民出版社，1995：203 - 217.

民即使有余粮，也不能拿到市场上出卖，农民对这一政策是有抵触的。因而当时“全党动员，全力以赴”，如期并超额完成了粮食征购任务[①]。1953 年 11 月 25 日，中共中央做出了《关于在全国实行计划收购油料的决定》，1954 年 9 月 9 日，政务院通过了《关于实行棉布计划收购和计划供应的命令》《关于实行棉花计划收购的命令》，至此，粮棉油全部实行了统购统销制度。这个制度的优越性就是国家掌握了全部粮棉油资源，可以根据城市发展和经济建设的需要征购农民的余粮甚至部分口粮。后又逐渐对生猪、水产品、蔬菜等重要农产品实行派购制度。毛泽东在《论十大关系》中谈道：“一九五四年我国部分地区因水灾减产，我们却多购了七十亿斤粮食。这样一减一多，闹得去年春季许多地方几乎人人谈粮食，户户谈统销。农民有意见，党内外也有许多意见。”[②] 实际上说明，在这一制度下，国家通过粮食和其他主要农产品的收购侵占了农民的利益。

当时全国的农户数是 1.1 亿左右，国家要和这么多农户直接打交道，交易成本太高。于是，1953 年中共中央提出的党在过渡时期总路线和总任务，是要在 10 年到 15 年或者更多一些时间内，基本上完成国家对农业的社会主义改造。实际上，尽管连办社的基本条件都不具备，但到 1956 年底就完成了由农民个体所有制到社会主义集体所有制的转变[③]，1958 年全面实现了人民公社化。这样，对粮食等主要农产品的控制便由国家直接面对 1 亿多农户到面对 5.6 万个人民公社，交易成本大大降低。陈锡文认为：“实行统购统销……非要在农村建立起这样一种农民没有自主权的组织体制，在这两者之间，是有着密不可分的内在联系的。”[④] 杜润生认为，农业合作社自成立之日起就担负着粮食征购任务，行为完全国家化。而为了保障粮食生产和粮食收购计划，不得不控制劳动力和播种面积，限制各种其他副业。“在农民眼里，它已不是农民自己的组织。”[⑤] 1956 年 10 月 6 日，国务院下发了《关于农业生产合作社粮食统购统销的规定》，指出：“国家对农业社的粮食统购、统销数量，不论高级社或初级社，一般以社为单位，根据 1955 年分户、分社核定的粮食定产、定购、定销数字，统一计算和核定。”“农业社在进行社内粮食分配的时候，必须保证完成国家核定的粮食征购任务。”1957 年 10 月 11 日，国务院发布了《关于粮食统购统销的补充规定》，要求“农业社分配粮食，必须严格遵守下列先后顺序：第一，首先完成国家核定的粮食征收、收购任务（包括增产社的增购任务）……”到了人民公社时期，由于

---

① 薄一波．若干重大决策与事件的回顾：上卷．北京：中共中央党校出版社，1991：255－283.

② 毛泽东文集：第 7 卷．北京：人民出版社，1999：29.

③ 同①352.

④ 陈锡文．中国农村改革：回顾与展望．天津：天津人民出版社，1993：32.

⑤ 杜润生．杜润生自述：中国农村体制变革重大决策纪实．北京：人民出版社，2005：43.

其“政社合一”的特征，对从生产到消费各个环节的控制更加严格了。主要农产品统购派购制度，除了方便国家以收购为手段控制主要农产品外，还使国家可以控制收购价格，以低价收购农产品、高价销售工业品的方式，为国家积累工业化所需要的原始资本，即工农产品价格“剪刀差”。而要控制农产品，就必须首先控制生产农产品的劳动力，因此，早在人民公社初期，国家就开始实行了严格限制劳动力外出的制度。

但是，根据1954版《宪法》第九十条的规定，中华人民共和国公民有居住和迁徙的自由，一些生产条件差、征购任务重或者遇到灾荒地区的农民开始向其他地区和城市流动、寻找生活出路，这就对流出地的农业生产及征购任务的完成带来影响。于是，1956年和1957年，国家连续颁发4个限制和控制农民盲目流入城市的文件；1958年1月，全国人大常委会通过了《中华人民共和国户口登记条例》，明确将城乡居民区分为“农业户口”和“非农业户口”两种不同户籍，严格限制人口自由流动，事实上废弃了1954年宪法关于迁徙自由的规定。这项制度把当时占总人口五分之四的农业人口限制在农村，一方面保证了其余五分之一非农业人口的农产品供给，另一方面也使农业人口不可能享受自己以“明”的（农业税、劳动积累等）和“暗”的（剪刀差）形式为国家工业化提供的原始积累①。1959年9月23日，中共中央、国务院下发了《关于组织农村集市贸易的指示》，规定小商小贩必须经过国营商业组织起来，“按照批准的经营范围，可以赶集串乡，进行贩运……但是不准远途贩运”，并把后者称为“投机倒把”。1963年3月3日，由中共中央、国务院发布的《关于严格管理大中城市集市贸易和坚决打击投机倒把的指示》，严禁农民离农经商、远途贩运，并称之为“盲流”。

可见，上述三大制度——统购统销、人民公社、户籍管制是相互联系、不可分割的有机整体，是中国农村传统体制的三大支柱。这些制度的最大净收益就是初步建成了新中国的工业体系。据严瑞珍等测算，1952—1984年，国家仅通过工农产品价格“剪刀差”（即国家在收购主要农产品时价格低于价值，销售工业品时价格高于价值，从而形成剪刀状的差值）形式从农业中汲取的工业化资金就达3 917亿元，而通过税收形式汲取的资金仅为935亿元，二者合计为4 852亿元，扣除财政返还给农业的部分，农业净流出资金为3 120亿元，相当于同期国有非农业企业资产原值的73.2%②。但是，这一制度严重背离了经济规律，导致劳动效率极度低下，到了20世纪70年代末期，农民年均纯收入只有60多元，

① 孔祥智，程漱兰．中国农村经济体制变迁及其绩效的经济分析．教学与研究，1997（10）．
② 严瑞珍，等．中国工农业产品价格剪刀差的现状、发展趋势及对策．经济研究，1990（2）．

其中现金仅14元，绝大多数农民处于绝对贫困状态。而且，传统体制运行的主要目标——国家集中商品农产品的增长速度也极其缓慢，集体化21年间，粮食征购数仅增长21%，棉花增长48%，食用油反而减少14%。全国29个省、区、市，原来有14个粮食调出省，到70年代末期只剩下了3个省可以调出粮食。这说明传统制度的净收益已经等于甚至小于零，制度变迁迫在眉睫①。

三、改革人民公社体制，农民获得了资源配置主体权益

40年前开始的这场改革，最先改掉的是运行了20多年的人民公社制度，究其原因，主要是：传统农业经营体制的实质是形成有利于工业化的国家—农民关系，人民公社是维系这一关系的基础性制度，作为利益受损方的农民只有并且必须突破这个制度才能取得净收益。事实上，小岗村的农民1978年底私下把土地承包到户，1979年夏季就获得了大丰收，交给国家的、留给集体的以及剩下给自己的都增加了，取得了“三赢”的结果②，在20多年来国家—农民之间近乎零和的博弈中取得了最好的结果，两种制度的优劣不言自明。因此，在此后的数年内，尽管传统意识形态的力量十分强大，传统体制的维护者依然不得不节节退让，新制度一路凯歌、所向披靡。

回顾这一期间的政策演化十分耐人寻味。1978年12月22日中共十一届三中全会通过的《草案》明确规定“不许包产到户，不许分田单干”，次年9月中共十一届四中全会正式通过该文件后，把上述两个“不许”改为：“不许分田单干。除某些副业生产的特殊需要和边远山区、交通不便的单家独户外，也不要包产到户。”正是这一改动，使广大农民和基层干部看到了国家在经营制度上控制程度降低的可能性。到了1979年底，全国包产到户的比重已经达到9%。1980年9月，中共中央下发75号文件，对各种形式的生产责任制给予了初步肯定。1982年中央1号文件把“包干到户”“包产到户”界定为社会主义性质，正式肯定了“双包”责任制的合法性。1982年、1983年的中央1号文件连续部署“双包”责任制的推进，到了1983年春季，全国实行“双包”责任制基本核算单位的比重已经达到了95%以上。至此，当时中央文件上称之为“家庭联产承包制”的新制度已经成为中国农业中的主要经营形式。1983年10月12日，中共中央、国务院下发《关于实行政

① 孔祥智，程漱兰．中国农村经济体制变迁及其绩效的经济分析．教学与研究，1997（10）.

② 王郁昭．往事回眸与思考．北京：中国文史出版社，2012：191.

社分开建立乡政府的通知》，要求各地在 1984 年底之前完成政社分开、建立乡政府的工作。到了 1984 年底，全国 5.6 万个人民公社改为 9.2 万个乡镇人民政府。至此，存续了 24 年的人民公社体制成为历史。

值得注意的是，这次国家与农民关系的调整，并没有退回到合作社化前的私有制小农状态，而是保留了土地集体所有制，说明国家的力量依然十分强大，在博弈中依然占据主导地位。国家在这次博弈中之所以让步，是因为前述传统制度的净收益接近于零甚至为负，而新制度的净收益则十分明显，说明这次调整也有国家层面上摒弃意识形态影响从而回归理性的因素。1991 年，中共十三届八中全会把这一制度正式表述为“统分结合的双层经营体制”。这次调整后，国家的意志依然可以通过村集体贯彻到全体农户，依然不必和单个农户直接打交道。双层经营体制既可以充分发挥农户个体“分”的积极性，又可以发挥集体“统”的优势，具有极强的优越性①。在双层经营体制下，“交够国家的，留足集体的，剩下都是自己的”，农户有了比较充分的生产经营自主权，可以在一定范围内合理配置自己拥有的资源，成为资源配置主体。这个意义非常重大。

第一，劳动力从土地中解放了出来。杜润生认为，在原生产队体制下，劳动力剩余超过三分之一②，家庭承包经营后，劳动力资源可以由农户自主配置，农村和城市集市贸易很快就活跃起来。“投机倒把”是计划经济体制形成初期强加在农民头上的一项罪名，尽管 1979 年出台的《刑法》依然把投机倒把罪入刑，但农民千方百计突破这一限制，把日渐丰富的农副产品长途贩运到城市。而且，1983 年的中央 1 号文件也明确鼓励“农民个人或合伙进行长途贩运”。此后，法律、法规经过多次修改，终于在 1997 年取消投机倒把罪，使其成为历史名词。农民自由运输、贩卖农产品（自己生产的和购买别人生产的）终于光明正大地成为一项应有的权益。这不仅为农村剩余劳动力找到了新的出路，也为后来农民专业合作社在城市社区销售农产品（农社对接）奠定了制度基础。

第二，乡镇企业大发展。随着改革的深入，广大农民把资源配置拓展到非农领域，获得了创业的权利。沿海发达地区率先把乡村集体尚未分净的资产、资金和剩余劳动力结合起来，产生了第一批乡镇企业。1984 年中央 1 号文件做出了“现有社队企业是农村经济的重要支柱，有些是城市大工业不可缺少的助手”的判断，同年，社队企业改称“乡镇企业”，开始了乡镇企业发展的新纪元。

---

① 孔祥智，刘同山．论我国农村基本经营制度：历史、挑战与选择．政治经济学评论，2013（4）．

② 杜润生．杜润生自述：中国农村体制变革重大决策纪实．北京：人民出版社，2005：133．

1985 年、1986 年两个中央 1 号文件都针对乡镇企业发展过程中遇到的具体问题提出了应对举措。乡镇企业的高速发展是这一时期农村经济发展的最大亮点，1984—1988 年，乡镇企业总产值年均增幅达到 39.9%，1988 年向国家缴纳的税金占当年国家财政总收入的 13.2%。即使经过了此后三年的治理整顿，乡镇企业在 1991 年的增长速度仍然达到 14%，总产值突破了 1 万亿元大关。1992 年，乡镇企业产值占农村社会总产值的 60%以上，占全国工业总产值的三分之一以上。乡镇企业的发展，客观上实现了“以工补农”，对于当时的农业发展和农民收入提高起到了重要的促进作用。尽管由于种种原因，20 世纪 90 年代中期以后乡镇企业风光不再，甚至到了新世纪以后连这个概念都很少有人提及，但 10 余年的大发展，为农业农村发展积累了大量资金、培养了大批人才，一批乡镇企业甚至从乡村走向城市，成为同行业中的支柱企业。这说明，只要给予相应的权益，农民中蕴含的能量是巨大的。经过乡镇企业的大发展之后，农民创业的能力再也无人怀疑，农民创业的权益随着《乡镇企业法》以及其他相关法律被一直保留下来，这实际上正是当前实施乡村振兴战略的原动力之一。

四、改革统购派购制度，农民获得了市场主体权益

家庭联产承包制度的推行，最明显的成效就是主要农产品产量大幅度提高。1984 年，中国粮食产量达到了创纪录的 40 730.5 万吨，比 1978 年增长了 33.65%；棉花总产量 625.8 万吨，比 1978 年增长 1.89 倍；糖料总产量 4 780 万吨，比 1978 年增长 1.01 倍；水果总产量 984.5 万吨，比 1978 年增长 33.27%；猪牛羊肉总产量 1 540.6 万吨，比 1978 年增长 78.4%。农产品产量的大幅度增长，有效解决了全体中国人的吃饭问题，有些农产品如粮食还一度出现了卖难，主要原因是国家收储能力不足。在这种情况下，1985 年中央 1 号文件提出：从 1985 年起，“除个别品种外，国家不再向农民下达农产品统购派购任务，按照不同情况，分别实行合同订购和市场收购”。至此，执行了长达 30 多年的主要农产品统购派购制度被取消，农民生产的农产品在制度上获得了与工业品平等交换的权利。尽管由于制度惯性，工农产品价格“剪刀差”一直存续到 21 世纪初期①，但平等市场交易主体权益的获得对于农业农村农民的长期发展以及今后乡村振兴战略的实施有着不可估量的意义，也是中国加入 WTO 的先决条件之一。

---

① 孔祥智，何安华．新中国成立 60 年来农民对国家建设的贡献分析．教学与研究，2009 (9).

取消主要农产品的统购派购制度，必然要调整农业经济结构。1985 年中央 1 号文件提出了进一步活跃农村经济的十项政策，第一条是取消农产品统购派购任务，第二条就是调整农村产业结构。此后，国家又分别在 1998 年和 2015 年提出进行新一轮农业结构调整①。经过历次结构调整后，农业内部各个产业迅速发展，尤其是水果、蔬菜、水产品等产业，不仅数量增长，质量上也发展成为无公害、绿色、有机三大系列，而且具有较强的国际竞争力。

市场主体权益的获得还表现在国家允许和鼓励农民发展专业合作社上。取消农产品统购派购制度后，农民怎样销售农产品？1985 年中央 1 号文件指出："农民也可以通过合作组织或建立生产者协会，主动与有关单位协商签订销售合同。"事实上，自 20 世纪 80 年代中期以后，当时称为"新型农村合作经济组织"的合作社就迅速发展，到了 21 世纪初期，全国规范的农民专业合作社有 15 万家左右。2006 年 10 月 31 日，十届全国人大常委会第二十四次会议通过了《农民专业合作社法》，确立了合作社的法人主体地位，赋予了农民组建这一新型经营主体的权利。至此，农民除了可以组建各类企业外，还可以组建农民专业合作社，这是多于城镇居民的一项特殊权益。合作社是农业领域的现代企业制度，自农民获得这项权益以来，中国现代农业获得了突飞猛进的发展，合作社在推进小农户与现代农业有机衔接中的作用越来越明显。截至 2017 年底，全国共有农民专业合作社 201.7 万家，实有入社农户 11 759 万户，占全国农户总数的 48.1%。

五、改革户籍管理制度，农民获得了自由迁徙权益

把公民分为城镇居民和农村居民，并严格限制迁徙的传统户籍制度，自 20 世纪 50 年代后期形成后，逐渐附加了一些与福利相关的新内容，如就业、工资、医疗、上学、参军、食品供给等，因此，直到 1981 年 12 月，国务院还发布了《关于严格控制农村劳动力进城做工和农业人口转为非农业人口的通知》，但 1985 年中央 1 号文件就允许农民进城开店设坊，兴办服务业，提供各种劳务。自 1985 年起，中央文件中不再出现"清理农村劳动力"之类的字眼。1985 年 7 月，公安部出台《关于城镇暂住人口管理的暂行规定》，要求各地对城镇人口实行暂住证管理。1989 年，国务院办公厅发布《关于严格控制民工盲目外出的紧急通知》，要求各地采取有效措施严格控制当地民工盲目外出。1991 年 7 月，

① 孔祥智．以结构调整推进农业现代化．农民日报，2015－04－11.

国务院颁布《全民所有制企业招用农民合同制工人的规定》，规定城镇企业招用农民工必须在国家下达的劳动工资计划之内，此后就有了“农民工”的概念。1994 年 11 月，劳动部颁布《农村劳动力跨省流动就业管理暂行规定》，要求农村劳动者外出就业必须证卡合一（即身份证或户口本和外出人员就业登记卡合一），否则，不允许进入城镇就业。可见，在此期间，国家对农民进城就业基本上采取“卡”的态度，究其原因，主要是城市消费品、基础设施、就业岗位等无法满足大批进城农民的需求。

1993 年 11 月召开的中共十四届三中全会在改革开放历史上具有重要地位。会议提出：“逐步改革小城镇的户籍管理制度，允许农民进入小城镇务工经商，发展农村第三产业，促进农村剩余劳动力的转移。”此后，小城镇户籍制度改革开始启动。1997 年 6 月，国务院批转公安部《小城镇户籍管理制度改革试点方案》和《关于完善农村户籍管理制度意见》，允许符合条件且交回农村承包地和自留地的农民办理小城镇户口，在小城镇务工经商、发展农村第三产业。2001 年，国家“十五”计划纲要提出要取消对农村劳动力进入城镇就业的不合理限制，引导农村富余劳动力在城乡、地区间的有序流动。随后，公安部规定，凡在小城镇有合法固定住所、稳定职业或生活来源的人员及与其共同居住生活的直系亲属，均可根据本人意愿办理城镇常住户口。根据本人意愿，可保留其承包土地的经营权，也允许依法有偿转让。2003 年 1 月，国务院办公厅发布《关于做好农民进城务工就业管理和服务工作的通知》，要求各地取消对企业使用农民工的行政审批，取消对农民进城务工就业的职业工种限制，取消专为农民工设置的登记项目，逐步实行暂住证一证管理，切实解决拖欠农民工工资问题。2003 年 9 月，国务院办公厅转发教育部等部门《关于进一步做好进城务工就业农民子女义务教育工作意见的通知》，要求流入地政府负责进城务工就业农民子女接受义务教育工作，以全日制公办中小学为主。上述文件及其他相关政策的执行，加上时任国务院总理亲自为农民工讨薪，使得针对农民工的一系列歧视政策、子女教育、乱收费、欠薪等问题逐步得到解决。2004 年中央 1 号文件提出要进一步清理和取消针对农民工进城就业的歧视性规定和不合理收费，放宽农民进城就业和定居的条件，依法保障进城就业农民的各项权益。2004 年 12 月，国务院办公厅发布《关于进一步做好改善农民进城就业环境工作的通知》，要求各地清理和取消针对农民工进城就业等方面的歧视性规定及不合理限制，取消专为农民工设置的登记项目，实行暂住证一证管理。2005 年，国务院废止了《农村劳动力跨省流动就业管理暂行规定》及其配套文件，取消了限制劳动力流动的相关不合理规定。2006 年 3 月，国务院发布《关于解决农民工问题的若干意见》，要求各地切实解决农民工面临的工资偏低、被拖欠现象严重，劳动时间长、安全条件差，缺乏社会保障、职业病和工伤事故多，以及在培训就业、子女上学、生活居住等方面存在的诸多问题。

2008年10月召开的中共十七届三中全会在保障农村劳动力外出就业权益方面具有里程碑意义。全会提出：统筹城乡劳动就业，加快建立城乡统一的人力资源市场；加强农民工权益保护，逐步实现农民工在劳动报酬、子女就学、公共卫生、住房租购等方面与城镇居民享有同等待遇；统筹城乡社会管理，推进户籍制度改革，放宽中小城市落户条件，使在城镇稳定就业和居住的农民有序转变为城镇居民等。2013年11月，中共十八届三中全会提出保障农民工同工同酬权益。加上前述城乡居民在医疗保险、养老保险等方面的接续政策，使得农民外出就业的权益得到了越来越充分的保障。2014年7月，国务院发布《关于进一步推进户籍制度改革的意见》，提出建立城乡统一的户口登记制度，建立居住证制度，到2020年基本建立新型户籍管理制度，努力实现1亿左右农业转移人口和其他常住人口在城镇落户的目标。此后，各省市自治区逐步取消农业户口和非农业户口等户口类型，统一登记为居民户口。可以预测，“农民工”这个词将很快成为历史名词。不仅如此，附着在户籍制度上面的种种福利也将随着改革的深入逐渐被取消。2013年11月召开的中共十八届三中全会提出“推进基本公共服务均等化”“必须健全体制机制，形成以工促农、以城带乡、工农互惠、城乡一体的新型工农城乡关系，让广大农民平等参与现代化进程、共同分享现代化成果”，随后，农民在越来越多领域获得了与城镇居民同等的权益。2014年，国务院颁布了《关于建立统一的城乡居民基本养老保险制度的意见》，要求在2020年之前实现城乡居民在养老保险方面的接续与统一。2016年，国务院发布《关于整合城乡居民基本医疗保险制度的意见》，推进城镇居民医保和新农合制度整合，逐步在全国范围内建立起统一的城乡居民医保制度。随着传统制度改革和一系列新制度的建立，劳动力这一最活跃、最具决定性资源的活力被充分激发，正在实现中共十八届三中全会所期望的“让一切劳动、知识、技术、管理、资本的活力竞相迸发，让一切创造社会财富的源泉充分涌流”的目标。根据国家统计局公布的数据，截至2017年底，全国农民工总量28 652万人，比上年增长1.7%。其中，外出农民工17 185万人，增长1.5%；本地农民工11 467万人，增长2.0%①。2012—2017年，城镇化率从52.6%提高到58.5%，8 000多万农业转移人口成为城镇居民。农民工已经成为城市各个工种的重要力量，有些则成为主要

① 中华人民共和国2017年国民经济和社会发展统计公报．http：//www.stats.gov.cn/tjsj/zxfb/201802/t20180228_1585631.html.

力量。不仅如此，制度创新还激励一大批城市离退休职工、城市科技人员和大学毕业生到农村创业，对于现代农业的发展起到了重要的促进和示范作用，说明整个社会都正在收获制度变迁的净收益，而且这类净收益还会越来越多。

六、总结性评价与展望

前文分析了传统农村经济体制形成的过程，从三个方面讨论了改革带来的制度净收益。事实上，随着改革的推进，中国于 2001 年 12 月正式加入世贸组织，标志着中国改革开放进入了一个新的阶段。面对新的发展环境，国家从新世纪起开始减免农业税。2005 年 12 月 29 日，十届全国人大常委会第十九次会议通过决议，新中国实施了近 50 年的农业税条例被依法废止。仅减免税一项，国家每年减轻农民负担 1 335 亿元。不仅如此，随着财力的增强，国家还自新世纪起开始实施农业补贴和其他支持保护政策。2002—2006 年，国家逐步实施了良种补贴、种粮农民直接补贴、农机具购置补贴、农业生产资料综合补贴等“四大补贴”，仅 2006 年，补贴总额就达到 309.5 亿元。2016 年，财政部、农业部联合发布文件，把除农机具购置补贴之外的三项补贴整合为农业支持保护补贴，并把其中的一部分（主要是增量）用于支持新型农业经营主体。从 2004 年起，国家开始对稻谷、小麦实施最低收购价格制度；从 2008 年起，逐步对玉米、大豆、油菜籽、棉花、生猪等农产品实施临时收储政策，旨在保护生产者利益。此后，国家又对临时收储政策进行改革，但保护农民利益的初衷不变。2005 年以来，国家还逐步对测土配方、科技入户、小型农田水利、农作物秸秆综合利用、农民职业培训等进行补贴，并对生态补偿、耕地轮作休耕、有机肥施用等进行补贴，大规模开展土地整治和综合开发，大大提高了土地等级和生产力水平。2016 年，各种农业补贴总额达到 1 605.55 亿元。2005 年 10 月，中共十六届五中全会提出了建设社会主义新农村的宏伟目标，国家对农村基础设施建设的投入不断增加。总的来看，新世纪以来，国家对农业农村的投入是全方位的。2016 年全国财政农林水支出达到 18 587.36 亿元，其中农业支出 6 250.4 亿元，农业综合开发支出 610.8 亿元，农村综合改革支出 1 471.3 亿元。消除价格因素，2008 年以来年均增长率分别为 10.88%、9.20%和 12.87%①。上述情况表明，由于农业产业的特殊性，加上国家“还债”性质的投入，农民在产业发展方面得到的权益逐渐大于城镇居民，当然，与发达国家相比还有很

① 根据《中国农村统计年鉴（2017）》第 77 页数据计算。

大的差距。这是今后要努力的第一个方向。

在上述各项政策的作用下，农民收入增长速度自 2010 年以来一直超过城镇居民，城乡居民收入比一直呈下降趋势，并且除了少数年份外一直超过 GDP 增速。2017 年，农村居民人均可支配收入 13 432 元，扣除物价因素实际增长 7.3%；城镇居民人均可支配收入 36 396 元，扣除物价因素实际增长 6.5%；城镇居民收入与农村居民收入之比为2.71∶1；农村居民收入的增长速度继续高于城镇居民收入和 GDP 增长速度（6.9%）。总体趋势是令人满意的。但应该看到，长三角、珠三角一带的发达县市城镇居民收入和农村居民收入之比一般已经达到了 2∶1 左右，发达国家和地区一般在 1.2∶1 至 1.5∶1。按照 2018 年中央 1 号文件规划的目标，2035 年基本实现农业农村现代化，城乡居民收入比应该达到 2∶1 甚至更低的水平。这是今后要努力的第二个方向。

根据国家统计局公布的《第三次全国农业普查主要数据公报（第四号）》，截至 2016 年底，在全国 2.3 亿农户中饮用水为经过净化的自来水的比例达到了 47.7%，使用水冲式卫生厕所的比例达到了 36.2%，有 99.3%的村通公路，61.9%的村内主要道路有路灯，99.7%的村通电，73.9%的村生活垃圾集中处理或部分集中处理，17.4%的村生活污水集中处理或部分集中处理，53.5%的村完成或部分完成了改厕①。这些都比第二次全国农业普查数据（截至 2006 年底）有了相当大的改观②，这显然是 2006 年开始实施社会主义新农村建设政策以及其他城乡统筹政策的结果。但不足百分之百的数据说明了仍然存在的差距，并且与城市之间的差距更大。这是今后要努力的第三个方向。

2017 年 10 月中共十九大召开，提出了乡村振兴战略并将其写入修改后的党章。2018 年中央 1 号文件部署了乡村振兴战略实施的具体内容及步骤，提出了 2020 年、2035 年、2050 年分别要达到的目标。从本文分析的结果看，实施乡村振兴战略的关键还在于保障农民权益，具体包括以下三个方面：一是保障农民的财产权。包括保护在城镇就业、定居的农村居民对于集体成员权、土地承包权和宅基地使用权退出及有偿转让的权益。宁夏平罗等地探索的农民集体成员权退出机制具有推广价值。2018 年中央 1 号文件提出“探索宅基地所有权、资格权、使用权‘三权分置’”的政策构想，落实宅基地集体所有权，保障宅基地农户资格权和农民房屋财产权，适度放活宅基地和农民房屋使用权，具有积极意

① 第三次全国农业普查主要数据公报（第三号）. http://www.stats.gov.cn/tjsj/tjgb/nypcgb/qgnypcgb/201712/t20171215.html.

② 第二次全国农业普查主要数据公报（第三号）. http://www.stats.gov.cn/tjsj/tjgb/nypcgb/qgnypcgb/200802/t20080225.html；第二次全国农业普查主要数据公报（第四号）. http://www.stats.gov.cn/tjsj/tjgb/nypcgb/qgnypcgb/200802/t20080226_30464.html.

义，尤其是对于在城镇定居的原农村居民意义重大。二是保障农民自主经营的权益。农户数量多、经营规模小是中国不得不正视的现实。遗憾的是，多年来，各级政府大都把工作重点放在推动土地流转和新型农业经营主体建设上，将其作为各类补贴投放的重点。事实上，尽管截至2016年底中国土地流转达到4.79亿亩，占家庭承包经营总面积的35.1%，但小规模经营的状况并没有得到明显改变。十九大报告提出实现小农户与现代农业发展有机衔接，是依据中国农业经营主体的现实而做出的重大判断，具有重大的理论价值和政策含义，指引了中国农业经营主体发展的方向。今后，新型农业经营主体的发展重点应该放在对小规模农户的带动上。对于中国2.3亿小农户，应该保障其承包经营权转包、出租、互换、转让和股份合作的权利。中国特色农业现代化的特色之一正是“新型农业经营主体+小规模农户”，而绝不可能是大规模经营。三是保障农民与城镇居民同等的权益。目前，在各项公共服务中，两类居民差距太大。按照中共十九大的规划，2035年基本实现现代化，两类居民享受的公共服务应该基本一致。这正是最艰巨的任务之一。

改革开放40年来的实践证明，只要给予农民充分的权益，蕴藏在农民中的巨大能量就会迸发出来，而这正是改革和发展的原动力，也是我们继续推进改革永不能忘的“初心”。

改革开放以来我国农村基本经营制度的变迁*

唐 忠**

【摘 要】 改革开放40年来，我国农业发展成就巨大，这与我国农村坚持土地集体所有、农民家庭承包经营的基本经营制度关系密切。农村的这一基本经营制度的优势在于保持了成员权逻辑和财产权逻辑的平衡；土地“三权分置”制度的创新之处在于所有者权利的细分与分享；放活土地经营权不等于经营权物权化；完善农村基本经营制度，应更多地回应农民的诉求和农业发展的需要。

【关键词】 农村改革；土地制度；农业发展

今年是中国改革开放40周年。40年前开始的改革是从农村发轫的，农村的改革是从农村基本经营制度开始的。40年前农村改革的标志性名词是“包产到户”与“包干到户”。“大包干大包干，直来直去不转弯，交够国家的，留足集体的，剩下都是自己的”这句流传全国农村的话，更是简明易懂。包产到户、包干到户将过去农村集体所有、集体统一经营的土地，改变为按一定方式承包给农户家庭分散经营，改变的是农村的基本经营制度。因此，在回顾改革开放40年来农业农村的发展时，分析我国农村基本经营制度的变迁就是必不可少的一环。

改革开放40年后的今天，关于我国农村基本经营制度如何巩固与完善，理论界存在不同观点，各地农村在实践中也有不同做法，例如：在承包期内，土地动态调整好还是起

---

* 本文原刊发于《中国人民大学学报》2018年第3期。

** 唐忠，中国人民大学农业与农村发展学院教授、院长、博士生导师。

点公平、期限内不调整好？在集体资产股份权能改革中，集体所有制内成员的权利应该如何理解？集体资产改革是按成员权逻辑还是财产权逻辑来展开？在土地“三权分置”制度下，集体所有权、承包农户的承包权、土地租赁者的经营权各自的性质是什么？在承包权分散、人口城市化的情况下，如何构建土地与农业劳动的动态匹配机制，形成地权分散而经营适当集中的发展模式？等等。这些问题都值得探讨。

本文分四个部分来进行分析，第一部分简要总结农业发展的成就，第二部分扼要回顾农村基本经营制度演变过程，第三部分对一些争议的观点进行分析，提出笔者自己的看法，第四部分对巩固和完善农村基本经营制度提出建议。

一、改革开放以来我国农业发展成就巨大

1978 年以来，我国农业发展取得了巨大成就，这里仅举几组数据来进行简要说明。

（一）主要农产品产量显著增长

根据中国国家统计局网站上的数据，1978 年我国粮食产量为 30 477 万吨，2017 年为 61 791 万吨，增长 102.7%，年均增长 1.83%，见图 1。1978 年我国棉花产量为 216.7 万吨，2017 年为 549 万吨，增长 153.3%。1978 年我国油料作物产量为 521.8 万吨，2017 年为 3 732 万吨，增长 615.2%。1979 年我国肉类产量为 1 062.4 万吨，2017 年为 8 431 万吨，增长 693.6%。1978 年我国水产品产量为 465.4 万吨，2017 年为 6 938 万吨，增长 13.9 倍。

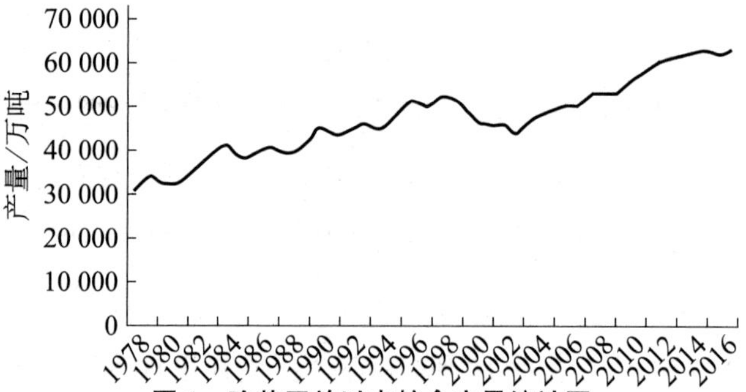

图 1　改革开放以来粮食产量统计图

资料来源：1978—2016 年数据来源于国家统计局网站，2017 年数据来源于《2017 年国民经济和社会发展统计公报》。

（二）人均主要农产品产量显著增长

1978 年我国人均粮食产量为 316.6 公斤，2017 年为 444.51 公斤，人均增加 127.9 公斤。1978 年人均棉花产量为 2.25 公斤，2017 年为 3.95 公斤，人均增加 1.7 公斤。1978 年人均油料产量为 5.42 公斤，2017 年为 26.85 公斤，人均增加 21.43 公斤。

（三）农业机械化水平显著提高

以农机总动力为例，1978 年我国农用机械总动力为 1 175 亿瓦，2016 年为 9 724.6 亿瓦，增长 727.6%，年均增长 5.72%，见图 2。在平原地区，小麦、玉米等主要粮食作物耕种收环节已基本实现机械化。

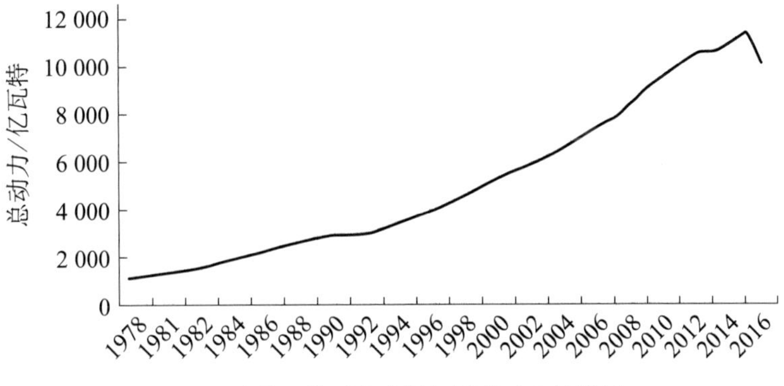

图 2　改革开放以来农用机械总动力统计图

资料来源：国家统计局网站。

（四）政府对农业的支持显著增长

1978 年财政“三农”支出为 150.7 亿元，2016 年财政用于农林水各项事业的支出为 18 587.4 亿元，如果不考虑物价因素，增长了 110 倍，年均增长 13.2%。2006 年全面取消农业税后，财政对农业农村发展的投入迅速增长，由 2006 年的 3 173 亿元增长到 2016 年的 18 587.4 亿元，年均增速达 18.11%。

（五）农民收入显著增长

1978 年农村居民人均纯收入为 133.6 元，2017 年农村居民人均可支配收入为 13 432 元，按现价增长了约 100 倍，名义增长率为 12.55%，见图 3。

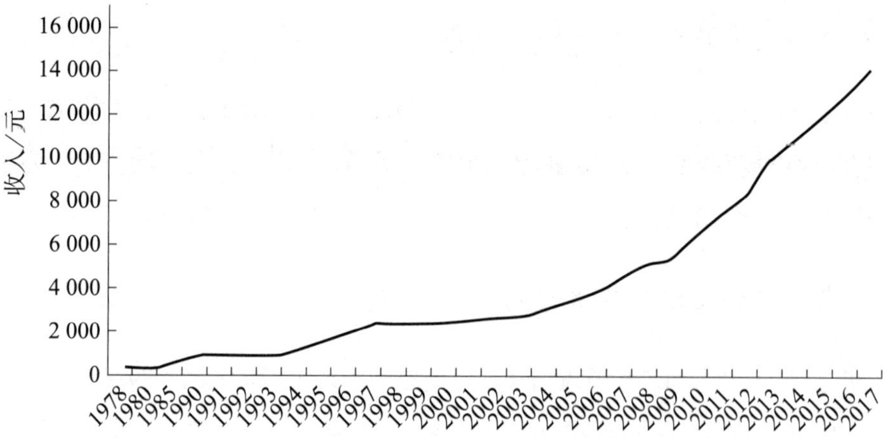

图3 改革开放以来农村居民人均收入统计图

注：1978—2012年数据为“农村居民人均纯收入”，2013—2017年数据为“农村居民人均可支配收入”。

资料来源：2013年、2014—2017年《中国农村统计年鉴》，《2017年国民经济和社会发展统计公报》。

（六）农业新型经营主体发展迅速

1978年时，还谈不上有什么农业新型经营主体，根据《农民日报》的报道，到2016年底，全国有新型农业经营主体280万个，其中家庭农场87.7万个，农民合作社179.4万个，农业龙头企业12.9万个①。

在40年来我国农业的发展中，农村基本经营制度贡献的具体份额虽然从定量的角度不容易衡量，但经营制度所起的重要作用是无法否认的。

二、40年来农村基本经营制度的变化过程

新中国成立以来，中国农村土地制度发生了三次重大变革。第一次重大变革是1950—1952年的土地改革，通过无偿的方式平均地权，将农村土地由地主所有制改为农民所有制。第二次重大变革是1953—1956年的农业合作化，将土地的农民所有制改变为土地的劳动群众集体所有制，并在后来的人民公社体制中，形成“三级所有、队为基础”的农村基本经营制度，以生产小队为核算单位，实行土地集体所有、统一经营，成员按所挣的工分分配劳动成果。第三次重大变革是发生在40年前的以家庭承包为特征的农村改革，这

① 我国新型农业经营主体数量达280万个．农民日报，2017-03-08.

一改革的核心是把农业的经营单位从生产队变为农户家庭。

在这三次土地制度变革中，土地所有权首先由地主所有变为农民平均私有；随后的合作化运动将土地所有权集中在集体手中，并实行集体统一经营；最近的一次重大改革则是保留了原有土地所有制，改变了土地经营制度。下面按时间顺序对 1978 年以来农村基本经营制度的变化做一个梳理。

（一）改革初期的农村基本经营制度

发生于 40 年前的中国农村经济体制改革，以农村基本经营制度的变革为核心。农村基本经营制度的变革是将土地所有权与使用权分开，把以生产小队为单位的集体统一经营改为以农民家庭为单位的分散经营，农民家庭重新成为农业的基本经营单位。“大包干”使得农民家庭在获得土地使用权的同时，也获得了经营剩余索取权。

在全国绝大多数地区，土地是以生产小队（相当于现在的村民小组）为单位，按农户人口平均承包的。农民在承包土地之时并不清楚承包的具体期限，因此总害怕承包政策不能长久，担心发生变化。中央为稳定农民积极性，宣布土地承包期为 15 年。在实际执行中，根据农户家庭人口的变化定期调整承包土地的情况普遍存在，出现所谓“三年一小调整，五年一大调整”的局面。第一轮承包的农村基本经营制度的特征可以概括为：第一，大多数乡村以生产小队为土地发包单位，按某一具体时点的人口平均承包土地，农民以家庭为单位承包经营。第二，承包期内发包单位常常根据家庭人口的变化调整土地，使得 15 年的承包期限成为一种政策宣示，并不是农户承包土地的实际期限。由于这种调整，每一户农民承包的土地就存在变动的可能性。第三，农户按承包土地的面积分摊“三提五统”等款项和农业税税额，这些集体提留统筹和农业税当时普遍被视为农民获得土地经营权的经济代价。具有以上三大特征的土地经营制度，也被概括为“统分结合的双层经营”体制。

（二）第二轮承包时的制度变化

第二轮承包，大多数地区是在 1995 年前后进行的，基本沿用了第一轮承包的做法，但在一些地区也发生了细微的变化。由于《土地管理法》（1988 年修订版）第八条明确指出“集体所有的土地依照法律属于村农民集体所有”，所以有些地区在第二轮承包时，改为以行政村为单位发包土地。如果行政村内各组人均土地情况差异较小，则发包方的转化不会带来大的影响，工作也容易进行；若行政村内各组人均土地情况差异较大，则难以在行政村内进行土地发包。

（三）《农村土地承包法》实施后土地制度的变化

《农村土地承包法》于 2003 年 3 月 1 日起施行，致使农村基本经营制度发生了如下变化：

第一，该法明确规定“耕地承包期为三十年”，并且“承包期内，发包方不得调整承包地”。这一规定就是习惯上说的“30 年内增人不增地，减人不减地”。

第二，该法第二十六条明确规定：“承包期内，发包方不得收回承包地。承包期内，承包方全家迁入小城镇落户的，应当按照承包方的意愿，保留其土地承包经营权或者允许其依法进行土地承包经营权流转。承包期内，承包方全家迁入设区的市，转为非农业户口的，应当将承包的耕地和草地交回发包方。承包方不交回的，发包方可以收回承包的耕地和草地。”请注意，这里说的是全家，不是家庭内部部分成员的迁移。

以上规定意味着，在承包期内，不再根据家庭成员的数量变化或部分成员的身份变化来调整土地，如果严格实行，其结果是享有承包权的集体成员在某一特定时点上固定不变。在现实中，不少乡村并没有严格执行这一规定，仍然在根据人口变动调整承包地。后文还会对此进行分析。

（四）停征农业税费没有带来土地制度的变化

2005 年以后，国家取消了农业税，作为农业税附加的集体提留统筹也取消了，原来认为的农民承包集体土地的经济代价似乎没有了。这是不是土地制度的一个变化呢？笔者以为，农业税费并不是地租，国家停止征收农业税费，以及后来逐步出台的各种农业补贴政策，都是国家对农业的财政支持，属于产业政策的范畴。这些政策确实对农民收入带来正面影响，但没有从本质上改变农村集体经济组织与承包农户之间在土地上的关系：集体土地在其成员之间平均分配，集体的组成成员按一定份额自己耕种自己的土地，可以支付地租（然后成员再决定如何分配），也可以不支付地租，因为在平均承包的情况下，以分配土地的方式就分配了地租。

（五）通过确权登记颁证对承包经营权的证书化确认

2013 年的中央 1 号文件《中共中央国务院关于加快发展现代农业　进一步增强农村发展活力的若干意见》明确提出：“全面开展农村土地确权登记颁证工作。健全农村土地承包经营权登记制度，强化对农村耕地、林地等各类土地承包经营权的物权保护。用5年时间基本完成农村土地承包经营权确权登记颁证工作，妥善解决农户承包地块面积不准、四至不清等问题。”

从实践来看，土地确权登记颁证从2015年开始逐步推开，要求2017年底基本完成。从我们在农村调研的情况来看，目前确权颁证工作尚未全部完成。如文件清楚表明的，所确的权是农户承包经营权，目的是解决承包地面积不准、四至不清等问题，登记、颁证机构一般是县级农业行政部门，证书发给承包农户家庭。

（六）土地“三权分置”制度的形成

最近几年提出的土地“三权分置”制度，其一般的表述是把农民土地的承包经营权分为承包权和经营权，实现承包权和经营权分置并行，在坚持农村土地集体所有的前提下，形成所有权、承包权、经营权“三权分置”，目的在于促进经营权流转。从中央文件来看，其形成过程大致如表1所示。

表1 “三权分置”关键性政策总结表

时间	文件/材料	关键内容
2013年12月	《2013年中央农村工作会议公报》	土地承包经营权主体同经营权主体发生分离，要不断探索农村土地集体所有制的有效实现形式，落实集体所有权、稳定农户承包权、放活土地经营权……
2014年1月	《关于全面深化农村改革加快推进农业现代化的若干意见》（中央1号文件）	稳定农村土地承包关系并保持长久不变，在坚持和完善最严格的耕地保护制度前提下，赋予农民对承包地占有、使用、收益、流转及承包经营权抵押、担保权能。在落实农村土地集体所有权的基础上，稳定农户承包权、放活土地经营权，允许承包土地的经营权向金融机构抵押融资
2015年11月	《深化农村改革综合性实施方案》	坚持和完善农村基本经营制度。把握好土地集体所有制和家庭承包经营的关系，现有农村土地承包关系保持稳定并长久不变，落实集体所有权，稳定农户承包权，放活土地经营权，实行“三权分置”
2016年10月	《关于完善农村土地所有权承包权经营权分置办法的意见》	现阶段深化农村土地制度改革，顺应农民保留土地承包权、流转土地经营权的意愿，将土地承包经营权分为承包权和经营权，实行所有权、承包权、经营权分置并行，着力推进农业现代化，是继家庭联产承包责任制后农村改革又一重大制度创新。充分发挥“三权”的各自功能和整体效用，形成层次分明、结构合理、平等保护的格局

在2013年“三权分置”提出之初，便明确指出了在土地承包经营权上派生出了新的

土地经营权。2016 年的《关于完善农村土地所有权承包权经营权分置办法的意见》，从政策层面对土地“三权分置”制度做了系统表述。但对承包权和经营权如何理解，是不是将农民承包经营权这一个权利分离开来形成的两个平行的权利，在学术层面还有不同认识，后文还将分析。

（七）十九大报告对“长久不变”的明确

2008 年十七届三中全会提出土地承包关系“长久不变”的概念，但是，此后相关部门并未对如何实现“长久不变”做进一步的解释。直至 2017 年 10 月，党的十九大报告才明确提出：“巩固和完善农村基本经营制度，深化农村土地制度改革，完善承包地‘三权’分置制度。保持土地承包关系稳定并长久不变，第二轮土地承包到期后再延长三十年。”报告再一次重申了中央在农村基本经营制度上的一贯政策，并进一步解释了“长久不变”——承包期再延长 30 年。这无疑增加了制度的可预期性，给农民吃了一颗定心丸。

（八）小结：40 年来的经验

回顾 40 年来农村基本经营制度的变化过程，可以总结出以下几点经验：第一，土地制度是农村最基本的经济制度，良好的土地制度对农业与农村的发展非常重要。第二，1978 年以来农村基本经营制度的变迁，是在保持集体所有制不变的前提下，寻找更好地促进生产力发展的集体所有制的具体实现形式，核心是探索组成集体的成员之间持有土地权利的方式，从而更好地促进农业与农村的发展。第三，通过对改革实践的梳理可以发现，与人民公社时期土地集体所有、集体统一经营的经营制度相比，所有权与经营权分开、土地集体所有成员按家庭分户经营的制度，得到了广大农民的认可和全社会的认同，更有利于农业发展。第四，40 年来农村基本经营制度的变化，无论是延长承包期限、承包期内不调整土地，还是确权颁证，形成“三权分置”，都是在坚持集体所有成员分户经营不变的前提下，探索稳定和强化集体成员（承包农户）在承包期内的土地财产权利，实践证明这是正确的。第五，农村基本经营制度的变化，因应了生产力发展的要求。比如土地“三权分置”制度的形成，就因应了在农村劳动力不断转移的情况下，承包农户自己不直接经营土地，把土地使用权转让给他人使用的现实诉求，从而形成农业土地与劳动力的动态匹配。

三、对农村基本经营制度几个争议问题的认识

目前，农村基本经营制度存在不少争议和问题。例如，在土地所有制度方面，一种观

点认为，集体所有制是一种说不清的制度，产权界定模糊，应该放弃并实行完全的土地私有化，这样才能清晰界定土地产权。还有一种观点认为，若公开实行土地私有化，则相当于从根本上推翻了革命成果，很难达成全社会共识，具有高昂的政治成本，所以应该对农民实行“经济平权”，允许农民拥有完全可交易的土地权利，通过“温水煮青蛙”的方式实现事实上的土地私有化。此外，在土地使用制度方面也存在争议，包括：是否可为流转而来的经营权颁发经营权证？流转而来的经营权是否具有抵押价值？等等。下面笔者就这些问题谈谈自己的观点。

（一）农村土地集体所有制的优势在于成员权逻辑与财产权逻辑的平衡

第一，土地集体所有的范围是清晰的。集体所有制并不是说不清楚的制度，根据我国《物权法》第六十条的规定，集体所有的土地和森林、山岭、草原、荒地、滩涂等，依照下列规定行使所有权：(1) 属于村农民集体所有的，由村集体经济组织或者村民委员会代表集体行使所有权；(2) 分别属于村内两个以上农民集体所有的，由村内各该集体经济组织或者村民小组代表集体行使所有权；(3) 属于乡镇农民集体所有的，由乡镇集体经济组织代表集体行使所有权。现实是，以行政村为单位所有土地、发包土地的地区在全国不占多数，在多数地区还是以村民小组（原来的生产小队）为单位持有土地所有权、发包土地，只有很少一部分土地是以乡镇为单位所有并发包的。对一个具体的地块而言，其所有者是村民小组、行政村还是乡镇，是很清晰的，由谁来发包土地也是明确的，因此，集体土地所有的范围和行使所有权的权力主体都是清晰的。

第二，集体与其组成成员的关系有一定变化。在承包责任制初期，并不强调集体是具体成员组成的集体，更多的是抽象的集体，集体与其成员是对立起来的。例如，当初说承包经营权时，强调的是集体成员通过承包方式取得的一定期限的集体土地的经营权，重心在经营权，承包是方式，并不强调集体成员的所有者之一的身份。而现在说承包经营权或承包权时，重心在承包资格或者说成员资格，强调的是成员作为所有者之一的成员权利，集体是某一时点有具体成员的集体。因此，现在说集体所有强调的是有具体成员的集体所有。

第三，承包期内成员是动态认定还是静态不变，不同乡村做法不同。既然集体所有是有具体成员的集体所有，那么成员如何认定就很重要，是在某一个时点认定后承包期内不变，还是承包期内可以动态调整？尽管政策鼓励前者，但我们调研发现，现实中两种情况都存在，且动态调整的村庄更多，约占我们调研村庄的三分之二。

这里的问题是，在不改变所有制的前提下，集体能否自行决定土地制度的实现形式？承包期内“生不增，死不减”是一种实现形式，在本集体成员达成共识的情况下，承包期内按前后一致的规则定期动态认定成员，是否也可以是一种实现形式？笔者认为，国家可以提倡与鼓励前一种实现形式，但也不必禁止后一种实现形式，让不同乡村的农民有不同的实践。

主张承包期内“生不增，死不减”，主要基于这样一个假设：不调整土地可以给承包土地的农民以更长的预期，有利于农民的长期投入，从而有利于农业发展。笔者在农村调研时发现，有时一个行政村内相邻的两个村民组，一个组不调地，另一个组调地，但两个组的农业生产并没有什么明显的差别。动态认定成员的村组，如果前后规则是一致的（如果不一致农民通不过，也无法执行），而且是成员事先知道的（可预期的），这本身也会成为一个稳定的可预期的制度，并不一定就不利于农业发展。

因此，笔者认为，政策可以鼓励与提倡承包期内“增人不增地，减人不减地”，但对那些一直选择按大多数农民意愿和一定规则动态认定成员并进行土地小调整的村组，也应允许其继续实践，两种做法都是对集体所有制的具体实现形式的探索。

第四，成员权逻辑与财产权逻辑要平衡。我国现行农村基本经营制度的活力在于通过一定期限承包权的赋予，既充分调动了成员个体的积极性，又防止了土地所有权完全私有化可能带来的弊端。一些主张农村土地直接私有化或变相私有化的观点，都是基于财产权逻辑，认为只有私人产权才是最清晰的产权，与之相应的激励机制才最好，好像只要土地私有化了，农业问题就解决了。1953 年实行合作化以前，中国农村土地私有的历史不可谓不长，但中国农业问题并没有因此自动解决。私有制下土地所有权可以成为交易对象，但当权利主体不愿意时，私人所有权也可以使土地无法进入市场交易。东亚邻国日本是一个例子，在土地私有制下，日本农村土地与劳动力的动态匹配不能算好。

农村劳动力大量减少后，农业经营单位并没有相应减少，农家经营规模并没有相应扩大，劳动力出现了所谓“二兼滞留”现象，恐怕与土地私有制下土地所有者不愿交易（租或卖）土地不无关系。一些地方在进行农村集体资产股份权能改革试点时，通过固化股份和股东实行股份的完全可交易等措施，只强调财产权逻辑，可能的结果就是集体所有制慢慢变成私人所有制，通过“温水煮青蛙”实现私有化。

我国农村集体所有制的成员权逻辑是，某人或某个家庭取得某个村或组的成员资格，并不是基于购买股份的交易取得，而是基于出生、婚姻或其他该集体认可的方式取得，集体成员资格不能通过交易“买入”是农村集体所有制下成员权逻辑的基本特征。这与股份公司的财产权逻辑是不一样的。成员权不基于财产交易取得，但成员权取得后会与集体的财产发生关联，因而成员权会给该成员带来一定的财产权。

在笔者看来，我国现行农村基本经营制度的活力就在于在成员权逻辑和财产权逻辑取得了平衡。在每一个承包期开始时，按照成员权逻辑，被认定的成员都享有平等权利。在承包期内（“生不增、死不减”的村组可能是30年内，动态小调整的村组可能是一个调整周期内），如按财产权逻辑则不认可成员的变化。成员权与财产权的顺序也很清楚，就是成员权在先，财产权在后，财产权服从于成员权。成员权保障公平，财产权保障效率。

如果把成员固化在某一具体时点后不再重新认定，那么从这一时点开始成员所承包的土地权利永远不变，实际上就是从这一时点后放弃了成员权逻辑，只实行财产权逻辑，如此，集体所有制就会变成私人所有制。因此，坚持成员权逻辑，就是坚持集体所有制。完全放弃成员权逻辑，只遵循财产权逻辑，集体所有制就会从一种公有制慢慢变成私有制。保持成员权逻辑与财产权逻辑的平衡，是改革开放40年来我国农业不断发展的重要经验。

（二）“三权分置”制度的创新之处在于所有者权利的细分与分享

农地“三权分置”制度创新的核心是农村土地集体制下土地所有者权利的细分与分享，即在“成员整体”的集体和集体的组成成员“个体”之间细分与分享所有者权利。

为什么说这一制度创新的核心是所有者权利的细分与分享，而不是所有者与其他权利主体之间的关系呢？这是由我国集体所有制的制度特性决定的。按照现行制度，集体土地实行成员承包经营，承包权按某一时点在本集体范围内认可的成员之间依据政策进行分配，因此，承包权是特定的某一集体的成员对该集体的土地享有的成员权利，是集体所有者之一的成员权利。不是某一集体的所有者组成成员，就没有该集体土地的一份承包权，因此，承包权是与集体所有者的组成成员资格相联系的权利。所以“三权分置”的制度创新，在于通过对集体成员承包权的确认与保护，实现了对集体成员的个体权利的确认与保护。

因此，农地“三权分置”下的农村土地集体所有制中的“集体”，是由某一时点的特定成员组成的成员整体，不是抽象的与其组成成员对立起来的集体。在这一制度下，成员整体的集体拥有土地所有权，它按一定期限和一定份额把土地分配给其成员形成承包权，集体与其成员的土地承包关系不是土地出租关系，是所有者整体与其组成成员个体的关系，作为成员整体的集体与每个成员个体的土地权利加在一起，才构成完整意义上的土地所有权。土地“三权分置”制度的创新之处，就在于对作为集体土地所有者组成成员的所有者之一的权利以承包权的方式给予确认与保护。当承包土地的成员自己不直接使用土地时，可以转让给他人使用，这时该成员还继续享有该土地的收益权（如收取流转费等）和部分处置权（到期后收回土地使用权的权利）等权利；转入土地者获得一定期限的土地使用权（经营权），并取得经营利润（不能将经营利润简单等同于土地收益权），这时转出土地者与转入土地者的关系是一般的土地租佃关系。同时，土地的转让并不影响成员与集体原有的财产权利关系。因此，土地“三权分置”制度的创新之处，在于很好地处理了成员集体所有制下成员整体与成员个体之间的土地权利关系。

（三）放活经营权不等于经营权物权化

在调研中我们发现，一些地方放活经营权的一些做法，就是在一定程度上混淆承包农户的土地权利与市场流转而来的土地的权利，把流转土地的经营权物权化，例如给流转而来的土地颁发经营权证，在流转而来的土地经营权上设定抵押权进行融资担保试点等。流转土地大多数情况都是一年支付一次土地租金，我们把这称为“年租制”；很少有一次付清流转合同期内全部土地租金的案例，我们把一次付清全部租金的情况称为“批租制”。经营权物权化的做法，既可能是改革中的一种大胆创新与尝试，也可能是在解决农业新型经营主体融资难问题倒逼下开出的一个错误药方，是对土地“三权”中具体权利之间边界的理解与把握“过界”而出现的偏误。如果是后者，就特别值得关注。

第一，要区分两个“经营权”的不同性质。在农村现行土地“三权分置”制度下，承包农户的土地承包经营权，与其他经营主体通过流转土地获得的土地经营权，虽然最后三个字都是经营权，但性质不同。如前文所述，承包农民的承包经营权，强调的是集体成员的成员权，是集体土地所有者之一的权利，重心是承包资格，也就是承包权。因此，承包农民的承包经营权在承包期内具有亚所有权性质，是集体所有制制度赋予的权利。当承包农户自己不使用其承包地时，可以流转给其他人使用并取得租金。流转土地者获得的经营权，是以市场合同取得的，是租赁来的权利，支付租金是其前提，一旦不交租金，承包农民就可以把地收回。因此很清楚，承包农民的承包经营权是可以产生租金的，流转而来的土地要保持经营权需要支付租金。虽然听起来都是经营权，但性质很不同，一个可产生租金，一个通过支付租金才能获得，本身不产生租金。有人会说，流转而来的土地再流转不也会产生租金吗？如果土地市场是有效的，再流转获得的租金，与应支付给承包者的租金应该是相同的，并不会出现增量租金。

第二，年租制下流转而来的土地的经营权不具有抵押价值。如上文所说，承包农户的土地在流转时可以产生租金，如果在承包期内设定了抵押，在承包农户不能清偿债务时，银行可按事先约定流转其土地，并从土地租金中拿走属于自己的部分，所以承包农户在自己的承包地上持有的土地权利是可以用于抵押的，起担保作用的是土地未来的租金收益。土地经营者通过流转而获得的土地经营权，只有在预付了租期的全部租金时，才有抵押价值，也就是在批租制下才具有抵押价值。但现实情况恰恰相反，转入土地者往往因无钱一次付清合同期的全部租金，才将一般只支付了第一年地租的土地拿去抵押贷款，如果第二年出现债务不能清偿的情况，银行试图将其抵押土地的经营权再流转时就会发现，贷款人还未支付剩余合同期限的租金给转出土地的农民，再流转的租金，如果归出租土地的农民，银行将受损失，如果偿还银行贷款，农民将受损失。所以，年租制下租赁而来的土地经营权，并无抵押的经济价值。

第三，应进一步规范土地“三权”的内涵与名称，避免误读。把“承包权”与“经营权”描述为“由承包经营权分离成的两个权”并不十分恰当。现实语境下的承包权就是原来的承包经营权，应把承包土地的农民的“承包经营权”改称“承包权”，并明确承包权就是指农村集体经济组织成员通过承包方式取得并持有的本集体具体地块的一定期限的成员所有权，属于分享所有权性质，是在承包期限内不完整的成员所有权。一个主体拥有土地的所有权时自然拥有其使用权（经营权），不必特别提及其使用权，因而承包权自然就包含了经营权。流转取得的土地经营权，应该改为“租赁土地使用权”。承包权人（出租土地者）与租入土地者的关系，是一般的土地租佃关系，是市场主体之间通过契约约定的关系，并不复杂。如果对这种租赁来的土地的使用权，冠以“土地经营权”的名称，一是容易与习惯使用的承包经营权相混淆，二是隐藏了土地的租赁关系。

第四，流转来的土地经营权不宜颁发证书。因为租来的土地的经营权，是由当事双方所签土地流转合同约定的权利。每一个合同约定的期限、租金水平等都可能不同，合同也可能会因某种原因中止执行，给这样的经营权发证，一是证书无法统一格式，二是证书的效力也低于合同本身的效力，且当合同中止时，证书也就失效了，因此，颁发这样的证书没有多少实际意义，还不如改为土地流转合同的登记制度，对经营权的流转实行登记。

四、巩固和完善农村基本经营制度的建议

第一，土地集体所有、农户承包经营的农村基本经营制度不能轻易动摇，要保持长久

不变。新中国成立前的历史表明，土地私有制并不能自动解决农业发展问题，更不能解决农民富裕问题。改革开放以前的历史表明，土地集体所有、集体统一经营的农村基本经营制度，在实践中被农民抛弃了，不应该再留恋。而近40年来农村基本经营制度改革的历史表明，现行农村土地集体所有、农户承包经营的制度，能够在坚持土地集体所有制不变的前提下，顺应经济的发展做出调整与改变，可平衡成员权逻辑与财产权逻辑的矛盾，可充分调动广大农民与经营者的积极性，应长久坚持。

第二，深化农村土地制度改革的目的，在于形成有竞争力的农业发展模式。生产关系必须以促进生产力的发展为目的。土地所有制保持不变，承包权相对稳定，经营权适当集中，是深化农地制度改革的目标，即笔者认为的地权分散而经营适当集中的农业发展模式。要实现这一目标，一方面，必须更好地保护成员所有权即承包权，充分发挥其对资源配置的作用；另一方面，又必须防止成员权被过度保护，从而带来土地资源利用效率的下降。在坚持集体所有制不动摇的前提下，稳定而有保障的土地制度，不在于具体的承包期限的绝对长度，而在于制度的可预期性是否稳定。因此，无论30年的承包期限是否最理想的期限，从制度上都不必去调整它，而是要坚持它，这样可以给农民提供一个稳定的信号——农地承包期就是30年，30年到期后可按既有规则续期30年。如此一来，制度是完全可预期的，因而也是稳定的。十九大报告宣布二轮承包到期后再续30年，就充分体现了制度的稳定性。在承包者与经营者分离越来越多的情况下，土地的具体经营期限可由市场主体自行达成。

第三，巩固和完善农村基本经营制度，应更多回应农民和农业发展的诉求。近年来，城市里要求尽快进行农村土地制度改革的呼声非常高，似乎农村土地制度已成为我国农业与农村发展的巨大障碍。然而，在过去几年，笔者走访了全国十几个省，足迹遍布上百个村庄，在与各地农民的交流中发现，农民对现有农村基本经营制度较为满意，与城市对于改革的强烈诉求形成了鲜明的对比。也是在大量的实地调研、走访中，我们感到，现行制度，无论是对农村劳动力的转移与流动，还是对土地的转让与流转，均不存在制度性障碍。虽然我们并不否认农村基本经营制度仍然存在需要改革与完善的地方，但可以肯定的是，不需要进行所有制等根本性的制度变革，基本制度应维持稳定。城里人的改革呼声之所以高，是因为在现有制度下资本下乡拿地、买房限制重重。应当明确，巩固与完善农村基本经营制度，要更多地回应农民的诉求，考虑未来农业发展的需要，而不是主要回应城市资本的诉求。

站在历史潮头的中国企业与中国管理

杨 杜*

【摘 要】 本文在回顾40年成就的基础上，首先提出了中国企业家的三个观念：(1) 以通透的历史观，理解我们所处的发展阶段和任务；(2) 以宏大的战略观，洞察对手的“四论”和做好我们的“四策”；(3) 以有效的创新观，把好边界，管好创新，以引领中国企业在新时代走向持续成功。其次提出了中国管理学研究的三个任务：(1) 提炼优秀企业家行之有效的管理理论，服务管理实践；(2) 基于中国的人本、知本和哲本，开展本质研究；(3) 贡献超越三维以上的高维知识。中国管理学研究应在世界管理学界贡献中国管理理论、中国发展战略、中国管理模式和中国企业文化。

【关键词】 中国大企业；管理理论；中国人的精神；本质研究；高维知识

对笔者来讲，2018年是个“四期叠加”的特殊年。一是国家，中国改革开放40周年；二是大学，中国人民大学复校40周年；三是专业，笔者从工厂考入大学研究企业管理40周年；四是人生，笔者正式退休的一年。但我们没有时间歇息，甚至没有时间总结过去。在本文，我们只能回眸一下昨日，然后奔向已经到来的明天！40年前开始的改革开放，以经济建设为中心的基本国策，给了中国企业发展壮大以极好的历史机遇，也给了中国管理研究以难得的展现平台。科技创新潮起云涌，商业模式层出不穷，管理技术日新月异，经营思想不断迭代，国际环境空前复杂，中美贸易鏖战正酣。本文认为，站在历史的潮

---

* 杨杜，中国人民大学商学院教授。

头，中国企业家需要具备通透的历史观、宏大的战略观、有效的创新观，做出时代的新业绩。中国管理学需要服务管理实践、开展本质研究、贡献高维知识，迈向时代的新阶段。

一、回眸：40年中国企业与经济的基本成就

（一）中国大企业的爆发式增加

20多年前我们开始研究中国的大企业，那时我们没有一家企业能走向世界舞台。如表1所示，1995年中国开始有3家公司入围世界500强，到2005年19家，其后逐年快速增加，到2015年103家，到2018年119家，包含香港、台湾企业达到129家，历史上第一次有国家入围世界500强企业数目超过美国，是日本的两倍还多，中国大企业的成长正迅速改变着世界经济的地图和企业实力的格局。

在欧洲大企业发展基本平稳的情况下，与1995年相比，2018年，美国世界500强企业减少了30家，日本减少了96家，中国增长了126家，主要替代了美日世界500强企业的位置。这也是美日企业开始把中国企业当作竞争对手的原因之一。

表1 中国及相关国家世界500强企业数量对比

国家	1995	2001	2002	2003	2004	2005	2006	2007	2008	2009	2010	2011	2012	2013	2014	2015	2016	2017	2018
美国	151	197	193	189	176	170	162	152	140	139	133	132	132	128	128	129	132	126	121
日本	149	88	88	83	81	70	67	64	68	71	68	68	62	57	54	52	51	52	53
中国	3	11	11	14	16	19	22	26	34	43	61	73	89	95/100	100/106	103/110	109/115	111/120	119/129
法国	—	37	40	37	40	38	38	39	40	39	34	32	31	31	31	30	29	28	31
德国	—	35	35	34	37	35	37	37	39	37	35	32	29	28	28	29	29	32	29
英国	—	33	33	37	37	39	34	36	27	30	31	27	27	27	28	25	23	20	16

注：2013—2018年中国企业的第二行数据包括中国香港和台湾地区企业。

资料来源：美国《财富》杂志世界500强历年统计。

（二）中国经济的起飞式增长

大企业的成长支撑着中国经济的增长，图1展示了改革开放40年来特别是1995年以来中国GDP的增长态势和预测值。人们有时候把一个国家的经济发展称为起飞，中国的GDP曲线完美地展现了中国经济的起飞式增长。除了总量，中国的人均GDP也从155美元，达到了9 000美元左右，中国已进入中等偏上收入国家。

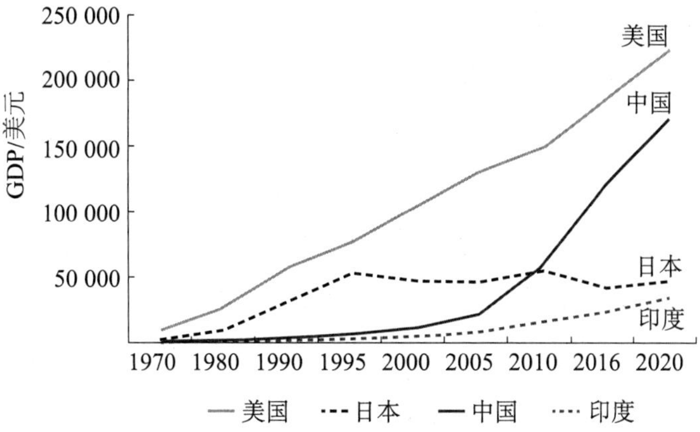

图 1　四个国家的 GDP 增长及预测

我们认为，中国企业和管理的基本成就，首先取决于五个基本因素：稳定的政权基础，正确的根本国策，全民的艰苦奋斗，幸运的国际大环境，充足的企业家精神。

其次，变革管理的方法论主要有：稳住国企，放开民企；完善计划，激活市场；中国经营，西方管理，中学为魂，西学为体；搁置争论，结果导向；解放思想，摸石过河；顶层设计，底线思维。形成了一整套社会主义市场经济体制基础上的中国道路、中国制度、中国管理和中国理论。

尽管我国的经济和企业取得了辉煌的成就，但我们不能误判社会发展的基本现实，我们的国家依然处于发展阶段。首先，我们只是每年的增量超越了美日，但总量积累依然有很大差距。其次，我们还只是处于世界工厂和世界市场的地位，与日本的世界研究所和装备部，尤其是与美国的世界办公室和规则制定者的差距很大。因此，我们并没有成功，我们还在成长，我们的时代依然是奋斗的时代，艰苦奋斗精神依然是这个时代的主旋律。

二、展望：中国企业家的“三观”

以历史为镜知规律，以战略为法做布局，以创新为要得未来。古人云，三十年河东三十年河西，10 年前的美国次贷危机引发了中国企业的历史性转型改革，而到了今天，这一转型变革更要求我们的企业家具有通透的历史观、宏大的战略观和有效的创新观。

（一）通透的历史观

企业领导要具有历史洞察力和广阔的视野，深刻了解中国所处的发展阶段，洞察未来的社会和行业趋势，从而规划企业的发展道路。

纵观中国现代史，从全球地位看，1949 年之前，我们国家长期受侵略，因为愚昧、落后，所以挨打。到 1949 年，我们终于站了起来，但由于长期积贫积弱，虽然建立了一定的现代工业基础，并没有富强起来。从 40 年前的改革开放开始，我们经过艰苦卓绝的经济建设努力，吃了苦，受了累，拼了命，致了富，实现了基本小康，但我们还没有成为全面现代化的强国。相信经过今后的艰苦奋斗，在两个百年目标实现的时候，我们会到达既有财富又深受敬重的阶段，实现民族全面复兴，成为屹立于世界民族之林的伟大民族。

从产业发展看，我们走过了三个阶段。第一阶段，主要靠卖劳动力、卖资源赚钱；第二阶段，主要通过卖产品、做贸易发展；到目前的第三阶段，开始卖设备、卖技术，高铁、核电等产品出口，和日本、德国等发达国家有所竞争。到第四阶段，我们会站在更高的层面，通过卖规则、卖标准、卖文化来参于世界竞争，这主要是和美国以及美国大公司的竞争。这一竞争必然升级到知识产权的竞争、技术标准的竞争，如果企业没有掌握核心的知识产权，没有在技术标准上的发言权，就很难在以美国为核心的世界级企业中有立足之地。

从技术实力看，与世界级跨国公司相比，过去我们是“望尘莫及”，遭遇技术禁运、价格垄断，我们只能在后面“吃气”。后来我们是“亦步亦趋”，拼命学习模仿，但也不过是个“吃土”的角色。现在我们在不少产业和产品上，可以做到与人“并驾齐驱”了，进入了同台博弈的阶段。通过创新、努力和坚持，我们一定会形成系统的领先，甚至可以在某些方面“绝尘而去”，逐渐进入“吃香”的阶段，这是我们新一代企业家、科学家的使命。

（二）宏大的战略观

若要从中国领先走向世界领先，就要转换立场，不仅站在中国看世界，更要站在世界定位中国。我们和世界的关系也要由过去的被动应对世界，转向把握世界和主动引导世界。

中国企业正逐渐由地方级成为国家级、世界级，未来要出现更多的世界级企业，这需要我们做出怎样的转变呢?

在行为上，可能需要五个基本转变：一要指着世界地图，而不仅是中国地图；二要说着多种语言，而不仅是中国话甚至某些方言；三要雇着各国员工，而不仅是中国人甚至只有亲朋熟人；四要算着多种货币，而不仅是人民币和美元；五要熟知各国习俗，而不仅是儒家礼仪。

在思想上，可能需要四个重要调整：一是超越商人思维，形成企业家思维；二是超越机会主义，形成战略格局意识；三是摆脱羊群效应，形成狼群集体奋斗；四是保持系统开放，形成有效管控。

世界政治经济风云变幻，错综复杂，这就需要我们采取灵活机动的战略战术，研究对手，筹划对策。在战略层面，我们遇到的是对手的"四论"：一是威胁论，制造中国威胁的舆论氛围。二是规则论，指责中国不按他们定的规则做，用有利于他们的规则遏制中国的竞争。三是变色论，挑动政治、宗教等问题搞颜色革命。四是崩溃论，臆想中国内部失控，自我崩溃。

针对对手的"四论"，我们应该有自己的"四策"：第一策是强化危机感。我们正走在奋力爬坡的路途上，一不小心就会滑下去，对手也会卡你的生命线，这就需要我们激发危机感，团结一心，保持好自己的发展节奏。第二策是集中资源。我们要用好体制优势，集中资源干大事，不能幼稚地妄想众多小企业用日积月累的方式一点点慢慢成长，没人会给我们那么多的时间。第三策是创造新文明。从中国道路、中国信仰、中国文化、中国管理、中国人的思维模式出发，发扬包容、和谐、伙伴等价值观，参与重构世界的共同价值理念。第四策是构建超经济。在强化经济力量的同时，发挥政治、军事、法律等力量，保护我们在全球的利益。

战略过程是一个总体布局，分步实施的过程不需要那么着急，不能被眼前的中美贸易战等障碍所影响，也不要机会主义。

（三）有效的创新观

由继承走向创业，由模仿走向创新，由制造走向创造，说起来容易做起来难。对于企业来讲，创新是手段不是目的，对创新必须有效管控。企业家应该明白，企业的创新不同于科研机构创新，要明白为什么创新，创新什么，如何创新，何时创新，用什么人创新，创新成果何时推出，等等。总而言之，不能盲目创新，要建立企业创新管理的机制。

企业家精神的内涵之一，就是先抓机会，再整合资源，最终把事做成。因此，企业家做事情具有一定的不确定性，但不能赌博，更不能为抓机会而越过边线。

边线是什么？笔者认为有三条边线：一是政治边线，二是法律边线，三是技术边线。

政治边线就是要求企业家"有政治觉悟，不做政治家"。要职业化，不能越界，不能坏规矩，首先企业家要管好自己的嘴巴，不乱说企业家职业之外的话，比如政治家说话经常包含人民、自由、公平、民主、贫富等等概念，而企业家应该更关注客户、市场、竞争优势、效率、效益等等概念。

法律边线就是要求企业家“有法律意识，不做法学家”。创新不能违法，要了解做企业应负的主要相关法律责任，以及与企业经营行为相关的各种法律，如公司法、税法、合同法、劳动法、证券法等等。如对法律不熟悉，应该经常咨询律师顾问。按照标准法律文本格式、程序等处理相关经营活动。

技术边线就是要求企业家“有科学素养，不做科学家”。创新不能越线，不能忘记企业的使命是以客户为中心赚钱盈利。正如华为任正非先生指出，永远不要忘记我们是商人，不是科学家。华为没有院士，只有“院土”。创新不要有技术情节，我们要的是客户满意的技术，创新的目的是为客户创造价值。

关于企业创新，笔者认为有以下五大陷阱需要特别注意：第一，过早创新。在市场培育完成之前投入过早，盐碱地改造完了，还没打粮食先把自己累死了，这就是过早创新。第二，过快创新。创新节奏太快，没有产品和技术生命周期意识，还没把前面研发的费用收回来，就又推出新技术、新产品，形成恶性循环。第三，过度创新。就是在管理流程或管理体系变革上，搞“推倒重来”，闹“革命运动”，应该固化下来的东西被推翻掉，搞运动不搞建设，搞折腾不搞夯实。第四，过虚创新。创新只为获得奖项和职称，只获得一个资质，不能变为客户和企业的价值。关于这一点要学习海尔公司，海尔认为创新就是创造有价值的订单，订单才是创新成果实实在在的证明。第五，封闭创新。像自然经济条件下的农民一样什么都自己做，自己种。创新越大风险越大，要做到风险共担或者分担，不能搞封闭创新。越是前沿的创新，越要和别人合作，共同研发，共同推向市场，共同形成标准。

三、任务：中国管理研究三大任务

随着“一带一路”等国策的实施，中国走向世界的步伐不断加快，作为管理学者，我们应该紧跟这个时代的发展。回顾以往，40 年来，我们经历了“出去学知识”和“回来用知识”两个阶段，并思考、研究和验证了一些中国企业管理模式及理论，今后，我们应该进入“出去用知识”“出去讲知识”的第三阶段，把这些中国企业管理模式及理论拿出去贡献于世界。

展望未来的中国管理研究，可能有三大任务摆在我们面前：一是服务管理实践，二是开展本质研究，三是贡献高维知识。

（一）服务管理实践

笔者认为，要想进入第三个阶段，必须有懂得中国管理的基础条件，这包括参与中国企业管理实践、了解中国企业管理特征两个方面。

首先我们发现，早期管理学大家大多为企业家和企业领导者，比如泰勒、巴纳德、法约尔等。后来才有咨询专家出身的德鲁克、西蒙、波特等，但企业家在理论发展中一直起着重大作用，如韦尔奇、松下幸之助、稻盛和夫、乔布斯等。再后来，纯学者的理论著作和学术文章越来越多，但也越来越远离管理。

中国的企业家以其丰富的实践经验，在中国的管理学理论发展中同样起着举足轻重的作用，为中国管理理论的创新贡献了大量闪光思想，如华为总裁任正非提出的“以客户为中心，以奋斗者为本，长期坚持艰苦奋斗”的奋斗者文化，国家电网前董事长刘振亚提出的“1 个战略体系、6 大支柱、3 个中心”的“163”卓越管理体系，海尔集团董事局主席张瑞敏提出的“人单合一”模式，联想集团董事局名誉主席柳传志提出的“定战略，建班子，带队伍”管理三要素，中化集团董事长宁高宁的“选经理人、组建团队、发展战略、市场竞争力、价值创造”五步组合法，等等。跟踪和参与这些具有中国企业影响力的企业家的管理实践，使我们能够更了解中国管理和理论的真髓，知道它们的产生，明白它们的应用，也理解它们的局限，最终提炼出产生于中国的管理理论。

其次，我们要懂得欧美日管理与中国管理的不同。从早年走出去学习和研究，到后来把中国管理理论和模式拿出去检验和推广，在这个过程中，我们逐渐形成了自己的管理理论，比如不同于野中郁次郎知识管理理论的“知本管理理论”，不同于西蒙决策理论的“三性决策理论”，不同于统计定量管理的“分类管理理论”，等等。同时，我们思考与他国的共性、差异及中国管理的定位，从地理、特色、焦点三个维度，将各国企业管理划分为以下 9 种组合，并用二分法对比了中国与欧美、日本的差异（如图 2、表 2 所示）。

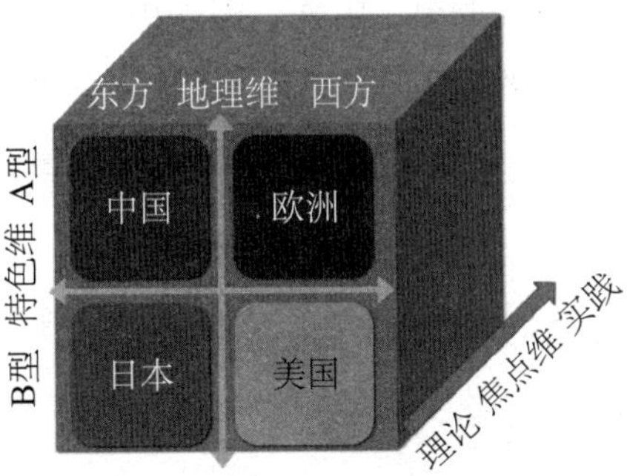

图 2　管理模式的三维度分类

表 2 管理模式的 9 种类型

要素组合	地理	特色	焦点
1	东方	A 型	实践
2	东方	A 型	理论
3	东方	B 型	实践
4	东方	B 型	理论
5	西方	B 型	实践
6	西方	B 型	理论
7	西方	A 型	实践
8	西方	A 型	理论
9	其他	其他	其他

笔者将中国与欧美的不同，用两分法总结为：中国人爱学习，欧美人爱创新；中国人认多样性，欧美人认唯一性；中国人善辩证思维，欧美人善逻辑思维；中国人认包容价值，欧美人认普世价值；中国人认国家利益，欧美人认个人权利；中国人习惯熟人文化，欧美人强调契约文化；中国人讲工作生活兼顾，欧美人讲工作生活分开；等等。

如果以上比较的是"是什么"，那么理论就要说明其背后的"为什么"。我们可以假设这些区别背后是文化、伦理乃至宗教等方面的差异。比如：中国人讲尊老爱幼，背后是家庭伦理，欧美人讲女士优先，背后是绅士文化；中国人讲尊卑有序，背后是祖先文化，欧美人讲人人平等，背后是上帝存在；中国人读论语尊孔子，背后是家族血脉，欧美人读圣经敬耶稣，背后是宗教信仰；中国人讲伦理纲常，背后是人性本善，欧美人讲法律制度，背后是人性本恶。如此等等，不一而足。

在中西商业和管理交往的过程中，我们不能仅凭自己的立场、按照自己的习惯思考问题，而要通过比较找出共通性、不同点，建设兼容多元化价值的管理模式。

而尽管都是东方国家，中国与日本的社会与组织文化也存在相当大的差异性。具体表现在：中国强调多元民族，日本强调单一民族；中国用的是周易思维，日本用的是直线思维；中国喜欢持续变革，日本喜欢精细改善；中国是社会圈子文化，日本是公司辈分文化；中国为权变创新，摸着石头过河，日本为持续改善，零缺陷运动；中国擅长制度变革，日本注重技术创新；等等。

理解了这些，我们就容易找出中国和欧美日之间的"似是而大非"，找到中国与欧美日之间的相处之道和中国的发展战略，再结合"一带一路"和其他国家的异同兼容，就能更好地服务于管理实践。

（二）开展本质研究

我们需要什么样的管理研究？从时代要求看，有三种领域应该是有价值的研究重点，那就是基于中国人精神的人本管理研究，基于知识价值化的知本管理研究和基于动态三分法的哲本管理研究。我们称之为本质研究。

1. 基于中国人精神的人本管理研究

人本，即基于中国人特有的精神来思考管理背后的内涵。笔者认为，中国人特有的精神主要包含抗争精神、奋斗精神和比学精神三种。

第一是抗争精神。这种精神贯穿于中华民族的整个历史。精卫填海、夸父追日、后羿射日、女娲补天、嫦娥奔月、愚公移山、大禹治水、修长城、挖运河等等，都体现了中国人改造大自然的精神，都是战天斗地、人定胜天的故事。还有近代的抗日战争、抗美援朝、南水北调、西电东送、抗洪救灾、抗旱抢种等等，从古到今，中华民族就是一个不屈抗争的民族。我们的科学家不服输，在量子通信、超导、新型核电站、人造太阳、FAST中国天眼、空间站、卫星导航、特高压等方面不断取得技术突破，这些技术中国没有从西方获得有益的帮助，但中国已经开始在这些领域“并跑”或领跑世界。

第二是奋斗精神。共产党人讲求奋斗精神，一不怕苦、二不怕死的精神。井冈山精神、延安精神、大庆铁人精神、两弹一星精神、梁家河精神等等，就像信仰一样，一以贯之。中国的一大批奋斗型企业，正是通过“白加黑”“五加二”的长期艰苦奋斗，才逐渐缩短了和西方发达国家企业的距离，并在某些方面实现了超越。

第三是比学精神。中国人从小就被教育学雷锋，近代的落后也激发了赶英超美的口号。中国人总是在比较，为什么我们不如美国、德国、日本？然后问：中国怎么就不能达到他们的水平？不服气！然后是自信，我们的目的一定要达到！我们的目的一定能达到！然后就努力学习、模仿和创造！以至于国力要和美国比，福利要和北欧比，环境要和加拿大比，机械要和德国比，手机要和苹果比，飞机要和波音比，汽车要和丰田比，芯片要和英特尔比，电商要和亚马逊比，搜索要和谷歌比……中国总是在和世界上最好的比较，并且追赶……中国企业与行业标杆的比学和对标管理，成了推动中国企业发展的巨大动力，为此不惜花费巨额咨询费用①。

---

① 中国人在进入21世纪后表现出了越来越强的创新精神。这是在传统精神基础上的发展，也是中国人学习西方企业管理之后的一种必然精神展现，突出表现为现代科学技术和以客户为中心的现代管理模式的创新。

2. 基于知识价值化的知本管理研究

近些年来，支撑中国经济和企业发展的不仅仅是人本精神，还有知本，也就是知识和技术层面的创造精神。笔者很早就关注中国企业的核心竞争力，认为其不是一般所认为的普通劳动力成本低，而是聪明好学的中国知识工作者价值大。中国只有通过激励知识工作者的创造和创新的动力机制，才能赶上西方发达国家的脚步。因此，我们提出了知本论，提出了知识管理三维模型，从知识价值化、知识显性化以及知识组织化三个维度来剖析基于知识价值创造、知识价值评价和知识价值分配的知本管理活动，并运用于华为等知识工作者聚集的高科技企业。

知识本身没有价值，只有转化为其他东西才产生价值。我们将这一过程概括为知识的三个“四化”。第一是知识创新四化，即知识显性化、知识关联化、知识内溶化以及知识共感化。第二是知识转化四化，即知识体验化、知识概念化、知识系统化以及知识应用化。这是知识管理专家野中郁次郎的研究成果，这个成果主要集中在知识和知识之间以及知识和产品之间的转化。我们的研究认为，仅靠这个理论中国企业是赶不上竞争对手的，因为我们没有那么多的知识积累，也没有那么多的拔尖人才。对于中国，更重要的是用迅速有效的知识价值转化，激励知识工作者奋力拼搏和创新。第三是知识价值四化，这是我们成功的有效道路，包括：知识的商品化，即知识变为金钱；知识的职权化，即通过知识实现升职；知识的资本化，即知识转化为投资股权；知识的资产化，即创造专利标准等知识产权价值。

国家和企业的科研经费投入在迅速增加，总规模已经到了世界第二，仅次于美国。科研成果转化是一直被强调的口号，国家为支持科研人员创业不断出台政策。如果我们承认管理学是门应用学科，那么管理理论知识也和科研技术知识一样，不应只停留在理论和论文发表层面，而应更多的通过企业实践实现其价值。而实践知识也应该通过总结提炼，将感性认识上升到理性认识，继而运用于更多的实践，通过验证过的知识的转移和共享创造价值，而不需要每个企业都去摸索、试错。其实我们想强调的，不是理论联系实际，更不是实践知识和理论知识哪个重要，而是管理知识不能自得其乐，管理学研究不能成为研究者个人的谋生手段，管理知识的价值实现才是我们的使命。管理学研究不是发表一篇论文，不是获得什么奖项，不是仅做出一种方案，提出一种设想，而是要以管理者为中心，对管理者有用。

理论“不仅要解释世界，还要改造世界”。管理者的目标和任务在于改造世界，而管理学研究应该思考的是怎样通过调节变量和中间变量来帮助管理者，有效利用手上的资源以实现这一目标和任务，而不仅仅是研究统计学意义上的自变量和因变量之间的相关关系和因果关系。

3. 基于动态三分法的哲本管理研究

如何在哲学层面思考认知管理，本质上是知识观和方法论问题。笔者认为哲本主要指的是思维模式之本，主要包括三个内涵：第一是时空，即世界观；第二是色形，即方法论；第三是存亡，即生灭观，也就是：事物的生命周期是什么？生存状态如何？生存底线是什么？

中国人之哲学思考讲究周易思维和一分为二辩证法，比如周易思维模式——无为天地之始，有为万物之母。无极生太极，体现的是有无观；一生二，太极生两仪，即产生了对立的矛盾观；二生三，两仪生四象，产生了时空观；三生万物，四象生八卦，产生了我们所认知的复杂的自然世界。另外，《道德经》中“有无相生，难易相成，长短相较，高下相倾，音声相和，前后相随”的一分为二、对立统一观，以及毛泽东的《矛盾论》也都体现了类似的思想。中国人以此为本，擅长并一直沿用这种思维模式认知世界、解释世界、改造世界，也常用这种思维模式认知管理、解释管理和实践管理。

笔者认为，一分为二思维适合用于哲学和政治，但不适合用于管理和经营。管理和经营更适合运用“一分为三”思维。“一分为三”思维是一种不同的方法论，在现实世界中“一分为三”比比皆是：有−1、+1，就一定有 0；有南极、北极，就一定有赤道；有黑、有白，就一定有灰；有固定费用，有变动费用，就一定有无法归类其中的费用。其实，佛学也是用假观、空观与中观的三分法来解释世界的。在此笔者提出“三个世界”的观点：一是现实世界，如企业的经营管理；二是理论世界，如管理学的研究成果；三是思维世界，如管理者的思维模式。这三个世界之间存在着紧密的三种联系——理论世界与现实世界之间的互动关系，现实世界与思维世界之间的认知关系，以及理论世界与思维世界之间的表述关系。而优秀的领导者一般具有极为有效的思维模式，使其能够快速洞察他所面对的现实并灵活运用学者的理论，实现他的领导力。

笔者认为，用三分法来看待现实管理、理论管理与思维管理，在静态前提下可以，但在动态的管理过程中，光靠这三个维度是不够的，想要超过竞争对手，跟上和引领时代，往往需要加上时间维即“与时俱进”，加上创新维即“与众不同”，也就是具有比别人快一步、高一维的思维升级。笔者把超越人本、知本和哲本的创新思维叫作悟本——以悟为本。比所有人高一维，比所有人先想到，就成上帝或先知了，当然做不到，但至少要比多数人高一维，比多数人先想到。要做到高于多数人，先于多数人，就需要悟性的管理。管理者如果想改造世界，就要跳出原本以为对的和擅长的东西，做到与众不同、与己不同，且与时俱进。

中国的勤奋，美国的创新，日本的精益，英国的规范，俄国的战斗，每个国家都有自己的民族哲学和核心竞争力，兼容和整合这些优势，需要高维度认知和思考。

（三）贡献高维知识

我们认为管理知识可以分为一维到五维，只有高维知识才能有效应对和引导复杂的环境变化。

1. 一维知

一维思维即线性思维，线性产生的一维知也叫作阶段知或层次知。在一条线上分阶段或分层次的思考就是一维的思考。在一维认知中，你会知道企业成长需要不断的线性积累，其中包括市场客户、资本实力、技术专利、管理团队、管理能力、企业文化、品牌信誉与社会关系的积累等方面。你会知道先服务好客户，再管理好团队，再处理好行业关系，最后协调好政府关系的管理递进，等等。缺少其中任何一段或一层，过于跳跃的做法会使线性思维中断，产生很大的风险。《大学》中说："物有本末，事有始终。知所先后，则近道矣。"一步步来的线性思维是管理者最基本的思维模式。

2. 二维知

二维思维即平面思维，平面思维产生的二维知也叫作方向知。比如企业可从设立时间和企业规模进行二维思考，得到一个面或四个象限，以此可以知道企业到底处于哪个象限，以什么方式活着。我们把存活时间短、企业规模也没做起来的叫作夭折型企业；把长得非常快但是存活时间短的叫作巨婴型企业；把持续时间长而基本长不大的叫作百年小店型企业；而把既做得大也活得长的叫作可持续成长型企业。可持续成长型企业是我们所追求的企业活法。企业的发展方向如何确定，就是从两维平面布局的，目标是既要做大又要做久。

3. 三维知

三维思维即立体思维。我们把立体思维产生的知识叫作定位知。比如企业发展定位要向上看、向外看、向前看，向上看国家政策和国际环境，向外看企业市场变化和行业跨界动向，向前看未来趋势和标杆走向等，就是通过三个维度给企业做空间战略定位。

三维知促使企业思考：我是谁？我将来是谁？我应该是谁？企业只有了解自己现在所处位置的格局，未来应该出现的结局，才能知道自己如何布局、应该干什么、不应该干什么。

4. 四维知

四维思维即时空思维。我们把时空思维产生的知识叫作预测知。四维思维就是把时间纳入主要思考范围。对于企业成长来讲，要考虑在不同阶段应有的管理战略以及管理的重点，聚焦在某些点上进行突破。在四维思维引导下，企业组织不再仅仅是一个静态的三维体，而是要思考这个三维体应该往何处发展，过程中可能遇到什么客户、技术、竞争或者政策方面的变化，即要具备预测性。要有依据假设的布局的提前性，要有应对变化特别是颠覆性变化的危机管理和减灾措施。这需要企业具有洞察力、想象力和假设力。

5. 五维知

五维思维即生态思维。我们把生态思维产生的知识叫作生化知。万事万物都在生灭，转化。生灭如人和动物的生灭，某种产品、技术和企业的生灭；转化如矿物、植物、动物之间的转化，固态、液态、气态、离子态之间的转化，企业强弱地位的转化。对于生态系统来说，合作共生是一个方面，涉及生灭的食物链是另一个方面，而且是必要方面。企业层面的产业链是如此，有依存共生的生态链，也有你死我活的食物链。国家层面的关系也是如此。一个国家在国家食物链中是资源国、生产国还是消费国？国家之间是建立合作生态链，还是竞争食物链？这些都是我们应该思考的问题。我们所面对的世界其实是一个比食物链更复杂的食物网，是一个“你的饭碗被人家端掉了，但人家做的事竟然和你无关”的食物网时代。如何认知企业的进化、生态和存亡关系，这可能是企业管理之道的终极问题。

知道“谁吃你”决定你的生存，知道“你吃谁”决定你的发展。

研究和贡献三维以上的高维知识应该是管理研究界的核心任务。

经历了40年的风风雨雨，站在历史潮头的中国企业，需要具有通透的历史观、宏大的战略观和有效的创新观三大观念，站在研究前沿的中国管理学，需要完成摆在我们面前的服务管理实践、开展本质研究和贡献高维知识三大任务。

参考文献

[1] 杨杜．成长的逻辑．北京：经济管理出版，2014.

[2] 杨杜，刘斌．中国500强十年风云．北京：经济管理出版社，2011.

[3] 杨杜．文化的逻辑．北京：经济管理出版社，2016.

政党中心的国家治理：中国的经验

郭定平*

【摘　要】本文在引入政党中心主义的新视角的基础上，根据政党与国家关系的比较分析框架和中国政治发展的历史脉络总结中国共产党治国理政、推动国家治理体系和治理能力现代化的基本经验，认为改革开放以来，在共产党的领导下中国实行党和国家领导制度改革，发展社会主义民主，建设社会主义法治国家，已经形成了一种基于法治的政党与国家相互嵌入、以政党为中心的国家治理新模式。坚持和加强中国共产党的全面领导，是新时代政党中心的国家治理模式的新发展。从理论上来看，政党中心的国家治理创造了政治现代化理论的新范式；从实践上来看，政党中心的国家治理提供了发展中国家政治现代化的新经验，为人类政治文明的多元化发展做出了新贡献。

【关键词】国家治理；政党中心主义；中国共产党；多党合作

在改革开放以来40年波澜壮阔的历史画卷中，中国共产党的领导无疑是最为光彩夺目的篇章。本文将从比较政治的理论视角和政治发展的历史脉络总结中国共产党治国理政、推动国家治理体系和治理能力现代化的基本经验，为建设中国特色社会主义现代化强国和实现中国政治文明的复兴提供一定的启示。

---

* 郭定平，复旦大学国际关系与公共事务学院教授，复旦大学陈树渠比较政治发展研究中心主任，复旦大学世界政党研究中心主任。

一、政党中心主义的新视角

中国共产党在1921年诞生以来的近100年奋斗历程中，领导中国人民和中华民族实现了从站起来到富起来的根本转变，并迎来了从富起来到强起来的伟大飞跃。但是，在过去很长的一段时期，国内外中国研究学者对中国共产党的研究并不重视，相关研究一度呈现沉寂和衰落局面。究其原因，主要是与如下研究范式有关：

第一，政治发展与转型研究范式。在此范式的影响下，国内外很多学者研究中国的政治改革与政治发展，注重研究人民代表大会制度、政府机构改革、公务员制度、中央与地方关系等方面，而中国共产党研究则出现了一定的被边缘化倾向。一些学者受西方民主观念的影响，将中国的政治民主化与共产党领导对立起来。裴敏欣就认为，中国的政治改革只是一些局部的表面文章，"中国共产党领导下的民主转型似乎是一种遥远的、甚至是不切实际的幻想"①。因此，在他们看来，中国共产党根本不值得认真研究。第二，国家与社会关系研究范式。受此范式影响的学者对中国的国家与社会关系的变动感兴趣，注重研究市场化改革导致的全能主义国家的衰微和市民社会力量的成长，这些研究要么是国家中心的，要么是社会中心的。中国共产党未能进入这些学者的研究视野，最多只是作为国家的附属物一笔带过而已。第三，国家治理研究范式。中国著名政治学家俞可平在梳理了各种关于治理的理论后认为，治理是官方和民间的各类组织运用权力、调动资源去引导、控制和规范公民活动，以最大限度地实现公共利益；善治是政府与公民对公共生活的合作管理，是政治国家与市民社会的一种新颖关系，是两者的最佳状态；改革开放后中国正在走上一条增量民主的善治的道路②。由此可见，治理强调的是多元主体的合作与协同治理，其中政党没有什么特殊地位和作用，至多只是多元主体之一。这种状况固然与很多学者对治理的理解有关，恐怕更为重要和深层的原因是其没有从中国的本土经验出发，没有把国家治理理论与中国国家治理实践有机结合起来。

综上，本文将在研究当代中国国家治理的过程中引入政党中心主义的新视角。政党是现代国家治理中最主要的主体，世界上几乎所有国家均由政党主导进行国家治理。早在20

---

① Pei M X，China's trapped transition：the limits of developmental autocracy. Cambridge：Harvard University Press，2006：7.

② 俞可平．全球化：全球治理．北京：社会科学文献出版社，2003：10－13；俞可平．增量民主与善治：转变中的中国政治．北京：社会科学文献出版社，2003：155.

世纪中期，著名政治学家谢茨施耐德就曾经指出："政党并不是现代政府的附属物；它们处于现代政府的中心，并扮演着决定性和创造性的角色。"[①] 中国进入20世纪之后，传统的国家政治秩序和官僚统治体系分崩离析，不得不由新的政治力量组织起来，这个取代传统权威的新的政治力量就是政党。不但中国走上了政党主导的制度变迁之路，很多其他发展中国家都不约而同地走上了政党主导下的制度变迁道路。这就是杨光斌提出的制度变迁中的"政党中心论"[②]。在当代中国政治研究中，对中国共产党的关注主要是从21世纪初开始的，中国国内的早期研究成果包括拙著《政党与政府》（1998年）、萧超然和晓韦主编的《当代中国政党制度论纲》（2000年）等。随后国内的中国共产党研究学术成果就如雨后春笋般大量涌现。与此同时，国外的中国共产党研究也掀起了新的高潮。2002年6月，丹麦哥本哈根商学院亚洲研究中心组织召开了"找回共产党：中国是如何治理的?"国际学术研讨会，随后以会议论文为基础出版了柏斯德与郑永年共同主编的研究专著，发出了中国研究应该"找回中国共产党"的学术倡议，因为他们认为"尽管改革开放已经产生了其他政治力量，共产党仍然是中国政治中最重要的力量"[③]。2008年美国的中国研究专家沈大伟出版学术专著《中国共产党：收缩与调适》，开明宗义就指出：在影响中国及其内外政策的各种因素中，"1949年以来最重要的因素就是中国共产党"[④]。随后，海外著名中国研究专家纷纷出版中国共产党方面的学术专著，例如弗兰克·N. 皮克（Frank N. Pieke）、布鲁斯·J. 迪克逊（Bruce J. Dickson）等。由此，中国共产党研究回归到中国政治发展研究和国家治理研究的中心地位。

如果要在国家治理过程中真正体现政党中心主义，就必须正确处理政党与国家的关系问题。从比较政治学的视野来看，政党与国家之间呈现出不同的嵌入关系，追溯政党与近代国家形成的历史演变轨迹，大致可以总结出四类政党与国家的嵌入模式，分别为政党嵌入国家模式、国家嵌入政党模式、政党—国家互嵌模式和政党—国家脱嵌模式。例如，17世纪末英国的辉格党与托利党在议会内部的斗争中产生，并非塑造民族国家的主导角色，而且一直在国家制度范围内开展活动，因而是一种政党嵌入国家模式。苏联的斯大林时期，国家机器的运转由政党控制和操纵，可以视作国家嵌入政党模式的代表。政党—国家互嵌模式下政党与国家互相渗透、协同合作，新加坡的人民行动党和政府高度一体化，就

---

① 谢茨施耐德．政党政府．天津：天津人民出版社，2016：44.

② 杨光斌．政治变迁中的国家与制度．北京：中央编译出版社，2011：182－219.

③ Brodsgaard K E，Zheng Y N. Bring the party back in：how china is governed. St. Davids：Eastern Universities Press，2004：5－6.

④ 沈大伟．中国共产党：收缩与调适．吕增奎，王新颖，译．北京：中央编译出版社，2012：1.

是这一模式的典型。政党—国家脱嵌表现为国家取缔原体制内的政党或国家内产生出反体制政党，如德国魏玛共和国时期，在民主的宪政体制下产生出反体制的法西斯政党，随之取缔政党活动。虽然国家嵌入政党模式也表现出一定的政党中心主义，但是由于缺乏法治保障容易出现政治腐败与个人专断。比较而言，只有基于法治的政党—国家互嵌模式才是理想的政党中心主义。

二、中国国家治理的新模式

中国的国家治理模式经历了若干重大历史变迁。概言之，自古至今先后有古代的君主中心的国家治理模式、近代的军阀中心的国家治理模式和现代的政党中心的国家治理新模式。

第一，君主中心的国家治理模式。自秦汉建立统一的中央集权国家直至清末的两千多年中，君主一直是国家治理的中心。从秦汉到隋唐，从宋元到明清，中华文明绵延不绝，并不断走向辉煌，在清朝一度出现了康乾盛世。但是，在两千多年的历史长河中，君主的中心地位始终如一，并不断加强。虽然中国历史上关于国家最高统治者的称谓存在“王”“天子”“皇帝”“帝王”“君主”等不同的表述，但是这个最高统治者的地位和权力是基本一致的。根据刘泽华的概括，君主的权力特征可以概括为“五独”：天下独享，地位独尊，势位独一，权力独揽，决事独断①。这种国家统治是一种典型的人治，治理好坏完全依赖于君主的德行修养，因此在中国历史上一再出现“人存政举、人亡政息”的现象就毫不足奇了。

第二，军阀中心的国家治理模式。在中国政治文明的历史长河中，这只是从传统的君主中心的国家治理模式向现代的政党中心的国家治理模式转变的一种过渡模式。太平天国运动的兴起和地方武装力量的发展改变了晚清国家的政治力量之间的平衡，其结果就是旧的政治秩序的崩溃和军阀势力的扩张。著名中国问题专家魏斐德在分析曾国藩、李鸿章的地方军事力量发展的影响时就指出：曾国藩提拔李鸿章成为他的接班人之后，“军事地方主义在李鸿章的推进下，向 20 世纪的军阀主义又迈进了几步”②。20 世纪的北洋军阀统治直接来源于清末的袁世凯小站练兵、建立北洋六镇。袁世凯曾经担任北洋大臣、直隶总

---

① 刘泽华．中国政治思想通史：综论卷．北京：中国人民大学出版社，2014：327.

② 魏斐德．中华帝国的衰落．北京：民主与建设出版社，2017：166－178.

督，北洋军阀统治首先就是指袁世凯这个军阀头目独揽大权，再就是指各路军阀在袁世凯的卵翼之下争权夺利，然后就是由此引起的连年军阀混战，生灵涂炭。北洋军阀虽然采用新式兵制，配备洋枪洋炮，甚至聘用外国军事顾问，但是治军仍然依靠封建传统的个人效忠、服从报恩观念。他们没有什么现代国家治理的思想纲领和政策目标，只是不断依靠武力争夺地盘、权力和利益，因而导致国家长期处于分裂割据状态。这种政治分裂和军事割据，客观上为新型政治组织的兴起和发展创造了条件。正是在这个意义上，孔凡义认为："军阀政治是衔接君主政治和政党政治的中间过渡形态。"① 中国政党政治的发展肇始于孙中山的建党思想和实践。1924 年孙中山对国民党实行改组，建立以党治国的政治制度。蒋介石建立南京国民政府之后，更是不遗余力地推行国民党的一党专制，以党治国，以党治军。但是，在应对国内外的严重危机的过程中，蒋介石的国民党政权不得不始终强调军事斗争，牢牢掌握军权，最终蜕变为新军阀统治。

第三，政党中心的国家治理模式。这是中国共产党在 1949 年之后逐步建立的新的国家治理模式。新中国成立之初，在国家政治生活中普遍实行了党的一元化领导。在政府系统，为了实现和加强中国共产党的领导，中央决定在中央人民政府内组织和建立中国共产党委员会和中国共产党党组。1953 年政府工作按性质划分为工交口、财贸口、文教口、政法口等，由同级党委的常委（后来是分管书记）分口负责，以加强对政府行政工作的领导。不久便在各级党委下设计划工业部、财政贸易工作部、交通运输部、农村工作部等。各工作部与政府行政机关的业务部门相对应，进行对口管理。1958 年 6 月，中共中央发出的《关于成立财经、政法、外事、科学、文教各小组的通知》指出，大政方针和具体部署都实行党的一元化领导，党政不分。"文化大革命"开始后，党的组织和国家机关从中央到基层遭到严重破坏，严重削弱了党对国家事务的领导，极大损害了党的威信。这种党的一元化领导比较集中地体现了国家嵌入政党模式的核心特征。

改革开放之后，中国共产党认识到实行党的一元化领导、党政不分、以党代政的消极后果，便开始探索党和国家领导制度改革，实行党政分开。邓小平在 1986 年谈到关于政治体制改革的问题时指出："改革的内容，首先是党政要分开，解决党如何善于领导的问题。这是关键，要放在第一位。"② 1987 年党的十三大提出了党政分开的设想并进行了尝试，指出：政治体制改革的关键首先是党政分开，党政分开即党政职能分开；党的领导是

---

① 孔凡义．近代中国军阀政治研究．北京：中国社会科学出版社，2010：48.

② 邓小平文选：第 3 卷．北京：人民出版社，1993：177.

政治领导，即政治原则、政治方向、重大决策的领导和向国家政权机关推荐重要干部；为了适应党的领导方式和活动方式的转变必须调整党的组织形式和工作机构。以上这些设想和尝试在随后的具体实施过程中碰到许多困难、矛盾和阻碍。1989 年 6 月召开的党的十三届四中全会确立了以江泽民同志为核心的党的第三代中央领导集体，及时提出了大力加强党的建设的任务，扭转了削弱党的建设、弱化党的领导的局面。

改革开放之后在探索党的领导方式方面之所以出现了一些曲折，其根本原因就是在反思“文化大革命”过程中出现了一种将中国共产党的领导与民主政治发展对立起来、把党的领导与国家治理割裂开来的错误认识，具有某种程度的政党—国家脱嵌倾向。随着中国改革开放的深入和社会主义市场经济的发展，我们对于党的领导、民主和法治建设的认识逐渐深刻和成熟。1997 年党的十五大提出了依法治国、建设社会主义法治国家的基本方略，要求把坚持党的领导、发扬人民民主和严格依法办事统一起来，从制度和法律上保证党的基本路线和基本方针的贯彻实施，保证党始终发挥总揽全局、协调各方的领导核心作用[①]。2002 年党的十六大进一步提出发展社会主义民主政治，最根本的是要把坚持党的领导、人民当家作主和依法治国有机统一起来。党的领导是人民当家作主和依法治国的根本保证，人民当家作主是社会主义民主政治的本质要求，依法治国是党领导人民治理国家的基本方略。至此，经过改革开放以来多年的实践与探索，政党中心的国家治理模式基本成型，其总体原则和根本方向正式确立。

三、政党全面领导的新时代

中国特色社会主义进入新时代以来，坚持和加强中国共产党的全面领导成为一项重要的政治原则得到全面贯彻落实。这就进一步发展和完善了政党中心的国家治理模式，推动这一模式进入了政党全面领导的新时代。新时代坚持和加强党的全面领导主要体现在如下几大方面：

首先是全面从严治党，深入推进党的建设新的伟大工程，努力建设世界上最强大的执政党。全面从严治党是坚持和加强党的全面领导的基础和保证。在全面从严治党的过程中，不断提高党的全面执政能力，增强党的全面领导的本领，为坚持和加强党的全面领导提供强大的支持和有力的保障。党的十八大提出了建设学习型、服务型、创新型马克思主

---

① 江泽民．江泽民论有中国特色社会主义（专题摘编）．北京：中央文献出版社，2002：327.

义执政党的重大任务，习近平总书记随后就系统地论述了全党同志特别是各级领导干部加强学习、增强本领的极端重要性，并强调指出："把学习型放在第一位，是因为学习是前提，学习好才能服务好，学习好才有可能进行创新。"① 十八大以来，以习近平同志为核心的党中央坚持把抓全党同志特别是领导干部的学习作为治国理政的一条成功经验，不断提升党的全面领导的能力和水平。中央政治局以身作则、率先垂范，从党的十八大召开到2018年7月，中央政治局已经进行了49次集体学习。与此同时，全面建立健全中国共产党巡视巡察工作制度，对于正风肃纪、反腐倡廉发挥了极大的推动作用。

其次是建立和健全党的全面领导的体制机制和法制。2013年11月中共十八届三中全会通过了《中共中央关于全面深化改革若干重大问题的决定》，同年12月30日中央全面深化改革领导小组正式成立，习近平总书记担任组长。中央成立全面深化改革领导小组，负责改革总体设计、统筹协调、整体推进、督促落实。这是为了更好发挥党总揽全局、协调各方的领导核心作用②。中央深改组与一般的议事协调机构不同，是具有最高决策权的一种"超级联席会议"，参与者包括中央层面党政军、人大政协、公检法的负责人，相当于一种国家最高层级的联席会议。中央深改组成立后，大量深化改革的顶层设计密集出台③。2018年3月，中共中央印发了《深化党和国家机构改革方案》，决定将中央全面深化改革领导小组、中央网络安全和信息化领导小组、中央财经领导小组、中央外事工作领导小组分别改为中央全面深化改革委员会、中央网络安全和信息化委员会、中央财经委员会、中央外事工作委员会。规范与强化党组制度是十八大以来加强党的全面领导的另一项重要制度建设。党的十八大以来，中央高度重视加强党组建设，2015年5月29日，中央政治局审议通过了《中国共产党党组工作条例（试行）》。在建章立制的同时，党组在坚持和加强党的全面领导方面的作用也得到不断增强。2015年1月16日，中央政治局常委会全天召开会议，专门听取全国人大常委会、国务院、全国政协、最高人民法院、最高人民检察院党组汇报工作，进一步体现了党中央的集中统一领导，是中国特色的政党中心的国家治理的生动事例。

再次是通过党和国家机构改革贯彻落实党的全面领导，发展和完善政党中心的国家治理模式。2018年3月中共中央印发的《深化党和国家机构改革方案》，提出要构建系统完备、科学规范、运行高效的党和国家机构职能体系，形成总揽全局、协调各方的党的领导

---

① 习近平．习近平谈治国理政．北京：外文出版社，2014：403.

② 同①86.

③ 杨龙，蒋欣然．中国政策过程中的"双顶层"机制．南开学报（哲学社会科学版），2018（1）：105.

体系，职责明确、依法行政的政府治理体系，推动人大、政府、政协、监察机关、审判机关、检察机关、人民团体、企事业单位、社会组织等在党的统一领导下协调行动、增强合力，全面提高国家治理能力和治理水平。这是对于新时代坚持和加强党的全面领导、发展和完善政党中心的国家治理模式的总体设计和宏观规划。根据中共中央关于党和国家机构改革的设计方案，在中国共产党机构改革方面，中宣部、中组部和统战部等中共核心部门接管了部分政府行政职能。在国家机构改革方面，2018 年 3 月 17 日，全国人大高票通过国务院机构改革方案，此轮国务院机构改革被视为 20 年来力度最大的中央政府机构改革，对于加强党的全面领导、完善国家治理意义重大。与此同时，全国人大审议并通过了《中华人民共和国监察法》，全面建立监察委员会制度。各级监察委员会同党的纪律检查机关合署办公，实现对所有行使公权力的公职人员的监察全覆盖。

四、政治文明发展的新贡献

中国政治文明的发展源远流长，自夏商周至今绵延数千年，不仅中国政治文明历史悠久世所罕见，更为重要的是其发达程度也令人惊异。早在春秋战国时期，中国就出现了与世界其他古代文明相媲美的政治思想与文化的发展和繁荣。在秦汉时期，中国就建立了统一的中央集权国家和相对完善的政府统治体系。正因为如此，钱穆在总结中国政治得失时才说："中国政治比西方先进步"，相对而言，整个西方在政治经验上都比较短浅[①]。从秦汉经过隋唐到明清，中国的传统政治文明在吸纳与融合周边各个民族文化的过程中不断发展和完善，并逐渐达到高潮。但是，在进入近代以后，西方一些国家在科技革命的推动下率先走上了现代化道路。近代中国积贫积弱，在西方列强的武装侵略和经济压迫之下，逐渐沦为半殖民地半封建社会。中国政治也不断走向衰败。

中国共产党领导中国人民经过艰苦卓绝的革命斗争推翻了国内外的反动统治，建立了新中国，翻开了中国政治文明发展的新篇章。特别是改革开放以来，在中国共产党的领导下实行政治体制改革，发展社会主义民主，建设社会主义法治国家，中国政治文明建设已经取得了长足的进步。这种政治文明的新形态就是党的领导、人民当家作主与依法治国的有机统一，集中体现为一种政党与国家相互嵌入、以政党为中心的国家治理新模式。

从理论上来看，政党中心的国家治理创造了政治现代化理论的新范式。传统政治学中

① 钱穆．中国历代政治得失．北京：生活·读书·新知三联书店，2001：177.

对政治现代化历史经验的建构大致分为两种基本路径：一种是主张个人权利的社会中心主义；另一种是强调国家自主性的国家中心主义。这两种分析范式虽然长期主导社会科学的研究，但是都忽略了政党作为一种跨越了国家与社会的整合性力量的重要作用，更未能充分认识到政党作为一种治理主体的中心地位，所以不能解释众多的后发国家政治现代化的历史。基于中国共产党建构国家、重塑社会并推动国家治理体系与治理能力现代化的经验，中国共产党的治国理政已经成功创造出了政党中心的国家治理的新范式，不仅丰富和发展了比较政治学理论，而且为研究其他发展中国家的政治现代化提供了新的理论视野。

从实践上来看，政党中心的国家治理提供了发展中国家政治现代化的新经验，为人类政治文明的多元化发展做出了新贡献。西方政治实践强调分权与制衡基础上的政党竞争，非理性的政党竞争常常将治理危机锁定在一个无解的僵局之中。近年来，西方国家的民粹主义泛滥和极端政党上台更是凸显了西方竞争性政党政治的乱象。与西方的多党竞争完全不同，中国实行中国共产党领导的多党合作与政治协商制度，这是一种新型政党制度，政党积极嵌入到国家治理之中，在经济、政治、文化、社会、生态各个领域发挥领导作用，创造了一种协商基础上的共治，与西方的竞争政治形成鲜明的对照。这就是人类政治文明发展中的一种和谐合作的政党中心的国家治理新模式。这种模式的形成和发展不仅预示着中国政治文明的复兴，而且必将进一步拓展发展中国家走向现代化的途径，为解决人类面临的普遍问题和推动人类文明进步贡献中国智慧和中国方案。

中国之治：坚持方向，混合至上

——改革开放40年之国家治理之道

杨光斌* 杨 森**

【摘 要】 改革开放之后的不长时间内，中国克服了一个又一个的重大挑战，终于从一个欠发达国家逐渐走向世界舞台的中央，由此而产生的“中国模式”被认为是对“历史终结论”背景下发展模式的替代性治理模式。改革开放40年之国家治理之道可以概括为“坚持方向，混合至上”。所谓“坚持方向”，就是在世界政治的自由民主、自由市场的浪潮中坚持既有的社会主义方向。之所以要“混合至上”，20世纪世界历史告诉我们，满足一部人需求的理论，哪怕听起来再动听，最终都会崩盘，何况中国人的价值诉求具有治理导向，可治理的体制必然是混合型的。因此，“中国模式”在政治体制上，在经济体制上，在文化价值体系上，都是在坚持方向的前提下的混合至上。没有固本，就失去了方向；没有纳新，就谈不上变革。所以二者都是改革开放进程中不可或缺的力量，那种带有价值偏好的“保守派”“改革派”标签，是社会科学知识匮乏的象征。

【关键词】 改革开放；中国模式；坚持方向；混合至上

2018年是中国历史乃至世界历史的一个汇合点，是中国改革开放40周年，也是“革命世纪”的一个产物。从孙中山领导的辛亥革命、第一次国共合作时期的北伐战争到中国

---

* 杨光斌，中国人民大学国际关系学院政治学教授。

** 杨森，中国人民大学国际关系学院政治学专业博士生。

共产党革命，都围绕着建立一个什么样的、什么性质的现代性国家的问题，而1978年开启的改革开放则面对如何建设一个现代国家的问题。在改革开放的进程中，中国政府打了互为因果关系的“三大战役”，才能走到今天。第一场战役就是最有挑战性的“政治战役”，这是在改革开放10年时的一次政治遭遇战，即世界范围内的所谓“第三次民主化浪潮”，强大的国家自主性使得中国扛过这场危机，从而也就为未来的各种发展奠定了坚实的制度基础；第二场是“技术战役”，即拥抱互联网，这场战役发端于20世纪90年代初(放在当时的背景下考虑，这一决定该多么不容易)；第三场战役是“经济战役”，中国经受了民主化浪潮的冲击并主动融入了互联网革命，1992年邓小平在南方谈话中把中国的经济体制定位为社会主义市场经济，中国经济发展从此一发不可收拾，2001年中国加入WTO更带来巨大发展机遇。有了稳定的社会制度和社会主义市场经济体制，互联网把中国和世界在技术上连接起来，WTO把中国和世界在经济上捆绑起来，中国犹如归海之蛟龙，在西方人提倡的全球化体系中如鱼得水，大显身手。中国成为全球化的大赢家。这个惊心动魄的过程告诉人们：事业有多大，挑战就有多大；成就有多大，困难就有多大。

经历了“三大战役”，有了这几个关键点，才有了今天的“40年”这个大话题，才有“中国模式”之说，才有国际上的“G2”（两国模式）之说。中国从一个世界上极端贫困的国家，40年间就成为人均GDP接近1万美元的国家，其意义不亚于英国工业革命给世界带来的变化，要知道中国是第一个通过自身发展而非战争掠夺而发展起来的“南方国家”。所以，改革开放40周年的2018年，不但是中国历史的关键时刻，也是世界文明史上的“中国时刻”。如何看这40年，如何总结其成功之秘籍，必然是全球思想界的热门话题，各有不同的答案。

这个大问题不但是学术性的，更是政治性的，套用亨廷顿的话说，本研究并非严格意义上的讲究精致的形式主义的社会科学作品，更不是那种“掉书袋”式的卖弄，我们的志趣在于思想对话，我们追求的是解决问题。不进入“政治”场域的“学”毫无意义，这是“政治学”的学科规定性所决定的——国家治理。我们深深地理解，成就越大，代价也越大，教训也越多；但是历史的书写总是要聚焦于结果性模式的成就，而不会停留在各种过程性代价的讨论上。对结果性模式的总结，就难免省略一些过程性的细节，这是众所周知的一种知识论。笔者对40年的过程性模式的总结是“坚持方向，混合至上”，这一过程所导致的结果性模式契合了现代性“好政治”的一般原理——权威—民主—法治的动态平衡。

一、作为人类文明主干道的社会主义秩序

（一）“百年马拉松”：自由主义秩序与社会主义秩序之争

按照亨廷顿的说法，近代以来有三大意识形态，分别是自由主义、社会主义和保守主义。保守主义是一种因时因地的哲学，可以和任何秩序联姻，因此近代以来的人类秩序主要是自由主义（资本主义）和社会主义。在笔者看来，自由主义价值的核心要素是个人权利（本体论）、资本权力（组织力量）和自由（终极价值），相对而言社会主义的核心要素是人民主体性（本体论）、组织性（政党）和公正（终极价值）。从英国资产阶级革命算起，在资本主义秩序出现200年左右的时候，出现了社会主义的挑战，从此开始了自由主义秩序与社会主义秩序的“百年马拉松”式的竞争。

作为一种人类历史上全新的制度和事业，正如自由主义的实践屡遭挫败一样，社会主义的事业也并非一帆风顺，因此才有了所谓的“第三次民主化浪潮”即自由主义民主对社会主义民主、对民族主义政权的冲击，在美国，出现了所谓的“历史终结论”，“资本主义必然灭亡社会主义必然胜利”之说被颠倒过来了，即所谓的“资本主义必然胜利”。一时间，全世界都为“历史终结论”所倾倒。历史就这么糊涂，一个代表特定阶层的资本阶层，怎么就“必然胜利”？怎么就“终结历史”？非资本阶层的人，甚至受制于资本阶层而不能自拔的人，为什么也相信这种话？

建构起来的“世界”在现实中到底如何呢？根据笔者的长期研究，自由民主是一种“革命理论”，革命理论是不能用来治理国家的。自由民主听起来很好，有自由有民主，这是知识分子的最爱。它是革命理论，进行斗争没有问题。但是，要知道，自由的前提是法治，社会最重要的是法治；民主背后有权威，如果要民主，就不可能不要权威或者说中央集权。所以自由民主掩盖了很多东西。这样一个革命理论在新时期变成了新自由主义，笔者称之为“百慕大三角区”：政治民主化、经济私有化和市场化、治理社会化。这“三化”都是去政府化去国家化，强调的是社会权利即个体权利，而发展中国家本来就组织不起来，再推行“三化”方案就必然导致失败。这就是民主的“第三波”普遍性地失败、回潮的根本原因。

比较而言，经历了第三次民主化浪潮冲击的中国，事实上坚持了社会主义道路中的最重要的制度即人民民主专政国体，这一制度在比较中更显优势，当然并非没有挑战。

比较研究首先在于可比性问题，这里既有国家规模问题，也有国家建设的历史阶段问题。2018 年，全世界人口过亿的国家只有 13 个，其中有工业化的俄罗斯、美国和日本，掠夺对其发展很重要，比如日本通过《马关条约》掠夺了中国 2.3 亿两白银，是其两年的国民生产总值还多，日本借机变得更强。其余 10 个是：亚洲的中国、印度、孟加拉国、巴基斯坦、印度尼西亚和菲律宾，非洲有埃塞俄比亚和尼日利亚，拉丁美洲有巴西和墨西哥。比较研究发现了什么呢？1∶9，即只有中国 1 个社会主义民主制度国家，其余 9 个全是西式民主。这些国家的治理水平如何呢？它们能和中国相提并论吗？好坏一目了然。美国经济学著名学者按照制度主义的套路，提出所谓“包容性制度与榨取型制度是国家兴衰的根源”，宣称贫穷国家要想富裕，只能先政治转型即走向自由民主，大赞转型后的巴西[①]。巴西今天怎么样了？政治恶斗不止，何来包容性增长？

比较研究发现，中国知识界严重地被虚假的知识和错误的“真理”所侵扰。因为中国社会科学的滞后性，很多人把碎片化知识乃至虚假的知识当作信仰，并把碎片化知识道德化，以为自己占据了道德高地。需要在研究的基础上发现“新常识”，而不能把虚假的知识当作常识。

（二）社会主义秩序的实现之道：坚持人民主体性的政党

社会主义的本体论是人民主体性，终极价值是公正；但是，人民主体性和公正都不会自动实现，需要一个坚持人民主体性的政治组织去整合制度性资源，需要一个代表性政党体现人民主体性。这就需要党性与人民主体性的统一。在中国，这个政治组织就是中国共产党，中国共产党的党性体现在人民主体性之中。

社会主义民主的生命力来自党性与人民主体性的统一性，来自中国共产党的代表性，而代表性来自团结性。改革开放 10 年之后，党的团结遭遇挑战，那就是 1989 年政治风波。之后，党进入了长达 20 年的政治团结，是这一时期改革突飞猛进的根本保证。但是，党内团结仍然面临严峻挑战。对此，习近平直率地指出：“党除了工人阶级和最广大人民群众的利益，没有自己特殊的利益。如果有了自己的私利，那就什么事情都能干出来。党内不能存在形形色色的政治利益集团，也不能存在党内同党外相互勾结、权钱交易的政治利益集团。党中央坚定不移反对腐败，就是要防范和清除这种非法利益关系对党内政治生

---

① Acemoglu D，Robinson A J. 国家为什么会失败：权力、富裕与贫困的根源. 台北：卫城出版社，2013：29，434－438.

活的影响，恢复党的良好政治生态，而这项工作做得越早、越坚决、越彻底就越好。"[①] 这些利益集团的存在，表面上看是败坏了政治生态，根本上是社会结构利益集团化，其对社会公正和人民主体地位侵害的程度，决不能低估。前事不忘，后事之师。苏共失败的原因很复杂，其中一个重要教训就是特权阶层的利益集团化，这是后来改革的根本阻力，戈尔巴乔夫试图从根本上清除这个"制度性障碍"，但因改革战略上犯了颠覆性错误，结果全军覆没[②]。

2014 年，习近平在江苏调研时第一次提出"四个全面"战略布局，其中包括全面从严治党。从严治党的关键在于"关键少数"。"关键少数"的"上"是中央政治局，"下"是直接联系百姓的 3 000 多个县委书记。如果上有团结的领导层，下有接地气即真正为人民服务的县委书记，中国政治发展的基本盘就不会出问题，不会被动摇。

在从严治党中，不仅要解决长期以来形成的形式主义、官僚主义、享乐主义和奢靡之风这"四风"，还要有向党中央看齐意识、守政治规矩、讲政治纪律、有政治立场和政治定力，即政治建党。对于"关键少数"，要重视其政治性，一些大案、要案的背后，不但思想出了问题，组织管理出了问题，而且最重要的是政治出了问题。对于中国而言，党的团结是最宝贵的财富，但历史经验告诉我们，团结又不是必然的，否则就不会有那么多次的党内斗争或者"路线斗争"。鉴于此，政治建党对于"关键少数"尤其重要。

（三）社会主义秩序面临的挑战与对策

比较产生自信，但是中国人没有理由盲目自信，必须看到社会主义民主所面临的一系列挑战。第一，社会主义民主是制度、道路，也是一种思想和思潮，因此作为政治思想的社会主义民主必然受到国际政治思潮的影响乃至冲击。第二，作为第一政治主体的"人民"，在政治生活中表现为公民个体所构成的社会组织和各种性质的组织，因此，公民权利的实现程度，就决定了社会主义民主的实现程度。第三，市场经济所带来的社会结构的深刻变化，使得"人民"处于不同的结构或社会等级之中，顺其自然的市场化必然冲击着作为社会弱势群体的那一部分"人民"的权益。第四，长链条的行政体制必然是官僚化的或官僚主义的，这样的政府有民众的危险。这样，社会主义民主至少面临着国际思潮、社会结构、官僚制以及民主政治建设本身的四大挑战，其中根本性挑战是社会结构变化所带

① 习近平关于严明党的纪律和规矩论述摘编．北京：中央文献出版社，2016：31.

② 杨光斌，郑伟铭．国家形态与国家治理：苏联—俄罗斯转型经验研究．中国社会科学，2007（4）.

来的。

改革开放以来，中国的社会结构发生了深刻变革，由此也发生了利益关系的深刻调整和政治观念的深刻变化。市场经济趋向的改革，必然带来利益多元化和社会结构的分化，形成历史上理论上都讨论的而又难以避免的“强势”“弱势”结构问题。也就是说，市场经济必然造就了各国都有的以资本力量来讲政治的阶层，相应地也造就了无权无势的“沉默的大多数”。

市场经济中已经形成了一个强大的资本力量集团，它们已经能呼风唤雨，深刻地影响着社会走向，比如“淘宝”所引导的消费主义。更重要的是，和其他国家一样，当资本集团强大到一定程度的时候，必然要在政治上发声或者寻求政治代理人，以更好地保护自己的利益或者进一步将自己的利益扩大。实现从资本力量到资本权力的转化的机制之一就是选举政治，国外是这样，国内也是如此。从湖南衡阳人大代表贿选案，到四川南充党委会贿选案，再到史无前例的辽宁省全国人大代表贿选案，都是资本权力直接控制政治权力的苗头。

辽宁系列贿选案特别值得研究。辽宁系列贿选案中共有三起贿选案曝光，分别是2011年辽宁省委常委选举案、2013年辽宁省第十二届人大常委会副主任选举案和辽宁省第十二届全国人大代表选举贿选案，尤其是最后一起牵涉广泛，影响恶劣。2013年1月27日，十二届辽宁省人大一次会议第二次全体会议一共选出102位十二届全国人大代表，经调查其中45名全国人大代表为通过拉票贿选违法当选，而当日投票的619名十二届辽宁省人大代表涉及受贿的人数多达520余人，金额也十分惊人①。十二届全国人大常委会第二十三次会议依法确定45名拉票贿选的辽宁全国人大代表当选无效。“辽宁拉票贿选案是新中国成立以来查处的第一起发生在省级层面、严重违反党纪国法、严重违反政治纪律和政治规矩、严重违反组织纪律和换届纪律、严重破坏党内选举制度和人大选举制度的重大案件。涉案人数众多、性质恶劣、情节严重，触目惊心。”“搞拉票贿选，是对我国人民代表大会制度和社会主义民主政治的公然挑战。”②

国家权力由政治权力（在中国就是党的领导）、资本权力和社会权力构成，西方政治学理论把资本权力打包处理，包装在社会权力之中，与政治权力相抗衡。其实，资本权力哪能等同于一般民众的社会权力？上述行贿当选的“代表”代表的正是资本权力。资本权力很容易和政治权力形成同盟关系，正如很多国家的情形所展现的。也就是说，如果没有

---

① 辽宁45名全国人大代表当选无效　有人行贿400多万.（2016-09-14）. https://new.qq.com/rain/a/20160914020549.

② 人民日报评论员：对拉票贿选坚持“零容忍”. 人民日报，2016-09-14.

代表人民主体性的中国共产党，中国将和其他国家没有什么区别，政治权力都会变成资本权力的傀儡。

很多国家的民主政治告诫我们，民主形式越发达，政府越难以施政，因为民主形式为各种利益集团所绑架，既有辽宁贿选案中的资本权力集团，也有各种包括家族势力和宗教势力的地方势力，结果民主选举、公民社会组织等反而成为强化旧的社会结构的新形式而已，这一点在印度、孟加拉国、巴基斯坦等南亚国家，在非洲和拉丁美洲，都是如此，选举政治强化了亨廷顿所说的“普利多社会”和米格代尔所说的由军阀、地主、部落酋长、商人所构成的“强社会”。

在“强社会”的社会结构中，“人民”不过是原子化个人，其地位如鱼虾，选举权只不过是一种象征性的安慰。后发国家普遍呈现“强社会”结构，因此特别需要一支能够制衡各种“强社会”的政治力量，在中国就是中国共产党。也就是说，如何在发展民主政治中保持共产党的人民性领导，是未来中国政治发展的关键所在。

二、混合型的政治体制、经济体制与价值体系

（一）混合型体制的基本道理

治国理政，很多时候讲究的是常识、老百姓都能懂的生活中的道理，而不是高深的理论或者所谓的“原理”。无论是政体也好，治道也罢，人类有很多智慧可以汲取，东方倡导的是“过犹不及”“中庸之道”“执两用中”，西方从一开始就提出最好的政体是集君主制、贵族制和民主制为一身的“混合政体”，从人性上看，单纯的君主制、贵族制和民主制都会出大问题并诱致政体溃败。原因很简单，人有不同的观念，更有不同的利益和不同的诉求，这样，人群不但可以在观念上划分为“左”“中”“右”，更有经济地位上的“上”“中”“下”，符合一个群体的利益或观念的政策就可能是对其他群体的一种伤害，因此国家治理只能走“混合至上”之路，何况是中国这样的巨型国家。不远的历史有很多惨痛的教训，20 世纪的不妥协政治导致很多灾难性后果，而现实中的中国人的以治理为导向的价值诉求，又意味着除了“混合至上”没有出路，政治的、经济的、文化的体制都需要混合型。

1．“主义之战”的百年史

远的历史不说，以过去 100 年的西方历史为例，简直就是“主义之战”的世纪，是哈

耶克所追求的“以观念打败观念”的历史。古典自由主义即放任自由主义的结果是1929年开始的经济大萧条，这是20世纪的第一个30年。古典自由主义的失败不但催生了法西斯主义，也催生了社会主义革命和发达国家的空前的社会主义运动。40年代之后，凯恩斯主义开始流行，以国家拯救资本主义，结果是70年代的经济滞胀，这是第二个30年。从80年代开始，哈耶克等人所复兴的古典自由主义即被称为新自由主义的思潮开始风靡，结果就是2008年的金融海啸，这是第三个30年。古典自由主义和新自由主义经济学都被认为是“科学”，但即使是“科学”，也只是为极少数人利益言说的“科学”，否则就不会破产，也不至于招致如此大规模的“反向运动”——国家干预和大众抗争。

资本主义国家和社会主义国家的实践证明，再完备的学说、再科学的理论，如果演变为极端化的或者只照顾到部分人的政策，最终都行不通。传统的计划经济属于极端化政策，古典自由主义和新自由主义属于分利型乃至掠夺性政策。

2. 治理导向的价值诉求

以最有争议的民主观为例，中国人的民主观并非简单的“竞争性选举”，而是实质性民主或者说民生治理导向的价值观，而国家治理必然是混合型政策的结果，这就决定了必须以混合型政治、经济和文化体制来满足治理导向的价值诉求。

为了检视当代中国民众的民主观，我们选取了台湾大学东亚民主研究中心胡佛教授和朱云汉教授牵头主持的第三波亚洲民主动态调查（Asian Barometer Survey）中的中国大陆数据。为了能与其他国家特别是西方国家民众的价值观形成比较，也为了能与Polity IV（政体4）和Freedom House（自由之家）提供的所谓“客观指标”形成对照，这项调查采用了全球民主动态调查（Global Barometer）计划公认的对民主的测量指标。我们通过对一系列问题的测度分析发现中国民众的民主观呈现出以下特点：

第一个维度分别从“政府不浪费公共财富”“人们能自由公开表达观点”“自由公正选举领导人”“要求政府缩小贫富差距”4项指标加以测度，有36.13%的民众认为民主要能促使政府缩小贫富差距，32.43%的民众认为民主要能自由公正地选举政府领导人（不一定是多党竞争选举），而认为民主就是政府不浪费公共财富和保障言论自由的分别有14.62%和16.83%。

第二个测量维度分别选取了“自由结社”“分权制衡”“政府提供优质服务”“政府提供基本公共物品和保障”4项指标加以测度，“政府提供基本公共物品和保障”和“政府提供优质服务”占据了中国公众民主观的前2位，这个维度揭示了中国民众认为民主就是“政府为人民服务”，比例高达76.52%，而被认为是自由主义民主中必备的“自由结社”

和“分权制衡”在中国民众中间的支持度却占相对少数，比例分别为 5.25%和 18.23%。

第三个维度则围绕“新闻自由”“多党竞争”“维护法治与秩序”“要求政府提供就业机会”4 项指标进行测量，分别有 37.56%和 36.39%的中国民众认为民主就是要求政府向所有人提供就业机会和能确保法治与政治秩序，这两项主张一共占受访者群体的 73.95%，而西方高度认可的“新闻自由”与“多党竞争”在中国的支持率并非主流，分别只有 12.27%和 13.78%。

最后一组测量问题分别聚焦“游行抗争”“失业救济”“廉洁清明”“司法正义”，结果再次表明中国民众认为“法院在公民受到政府侵害时提供司法救济”“政治清明，没有腐败”以及“失业时能得到国家救济”是民主的主要特征，三者比例高达 93.89%，而认为民主就是能“自由游行抗争”的只占 6.11%。

从上述 4 组测量民主的题目可知中国民众的民主观具有独特性。相比西方民主以参与和竞争、游行为导向的程序性诉求，中国民众更强调民主的实质性导向，认为民主就是要能满足自身物质需求、保障自身物质利益，要求政府为人民服务，同时认为民主应当包括制度公正的取向。事实上，民主在中国人这里就是“好政治”的代名称，如何实现好政治呢？只能通过混合型治理。

（二）混合型政治体制：民主集中制政体

政体是以统治权为核心的权力组织形式或者说权力关系，也可以说是权力关系的总和。在中国，民主集中制不仅是一种政体，体现了党和国家领导体制的关系原则，同时也是一个政策过程，在国家—社会、中央—地方、政府—企业各个维度上把不同领域组织起来，展现了中国国家治理的制度组织力和国家能力。

1. 民主集中制组织原则下的中央—地方关系

中国宪法规定的民主集中制的中央—地方关系，其实是政治学理论上的单一制的中国特色的表述。对于中国这样一个具有大一统传统、多民族的发展中国家来说，单一制有效地保障了现代化进程中的“国家性”。因此，单一制的中央—地方关系不可动摇。同时，作为“第二次革命”的改革给中央—地方关系带来了解构性的变革，过去作为中央“代理人”的地方政府越来越享有利益主体的权益，从而出现了学术界所说的经济关系上的“经济联邦主义”。所谓“经济联邦主义”，就是经济权力的分权带来的经济权力的分享与共治，其中以财政权为核心。这样，在中国，传统的政治上的单一制在结构上并没有发生大的变化，但在经济上则出现了“联邦主义”，中央—地方关系出现了政治和经济二元化结构。中央—地方关系的二元化现象是和整个中国政治相一致的，即从计划经济时代的政治经济一体化演变为民主集中制的政治和市场经济制度的经济。即便如此，无论是中央—地方关系还是政治—经济关系，都离不开民主集中制，或者说是一种事实上的民主集中制。政治单一制和经济联邦主义并存的局面，是一种典型的政治—经济关系中的二元化结构。

2. 国家—社会关系中的民主集中制原则

由于中国社会科学学术概念的匮乏，中国政治就成了西方社会科学的解释对象和理论的试验场，其中最典型的就是关于中国国家—社会关系的研究。从国外到国内，用的较多的概念就是“国家统合主义”（the state corporatism），这是一个解释南欧和南美的概念，现在用于解释中国政治①。国内学术界则借用这个概念指称改革开放以来的国家—社会关系。我们认为，中国的规模及其带来的复杂性，不是一个单纯的学术概念所能解释的。一方面，我们确实有中央政府批准才能成立的行业组织，其与国家的关系相当于国家统合主义，但同时还有大量自发的自治性社会组织，在英国和美国，后者则相当于所谓的“社会统合主义”，即不受国家控制的自主性社会组织之间的合作与博弈。但是，在中国，即使是自发自治的社会组织，因为文明基因的关系，其与国家或者政府的关系也很难说就和英美国家的一样。即使生搬硬套，中国既有欧陆的国家统合主义，又有英美式的社会统合主义，这不就是既有集中又有自由和民主的民主集中制吗?

3. 民主集中制政体的国际社会科学意义

与代议制民主平行的民主集中制，在冷战时期曾经是西方政治学研究的焦点问题，而苏联的解体使得这个概念在西方政治学中几乎消失。但是，在冷战结束后的四分之一世纪之后，随着“中国模式”成为世界舆论的焦点，也就有必要“找回民主集中制”，正如当年“统合主义”概念在二战后消失30年，之后又被重新找回来一样。其实，在中国，民主集中制一直是理论上和实践中的热点问题，也是政治中的核心问题，只不过因为中国社会科学和政治学的问题意识殖民化，没有对自己的核心问题给予足够的重视，相反很多人研究的都是些与中国本身没有什么关系的无用之学。

（三）混合型经济体制：社会主义市场经济体制

宪法中规定的社会主义市场经济体制，是一种典型的混合型经济体制的政治经济学表

---

① Dickson B J. Cooptation and corporatism in China，the logic of party adaption. Political Science Quarterly，2000，115 (4).

述。如果说市场经济是经济学的，讲的是微观主体即企业和市场，社会主义则更多地具有政治学意涵，讲的是政府的作用。因此，社会主义市场经济体制的核心问题是政府与市场的关系问题。

中国的经济体制改革是由政府启动的，但经济体制改革又必然带来政治—经济关系或政府—市场关系的变化。但是不管如何变化，国家依然在经济生活中居主导性地位，学术界一般用“发展型国家”来形容中国的国家形态。在国家主导的经济发展中，国家的自主性或者决定性作用，并不妨碍或者无法阻止作为利益主体的经济利益集团的出现，利益集团已经深深地嵌入中国的政治经济过程之中。如果说发展型国家相当于国家集中性同时不乏民主因素的一面，那么作为多元主体的利益集团的出现则是经济自由的一种象征，因此说中国的政府—市场关系是一种事实上的民主集中制并不牵强。

1. 强发展型国家

政府机构中与经济相关的部门有许多，它们直接或间接地参与到工业化进程中，驾驭市场经济按国家的预期发展。这些主导工业化转型的部门里，首先是作为宏观导航部门的国家发展和改革委员会。历经机构改革，国家发展和改革委员会以及在其统筹下的众多产业主管部门，形成了中国独具特色的经济部门制度设计。它们采取了现代经济学中常用的金融工具以及发展型国家流行的产业政策，间杂着计划经济遗留的管理方式，从宏观到微观上践行着国家意志，推动市场经济按照国家认为的最优方向发展。作为经济导航部门，发改委的职能可以被笼统地分作两个大类：一是编制发展规划与经济政策；二是领导和协调经济活动，统筹经济发展。在国家发展和改革委员会之下，还设置了众多行业产业主管部门。强发展型国家的另一个重要标志是“五年计划”机制。

2. 市场经济体制中的经济利益集团

国内经济学界不乏专门研究中国的市场化指数的学者，意图推进中国的市场化改革。且不说市场化到什么程度是合适的，衡量市场化的标准也是可争议的。笔者认为，衡量市场化程度的一个非常重要的指标就是资本权力与国家权力的关系，如果市场化催生的资本权力能够影响或者在特定议程上大过政府的声音，能够绑架政府并牺牲社会利益，就意味着这个国家的市场化程度已经非常之高了，同时还是一个“坏市场化”了。

笔者认为，市场经济中的中国政府事实上并没有表面上看上去的那么强大，一个重要的原因就是利益集团的兴起。根据中国的利益集团的组织状况及其在政治经济过程中的作用大小，我们把中国的利益集团做如下分类：机构型利益集团（institutionalized interest group）、公司型利益集团（enterprised interest group）、社团型利益集团和无组织利益集团。与市场经济有关的主要是前两类。

公司型利益集团，不仅利用各种资源将自己的偏好和利益要求输入政治过程，影响政策决策的指向，而且当它们成为政策目标时，还极力采取选择性服从，即支持对自己有利的政策，抵制甚至是暗中改变不利于自己的政策。

3. 社会主义市场经济与社会主义政治经济学

以政府—市场关系问题为核心问题的社会主义市场经济体制，是社会主义政治经济学的最好素材。遗憾的是，经济学界流行的研究还是聚焦在微观市场主体，集中在企业与市场上，至于国家、政治、政治能力对于经济增长的作用，基本上没有得到量化模式意义上的研究，因而很多经济学家只能依据没有“国家权力”概念的西方经济学，去解释“国家权力”作用很大的中国经济，结果必然有违大多数人的直觉或者常识。另外一种不好的倾向是，在试图建立社会主义政治经济学的过程中，把政治经济学搞成了“政治学”，这同样不能解释“中国奇迹”。很多国外观察家，尤其是宗教人士比如梵蒂冈大主教，认为中国模式的关键是国家决定着经济，而不是资本集团绑架国家。社会主义政治经济学不能搞成“政治学”，但中国模式的关键特征需要体现在新政治经济学中。

（四）包容性价值体系：社会主义核心价值观

由“富强、民主、文明、和谐，自由、平等、公正、法治，爱国、敬业、诚信、友善”所构成的社会主义核心价值观，是一个多世纪以来中国人民的梦想，这些梦想有的来自人类优秀文明成果，比如自由、文明、法治，有的来自生生不息的中华文明基因，比如和谐、平等、诚信、友善，可谓兼收并蓄了古今中外的美好理想与价值追求。

社会主义核心价值观和现代经济体制也是借鉴、吸纳人类优秀文明成果的产物，当然其产生过程并不是一帆风顺的，从市场经济到人权、法治的共识政治，历经曲折，都是各种力量折冲的结果。

三、坚持方向，走向共识：以经济体制和价值观的演化为例

“混合至上”的政治体制、经济体制和价值体系是一种结果性的现状性结构，而达成这个结果的过程性结构艰辛而曲折，几乎每一个现状性结构都是各种力量博弈的结果——当然是在“坚持方向”这个既定的制度性结构中的博弈。回到过程性结构，我们还发现，需要抛弃习惯上的所谓“左”“右”标签。“右”的被称为“改革派”——这些人自己都不

承认自己的“右”；“左”是所谓的“保守派”——国家的大变革离不开“保守主义”，否则就没有今天的民主集中制，也没有今天的文化自信。改革过程其实是一种“固本革新”的利益互动，其中固本革新的力量可能来自一个人，也可能来自不同的势力，这些势力有的要固本，有的要革新。只固本不革新不叫改革；只革新不固本也不叫改革，那是革命。据此，我们才能更客观地评价过去40年中的人和事。

（一）在“摸着石头过河”中定型经济体制

如何在我国进行改革，是一个“摸着石头过河”的过程，其间20世纪80年代的政治经济关系体现了“收放”循环的钟摆特征。巧合的是，双年份总体上体现为“放”的特征，而单年份则体现为“收”的特征，当然这种划分并不绝对，在有些年份，收放交替进行。更重要的是，鉴于“文化大革命”的惨痛教训，在20世纪80年代的最初几年，以邓小平同志为核心的党的第二代中央领导集体一直在进行新的制度建设。

收放循环的政治经济关系在1992年邓小平南方谈话后结束，中国从此走上了比较平稳的发展道路。中共十四大以来的政治发展表明，中国已经步入以经济发展为主要导向的政治时期，政治改革在很大意义上是指行政体制的改革。

40年改革的成就表明，中国的改革已经“摸着石头”“过了河”。由于改革进程中存在极大的利益张力和观念冲突，尤其是苏联东欧社会主义国家在改革中倾覆，一时间国内悲观主义盛行，流行所谓的“改革找死，不改革等死”咒语，国外更是长期流行“中国崩溃论”。然而中国非但没有崩溃，反而走出了一个以民主集中制政体为核心的“中国模式”，而且还被福山等人视为一种替代西方政治的模式，由此又衍生出思想上的“中国威胁论”。中国何以有今天？关键是国家自主性得到保证。作为“第二次革命”的改革是一个利益重组的过程，这个过程很容易失序或者失去方向。因此，改革的过程最需要坚强的政治组织力量，需要自主性把握政策方向。从1980—2010年的30年，国际社会中政治上流行的是自由民主，经济上流行的是自由市场，若按照这些“主流”去改革，很多国家——无论是社会主义国家还是其他所谓的“威权主义”国家，都不得善终。因此，是民主集中制所保证的国家自主性，使得中国在改革中不至于迷失方向，在“固本”中“纳新”。在20世纪80年代，“固本”被认为是保守派，但没有固本力量，中国就会迷失方向。

（二）在“固本”与“纳新”之间：以价值观的演变为例

中国的改革开放是一个固本纳新的过程，不仅体现在经济体制等正式制度的形成上，同样还体现在价值体系的构建上。“自由”“法治”等新价值观固然有其魅力，但如果不能固守文化这个根本，如果新价值观脱离了国家的文明基因，又会怎样呢?

对传统的坚守（文化保守主义）可以避免国家在世界政治大潮中迷失方向，这在20世纪80年代的思想交锋中尤为突出。随着改革开放的到来，在社会上尤其是大学校园里不断涌现出对新引进的西方哲学和政治理论的热情。改革开放之后，许多知识分子有机会出国学习，他们回国后一般会回到大学做一些有关国外的报告，通常他们会将西方描绘成完美社会，如“美国社会很公平，充满各种机会”等等，误导了学生和民众的观念，同时加深了他们对现实的不满。在20世纪80年代中后期针对北京市大学生的一项调查显示，认为“资本主义将使中国发展更快”的群体在比例上呈逐年上升的趋势。很多学者用一些不伦不类的概念来解释中国，中国变成了理论的试验场，他们的结论是：“中国不是一个正常国家”。

电视政论片《河殇》在20世纪80年代的出现，是那个年代人们对西方世界的夸张想象与盲目追随的集中体现。《河殇》认为，专制政治的特点是神秘性、独裁性、随意性，民主政治的特点应该是透明性、民意性、科学性。《河殇》甚至将中国的落后归根于陆地文明、黄河文化和黄色人种。现在看来，倡导“蓝色文明”的《河殇》基本是经典现代化理论的注脚，它的一个重要特点就是二元对立的世界观：进步与保守、传统与现代、民主与专制、集权与分权、计划与市场等等。

《河殇》中简单的二分法掩盖了政治的复杂性，但在知识极度匮乏的年代，《河殇》在中央电视台的热播在当时的社会造成了极大反响，许多人不假思索地认为“黄河唯一的命运就是汇入蔚蓝色的大海”。这当然也会引起很多人的不满，如在十三届三中全会闭幕式上，王震激动地说：“看了《河殇》，伤了我的心……伤了中华民族的心。《河殇》把中华民族诬蔑到不可容忍的地步!”政治审慎既是知识精英的社会责任，也是优秀领导者的应有品格。王震等领导人当时被舆论贴上“保守派”的标签，事后看来，正是这种“保守主义”，才在聚焦变革的大潮中守住了根本。早在改革开放肇始的1979年，邓小平代表中共中央在北京召开的理论工作务虚会上做了题为《坚持四项基本原则》的讲话，坚持四项基本原则是“立国之本”。传统的社会主义是围绕平等而展开的，正是因为改革开放40年来中国恪守着这一最宝贵的传统，从科学发展观到以人民为中心的发展思想，作为世界第二大经济体的中国在人类发展指数（HDI）上也步入了高人类发展水平国家组。反观其他发展中国家，如俄罗斯的休克疗法和拉美的新自由主义实践，抛弃自身发展优势，贸然进行全盘私有化、市场化，不仅会引起经济的巨大波动，同时会导致财富被少数阶层攫取，扩大社会不平等。

在改革开放历程中，也就是在围绕着“固本”与“纳新”的互动中，“混合至上”的价值与实践逐渐形成：既有党政机构改革、简政放权，也有坚持党的领导；既有强调市场在资源配置中的作用，也有坚持公有制的主体地位；既有百花齐放、百家争鸣，也有坚持马克思主义在意识形态中的主导地位。“既不走封闭僵化的老路，也不走改旗易帜的邪路”，是对改革开放 40 年来固本纳新的官方阐述，也是中国稳步快速发展的宝贵经验。

中国改革开放 40 年的经验告诉我们，坊间流行的所谓的“改革派”和“保守派”的二元对立化的简单粗暴的标签，早该扔进历史垃圾堆了，那虽然是一种革命化思维方式，却也是知识匮乏的象征。没有变革力量的推动，中国就不会有今天的成就；同样，没有固本力量的坚守，中国也不会有今天的成就。中国人的实践理性所探索出的“坚守方向，混合至上”，依然应该得到坚守。

四、结论：何谓“好政治”？

中国改革开放的 40 年也是世界政治巨变的时代，中国从欠发达国家一跃而成为世界第二大经济体，与此同时，很多国家的发展依然在泥淖中，甚至出现了大灾难，“阿拉伯之春”演变为惨烈的“阿拉伯之冬”，乌克兰的“橙色革命”导致国家分裂并处于内战之中，西班牙加泰罗尼亚也闹起了“独立公投”。就是在冷战后曾经独步天下的美国及其欧洲伙伴们，也被“普世价值”的大旗压得喘不过气来。中国道路、中国模式已经成为很多发展中国家乃至发达国家急切学习的榜样，这是百年未有之大变局。世界政治中的“治”“乱”难道不能给我们提供一些国家治理上的启示吗？

进入文明社会以来，人类就开始探讨好制度所构成的好政治。现代社会的好制度无疑不同于古代社会，但是现代社会来自古代社会，因而现代性好制度必然要汲取几千年来人类赖以生存的基本经验。在这个意义上，好制度来自传统性的权威与现代性的民主的统一性。

权威性秩序是民主的制度保障，但是带有权威光环的公共权力也可能被滥用，因此必须以法治来保障权力的正当权威性。这是人们追求法治的主要根据。另外，民主本身也是一种权力，是一种分配权力的制度安排，不受约束的民主所产生的权力并不比其他权力形式更值得称道。因此，分配权力的民主同样需要法治的约束。

作为约束权力机制的法治，是现代性好制度的根本所在。但是，依法治国不是美国式的“政治司法主义”，政策如果靠司法判例去决定和实施，其政治后果就是如美国所显现的“否决型政体”——漫长的司法官司让政策难以形成。因此，虽然法治是根本的，但其与民主和权威之间应达成一种动态平衡，法治不能伤害权威的有效性，法治要为人类福祉的增益服务。

如果说权威—民主—法治的动态平衡是一般性政治原理，而中国人常说的“坚持党的领导、人民当家作主和依法治国的有机统一”（简称“三统一”），其实就体现了权威—民主—法治的动态平衡。

“三统一”很好地概括了中国政治制度的基本结构与功能定位，分别规定了中国共产党、人民代表大会制度和“一府两院”的功能与行为规范。“三统一”制度暗合了好制度的一般原理，保障了权威—民主—法治的动态平衡。巧合的是，福山为追求好政治所建构的“制度三支柱”，即强国家—法治—民主问责，似乎也包含在中国的“三统一”制度中了，中国的制度安排和政治实践体现了强国家、民主、法治的逻辑。

“三统一”制度不但符合好制度的一般原理，还直接表现在强大的国家治理能力上。历经了第三波民主化浪潮和“民主的衰败”，尤其是血腥的“阿拉伯之春”，我们更加相信这样的道理，国家之间的差异不但体现在制度形式是否符合各自的文明基因，更直接表现在国家治理能力上。好看的制度、好听的理论，如果不能治理国家，甚至祸及民生，那都是蛊惑人心的说辞而已。保障了权威—民主—法治的动态平衡的“三统一”制度，其比较优势已经得到证明。但是，要进一步彰显中国的制度优势，事关权威、民主和法治的政治理论和制度安排，需要在政治理论上得到丰富，在实践中得到进一步完善。

回顾与展望：中国民法立法 40 年*

王利明**

【摘　要】本文回顾了改革开放以来我国民事立法的发展历程，认为 40 年来民事立法的主要成就是形成了基本齐备的民事法律制度，构建了适应市场经济需要的法律体系，构建了基本的民事权利体系，确立了私法自治等民事基本理念。改革开放以来，我国民事立法在体系、制度、概念和理念等方面都有重大创新。本文总结了我国民事立法的基本经验，并提出新时代我国要制定出一部立足我国国情、面向 21 世纪的科学的民法典的良好愿景。

【关键词】改革开放；基本经验；民法典

今年是改革开放 40 周年，改革开放的 40 年，是经济快速发展的 40 年，是社会全面进步的 40 年，更是民法快速发展的 40 年。中国民事立法用短短 40 年的时间走过了西方数百年的道路，不仅构建了市场经济的法律体系，而且构建了民事权利的基本体系，为制定民法典奠定了良好的基础。民事立法伴随改革开放进程而发展和成长，同时也为改革开放和社会主义现代化建设发挥重要的保驾护航作用。经过改革开放 40 年的发展，中国已经成为世界第二大经济体，人民群众的物质文化生活水平得到了极大提高，民事立法的作用功不可没。回望中国民事立法的发展历程可以发现，40 年的民法发展历史就是一部浓缩了的政治、经济和社会生活的变迁史。

---

* 本文原刊发于《法学》2018 年第 6 期。

** 王利明，中国人民大学法学院教授。

一、改革开放以来民法立法的发展历程

“忽如一夜春风来，千树万树梨花开。”十年“文革”结束，改革开放的春风吹拂神州大地，1978 年 12 月，中共十一届三中全会做出了把全党全国的工作重点从以阶级斗争为纲转移到社会主义现代化建设上来的战略决策，确定了发扬社会主义民主，健全社会主义法制的任务目标。随着改革开放政策的实施，社会主义市场经济体制逐步建立，我国民事立法也出现了前所未有的发展契机。从改革开放 40 年的民法发展历程来看，基本上可以将之分为四个阶段：

第一个阶段：从改革开放开始至《民法通则》的颁布。在党的十一届三中全会精神的指引下，党领导人民进行了一系列重大的立法工作。按照“以经济建设为中心”和“建设有中国特色的社会主义”的指导思想和方针，立法机关先后制定了一系列重要的民事、经济法律，为改革开放和社会主义现代化建设提供了坚实的法律保障。例如，1979 年颁布《中外合资经营企业法》，1980 年颁布《婚姻法》，1981 年颁布《经济合同法》，1982 年颁布《商标法》，1984 年颁布《专利法》，1985 年颁布《涉外经济合同法》《继承法》，1986 年颁布《土地管理法》《企业破产法（试行）》《外资企业法》。在这个阶段最有标志性的法律是 1986 年 4 月 12 日正式通过的《民法通则》，这是我国第一部调整民事关系的基本法律，也是我国民法立法发展史上的一个新的里程碑。《民法通则》为改革开放与经济的发展提供了民事法律的基本框架，确定了民法的基本内容、原则以及基本制度。该法第一次以基本法律的形式明确规定了公民和法人的民事主体地位，并采取列举的方法，全面规定了公民和法人所享有的财产所有权和与财产所有权有关的财产权、债权、知识产权和人身权，全面宣示公民、法人所享有的民事权利，这在中外民事立法史上是少见的①。尤其是《民法通则》以基本法的形式宣示了对公民人身权利的保护，第一次在法律上确认公民依法享有的各项人格权，突出了对人的尊重，体现了以人为本的理念，也充分体现了现代民法所贯彻的人文主义精神。该法第一次在法律上规定了系统、完整的民事责任制度，为民事权利的保护确立了基本规则。《民法通则》的诞生标志着我国民法立法进入了完善化、系统化阶段，为民法典的问世奠定了基础、开辟了道路。

第二个阶段：从《民法通则》的颁布至《合同法》的颁布。随着改革开放的深化和社

---

① 张新宝．中国民法和民法学的现状与展望．法学评论，2011（3）．

会主义市场经济的发展，我国陆续制定了一系列规范市场活动的民事基本法。例如，1987年颁布《技术合同法》，1988年颁布《中外合作经营企业法》，1990年颁布《著作权法》，1991年颁布《收养法》，1993年颁布《公司法》，1995年颁布《担保法》《保险法》《票据法》，1996年颁布《乡镇企业法》《拍卖法》，1998年颁布《证券法》。尤其具有标志性的民事立法是1999年的《合同法》，该法将《经济合同法》《涉外经济合同法》《技术合同法》统一，结束了我国合同立法“三足鼎立”所形成的相互重复、不协调、凌乱的局面，实现了合同法律尤其是合同法总则的统一化和体系化，这在完善社会主义市场经济的法律体系方面迈出了重要一步。《合同法》的内容充分反映了社会主义统一市场的需求，摒弃了反映计划经济体制本质特征的经济合同概念，充分体现了当事人的意思自治原则，该法从现代市场经济的本质需要出发，要求当事人在交易的各个环节都必须遵循作为商业基本道德的诚实信用和契约严守原则，从而为建立信用经济奠定了基础。《合同法》确立了统一的交易规则，鼓励交易，便利交易，也有力地保障了社会主义市场经济的发展。《合同法》完善了合同成立、合同效力、违约责任等制度，贯彻了合同严守原则，从而有力地维护了社会主义市场经济的良好秩序。

第三个阶段：从《合同法》到《物权法》《侵权责任法》的颁布。1999年《合同法》颁布后，我国又先后制定了一系列民事法律，例如2002年颁布的《农村土地承包法》。在这一阶段，2007年《物权法》的颁行是我国民事立法史上具有里程碑意义的大事，该法的制定历时13年，经过8次审议，创下了法律草案审议之最。《物权法》全面规定了所有权、用益物权、担保物权制度，并对国家所有权、集体所有权和私人财产所有权设置了比较完备和明确的法律规范，构建了产权制度的基本框架，从而有力地维护了社会主义基本经济制度。《物权法》确立了社会主义市场经济的基本法律制度，通过确认各类物权，为市场交易确立了法律前提，为市场的正常运行奠定了法律基础。《物权法》确定了平等保护原则，对于各类财产所有权进行一体对待、平等保护，以维护市场主体的平等地位和基本财产权利。《物权法》以民事基本法的形式对各类物权予以确认，并规定了各类物权的取得方法，确立了各类物权的确认、发生争议的保护制度，完善了财产保护制度，从而极大地鼓励了亿万群众爱护财产、创造财富，促进了社会财富的增长。《物权法》通过确立善意取得、公示公信原则、登记制度等一系列制度和规则，有力地维护了交易秩序和交易安全。《物权法》规定了征收、征用的基本条件和程序，以及补偿的基本原则，通过确立建筑物区分所有权制度，确认住宅建设用地使用权自动续期规则，保护每个老百姓的财产所有权，为构建和谐社会奠定了重要基础。

2009年颁布《侵权责任法》也是我国民事立法史上具有标志性的事件，该法是一部系统、全面保护人格权、物权、知识产权等民事权益的法律，《侵权责任法》作为私权保障法，通过对受到侵害的民事权益提供救济的方法来保障私权，通过保障私权来奠定法治的基础。《侵权责任法》的颁布标志着我国侵权法与传统债法的成功分离，且构建了具有中国特色、符合时代特征的侵权责任法内在体系。《侵权责任法》通过构建科学合理的多元归责原则体系，既对私权利形成了更加周密的保护，又为《侵权责任法》未来的发展留下了足够的空间。《侵权责任法》通过构建多元化的责任形式，为私权利提供全方位的、充分的救济。现代社会已经成为了风险社会，事故频发，风险无处不在。在这样的背景下，人身和财产损害的救济问题日益成为当今社会关注的焦点。《侵权责任法》针对现代社会普遍存在的产品责任、环境污染、高度危险责任等做出了全面、系统的规定。同时，还对人民群众非常关注的侵权责任如医疗损害责任、缺陷产品召回、医疗器械缺陷等做出了明确规定。这些都表明《侵权责任法》适应了我国社会在新的历史时期的特殊需求，为民法典的颁行奠定了基础。

第四个阶段：民法典编纂的启动与《民法总则》的颁布。新中国自成立以来，曾多次编纂民法典，但都因各种原因而中断。2014年党的十八届四中全会通过的《中共中央关于全面推进依法治国若干重大问题的决定》明确提出，要“加强重点领域立法”，特别是“加强市场法律制度建设，编纂民法典”。这是党中央的文件第一次提出编纂民法典，自此之后，立法机关正式重启了民法典编纂工作。2017年3月15日，第十二届全国人民代表大会第五次会议审议通过了《民法总则》，实质性地推进了我国民法典的编纂进程。《民法总则》采取“提取公因式”的方式，确立了民商事活动所共同遵循的基本规则，完善了民事主体、民事权利、民事法律行为、代理、民事责任、时效等制度，极大地推进了我国民事立法体系化进程。该法确立了普遍适用于各个民事立法的基本制度和规则，消除了各个民事立法相互之间的冲突和矛盾，这就使民事立法体系更加和谐一致。《民法总则》继续采纳《民法通则》的经验，专设“民事权利”一章，集中确认和宣示自然人、法人、非法人组织所享有的各项民事权利，充分彰显了民法对私权保障的功能，强化了私权保护机制，真正成为“民事权利的宣言书”。该法完善了社会主义市场经济的法律规则，确认了自愿原则，弘扬了私法自治理念，充分保障了民事主体的行为自由，有力地维护了社会主义市场经济的法律环境和法治秩序。该法从维护广大人民群众的根本利益出发，广泛确认了民事主体所享有的各项权益，规定了胎儿利益保护规则、民事行为能力制度、老年监护制度、英烈人格利益保护等，实现了对人“从摇篮到坟墓”各个阶段的保护。

《民法通则》《合同法》《物权法》《侵权责任法》等重要法律的颁行是在制定我国民法典的道路上迈出的重要一步，标志着我国基本民事法律制度已经齐备，但我国毕竟还没有制定出一部民法典。目前，在《民法总则》制定之后，立法机关正在加紧民法典分则制定，力争在2020年颁行一部符合中国国情、面向21世纪的民法典。

二、改革开放以来民法立法的主要成就

（一）形成了基本齐备的民事法律制度

1. 民事主体制度

民事主体是国家所确认的享有权利的资格，也是承担义务的基础。因为民事主体是权利和义务的承担者，没有民事主体就无法确定权利义务的归属。甚至可以说，民事主体是权利义务存在的目的，因为说到底，“一切权利均因人而设立（hominum causa omne ius constitutum est)”①。任何组织和个人，无论其在行政法律关系、劳动法律关系中的身份如何，也无论其所有制形式和经济实力如何，其从事社会主义市场经济活动的主体资格皆由民法主体制度所确认，其合法权益受民法保护。我国《民法通则》在法律上确认了公民（自然人）、法人的民事主体地位。在此基础上，《公司法》《合伙企业法》《个人独资企业法》都从特别法的角度进一步细化了民事主体的规则。《民法总则》在《民法通则》的基础上，借鉴比较法上的经验，规定了自然人、法人和非法人组织，从而完善了民事主体制度。

2. 物权、债和合同制度

所有权和其他物权制度是规范财产（动产和不动产）的所有和使用关系的基本制度。民法的所有权制度直接反映并维护所有制关系，但也和交易关系有内在的联系。产权的初始界定是交易的前提，也是降低交易费用的重要条件。交易就其本质而言主要是所有权的转让，无数的交易总和构成了市场，债和合同是财产交易在法律上的体现，是商品流通领域中最一般的、普遍的法律规范。债权制度大多是规范交易行为的，债的一般规则是规范交易过程、维护交易秩序的基本规则，而各类合同制度也是保护正常交换的具体规则。郑玉波先生曾将法的安全（securite juridique）分为静的安全（securite statique）与动的安全（securite dynamique），分别由物权法和合同法予以保障②。作为市场交易的基本法，

① 彼德罗·彭梵得．罗马法教科书．黄风，译．北京：中国政法大学出版社，1992：29.

② 郑玉波．民商法问题研究（一）．台北：三民书局，1982：39.

我国《合同法》确认了合同的一般规则以及重要的有名合同，构建了合同债权的基本规则。《物权法》明确了所有权、用益物权和担保物权制度，发挥了市场经济所需要的产权界定和制度规范功能。

3. 婚姻继承制度

《法国民法典》的起草者波塔利斯曾将家庭与所有权视为民法典的两大支柱①，由此也说明了婚姻家庭制度在民法中的重要地位。我国 1980 年颁行了新中国第二部《婚姻法》，并在 2001 年进行过重要的修订。《婚姻法》明确了社会主义婚姻制度的基本原则，包括婚姻自由原则、一夫一妻制原则等。而且，该法就结婚制度、夫妻关系制度、离婚制度、父母子女关系制度等做了比较全面的规定。另外，我国于 1991 年颁行了独立的《收养法》，从收养的成立、收养的效力、收养关系的解除等各个方面规范了收养关系，为通过收养形成拟制血亲关系提供了基本的法律规范。我国 1985 年制定了《继承法》，明确了私有财产的继承权受法律保护的原则，落实了《宪法》第十三条第二款确立的继承权受法律保护的规定。该法还就遗嘱继承、法定继承、遗产的处理等做了比较全面的规定。

4. 知识产权制度

知识产权制度是现代社会的重要制度，对于鼓励创新具有重要意义。为了满足创新型国家建设的需要，我国建立了比较完备的知识产权制度，尤其是在加入了 WTO 以后，立法机关根据 WTO 的规则，全面修改我国知识产权法律，符合了时代的要求。总体上，我国《著作权法》《商标法》《专利法》对于著作权制度、商标制度和专利制度都做了比较完备的规定，对于激励创新、保护人们的智力劳动成果都发挥了重要作用。据统计，我国专利申请总量已经连续 6 年居世界首位②，这与我国知识产权法律制度的完善是密不可分的。

5. 民事责任制度

"权利的存在和得到保护的程度，只有诉诸民法和刑法的一般规则才能得到保障。"③民事责任就是全面保障民事主体的合法权益，督促义务人全面履行义务的法律制度。我国《民法通则》第一次将违约责任和侵权责任等基本规则抽象出来，确立了民事责任制度，这是大陆法上的重要创新。《合同法》完善了违约责任制度，《侵权责任法》在《民法通则》规定的基础上，全面规定了侵权责任制度，《民法总则》对民事责任的一般规则做出

---

① Portalis. Discours et rapports sur le Code civil. Centre de Philosophie politique et juridique，1989：18.

② 中国发明专利申请数量连续 6 年居世界首位．[2018－02－22]．http://news.163.com/17/0119/16/CB5GKMSUOOOl8AOQ.html.

③ 彼得·斯坦，约翰·香德．西方社会的法律价值．王献平，译．北京：中国人民公安大学出版社，1990：41.

了规定，从而进一步丰富和完善了民事责任制度。

（二）构建了适应社会主义市场经济需要的法律体系

1992年中国共产党第十四次全国代表大会确立了“社会主义市场经济体制”的改革目标模式，提出要建立中国市场经济的法律体系，从而明确了我国民事立法的方向。从世界范围来看，衡量一种经济体制是否属于真正的市场经济体制，关键要看市场是否在资源配置中发挥基础性作用，反映在法律制度上，就是要看规范市场经济的民商法律制度是否已经建立并健全。民法就是“市场经济体制的基础”[①]。为适应发展社会主义市场经济的要求，1999年颁布的《合同法》将三个合同法合一，进一步完善了合同法的规则，为市场交易确立了基本的法律规则。美国著名法学家Farnsworth认为，合同自由支撑着整个市场[②]，因为任何社会只要实行市场经济，就必然要以合同法作为其经济制度的基石。我国实行社会主义市场经济体制，也毫无例外地应当以合同法作为市场经济运行的基本规则。在市场经济条件下，合同法对于市场起着极大的支撑作用。我国《合同法》所确立的合同的一般规则就是规范交易过程并维护交易秩序的基本原则，而各类合同制度也是保护正常交换的具体准则。因为交易活动又是市场活动的基本内容，无数的交易构成了完整的市场，因此，合同关系是市场经济社会最基本的法律关系，合同法也成为调整市场经济关系的最基本的法律。《合同法》确立了合同自由原则、诚实信用原则，这些都是交易的基本规则，《合同法》鼓励交易、保障合同的严守与履行，这些都促进了市场的繁荣和交易的发展，并维护市场经济的有序发展。

《物权法》是另一部市场经济的基本法，其对于我国社会主义市场经济的基础作用表现在：一是《物权法》构建了产权制度的基本框架。社会主义市场经济体制的构建首先要求产权清晰、权责明确，这样交易关系才有可能顺利进行。物权是最重要的产权类型，《物权法》确认了各类物权，就为市场交易确立了法律前提，为市场的正常运行奠定了法律基础。二是《物权法》确定了平等保护原则，以维护市场主体的平等地位和基本财产权利。根据这一原则，物权的主体在法律地位上是平等的，应依法享有相同的权利，遵守相同的规则，其物权在受到侵害后，应当受到物权法的平等保护。平等保护是市场经济的内在要求，我国目前处于社会主义初级阶段，在所有制形态上实行公有制为主体、多种所有

---

① 曼弗雷德·沃尔夫．物权法．吴越，李大雪，译．北京：法律出版社，2002：11.

② Farnsworth E A. Farnsworth on contracts. 2nd ed. Boston：Little，Brown and Company，1990：21.

制经济共同发展的基本经济制度。既然要实行多种经济成分共同发展，就要对其他经济成分给予同等保护。三是《物权法》通过善意取得制度、公示公信原则等，有力地维护了市场秩序和交易安全。四是《物权法》适应市场经济的发展需要，确立了用益物权制度，包括建设用地使用权、土地承包经营权、宅基地使用权等方面的制度，确保了在维护公有制的前提下，使土地这一最为重要的生产资料进入市场，实现了公有制与市场经济的完美结合。

2017年的《民法总则》进一步推进了社会主义市场经济法律体系的完善，完善了社会主义市场经济的基本法律制度。在市场主体制度方面，《民法总则》确立了主体平等的原则，有助于社会主义市场经济之间的平等交易；同时，该法明确了法人的分类标准，丰富了法人的类型，确立了营利法人的一般规则，规定了非法人组织的民事主体地位以及责任，从而有力地释放和激发了市场主体的活力。在市场行为规则方面，《民法总则》确立了民法的各项基本原则都是市场主体所应遵循的基本规则，该法详细规定了民事法律行为的成立、生效等具体规则，并对意思表示的一般规则进行了规定，进一步完善了代理规则。在交易客体层面，《民法总则》广泛确认了市场主体所享有的各项财产权利，如对知识产权的客体进行了详尽的列举以及确认对数据等的保护，适应了创新型社会的发展需要。在市场秩序维护方面，《民法总则》强化对交易第三人的保护，注重对信赖利益的保护，保护交易当事人的合理预期。

市场经济就是法治经济。改革开放40年的实践证明，经济发展每个阶段的进步都伴随着中国民商事立法的进步和作用的发挥，可以说，我国改革开放40年来取得的成果，与法治的保障作用分不开①。例如，世界银行集团国际金融公司（IFC）和中国社会科学院财政与贸易经济研究所2008年4月22日联合发布的《2008全球营商环境报告》指出，2007年《物权法》的颁布大大改善了中国的商业环境，并因此将中国列为商业环境改革前10位之一②。又如，2017年，世界银行公布了对全球119个经济体营商环境的调查，名列在前的是新西兰、新加坡、丹麦等，中国内地位列第78位，与上年持平，中国香港名列第5位，但该报告指出，中国在合同履行方面表现较好，在全球排名第5位，这与中国合同法律制度的保障作用密不可分③。总结改革开放40年民事立法的成就，对其在经济社会中所发挥的重要作用，给予多高的评价都不为过。

---

① 李适时．中华人民共和国民法总则释义．北京：法律出版社，2017：8.

② IFC：中国营商环境全球排名由第83位升至第67位．中国经济时报，2008-04-25.

③ 世界银行发布报告指出：全球十五年来营商环境大为改善．经济日报，2017-11-02.

（三）构建了基本的民事权利体系

民法本质上是权利法，以确认和保障私权为己任。众所周知，法治内在地包含着“规范公权、保障私权”的价值目标，法律的主要功能在于确认权利、分配权利、保障权利、救济权利。因此，通过民事立法保障私权，是全面推进依法治国的重要内容，也是更好地保障最广大群众根本利益、保护人民群众对美好生活的向往的需要。40 年来，我国民事立法贯彻以民事权利为中心构建私法体系的思想，逐步确认和完善了民事权利体系以及保障民事权利的机制，从而为我国社会主义市民社会的发育和市场经济的完善提供制度支撑。

《民法通则》第一次以基本法律的形式明确规定了公民和法人享有的民事权利。《民法通则》采取列举的方法，概括公民和法人所享有的财产所有权和与财产所有权有关的财产权、债权、知识产权和人身权。《民法通则》将公民和法人享有的人身权和知识产权单列一节（第五章第四节和第三节），集中加以规定，这在中外民事立法史上是少见的。尤其是《民法通则》以基本法的形式宣示了对公民人身权利的保护，强调人身自由和人格尊严不受侵害，从而突出了对人的尊重，体现了以人为本的理念，也充分体现了现代民法所贯彻的人文主义精神。由于民法通则确立了人格权，我们第一次在法律上享有了名誉权等权利。自《民法通则》通过后，侵害个人姓名、名誉、肖像等的人格权纠纷案件才开始进入法院，并产生了精神损害赔偿的救济。可以说，《民法通则》的颁行极大地推动了我国民主法治事业的进程，标志着中国的人格权制度获得了长足的发展。我国《合同法》的颁布进一步完善了合同债权的体系和内容，确认了合同当事人享有的订立合同、选择合同当事人、选择合同纠纷解决方式等自由。《物权法》规定了完备的物权行使和保障规则体系，具体列举了所有权、用益物权、担保物权，并确立了平等保护各类物权的基本规则。《侵权责任法》作为民事权利的保护法，实现了对民事主体各项权利的保护。该法第二条宣示了《侵权责任法》保护的权益范围，通过构建完整的责任形式，为私权利提供全方位的、充分的救济。

《民法总则》作为“民事权利的宣言书”，构建了完整的民事权利体系，强化了私权保障。《民法总则》沿袭了《民法通则》的立法经验，专设“民事权利”一章，集中确认了自然人、法人、非法人组织所享有的各项民事权利，充分彰显了私权保障功能。《民法总则》在私权保障方面呈现出许多亮点，主要表现在：一是时代性，即《民法总则》有效回应了当今社会的现实需求。例如，随着互联网和大数据等技术的发展，“人肉搜索”、非法侵入他人网络账户、贩卖个人信息、网络电信诈骗等现象日益普遍，针对这一现实问题，《民法总则》第一百一十一条规定了个人信息的保护规则，有力遏制了上述侵害个人信息的行为。二是全面性，即《民法总则》广泛确认民事主体所享有的各项人格权、物权、债权、知识产权、亲属权、继承权等权利。在财产权利保护方面，《民法总则》首次规定了“平等”保护民事主体的财产权，这是对《物权法》的重大完善。在知识产权保护方面，《民法总则》对知识产权的客体进行了详尽的列举，扩张了知识产权的保护范围，有利于强化对知识产权的保护。三是开放性，即《民法总则》不仅保护权利，而且保护利益。《民法总则》第一百二十六条规定：“民事主体享有法律规定的其他民事权利和利益。”这不仅与保护民事权益的基本原则相对应，而且也为将来对新型民事权益的保护预留了空间。

（四）确立了私法自治、诚实信用等民法的基本理念

改革开放40年来，中国社会伴随着改革而逐步转型，从计划经济时代政府对经济、社会事无巨细的管控转为市场调控为主、充分发挥市场主体能动性、资源主要由市场配置的体制。在这个过程中，民事立法的理念也逐渐发生了重大变化，从改革开放初期否定私法自治，甚至把民法等同于公法的理念，逐渐转变为承认财产自由、合同自由、权利行使自由等理念，逐渐承认了个人的主体地位和在法律范围内所享有的自由。40年来中国民法的实践就是一个规范重建与价值重拾的过程。

私法自治是指民事主体依法享有在法定范围内广泛的行为自由，并可以根据自己的意志产生、变更、消灭民事法律关系。“自由预设了个人具有某种确获保障的私域（some assured private sphere），亦预设了他的生活环境中存在有一系列情势是他人所不能干涉的。”[①] 德国学者梅施麦克将私法自治称为私法体系的“恒星”，认为私法自治原则永放光芒[②]。《民法通则》确立的民事主体制度为私法自治功能的发挥奠定了基本前提。《民法通则》建立的法律行为制度，则为私法自治的实施提供了不可或缺的制度保障。《合同法》全面确认了自愿原则（实际上是合同自由原则），确认了民事主体所享有的订约自由、选择合同相对人自由、谈判自由、选择合同内容和形式的自由、选择违约责任方式的自由以及解决合同争议方式的自由。《物权法》虽然规定物权法定原则，但也确认了

---

① 弗里德利希·冯·哈耶克．自由秩序原理．邓正来，译．北京：生活·读书·新知三联书店，1997：6.

② 李非．富与德：亚当·斯密的无形之手市场社会的架构．天津：天津人民出版社，2001：165.

物权特别是所有权行使的自由。《民法总则》第五条再次确认了自愿原则，赋予民事主体依法享有在法定范围内广泛的行为自由，确定了法人、非法人组织等社会组织的法律地位，并对其名称、住所、章程等做出了更为细致的规定，这有利于充分实现社会自治。《民法总则》进一步完善了法律行为制度，其中贯彻了私法自治原则，在法律行为概念中增加了意思表示的内涵，增设了意思表示的相关规定，等等，在不同程度上落实了私法自治原则。

诚实信用原则常常被称为民法特别是债法中的最高指导原则或称为“帝王规则”(König Lihenorm)[①]。德国学者 Hedemann 指出：“诚信原则之作用力，世罕其匹，为一般条项之首位。”[②] 早在1986年，我国《民法通则》第四条就确认了诚实信用原则，并将其规定为民事立法的基本原则。《民法总则》第七条确定了诚信原则，弘扬了社会主义核心价值观中的诚信价值，对维护交易安全和秩序具有重要的意义。只有树立全社会诚实守信的道德观念，才能建立诚信社会，维护正常的生活秩序和经济秩序，并为法治的推行奠定良好的社会基础。

（五）维护了家庭的价值和社会功能

家和万事兴，新中国的第一部法律就是《婚姻法》。改革开放40年来，我国民法继续坚持婚姻自由、一夫一妻和男女平等的合法权益，坚持家庭作为社会的基本单元之一所具有的不可取代的价值，并按照民法的平等、意思自治等原则促使家庭法律制度的现代化。注重结婚和离婚的自愿，强调家庭内的男女平等，明确婚生子女和非婚生子女的权利平等，承认继父母子女和养父母子女等多元化的家庭形式，进一步保护家庭内妇女、儿童和老人的合法权益，充分发挥了家庭所具有的繁衍、教育、抚养、赡养等社会功能。

三、改革开放以来民法立法的中国特色

我国民法立法在构建较为齐备的民事制度和民事权利体系的同时，从中国实际出发，在广泛借鉴国外先进经验的基础上，形成了具有中国特色的民事法律制度。具体来说体现在如下几个方面：

---

① 森田三男．债权法总论．东京：学阳书房，1978：28.

② 杨仁寿．法学方法论．台北：三民书局，1995：171.

（一）体系的创新

我国自清末变法以来，一直采纳潘德克吞体系，国民党政府民法几乎完全照搬德国模式。正如梅仲协先生指出："现行民法采德国立法例者十之六七，瑞士立法例十之三四，而法日苏联之成规，亦尝撷一二。"① 改革开放以来，我国民事立法并未"定于一尊"，生搬硬套国外的法律制度，而是从中国的实际出发，着力解决中国的实际问题。因此，在体系上形成了许多重要的创新。

第一，《民法通则》基于对"文革"期间严重侵害个人人格权、践踏人格尊严现象（如对所谓"牛鬼蛇神"戴高帽、"架飞机"、挂铁牌、剃"阴阳头"、游街示众等）的反思，以专章的形式规定民事权利，并明确规定了人身权，具体列举和规定了公民所享有的各项人格权，这在各国民法典中可以说是重要的创新。《民法通则》将人格权与物权、债权等权利并列规定，这就为未来人格权法在民法典中独立成编奠定了基础。

第二，《侵权责任法》与债法相分离。我国形成了独立成编的侵权责任法体系，突破了传统大陆法的债法体系结构。我国《侵权责任法》在独立成编的基础上，按照民法典的总分结构，通过 92 个条文构建了完整的侵权责任法体系，与分别制定于 19 世纪初的《法国民法典》侵权责任法部分（共 5 条）、20 世纪初的《德国民法典》侵权法部分（共 31 条）相比，内容大为充实，体系更为完整。可以说，这是在成文法体系下构建了一个新型的现代侵权法体系。我国《侵权责任法》得以单独制定，预示着其将在我国未来民法典中占据独立的编章，侵权责任法在民法典中独立成编的构想将变成现实。

第三，《侵权责任法》的体例结构具有独特性。我国现行《侵权责任法》按照总分结构构建，总则部分主要是基于过错责任的一般原则而展开的，而分则体系是按照"特殊主体＋特殊归责"原则所构建的立法体系。所谓"特殊的归责原则"，是指过错责任之外的归责类型，如严格责任、过错推定责任等。所谓"特殊的主体"，主要是指行为主体与责任主体相分离的责任类型，例如监护人责任、用工责任等。这一立法体系在大陆法系国家是前所未有、独具特色的。

第四，《民法总则》将代理与法律行为制度并列规定，这在民法典体系安排上也是一种创新。例如，在德国等国家，代理是作为法律行为制度的一部分加以规定的，而我国《民法总则》将代理与法律行为制度并列规定，从而凸显了代理制度的地位和

① 梅仲协．民法要义．北京：中国政法大学出版社，1998：序言．

价值。

第五，我国诸多民事立法都开宗明义地规定了基本原则。例如，《民法总则》《合同法》等之中都有类似的规定。从世界民事立法来看，我国的这一做法具有创新性，而且也为一些国家的立法和立法建议稿所借鉴。

第六，我国《合同法》总则实质上发挥了债法总则的作用。我国《合同法》总则规定了合同的履行、保全、变更和转让、终止等制度，这些制度也可以参照适用于其他非因合同所产生的债权债务关系，在侵权责任法分离于债法的前提下，突显出合同在债的其他发生原因中的核心地位。

（二）制度的创新

我国民法立法中的制度创新体现在方方面面，甚至每一部立法都是与中国实际相结合的产物，都体现了制度的创新。具体从如下几部基本的民事立法加以说明：

第一，《民法通则》集中规定了民法的基本原则，包括平等原则、自愿原则、公平原则、等价有偿原则以及诚实信用原则，确立了民事活动应当遵循的基本原则，也为法官裁判提供了基本的依据。《民法通则》第一次集中规定了民事权利，系统规定了人身权特别是人格权制度。《民法通则》还第一次以基本法律的形式确立了民事责任制度，包括比较完备的违约责任制度和侵权行为的民事责任制度，这些都是制度的重大创新。

第二，《合同法》在混合继受大陆法和英美法经验的基础上，协调了不安抗辩和预期违约制度（《合同法》第六十八条、第六十九条）。预期违约这一新型违约形态的引进，不仅与既往的“实际违约”形态契合无间，而且极大地丰富与完善了中国的债务不履行体系。《合同法》规定了合同漏洞填补规则，既尊重了当事人的自主自愿，又可以弥补当事人约定的瑕疵，尽量维持了合同的效力。《合同法》规定了越权代表行为的效力规则，这是基于我国现实需要而做出的规定，具有一定的创新性。《合同法》明确规定了严格责任的归责原则，也是我国《合同法》的一大创新[①]。《合同法》放弃了传统大陆法系的瑕疵担保责任和履行不能制度，将瑕疵担保责任纳入统一的违约责任之中。分则中所创设的技术合同、建设工程合同都是具有中国特色的合同制度。

第三，《物权法》为全面维护社会主义基本经济制度并促进市场经济的发展，在物权

① 梁慧星．合同法的成功与不足：上．中外法学，1999（6）．

制度方面做出了重要创新，具体体现在：一是改变了传统大陆法系国家的单一所有权结构，从中国多层次所有制结构出发，构建了国家所有权、集体所有权、私人所有权的多元所有权结构，并对这三类所有权的保护规则做了详细规定。二是将市场经济与公有制相结合，对建设用地使用权、土地承包经营权、宅基地使用权等做出了规定，这是具有中国特色的用益物权制度。三是为保护私人所有权将一些公法规范纳入其中，如规定征收制度、明确了住宅建设用地使用权届满自动续期的规则等。四是《物权法》第一百零六条规定了善意取得制度，并将其统一适用于动产与不动产，这就改变了大陆法系民法分别规定动产善意取得与不动产公信原则的做法，统一了善意取得规则的效力。五是在业主建筑物区分所有权制度中也做出了许多重要的创新，如车库、车位优先满足业主需要规则，住改商必须征得具有利害关系的业主同意规则等。六是规定了几种新的担保方式，如正在建造的建筑物抵押、浮动抵押、应收账款质押等制度，为增强市场信用、鼓励交易提供了重要的法律保障。

第四，《侵权责任法》在一般条款与类型化列举相结合的基础上，对于中国社会中大量存在的、迫切需要规范的特殊侵权做出了规定。从大陆法系国家民法来看，许多国家在民法典之中仅规定了单一的过错责任原则，而严格责任被规定在特别法中，但并未上升为一项一般原则。德国、日本等国家采用此种模式①。而我国侵权责任法将严格责任纳入其中，并且还将过错推定责任独立出来作为一种归责原则，此外，还规定了公平责任，这就构建了多元归责原则体系。《侵权责任法》在规定过错责任、过错推定和严格责任三项归责原则的基础上，各种特殊侵权责任基本上按照这三项归责原则来展开。根据多元归责原则构建侵权法的内容和体系，这本身就是中国《侵权责任法》的创新。《侵权责任法》不仅规定了三项归责原则，而且这些归责原则之间也具有层次性和逻辑性。《侵权责任法》突破了传统大陆法以损害赔偿为责任形式的模式，该法第十五条规定了八种责任形式，形成了多元化的责任形式，从而可以为受害人提供全面的救济。《侵权责任法》规定的补充责任、相应的补充责任、相应的责任等，都具有中国特色。《侵权责任法》所规定的监护人责任制度、用工责任制度、安全保障义务制度、教育机构的责任制度等，都是具有中国特色的制度。可以说特殊的侵权类型就是在过错责任之外适用过错推定和严格责任的特殊的情形②。

---

① Widmer P. Unification of tort law: fault. [s. l.]: Kluwer Law International, 2005: 102-103.

② 王利明．侵权责任法的中国特色．法学家，2010 (2).

第五，《民法总则》没有采用传统大陆法系区分财团法人和社团法人的做法，而是采用营利法人和非营利法人的分类。《民法总则》第一次规定了“特别法人”制度，并且在自然人、法人之外创设了第三主体，即非法人组织。《民法总则》将各项民事权利作为一章集中规定，并且将人格权作为各类权利之首加以规定，列举了民事主体所享有的各项人格权（其中自然人的人格权九项、法人和非法人组织的人格权三项）。《民法总则》明确规定了因婚姻、家庭关系所产生的人身权利受法律保护，并以调整因婚姻、家庭产生的人身关系作为其重要内容，这也有利于构建良好的夫妻关系、家庭关系。《民法总则》第一次规定了数据、网络虚拟财产，适应了互联网、大数据时代的要求。《民法总则》还第一次确认了法人、非法人组织依据法律和章程规定所做出的决议行为及其效力，从而使大量的团体规约、章程等也可以适用民事法律行为的规则，并受民法调整。在代理中，《民法总则》第一次确认了善意相对人请求行为人履行债务或请求行为人赔偿的权利（《民法总则》第一百七十一条第三款），增加了恶意相对人和行为人的分担责任（《民法总则》第一百七十一条第四款）。在“民事责任”一章中，《民法总则》第一百八十四条第一次规定了见义勇为人不承担民事责任的规定，有利于鼓励见义勇为，弘扬社会正气。《民法总则》第一百八十五条第一次增设了侵害英烈人格权益的条款，有利于鼓励人们以英烈为楷模，自觉践行社会主义核心价值观。

（三）概念的创新

我国民法立法所使用的大量概念都是结合中国国情、吸收学理营养、总结司法实践经验的产物，例如，《民法总则》中规定的民事权益、自愿原则、营利法人、非营利法人、特别法人、非法人组织等，《合同法》中所规定的建设工程合同、技术开发合同、技术咨询合同、技术服务合同等，《物权法》中所规定的权利人、集体所有权、私人所有权、管理规约、建设用地使用权、土地承包经营权、宅基地使用权等。上述概念并非法律移植的结果，而是从我国实际出发的产物。又如，两大法系都将侵权法称为“侵权行为法”，我国立法机关一改两大法系的做法，从名称上进行了创新，没有采纳侵权行为法的概念，而是使用了侵权责任法的名称，这是一个重大创新。采纳这一概念在逻辑上更符合侵权法的内容。从内容上看，侵权法围绕构成要件和责任形态展开，行为仅仅是构成要件的一个组成部分。行为本身不能涵盖其他构成要件，更不能涵盖责任形态的内容。侵权法的核心在于确定责任，因此，采用“侵权责任法”这一表述更为准确。该法采用了相应的责任、相应的补充责任、补充责任等，都是概念上的创新。

（四）理念的创新

艾伦·沃森指出，民法典的价值理性，就是对人的终极关怀[①]。民法本质上就是人法，强化人文关怀是当代民法的重要发展趋势，我国民事立法反映了人文关怀的精神，体现了理念的创新。传统民法只关注抽象人，并不关注特殊群体的权益[②]。从“抽象人”到“具体人”，“旨在提高市场弱者地位，增强其实现自己意思能力的做法，则更接近于私法的本质”[③]，但我国民事立法在主体制度中不仅确立了抽象的主体制度，而且也关注对一些特殊弱势群体权益的保护。例如，《民法总则》宣示对弱势群体利益的保护（第一百二十八条），强化对胎儿利益的保护（第十六条），强化对被监护人的保护，规定了成年监护制度（第二十八条、第三十三条等）等，都是这一人文关怀理念的体现。我国《侵权责任法》充分体现了人本主义的精神，其基本的制度和规则都是适应“以保护受害人为中心”建立起来的，最大限度地体现了对人的关怀。例如，《侵权责任法》第五十三条规定了道路交通事故社会救助基金垫付制度。机动车驾驶人发生交通事故后逃逸的，受害人难以及时请求侵权人承担责任，甚至在一些情况下，受害人无力支付抢救费用，或者死者家属无力支付抢救费用，在此情况下，应当通过救助基金予以垫付[④]。国家设立社会救助基金的根本目的在于缓解道路交通事故受害人的救治燃眉之急、保证受害人的基本生命安全和维护基本人权，其主要用于支付受害人抢救费、丧葬费等必需的费用。从这个意义上讲，只要受害人一方存在抢救费、丧葬费等方面的急切需求而又暂时没有资金来源的，就可以申请道路交通事故社会救助基金垫付。此外，针对大规模侵权，针对同一案件造成数人死亡的情况，第十七条规定了同一标准的规则，解决了普遍关注的“同命不同价”问题。总之，对人的价值的尊重在这部法律里体现得非常鲜明，这也是构建社会主义和谐社会的基础。

习近平指出，我们不能做西方理论的搬运工，要做中国学术的创造者，做世界学术的贡献者。我国民法立法的中国特色不仅符合了中国的国情，而且对丰富世界民法文化也做出了贡献。正如王轶教授所指出的，近代中国从清末变法开始，在民事立法方面是照着外

---

① 艾伦·沃森．民法法系的演变及形成．李静冰，姚新华，译．北京：中国法制出版社，2005：269.

② 拉德布鲁赫认为，民法典并不考虑农民、手工业者、制造业者、企业家、劳动者等之间的区别。私法中的人就是作为被抽象了的各种人力、财力等的抽象的个人而存在的。拉德布鲁赫．法学导论．米健，朱林，译．北京：中国大百科全书出版社，1997：66.

③ 迪特尔·梅迪库斯．德国民法总论．邵建东，译．北京：法律出版社，2004：362.

④ 《侵权责任法》第五十三条规定：机动车驾驶人发生交通事故后逃逸，该机动车参加强制保险的，由保险公司在机动车强制保险责任限额范围内予以赔偿；机动车不明或者该机动车未参加强制保险，需要支付被侵权人人身伤亡的抢救、丧葬等费用的，由道路交通事故社会救助基金垫付。

国民法讲，照着讲了近一个世纪，才真正进入一个“接着讲”的阶段，我们将开启“接着讲”的时代，中国民事立法理应做世界民法文化的贡献者[1]。

四、改革开放以来民法立法的基本经验

（一）从立法目的来看：维护基本经济制度，全面保障民事权益

我国民法立法具有自身特定的目的。首先，以维护社会主义基本经济制度为宗旨。我国各项民事法律都开宗明义地宣示了这一目的。我国《宪法》确认了以公有制为主体、多种所有制经济共同发展的基本经济制度，同时规定了国家实行社会主义市场经济。这一基本制度必须通过《物权法》加以贯彻和维护。我国《物权法》第一条开宗明义地规定：“为了维护国家基本经济制度，维护社会主义市场经济秩序，明确物的归属，发挥物的效用，保护权利人的物权，根据宪法，制定本法。”作为这一立法目的的体现，在《物权法》中设专章规定所有权制度，并对国家所有权、集体所有权和私人的财产所有权设置了比较完备和明确的法律规范。“物权法对物权进行保护的制度，是每个市场经济参与人最为关心的内容。”[2]《物权法》贯彻平等保护原则，对于各类财产所有权进行一体对待、平等保护，这是我国社会主义基本经济制度的基本内容，也是维护基本经济制度的立法措施。

我国民法立法的另一个重要目的就是要保护民事主体的合法权益[3]。如前所述，自《民法通则》开始，我国民法立法就以确认和保护民事权利为已任，《民法通则》以专章的形式规定了民事权利，这也使该法享有“私权保护法”“民事权利的宣言书”的美誉。为了充分、全面地保护民事权利，我国《侵权责任法》突破了传统大陆法债法体系的束缚，将侵权责任法从债法中分离出来，构建了全面保障私权的完整的体系，这在大陆法系国家也是前所未有的。而《民法总则》的核心其实就是确认和保障民事权益。《民法总则》就是按照“提取公因式”的方法，将民事权利保护的共性规则确立下来。有关自然人、法人和非法人组织的规定，就构成了民事权利的主体。有关民事权利的规定，就构成了民事权利的具体内容、体系以及民事权利的行使方式。有关民事法律行为和代理的规定，就确认了民事权利行使所形成的法律关系。有关民事责任的规定，就是因侵害民事权利所应承担的民法上

① 王轶．民法原理与民法学方法．北京：法律出版社，2009：5.

② 孙宪忠．争议与思考：物权立法笔记．北京：中国人民大学出版社，2006：269.

③ 李适时．中华人民共和国民法总则释义．北京：法律出版社，2017：7.

的后果。有关诉讼时效和期限的规定，就是民事权利行使的时间限制。《民法总则》通过构建完整的民事权利体系，强化了私权保障，也为法治建设奠定了重要的基石。可以说，40 年来，中国法治建设的每一个进步都与民事立法充分保护民事权利是分不开的。

（二）从立法技术来看：分阶段实现民法立法并注重立法的科学性和民主性

与许多西方国家（如法国、德国等）一次性地颁行民法典不同，我国并非采取“毕其功于一役”、一次性制定民法典的做法，而是采用“成熟一个、制定一个”的办法，结合中国社会发展需要，逐步推进民事立法工作，而且我国民法典的制定选择了一条民事单行立法先行，进而统合为民法典的渐进式立法路线①。这样一种立法方法符合我国转型社会的特点，因为我国处于社会转轨时期，许多政策都在调整阶段，民事立法需要不断凝聚改革共识、确认改革成果，并为进一步的改革提供依据，引领改革的发展。渐进式的立法方法更能够反映不同时期的阶段性成果。《民法通则》以及以后的一系列民事立法都是伴随着改革的进程不断制定的，在某种程度上也是改革成果的结晶。在这个渐进的过程中，立法机关始终按照改革开放的需要和建设社会主义现代化的整体目标，逐步推进，逐步发展和完善。

民法立法注重科学立法和民主立法。民法是市民社会的基本法，是个人生活的百科全书，关系到每一个人的切身利益，因此，立法机关对立法民主性的注重无疑具有重要意义。例如，《合同法》历经 6 年起草、5 次审议；《物权法》历经 13 年起草、8 次审议，并向社会各界广泛征求意见。其实，公布法律草案进行“全民讨论”，并非中国立法的必经程序，但将一个尚未生效的法律草案公诸报端，给民众提供了一个实实在在参与立法的机会，这一举措本身即蕴涵着巨大而深远的意义。立法机关开门立法、民主立法，最大限度地听取民意，凝聚最大程度的社会共识，拉近了民法与民众的距离，也普及了民法观念②。

（三）从立法理念来看：坚持本土性与时代性

1. 民法立法坚持了本土性

“法律制度系社会制度之一种，不能背离人类社会生活实态与需求，否则与社会事实脱节，法律即无实用价值，而形同具文。”③ 民事立法从我国实际出发，总结了改革开放以

---

① 薛军．两种市场观念与两种民法模式：“社会主义市场经济”的民事立法政策内涵之分析．法制与社会发展，2008（5）．

② 朱志昊．论立法协商的概念、理论与类型．法制与社会发展，2015（4）．

③ 黄阳寿．有当事人能力乏非法人团体之权利能力论．台北：汉兴书局，1996：3．

来的立法和司法实践经验，并回应当代中国的现实需要，本土性首先意味着民事立法立足我国国情，解决中国现实问题。这些都彰显了其本土性。

一是民法立法注重对我国民事立法、司法经验的总结、提炼，许多制度和规则都是为了解决中国的具体问题而设计的。一方面，民事立法以问题为导向，以注重解决中国的现实问题为目的。例如，在当下，节约资源、保护生态环境比以往任何一个时代都显得更为迫切。《民法总则》第九条规定了绿色原则，要求从事民事活动要保护生态环境、节约资源。第一百三十二条规定的禁止滥用权利规则，都是着眼于强化对生态环境的保护。另一方面，《民法总则》在制定过程中，通过认真总结司法实践经验，将比较成熟的司法解释规则吸纳到法律中。例如，诉讼时效的效力、起算、中止、中断等规则，都大量吸收了司法解释的合理规则，并且也解决了司法解释与民事立法之间不协调的问题，消除了二者之间的矛盾，这将促进我国民事立法的体系化发展。

二是民法立法注重反映改革的需要。我国《民法通则》的大量内容都反映了改革的需要，例如，《民法通则》关于个体工商户、承包经营户、联营的主体地位的确定，关于全民所有制企业法人经营权的确认等，都反映了这样的要求。《物权法》有关平等保护原则、建设用地使用权、土地承包经营权等规则，都直接涉及城乡土地制度改革成果的确认。而业主建筑物区分所有权制度就是对房屋商品化改革成果的确认。《合同法》废除了旧经济体制下的计划原则，确立了合同自由原则，该法第四条规定："当事人依法享有自愿订立合同的权利，任何单位和个人不得非法干预。"《合同法》取消了对合同的一般管理，尊重当事人的意思自治，根据《合同法》的相关规定，非因重大法定的正当理由，不得对当事人的合同自主性予以限制[①]。《民法总则》确认了非法人组织的民事主体地位，规定了多种类型的社会组织，有利于激发市场主体活力。此外，该法还明确规定"民事主体的财产权利受法律平等保护"（第一百一十三条），将平等保护原则从物权保护扩大到财产权保护，这是对《物权法》的重大完善，也适应了我国当前改革中强化产权保护的现实需要。《民法总则》确定了以家庭监护为基础、社会监护为保障、国家监护为补充的监护体制，形成了国家和社会的良性互动，这也有利于强化社会自治，提升社会治理水平。40年来，我国民事立法始终与改革同行，以立法引领、保障、推动改革，使改革始终在法治的轨道上进行。

三是民法立法注重汲取优秀传统文化的思想精华，弘扬了社会主义核心价值观。这部

① 王家福．跨世纪的市场经济基本大法．中国法学，1999（3）．

法律贯彻了讲仁爱、重民本、守诚信、崇正义等。例如，《民法总则》第二十六条规定："父母对未成年子女负有抚养、教育和保护的义务。成年子女对父母负有赡养、扶助和保护的义务。"该条其实就是倡导"父慈子孝"、家庭和睦的文化传统。《民法总则》第十条规定："处理民事纠纷，应当依照法律；法律没有规定的，可以适用习惯，但是不得违背公序良俗。"习惯是"活的法"，已经使人们形成了内心的确信，其也是哈耶克所讲的自然生长的秩序。尊重习惯不仅保持了民法的开放性，从习惯中吸取丰富的民法渊源，滋养民法的精神。而且使民法的内容更为合理，且制定出来后更容易被人们遵守。

2. 民法立法注重时代性

所谓时代性，是指民法总则的理念、规则、制度应当解决中国的现实问题，反映时代特征，体现时代精神，表现出法律与时俱进的品格。"法与时转则治"（《韩非子・心度》），正是因为《民法总则》体现了时代性，才使得我们的民法典真正符合人民的需要、时代的需要和社会的需要。概括而言，《民法总则》的时代性主要表现在如下方面：

首先，民法立法体现了时代精神。如果说 1804 年的《法国民法典》是 19 世纪风车水磨时代民法典的代表，1900 年的《德国民法典》是 20 世纪工业社会民法典的代表，那么，我国的民法则应当成为 21 世纪后工业社会民法典的代表之作。21 世纪时代精神应该是对人的尊严和自由的保护①。例如，传统的侵权法主要是以制裁、追究责任为目的，但今天它已经发生了重大的改变。我国《侵权责任法》规定了多元归责原则，并以对受害人提供充分的救济为重要目的，这就体现了人文关怀的精神。我国《民法总则》第一百零九条在法律上确认了自然人的人身自由、人格尊严受法律保护，这就是时代精神的集中体现。

其次，民法立法反映了时代特征。21 世纪可以用"高科技时代""互联网时代""大数据时代""信息时代""知识经济时代"等概念予以描述。法律是时代的一面镜子。对于时代的需要，《民法总则》积极地做出了回应，例如，该法首次在法律上明确规定了隐私权的概念（第一百一十条）。在当代，高科技发明面临着被误用或滥用的风险，会对个人隐私等人格权带来现实威胁。有美国学者提出了"零隐权"（Zero Privacy）②，认为我们在高科技时代已经无处藏身，隐私暴露等人格权受侵害的现象已不可避免。"隐私权"作为人格权的确认，有助于解决高科技时代的社会问题。《民法总则》规定了个人信息的保护规则，维护了个人的人格尊严，并将有力遏制各种"人肉搜索"、非法侵入他人网络账户、

① 王泽鉴．民法总则．北京：北京大学出版社，2009：28－30.

② Froomkin A M. Cyberspace and Privacy：A New Legal Paradigm? The Death of Privacy?［s. l.］：［s. n.］，2000：1461.

贩卖个人信息、网络电信诈骗等现象。

我们正处于一个改革的时代，也是一个社会转型的时代，社会矛盾纷繁复杂，经济体制深刻变革，社会结构深刻变动，利益格局深刻调整，思想观念深刻变化，各种社会矛盾不断显现。在这样的时代背景下，我国民法立法应当保持前瞻性，为社会的发展预留空间。从我国民法立法来看，其也注重保持立法的开放性。例如，《民法总则》第一百二十七条规定："法律对数据、网络虚拟财产的保护有规定的，依照其规定。"该条对数据和网络虚拟财产的保护做出了规定，这也为我国未来立法预留了空间。类似的规定在我国民事立法中较多，从而使我国民事立法能够适应社会转型的现实需要。

（四）从规范来源来看：注重民法立法的继承与借鉴之间的关系

他山之石，可以攻玉。随着经济全球化的发展，法律的国际化和全球化又成为一种势不可挡的发展潮流和趋势。这主要表现在两大法系相互借鉴，相互融合。我国民事立法历来重视对域外经验的充分借鉴，例如，在《合同法》的制定过程中，就大量地采纳了《联合国国际货物销售合同公约》（CISG）和《国际商事合同通则》（PICC）的规则，《物权法》中关于担保物权的制度，《侵权责任法》中网络侵权责任、医疗侵权责任、环境侵权责任等规则都吸收借鉴了很多国外的成果。正是通过对域外先进法治经验的借鉴，保障了我国民事立法的先进性。例如，许多外国学者认为，我国《合同法》从全球范围来看，也是一部先进的立法，这与该法大量借鉴国外先进的合同立法经验是密不可分的。但是，我们的借鉴并非仅仅借鉴某一个国家，而是全方位地吸收和借鉴国外的先进经验。我们也并非机械地照搬，而是进行必要的改造和转换，使得我国的许多法律制度在借鉴中发展。

在借鉴域外先进经验的同时，我国民法立法也注重吸收我国传统法制经验，波塔利斯曾言："对于一个民族而言，最好的法律是最适合于该民族的法律。由此，不可能为不同的民族制定同一部法律，也不可能将所有的人民改造为同一个民族。"[①] 在借鉴两大法系立法经验的基础上，我们也注重吸收本土法律文化，通过本土化实现我们法律文化的传承，使我们的法治真正植根于我们的土壤，解决法治建设"接地气"的问题。鲁迅说："有地方色彩的，倒容易成为世界的。"越是民族的，越是世界的。法治的经验已经表明，法治的发展不能脱离本国的法制经验的累积，不能脱离本国的基本国情。本土的法律常常最能够被本国人民所接受，也最容易实现其所欲实现的法律效果。一些具有本土化的法律制度

---

① Portalis. Discours et rapports sur le Code civil. Centre de Philosophie politique et juridique，1989：23.

也可能逐渐成为世界性的或具有世界影响的法律制度。所以，必须把借鉴和继承本土文化结合起来，尤其是在本土性较强的领域，如对婚姻、家庭、继承、收养等关系，我国立法更多地注重了中国的传统文化和伦理道德。例如，在家庭成员分家析产的案件之中，不能完全用简单的平等份额来加以处理，如果涉及儿童、残疾人等弱势群体存在的特殊情况，则应当加以特殊处理，事实上，我国现行立法也采纳了这一思维。例如，《继承法》第十三条第二款规定："对生活有特殊困难的缺乏劳动能力的继承人，分配遗产时，应当予以照顾。"

五、民法立法展望：新时代呼唤民法典

40年如白驹过隙，也犹如历史的长河中瞬即消逝的浪花，但它承载了我国民法立法的成就与辉煌、光荣与梦想。中国改革开放40年取得的伟大成就与民法立法的引领、推动和保障作用密不可分。如今，党的十九大报告宣布，中国特色社会主义进入了新时代，"我国社会主要矛盾已经转化为人民日益增长的美好生活需要和不平衡不充分的发展之间的矛盾"。在新时代，人民对美好生活的追求不仅仅是要求更高水平的物质生活，更要追求高质量的精神生活，希望社会更加公平正义，享有更有尊严、更体面的生活。正因为如此，党的十九大报告提出了人身权、财产权、人格权的保护，这就对我们民法典的编纂提出了更高的要求。以民事促善治保善治，需要制定一部高质量的民法典，以为人民谋幸福，为民族谋复兴。

法典化就是体系化。如前所述，分阶段、分步骤地开展民法立法是我国改革开放以来民法立法的重要经验，但此种模式也存在其局限性：因为不同时期的立法受到当时立法政策的影响，很可能使得这些法律带有不同时期的时代精神和印记，从而影响民法典的价值和逻辑的一致性；而且此种立法模式无法对民法立法进行整体性、体系性的考量，这就难免导致各个民法单行立法在规则、制度甚至立法价值理念等方面产生冲突①。因此，编纂民法典就是要通过价值整合和制度整合的方式，实现民法立法的体系化。但我们要制定的民法典并不是简单的民事立法的汇编，也不是重起炉灶，完全推翻原有的民法立法，而是在全面、认真总结我国既有民法立法、司法实践经验的基础上，立足于中国改革开放和社会主义市场经济发展的现实需要，充分借鉴国外的先进立法经验，制定出一部立足于我国

① 薛军．中国民法典编纂：观念、愿景与思路．中国法学，2015（4）．

国情的、面向21世纪的、科学的民法典。如何才能制定出这样一部民法典？

首先，我们的民法典应当是立足于中国现实、解决中国现实问题、回应中国现实需求的民法典。我们要制定的民法典必须立足于中国国情，向世人展示我们依法治国的新形象和我国法制文明的新高度。在全面依法治国的新时期，这部民法典应当吸收我国立法、司法和理论研究的成果，总结我国法治建设经验，有效地回应中国现实问题，反映改革成果、推进并引领改革进程，唯有如此，我们才能编纂出一部具有中国特色的、屹立于世界民法之林的法典。

其次，我们的民法典应当体现时代精神。孟德斯鸠说过："在民法的慈母般的眼里，每一个个人就是整个的国家。"① 21世纪是一个尊重人的尊严、弘扬人的价值的世纪，随着互联网、高科技的发展，人类社会进入一个信息爆炸、科技爆炸的时代。许多高科技的发明对个人隐私、个人信息的保护带来了巨大的威胁。网络谣言、"人肉搜索"、信息泄露等，都在不同程度上侵害了个人人格尊严。因此，对人的尊严的保护比以往任何时候都更为重要。我国正在编纂的民法典应当是一部强化人文关怀的民法典，是一部注重保障人的尊严、意思自治，弘扬私益与私权神圣的观念从而体现时代精神的民法典，这样一部民法典不仅将是一部垂范久远的民法典，更将引领中国社会迈入一个"个人的自治、有尊严的生活"获得全面实现的美好社会②。

最后，我们所需要的民法典应当是一部体现时代特色的民法典。我们要制定的民法典必须彰显21世纪的时代特征，回应21世纪的时代需要。21世纪是现代网络通信技术、计算机技术、人工智能、生物工程技术等高科技迅猛发展的时代，这些高科技的发展给人类带来了巨大的福祉，改变了传统生产和生活的形式，但也给民事主体权利的保护带来了风险，这对民法提出了许多新的挑战。21世纪也是一个面临严重生态危机的时代，全球变暖、酸雨、水资源危机、海洋污染等已经对人类的生存构成了直接的威胁，人类生存与发展的环境不断受到严峻挑战。如何有效率地利用资源并防止生态环境的破坏，已成为民法典在21世纪所应当肩负的时代使命③。21世纪也是一个风险社会，风险无处不在、事故频发。在这样的背景下，人身和财产损害的救济问题日益成为当今社会关注的焦点。在风险社会，首先应考虑的是促进民法从加害人保护向受害人保护倾斜。所有这些都应当在我国民法典中得到回应。

---

① 孟德斯鸠．论法的精神：下册．张雁深，译．北京：商务印书馆，1997：190.

② 王利明，易军．改革开放以来的中国民法．中国社会科学，2008（6）.

③ 张鸣起．《中华人民共和国民法总则》的制定．中国法学，2017（2）.

“聚万众智慧，成伟大法典。”今天，我国立法和司法实践已为民法典的制定积累了丰富的实践经验，广大民法学者也做了大量的理论准备。制定和颁布一部先进的、体系完整的、符合中国国情的民法典，不仅能够真正从制度上保证社会主义市场经济的发展和完善，为社会主义市场经济健康有序的发展奠定坚实的基础，而且将为我国在21世纪经济的腾飞、文化的昌明、国家的长治久安提供坚强有力的保障！如果说19世纪初的《法国民法典》和20世纪初的《德国民法典》的问世成为世界民法发展史上的重要成果，那么21世纪中国民法典的出台，必将在民法发展史上留下光辉的篇章！

中国改革开放40年法治的发展阶段和模式特征

冯玉军*

【摘　要】改革开放40年来，中国法治的各个领域都取得了长足进步。回顾与社会主义市场经济相适应的民主法制建设的不平凡历程，揭示法制改革的现实成就及所面临的困境，总结法律发展的经验教训，在国际比较法学研究中有突出的样本意义。纵览中国法制改革的历史阶段及其标志性成就，可以总结出如下八个方面中国法治建设的模式特征和正反两方面经验：中国共产党领导下各机关部门分工负责的协商型法治，自上而下推进的权力主导型法治，中国传统法律文化、苏联法律文化和西方法律文化交织于一体的混合型法治，“一国两制三法系四法域”的开放型法治，强调理性主义目标规划的建构型法治，先易后难、小步快跑的渐进型法治，注重实践、不断试验和总结经验的学习型法治，追求公平正义与社会和谐的意识形态法治。

【关键词】中国法治；发展阶段；模式特征；回顾与展望

从1978年底至今，中国共产党推行以经济建设为中心的改革开放已经整整40年了。在这个崭新的时期，中国——作为一个发展中的东方大国——各方面都发生了巨大变化，无论是经济、政治、文化，还是法制建设和法律发展，朝向现代化、市场化、全球化和信息化的社会转型迅猛而深刻，影响深远。虽然起步较晚，曲曲折折，步履维艰，但发展速度却超过了世界很多国家，可以说尽享“后发”优势，创造了“中国奇迹”。值此之际，

* 冯玉军，中国人民大学教授、博士生导师，甘肃政法大学“飞天学者”特聘教授。

回顾40年来民主法制建设的不平凡历程，深入研究法制改革的成就与挑战，归纳中国法治建设的主线和模式特征，有突出的实践意义和理论价值。

一、中国法制改革的三个历史阶段

客观分析新时期党的改革路线方针政策及其指导下的实践，中国法制改革持续推进得益于如下四个关键因素：其一，确立了健全社会主义民主、加强社会主义法制的正确政治目标。1978年12月召开的十一届三中全会结束了1976年10月以后党的工作在徘徊中前进的局面，开始全面地认真地纠正"文化大革命"中及其以前的"左"倾错误。确定了解放思想、开动脑筋、实事求是、团结一致向前看的指导方针；果断地停止使用"以阶级斗争为纲"这个不适用于社会主义社会的口号，做出了把工作重点转移到社会主义现代化建设上来的战略决策；提出了健全社会主义民主和加强社会主义法制的任务；审查和解决了党的历史上一批重大冤假错案和一些重要领导人的功过是非问题。这次全会以及后续实施的一系列路线方针政策，遵循建设民主法制的目标，拨乱反正，有步骤地解决了新中国成立以来的许多历史遗留问题和实际生活中出现的新问题，推进了社会主义建设和改革开放，实现了党和国家具有深远意义的伟大转折。其二，社会发展的需要和经济体制改革的推动是决定力量。经济体制改革向前发展的每一步，都需要并实际促进了法律制度的创新与保障。例如：1982年提出"计划调节为主，市场调节为辅"，1987年提出"有计划的社会主义商品经济"，1992年提出"社会主义市场经济"，2000年前后提出"知识经济"与"经济全球化"，2003年提出市场经济建设要为和谐社会服务，2013年提出"推进国家治理体系和治理能力现代化"。这些经济领域的重大变革都无一例外地带来法律观念、法律制度、法律规范和法治方式的因应创新。其三，经济与公共事务全球化是外部挑战。在"地球村"时代，不管是发达国家还是发展中国家、大陆法系还是英美法系、资本主义法治还是社会主义法治，都面临国内外法的规则趋同和应对解决各类全球性问题的法律挑战。在民商法、反垄断法、知识产权法、国际贸易法等一系列法律的制定过程中，广泛吸收了外国及我国港台地区的立法经验，这对形成吸收世界法制文明成果的中国特色法律体系，发展一种"异而趋同，同而存异"的法治文明格局，最终实现公平正义、可持续发展的法律全球化前景有极大助益。其四，人民日益增长的政治民主要求和法治权利意识是内在动力。邓小平多次强调，改革要坚持"一手抓建设，一手抓法制"，"两手抓，两手都要硬"的方针。所谓"两手抓"，其实就是社会主义初级阶段要着力解决的经济和政治两方面矛盾。经济矛盾是落后的生产力与人民日益增长的物质文化需要之间的矛盾，解决这一矛盾的基本方针是全面深化经济改革，优化市场经济条件下的资源配置，促进民生问题的解决和社会和谐发展；政治矛盾是指匮乏的民主法制供给与人民日益增长的公平正义及自由民主需求之间的矛盾，解决这一矛盾的基本方针是全面推进依法治国，深化领导体制和政治体制改革，扩大人权和政治民主。其本质就是构建和谐民主的社会政治秩序，使人民安居乐业，实现更加充分的意志自由、行动自由、良法善治和公平正义。

观察执政党思想意识形态和战略决策的变化，可以比较清晰地将改革开放40年来中国法制改革和法治发达史分为三个阶段：

第一阶段：1978—1996年，民主法制的恢复建设期。以制定1982年《宪法》和《民法通则》、《刑法》、《刑事诉讼法》为标志，中国社会主义法制建设开启了新航程。通过制定一系列重要法律，推进多轮民主与法制变革，重建社会管理秩序，保障基本人权和民主，确定建立社会主义市场经济法律体系的战略取向，初步实现了社会治理的法律化、制度化。

“文革”结束后，保障人民民主、加强法制建设，实现“有法可依、有法必依、执法必严、违法必究”成为国家最重要的工作之一。邓小平提出：“为了保障人民民主，必须加强法制。必须使民主制度化、法律化，使这种制度和法律不因领导人的改变而改变，不因领导人的看法和注意力的改变而改变。”① 1981年6月召开的十一届六中全会通过了《关于建国以来党的若干历史问题的决议》，特别强调要吸取和反思“文革”的沉痛教训，把逐步建设高度民主的社会主义政治制度作为社会主义革命的根本任务之一，根据民主集中制的原则加强各级国家机关的建设，使各级人民代表大会及其常设机构成为有权威的人民权力机关，在基层政权和基层社会生活中逐步实现人民的直接民主，完善国家的宪法和法律并使之成为任何人都必须严格遵守的不可侵犯的力量，使社会主义法制成为维护人民权利，保障生产秩序、工作秩序、生活秩序，制裁犯罪行为，打击阶级敌人破坏活动的强大武器。

以立法工作为例，新成立的第五届全国人民代表大会承担起加快立法的历史重任。在法制委员会主任彭真的领导下，1979年上半年，仅用了三个月的时间，就制定和颁布了《刑法》《刑事诉讼法》《全国人民代表大会和地方各级人民代表大会选举法》《地方各级人

① 邓小平文选：第2卷.2版.北京：人民出版社，1994：146.

民代表大会和地方各级人民政府组织法》《人民法院组织法》《人民检察院组织法》《中外合资经营企业法》等七部法律①。随后，又于1982年制定了新中国第四部宪法，1986年制定了体现改革精神的《民法通则》。需要指出的是，从人权荡然无存、公民权利被践踏的“文革”阴影中走出来，人民群众对基本人权和秩序安定的强烈要求成为这一波法制改革的巨大动力，国家顺应了人民的这一需求，恢复重建了人民法院和人民检察院，建立和完善了刑法、刑事诉讼法，拨乱反正，甄别纠正了大量冤假错案，为后续的改革开放奠定了政治和法律基础②。

20世纪80年代中期开始，中国经济体制朝向市场（商品）经济方向进行改革，但由于思想认识和形势变化等原因，也经历过一些波折。1992年邓小平南方谈话，提出了社会主义可以有市场经济的问题。随后，党的十四大正式提出“建立社会主义市场经济”的战略方针。以此为契机，中国政界、思想界在观念、理论和制度上全面革新，法学界随之掀起了“法制”和“法治”大讨论，现代法律精神得到弘扬，体现计划经济和僵化教条的法律观念、法律政策得到清理，宪法对经济问题的表述也做了重大改变，如强调资源配置的市场经济导向，突出了国有经济的实现形式多样化，承认私有经济、非国有制经济是社会主义经济的重要组成部分，等等。立法领域加快了市场经济立法，特别是民商法律的创制，制定或修改了《公司法》《合同法》《担保法》《反不正当竞争法》《专利法》等一系列符合市场经济发展需要的法律。司法领域提出司法改革路线图：强调当事人举证责任—庭审方式改革—审判方式改革—诉讼制度改革—各司法机关联动改革—全面法制改革，尽管之后的实践一波三折，但当时这份路线图的提出还是给知识界人士和社会公众带来很大希望。

第二阶段：1997—2011年，现代化法治的快速发展期。以确立“依法治国，建设社会主义法治国家”的治国基本方略和加入世界贸易组织为标志，法治的地位和作用获得空前的重视，开启了全球化条件下深层次法治改革。法律价值成为国民精神和国家形象的重要元素，法律权威日益受到党和国家机关的维护和尊重，法治原则（如保障人权、限制公权、程序公正等）在法律体系建构和法律实施中得到体现，实现了从法制到法治的第二次

---

① 1979年6月26日，彭真在五届全国人大二次会议上做关于七个法律草案的说明时，特别强调了法律贯彻执行中的三个重要问题：一是把法律交给九亿人民掌握，使他们运用这个武器监督国家机关和任何个人依法办事；二是建立一支强大的专业的执法队伍；三是坚持法律面前人人平等。（彭真传：第4卷．北京：中央文献出版社，2012：1364-1366.）

② 在十年动乱中，公、检、法机关统统被砸烂，不能有效地行使审判权和监督权。粉碎“四人帮”后，人民法院和人民检察院在复查、纠正“文化大革命”期间判处的约120万件刑事案件的特殊历史背景下逐渐得以恢复、重建。

飞跃。

其一，确立了“依法治国，建设社会主义法治国家”基本方略，全国人大多次修宪予以落实。1997 年 9 月，党的十五大报告中正式提出“依法治国，建设社会主义法治国家”的治国基本方略和奋斗目标①。次年 3 月，第九届全国人民代表大会第二次会议以宪法修正案的形式，将其规定在国家宪法中。同时在宪法序言中明确规定：“我国将长期处于社会主义初级阶段”；“坚持公有制为主体、多种所有制经济共同发展的基本经济制度，坚持按劳分配为主体、多种分配方式并存的分配制度”；“农村集体经济组织实行家庭承包经营为基础、统分结合的双层经营体制”；“在法律规定范围内的个体经济、私营经济等非公有制经济，是社会主义市场经济的重要组成部分”。2004 年，第十届全国人大对宪法又修改了 10 多处，主要有：国家尊重和保障人权②；公民的合法的私有财产不受侵犯；国家鼓励、支持和引导非公有制经济的发展；国家为了公共利益的需要，可以依照法律规定对土地实行征收或者征用，并给予补偿；国家建立健全同经济发展水平相适应的社会保障制度；等等。与此同时，历届人大还通过《国民经济和社会发展五年规划纲要》，详细规定民主法制建设要点，引领和推进法治建设目标的实现③。

其二，以中国加入 WTO 为契机，适应中国经济、政治和公共事务上全面融入国际社会的客观需要，加快相关立法和法律清理，按照国际通行规则全面推进中国的法制改革。根据中国政府代表入世时所签署的《中国加入工作组报告书》第 22 条之规定：“（我国）将保证所有法律、法规和行政要求自中国加入之日起全面遵守和执行在本国产品和进口产品之间的非歧视原则，除非议定书（草案）或报告书中另有规定。中国代表声明，不迟于加入时，中国将废止和停止其实施效果与 WTO 国民待遇规则不一致的所有现行法律、法

---

① 中国政府于 2008 年发布了《中国的法治建设》白皮书，全面介绍了新中国成立以后，特别是改革开放 30 年间国家法治建设取得的成就。全文近 2.9 万字，分前言、建设社会主义法治国家的历史进程、中国特色的立法体制和法律体系、尊重和保障人权的法律制度、规范市场经济秩序的法律制度、依法行政与建设法治政府、司法制度与公正司法、普法和法学教育、法治建设的国际交流与合作、结束语和附录等部分。

② 中国政府于 1991 年发布了《中国的人权状况》白皮书，2008 年之后又连续发布年度《国家人权行动计划》，向国际社会阐述了中国在人权问题上的基本立场和实践，通告未来一年在人权行动方面的详细计划，以推进国家各项人权事业的发展。

③ 以 2006 年 3 月 16 日通过的《国民经济和社会发展第十一个五年规划纲要》的“民主法制建设要点”为例，其主要内容有：（1）扩大民主，健全法制。（2）坚持和完善人民代表大会制度、中国共产党领导的多党合作和政治协商制度、民族区域自治制度。（3）积极稳妥地继续推进政治体制改革。（4）健全民主制度，丰富民主形式，扩大公民有序的政治参与，保证公民依法实行民主选举、民主决策、民主管理、民主监督。（5）加强基层民主建设，保证公民依法行使选举权、知情权、参与权、监督权。（6）尊重和保障人权，促进人权事业全面发展。（7）贯彻依法治国基本方略，推进科学民主立法，形成中国特色社会主义法律体系。（8）推进司法体制和工作机制改革，规范司法行为，加强司法监督，促进司法公正，维护社会正义和司法权威。（9）实施“五五”普法规划和法制宣传教育，提高全民法律素质。（10）加强廉政建设，健全教育、制度、监督并重的惩治和预防腐败体系。

规及其他措施。这一承诺是针对最终或暂行法律、行政措施、规章和通知或任何其他形式的规定或指南作出的。”[①] 法律创制和清理的具体工作包括：(1) 1999 年制定的《合同法》结束了“三足鼎立”的局面，2001 年修订的《著作权法》、《商标法》和《专利权法》全面构建了我国知识产权法律体系，2007 年颁布《物权法》及此前颁布《担保法》等等。(2) 在电信管理、外资证券公司、外资保险公司、国际海运管理、农业补贴等领域，制定一些世贸规则所允许和要求的、符合市场经济运作的新的法律法规。例如服务贸易方面的立法、保障措施法、电信法以及保护集成电路布图设计的法律需要提上全国人大的立法日程。(3) 修改现行法律法规中不符合世贸规则的一些内容，或者补充某些规定得不充分的内容。对于明显违反世贸规则的，一律修改。(4) 加速国际立法特别是国际经贸方面的立法。(5) 废除那些不符合世贸规则的规定。内部文件要废除，不能作为法律依据，一些时过境迁不再使用的法规也要明令废止。总之，中国的立法部门始终强调转变观念，更多地学习、借鉴、吸收甚至移植国际立法的经验，注意同国际立法接轨和向国际惯例靠拢，显著提高了立法体制的民主化、立法行为的程序化、立法技术的规范化，为构建中国特色社会主义法律体系奠定了基础。

其三，整体推进司法改革，实施统一司法考试和庭审制度、羁押制度以及证据认定等项改革。党的十五大明确提出“推进司法改革，从制度上保证司法机关依法独立公正地行使审判权和检察权”的要求。1999 年 10 月，最高人民法院制定下发了《人民法院五年改革纲要》，纲要涉及审判方式、审判组织、诉讼程序、证据制度、法官管理等各个方面。纲要的制定和实施，为推进深层次的人民法院司法改革积累了经验、打下了基础，为促进观念更新、确立一系列现代司法理念，推进人民法院的全面改革提供了必要的思想准备和理论准备。2001 年，最高人民法院进一步明确提出“公正与效率”是 21 世纪法院工作的主题，是审判工作的灵魂与生命。2002 年，整合了法官、检察官和律师的准入门槛，开始举行全国统一司法考试。2003 年 5 月，中央政法委牵头成立司法改革领导小组。参加单位有全国人大法工委、最高人民法院、最高人民检察院、国务院法制办、财政部等 20 多个中央部门和国家机关。2012 年 11 月，党的十八大提出，要“进一步深化司法体制改革，……确保审判机关、检察机关依法独立公正行使审判权、检察权。”

其四，全面落实依法行政，打造责任政府。2004 年 3 月 22 日，国务院审议通过了《全面推进依法行政实施纲要》，明确提出建设法治政府的奋斗目标。这是中国行政法制建

---

① 中国加入工作组报告书 . http：//www. gov. cn/gongbao/content/2002/content _ 63361. htm.

设的一个重要成就，是依法行政原则在自身不断完善和发展过程中的一个新的里程碑。2007年党的十七大又提出加快行政管理体制改革、建设服务型政府的目标，要求健全政府职责体系，完善公共服务体系，推行电子政务，强化社会管理和公共服务。加快推进政企分开、政资分开、政事分开、与市场中介组织分开。2010年10月，国务院发布《关于加强法治政府建设的意见》，为在新形势下深入贯彻落实依法治国基本方略，全面推进依法行政，进一步加强法治政府建设，提出九条具体意见：(1) 加强法治政府建设；(2) 提高行政机关工作人员特别是领导干部依法行政的意识和能力；(3) 加强和改进制度建设；(4) 坚持依法科学民主决策；(5) 严格规范公正文明执法；(6) 全面推进政务公开；(7) 强化行政监督和问责；(8) 依法化解社会矛盾纠纷；(9) 加强组织领导和督促检查。

第三阶段：2012年至今，全面推进依法治国、加快建设法治中国时期。党的十八大做出全面推进依法治国的战略部署，十八届三中全会进一步把“完善和发展中国特色社会主义制度，推进国家治理体系和治理能力现代化”作为全面深化改革的总目标，十八届四中全会则由线到面、由面到体，凝聚全党全国人民智慧，确立了“建设中国特色社会主义法治体系，建设社会主义法治国家”的战略目标，科学系统地提出全面推进依法治国的基本原则、工作布局和重点任务，这是当代中国社会主义法治建设史上的第三次重大突破，揭开了中国法治建设的新篇章。

党的十八大以来我国取得了一系列法治建设新成就：第一，提出全面推进依法治国战略部署，党的法治理论和法治纲领提升到新高度，推进国家治理体系和治理能力现代化成为全面深化改革总目标，开创了治国理政新篇章。第二，提出建设“法治中国”光荣任务，大手笔勾画了全面建成小康社会、实现中华民族伟大复兴的理想愿景。第三，强调全面贯彻实施宪法是建设社会主义法治国家的首要任务和基础性工作，完善以宪法为核心的中国特色社会主义法律体系，加强重点领域立法，创新立法体制机制，实现立法民主化和科学化。第四，国家尊重和保障人权，经济社会建设坚持民生优先、以人民为中心，形成并持续优化社会保障体系。第五，依法行政稳步展开，探索建立权责统一、权威高效的依法行政体制，为2020年基本建成法治政府夯实基础。第六，司法改革不断深化，在推进司法管理体制改革、完善司法职业制度和人权司法保障制度、防止违法干预司法活动、维护司法权威、健全司法权运行机制等方面都有重要举措。第七，借鉴吸收世界优秀法治文明成果，不断完善中国特色社会主义法治理论体系，推进法学教育教学改革，扩大法治国际交流与合作，培养德法兼修的法治人才队伍。第八，将思想建党和制度治党紧密结合，集中整饬党风，严厉惩治腐败，把党的领导贯彻到依法治国全过程和各方面，提高党员干部法治思维和依法办事能力。

党的十九大提出中国特色社会主义进入新时代，并从理论和实践结合上系统回答了新时代坚持和发展中国特色社会主义的总目标、总任务、总体布局、战略布局和发展方向、发展方式、发展动力、战略步骤、外部条件、政治保证等基本问题，创造性地提出习近平新时代中国特色社会主义思想，擘画了全面依法治国的时间表和路线图。具体而言，2012年到2019年，是全面依法治国思想理论和体系方略的定型阶段；2020年到2035年，是实现国家治理基本现代化阶段；2035年到2050年，是建成良法善治的现代化强国和文明国家阶段。展望未来，在我国的法治建设达到相当高度的时候，衡量法治的尺度将不再是法律制度本身，而是国家治理水平和社会文明程度。

这是一百多年来仁人志士不懈努力、追求民主法治理想，实现中国腾飞梦想的伟大成就；也必将对未来10年乃至更长一段时间形成系统完备、科学规范、运转协调的社会主义法治运行体系，实现国家和社会治理的现代化、法治化，建成因应中华民族伟大复兴和全球善治潮流的法治中国起到战略引领作用。

二、中国法治的模式特征及其经验教训

如上所述，中国的法治改革和经济建设一样，40年同样取得了长足进展。当前，“中国模式”及其经验教训成为国内外学者研讨的热门话题[①]。抛开法哲学（或政治哲学）层面在学理上的繁杂争论，依笔者拙见，中国法治建设的模式性特征，或者说改革成就的密码可概括为八个方面。而就这八个模式特征自身而言，其描述了一种优势与缺陷同在、机遇与挑战并存的情形。我们既能从中看见中国法治建设的卓越成就和巧妙经验，又能发现其与生俱来的危机与困难，随时面临颠覆性风险。这在学理上可以概括为“法治改革相对论”，以下兹分述之。

其一，从领导体制角度看，中国法治是中国共产党领导下各机关各部门分工负责，各地方各区域统筹兼顾、互助合作的协商型法治。通过人民代表大会制度、人民政协制度、

---

① 在改革开放步入30年之际，学术界总结中国法治经验教训的各类著作和文章非常多，有从现代性角度进行的观察，有立足于文化传统与本土资源所做的研究，还有基于全球化时代命题提出的论断，其间混杂着自由主义、保守主义、社群主义、民族主义、马克思主义的思想纠葛，众说纷纭，莫衷一是。诸如邓正来的《中国法学向何处去》（商务印书馆2011年版），高全喜的《法制变革及“中国经验”》（《中国政法大学学报》，2009年第2期），张文显的《全面推进法制改革，加快法治中国建设》（法制与社会发展，2014年第1期），季卫东的《大变局下的中国法治》（北京大学出版社2013年版），等等。

基层民主制度以及中国共产党领导下各部门、各地区、各社会团体、各方面人士广泛的内部协商讨论，最终凝聚共识、统一步调，实现发展目标。

中国共产党的领导是中国特色社会主义最本质的特征，坚持中国共产党这一坚强领导核心，是中华民族的命运所系[①]。坚持党总揽全局、协调各方的领导核心作用，是社会主义法治的根本保证，是支持和保证人民实现当家作主的关键。其基本要义在于：(1) 法治是全体人民通过立法、执法、司法、法制监督、法治教育和法律实践等环节所建立起来的社会主义法律秩序，具有鲜明的阶级性和人民性，中国共产党作为这种阶级性和人民性的代表，凝智聚力、依法执政。(2) 社会主义民主是法治的基础和前提，共产党是争取民主、发扬民主、扩大民主、建设社会主义民主政治的领导核心，没有党的领导就不会有真正的民主，也就不会有社会主义法治。(3) 法律的制定过程是党领导立法机关把党和人民的意志转化为国家意志，保证党的路线方针政策和决策部署在国家工作中得到全面贯彻和有效执行的过程。(4) 法律的实施过程是党领导各级行政机关和司法机关依法行政、公正司法，尊重和保障人权，保证政治、经济、文化、社会和生态建设协调发展的过程。

“协商”是典型的中国概念，其核心理念是：利益相关者以商量的方式，沟通意见、协调利益，以达成共识、实现共存与共赢。笔者以为，中国和西方国家都奉行民主政治，但实现民主的核心方式则有不同，西方国家以选举民主为核心，中国则基于历史和现实的原因，以协商民主为主。表面上看，协商民主从形式上、外观上、程序上似乎较选举民主（特别是直接选举）有着先天不足和缺陷之处，但是通过人民政协制度、人大制度和中国共产党领导下各部门、各地区、各社会团体、各方面人士广泛的内部协商和反复讨论（而非公开辩论的外部民主），能够凝聚共识、统一步调，最终实现社会发展目标。

新中国的协商民主源于中国共产党革命建政的探索与实践。其制度实践包括以下三个要点：(1) 协商民主是由中国共产党领导的，党的领导是整个政治框架的前提性条件。政治权力运行的基本结构是在中国共产党领导下，全国人大及其常委会、国务院、最高人民法院、最高人民检察院等国家机关各负其责、平等协商，共同完成党代表人民确立的中心任务。(2) 人民代表大会制度。人民民主是社会主义的生命，人民性是人大制度的鲜明特征。坚持党性和人民性的统一，决定了人大工作要将选举民主和协商民主相结合，通过发挥协商民主的独特优势来进一步彰显人大制度（包括代议制、票决制、民主集中制）的优势，不断丰富其实践特色和时代特色，健全民主制度、丰富民主形式、拓宽民主渠道，推

① 习近平．在庆祝全国人民代表大会成立60周年大会上的讲话．人民日报，2014-09-06 (2).

动人大制度与时俱进。(3) 中国共产党领导的多党合作和政治协商制度。它是中国共产党把马克思列宁主义统一战线理论、政党理论和民主政治理论同中国具体实践相结合的伟大创造，人民政协作为统一战线的组织和协商机构，具有搭建执政党与其他民主党派和非党人士协商对话平台的功能，联合团结各族、各阶层人民实践人民当家作主的功能，对国家大政方针的实施发挥经常的、重要的协商作用。

宏观政治环境决定了中国的协商民主截然不同于西方的协商民主，且具有以下独特优势：(1) 使党的领导与国家治理体系现代化形成相互促进的关系。协商民主能够从促进和完善党的群众路线和统一战线这两个方面巩固和增强党的领导。(2) 使超大规模的社会在中国特色社会主义制度下保持持久的和谐发展。中国协商民主内在地具有团结人民、整合国家、协调利益、促进和谐的功能，促进协商民主的广泛、多层、制度化发展，有助于增强党的执政能力、国家整合能力、政府民主科学决策能力、社会自我调节能力以及公民的有序参与能力。(3) 使人民当家作主实践与国家治理体系和治理能力现代化有机统一。基于人民民主所形成的人民参与国家事务管理，不同于西方基于利益表达所形成的参与，它是专业化国家管理与有序化人民参与的有机统一。协商民主的平台和路径能够有效地保证党和国家所运行的公共权力做到以民为本、为民服务、为民谋利①。(4) 使党总揽全局、协调各方的领导核心作用能够全面有效地发挥，并通过人大制度、人民政协制度等支持和保证国家政权机关依照宪法法律积极主动、独立负责、协调一致开展工作，从而保证党领导人民有效治理国家，切实防止出现群龙无首、一盘散沙的现象。

但从现代法治角度看，这种党领导下各部门分工负责的协商型法治尚存在四个突出弊端，需要严肃看待。

第一，一切以党组织和党的领导人的决议意见为圭臬，在权力得不到制衡与监督的情况下，难免出现突破既有法律规定，法律为政策服务、为领导人服务的反法治现象。“文革”教训殷鉴不远，值得法律人高度警惕。党的权力过分集中、凌驾于人大之上的直接后果之一，是在实践中将民权体现的各级人大和常设办事机构，变成由内部圈定的业余、兼职代表参与其中的“橡皮图章”。在人民政协内部，党际协商民主也存在着协商制度不健全、协商意识不强、协商过程不够民主等问题。所以，全面推进依法治国，关键在于党科学而又有效地依法执政。通过依法执政的丰富实践，把党建设成为善于运用法治思维和法治方式治国理政的执政党，带头守法、在宪法法律范围内活动的执政党，坚守宪法至上、维护法律尊严和

---

① 林尚立．协商民主是我国民主政治的特有形式和独特优势．求是，2014 (6).

权威的执政党，坚守人权神圣、尊重和保障人权、促进社会公平的执政党，领导、支持和监督国家机关依法行使国家权力的执政党，实现党的执政方式和执政活动的法治化。

第二，虽然就中国政治的目前发展阶段来说，协商民主比竞争性的选举民主更受到执政党的重视，也更容易在社会中得以推广，但这并不能证明协商民主可以替代选举民主，或者选举民主可有可无。一般认为，民主制度包括“授权”与“限权”两个部分，授权体现为竞争性的选举民主，人民对国家的统治离不开代表，而代表就离不开选举，即所谓“权为民所赋”；限权体现为众议公决的决策民主也即协商民主，即通过政党之间、国家机构之间、中央与地方之间、基层政治中政府与民众之间的协商对话，民主决策。在这两个环节中，授权是限权的基础，解决权力产生问题的选举民主是协商民主之根，过分强调协商民主，违反了国家的人民性和人民主权原则。

第三，中国共产党依法执政所依据的“法”，包括国家法律体系和党内法规体系，这两大体系再加上社会制度体系（政治协商和基层自治制度等）共同构成了国家治理体系。但略显遗憾的是，目前国家法律体系和党内法规体系彼此间甚少有衔接机制，关于党对国家机关的领导程序，党向立法机关提出宪法修改建议和其他立法建议的程序，党委推荐、选派党员干部担任国家公职人员的程序，党委领导和监督政府和司法机关执法和司法的程序，各级党委对党的领导干部及公职人员的监督、决定程序，等等，均需要法律和党内法规的双重形式加以规定。在人大、政府、司法机关的工作中，也要进一步在法律上和党内法规上理顺党组与国家机构的关系，既发挥党组在国家机构中的领导核心作用，保证党的路线方针政策和决策部署得到落实，又支持人大、政府、司法机关依照宪法法律独立负责、协调一致地开展工作，确保宪法、法律、法规的正确有效实施。

第四，宪法和有关法律已经确定了法律监督制度，但尚未真正运作起来，无论全国人大常委会还是国务院几乎没有正式启动过一次违宪和违法的行政法规、地方性法规审查。所谓“改变撤销机制”基本处于闲置状态。应当清醒地看到，在市场经济、利益多元化的环境下，维护法制统一，就是维护统一、公平、有序的市场秩序；在政治上则是维护国家的统一和党的领导。当发生地方与中央、行政机关与立法机关相抵触的制度和规范时，应当把法律监督制度严肃运作起来，除应从法律制度上建立违宪审查制度外，应启动对违反宪法法律的规范性文件“改变撤销机制”。实际操作中，可先选择某些违宪违法严重、负面影响大的典型规范性文件，予以改变或撤销，以发挥警示作用，提高各级各类机关、组织维护法制统一的自觉性，而不宜一律采用以往的“党内解决”“内部协商”的办法。这是现代民主法治的应有之义。

其二，从实现方式角度看，中国法治是自上而下推进的权力主导型法治。这种体制使得各种改革措施较少地受到传统价值观念、社会多元力量、现实复杂利益的钳制，能够快速实现目标，及时获取成果。

如果放宽我们的视野，考察整个东亚区域历史文化及其现代化进程，就会发现这种自上而下的权力主导型“变法改制”或者法律发展模式十分普遍，并非中国一家，远者如日本“明治维新”，近者如韩国、新加坡等的改革。究其原因，首先，东亚传统社会具有集权性、封闭性、等级性、家长制、官本位等特点。在从传统走向现代的过程中，这些传统治理要素必然对转型中的国家权力、社会结构、组织方式、决策过程以及社会控制系统产生影响，进而总体制约着法治道路的选择和法律调整的效果。其次，东亚区域各国（地区）的法治现代化普遍存在公权力为主导的“路径依赖”特征。二战之后，东亚各个新兴经济体（以亚洲“四小龙”“四小虎”为代表）的政治运行模式大多数都奉行新权威主义（New Authoritarianism），强调政府在现代化进程中的主角地位，其策略内涵是在政治上保持权力高度集中，通过强制性的政治整合来维持秩序和稳定，同时发挥现代自由经济和市场配置资源的优势。事实证明，采取这种转型策略的国家（地区）几乎都创造了举世瞩目的经济奇迹，达到了促进社会进步的目的①。最后，新中国成立后的最大变化，就是结束了旧中国“一盘散沙”的局面，依靠执政党的组织体系和计划经济模式，形成了一个各项权力高度集中的单一制国家。改革开放中，尽管不断向地方“放权让利”、向企业和社会组织“简政放权”，但中国共产党始终保持对经济体制改革和法治改革的坚强领导，确保了中国社会朝着快速现代化、法制化方向迈进。

然而，这种自上而下推进的权力主导型法治模式也存在一些问题：第一，纵向公权力集中过多，横向私权利缺乏保障，发挥市场作用不足。市场经济是法治经济，权力过分集中，就会导致市场主体、市场关系、市场监管的法治化不到位，各种经济“失范”现象严重。第二，政制专制主义与理性建构主义的独断论结合，曾经对中国法制造成了巨大的灾难。第三，发扬民主不足。人民民主存在形式化问题，无法充分体现人民代表大会的人民性和执政模式的民主性。第四，社会治理参与不足。社会团体、非政府组织存在制度空白、权力捆绑现象，地方特别是基层组织自治不足，公民权利的保障机制相对缺乏。第

① 作为一种政治实践，新权威主义有如下五点特征：(1) 在经济上具备明确的现代化导向；(2) 在政治上凭借庞大而有效的官僚体制及强有力的军事力量，进行自上而下的权威统治；(3) 对西方的资本与先进技术、文化采取开放的政策；(4) 在意识形态与价值观方面，新权威主义政治往往借助于传统的价值体系与符号，作为凝聚全社会成员的精神支撑点；(5) 其合法性并非立基于某种终极性的价值原则之上，而是立基于政治实效，尤其是经济发展。参见李炳烁的《新权威主义、立宪政体与东亚法治转型》，载第七届东亚法哲学研讨会提交论文。

五，市民社会相对弱小，社会治理体系不健全，社会治理能力弱，各类中间组织和公益团体尚不发达，其对政府权力的监督更是付之阙如。对于上述弊端，也许有人会反驳说过去40年的法制改革并不全是自上而下推进的，也有自下而上的社会力量以及轰动性新闻事件（个案）的推动，如曾引发国内关于收容遣送制度的大讨论、进而由政府颁发新法规废除收容遣送制度的“孙志刚案”等。但需要指出的是，这类法律自主性的扩展和推进，基本上都是在现有政治体制和权力运作框架下进行的，其内在动力存在很大的制约因素，许多制度创新常常偏离初衷甚或改变了正常路径，致使法条主义盛行，形式主义泛滥，引领法制改革的思想观念成为扭曲的法治主义或修辞学的法治主义①。

这种法治模式在立法方面的突出问题是，过于强调维护国家法制统一而忽视了地方立法②的特殊性和创新性，在很大程度上限制了地方立法的主动性和积极性，造成地方重复立法和特色不足。第一，对地方立法权限限制过紧、过死，使之无所适从。典型者如《行政处罚法》第十一条第二款规定：“法律、行政法规对违法行为已经作出行政处罚规定，地方性法规需要作出具体规定的，必须在法律、行政法规规定的给予行政处罚的行为、种类和幅度的范围内规定。”事实上，各地情况千差万别，国家法律、行政法规设定的行政处罚行为，只能是带有共性的社会危害行为。将违法行为严格限定在此范围内，各地就难以及时有效地进行规范和处理。这导致了实践中地方性法规增设行政处罚和超出行政处罚幅度的现象普遍存在。尽管我国宪法和宪法性法律规定全国人大常委会有权撤销同宪法或法律相抵触的行政法规以及同宪法、法律、行政法规相抵触的地方性法规，国务院有权改变或撤销不适当的部门规章和地方政府规章，但迄今为止，这些机构没有一个行使过撤销权，没有一件地方性法规因“抵触”而被“撤销”的案例③。与其对这种“违法立法”情况采取视而不见的“鸵鸟政策”，还不如区分不同情况，该撤销的撤销，该授权的授权。第二，地方立法中存在大量“重复立法”现象，即一些地方立法在内容上甚至条文上大量重复和照搬照抄中央立法或者上位法。地方立法重复中央立法的情况，一般要占到地方立

---

① 高全喜．法制变革及“中国经验”．中国政法大学学报，2009（2）：73－86.

② 地方立法是我国立法体制的重要组成部分，我国享有地方立法权的主体涵盖31个省级立法主体（省、自治区、直辖市）、27个省会市、18个经国务院批准的较大的市、4个经济特区所在地的市，自1979年至2009年10月1日，我国31个省、自治区、直辖市总共制定一般地方立法和特殊地方立法约3万件。其中，地方性法规约1.7万件，全国人大法工委原副主任张春生对地方性法规发展状况评价说，“地方性法规从当地实际出发，对法律、行政法规进行补充细化，对地方的改革、发展、稳定起了很大作用”。（王亦君，崔丽．中国式民主的生动实践：地方人大设立常委会30年．中国青年报，2009－07－20.）

③ 肖迪明，谭鹏．关于完善我国立法权限划分的思考．中国法学会立法学研究会2013年年会论文．

法全部条文的三分之二左右，更有甚者达到80％～90％之多[①]。“重复立法”不仅使地方立法篇幅冗长，而且一些符合本地实际的特色内容也被冲淡了。这不是创造性地运用立法资源来解决本地迫切需要通过法律形式来解决的问题，而是造成了地方立法资源的浪费，使地方立法的大量投入归于低效甚至无效[②]。究其原因，主要还是将地方立法的任务局限于根据中央立法或者上位法制定在本地贯彻落实的实施细则和配套措施这样狭隘的范围里，因而表现为地方立法不敢贸然进行自主性和创新性立法，大多数只是在中央已有相关立法的前提下，在中央立法设定的框架内围绕一些具体事项进行实施性立法[③]。而像第十二届全国人大常委会《关于授权国务院在中国（上海）自由贸易试验区暂时调整有关法律规定的行政审批的决定》，鼓励地方创制性立法，对于加快政府职能转变，创新对外开放模式，进一步探索深化改革开放的经验，有重要的现实意义。当然，在强调和鼓励地方创制性立法的同时，也要对地方越权立法或同中央“争权”立法的现象保持足够的关注[④]。尽管学术界就越权立法有所谓“良性违法”甚至“良性违宪”的争论，但毫无疑问，保持立法统一性和地方立法自主创新的平衡，对于我国这样一个正处于快速发展和转型进程中的社会来说非常必要。

其三，从文化背景角度看，中国法治是本国传统法律文化、苏联法律文化和西方法律文化交织于一体的混合型法治。对这些法律文化应采取一分为二、兼容并包的态度，在此基础上形成以马克思主义为指导，既面向世界，又立足中国，既充分体现时代精神，又继承优秀历史传统，适应现代化要求的、不断发展的有中国特色的社会主义法律文化。

法律文化泛指一定国家、地区或民族的全部法律活动的产物和结晶，也可以仅限于法律观念、意识或心理领域。法律文化与现行法、法律实践、法律意识等法律现实有着密切的联系。当代中国的法文化在形成和发展过程中受到多种法文化的影响，主要包括：中国传统法律文化、西方法律文化、苏联法律文化以及在社会主义建设和改革过程中形成的法

---

① 封丽霞．中央与地方立法关系法治化研究．北京：北京大学出版社，2008：451.

② 游劝荣．法治成本分析．北京：法律出版社，2005：59－60.

③ 据不完全统计，全国各地共有《教师法》的实施办法31部，共有《义务教育法》的实施办法23部，共有《消费者权益保护法》的实施办法30部。

④ 有的地方立法在未经授权的情况下，对本属于中央立法范围的事项做了规定，例如《福建省普及初等义务教育暂行条例》中，实际上就增设了刑法的罪名，规定阻挠女学龄儿童入学的父母，情结恶劣构成犯罪的，按照虐待妇女儿童罪论处。又如《广东省实施〈中华人民共和国消费者权益保护法〉办法》中明确规定了精神损害赔偿，而《消费者权益保护法》中并没有关于精神损害赔偿的规定。抚顺市人民政府2000年制定的《价格调节基金征管办法》，涉足了本应只能由中央和省级权力机关才能设定的基金和收费项目。（崔卓兰，等．地方立法实证研究．北京：知识产权出版社，2007：62－63.）

律文化。具体而言，清末中国社会遭逢“千年未有之大变局”，成为现代化道路上的后发国家，被迫全面放弃中华法系的典章制度，“远学德国、近学日本”，立宪修律，变法自强；新中国成立后，采取“一边倒”政治方针，全面学习引进苏联社会主义法律体系、法律思想、法学研究范式和法学教育体系；改革开放之后，又大规模地使我国法律“同国际通行规则接轨”，向欧美国家和我国台湾、香港地区学习现代法治的理念、制度与实践体系。与此同时，受基本国情、政治制度、经济社会发展的影响，逐渐形成了扎根于本国土壤的中国特色社会主义法律文化。中国特色社会主义法律文化的形成，无疑极大地促进了中国法治的进步。

过去几十年中国法律发展的一个成功经验，就是面对现代化道路、全球化浪潮、新技术革命的时代潮流和巨大挑战，积极融入世界主流法制体系，确立现代法治观念，健全法律体系，在迎接而不是抗拒中逐步调适我们自身的法制模式，构建一种回应时代需求的法治中国框架。这种融入世界、走向现代，不但排除了闭关锁国、固守旧制的僵化观念，也拒绝照搬西方的法律体系和制度模式，或者翻版苏联强调法律阶级性和专政作用的片面做法，而是对外国先进法律文化和中国传统法律文化采取一分为二、兼容并包的“扬弃”态度，既肯定又否定，既批判又吸收，在保持中国特性的前提下，积极合作，博采众长，锐意改革①。

从中国法近现代化的百年历史看，其始终处在一个不断学习、借鉴、吸收、消化外国法律和外国法治经验的进程之中，其与欧美法和日本法律密不可分，是一个不争的事实②。当前中国法律体系中的各项制度、原则和用语，许多都是从欧美以及日本移植或改变而来，只是在充分考虑到中国国情和文化传统的基础上有所变化，原本来自外域的法律已然成为现代中国法不可分离的重要的主体部分。从改革开放40年的法治发展看，中国法治是在与外部世界广泛交往的过程中发展演变出来的，而不是自我封闭独自构建的。外部世界的刺激，以及我们与世界经济、贸易、政制、文化、军事、技术等方面的全方位联系，促使我们的法制必须形成现代体系，与国际接轨。条约法、国际法，WTO规则、海洋法公约、国际人权公约等等，都迫使我们的法制如同我们的社会一样，全方位地开放，走向

---

① 冯玉军．法律与全球化一般理论述评．中国法学，2002（4）：179－182.

② 何勤华教授认为：“中国近现代法的基干，并不是中国传统社会的法律，而是外国法，主要是西方法。法律移植士中国近现代法发展的一个基本历史现象。”（何勤华，李秀清．外国法与中国法：20世纪中国移植外国法反思．北京：中国政法大学出版社，2002.）另外，贺卫方在《比较法律文化的方法论问题》（载《中外法学》1992年第1期）中指出：“现代中国法律制度的概念分类、结构、司法机构设置乃至法律教育模式等均是从西方学来或自日本‘转口’而来”；张乃根在《论西方法的精神——一个比较法的初步研究》（载《比较法研究》1996年第1期）中指出：“自清末民初，除了在一个不太长的时代，中国一直面临着西方法的移植问题”。

世界，参与国际事务的规则制定，既捍卫国家利益，又维护世界和平，这是一个成熟的大国法制的姿态。尽管我们40年的法制变革还不能说已经塑造出一个从容的大国政制，但它表现出来的面对世界的开放性，以及形成的促进中国走向世界的法制路径，不失为中国经验的一个表征①。需要指出的是，中国法治的“混合型”表征，不仅在立法、司法、执法、守法等各个法治环节，而且在法学教育、法律研究、法律职业和法律观念等各个方面，都能得到充分印证。仅以法学高等教育为例，目前的法学教育课程体系，基本上就是以苏联社会主义法系为基调，以大陆法系公认的部门法划分为主干，以英美法系的特色法律领域和法教义学为前沿，再辅之以中外法律思想史、制度史，共同为法科学生描绘出一幅色彩斑驳、交错混搭的学术油画。

但是坦率地讲，这样一种“古今”与“中外”冲突交错、时空交叠的混合型法治（文化），既有不少特殊优势，也存在很多不利因素，需要谨慎对待。上述法律文化并非内在融贯、并行不悖，其间必定有许多不相适应和彼此冲突之处。例如，传统法律文化中的等级制度、神判报应、清官意识同现代法律文化中的主体平等、程序正义、客观证据思想相冲突；苏联法律文化强调党权至上，注重法的阶级性和专政功能，西方法律文化则强调分权制衡、选举民主和个人权利。这些内在的矛盾冲突，既表现在价值理念层面（如情理法的矛盾、主权与人权的冲突、国家主义与自由主义的冲突、集体主义与个人主义的冲突等），也存在于法律规范层面，自然也糅杂在丰富的法律实践和个案操作当中。

其四，从法治格局角度看，中国法治是“一国两制三法系四法域”的开放型法治。不同政治法律制度和思想观念在实践中相互摩擦、冲突、博弈、协调，使我国成为法律全球化的“伟大实验室”，也给世界带来了法系融合、趋同的生动样本。

“一国两制”是中国共产党为解决台湾问题以及在香港、澳门恢复行使主权问题而提出的基本国策。即在一个中国的前提下，国家的主体坚持社会主义制度，同时允许台湾、香港、澳门保持原有的资本主义制度长期不变。从法律角度看，这四个区域存在“三个法系四个法域”：中国大陆属于社会主义法系，施行中国特色社会主义法律制度；香港特别行政区原有的法制是英国的普通法法制，其在殖民统治时期又有独特的法律发展；澳门特别行政区受葡萄牙殖民统治的影响，属于大陆法系的拉丁一支；台湾地区施行的法律传统上受到德国法、日本法的影响，二战之后则受美国法影响甚深。因此，中国是一个“复合

---

① 朱景文．全球化条件下的法治国家．北京：中国人民大学出版社，2006；朱景文．比较法社会学的框架和方法：法制化、本土化与全球化．北京：中国人民大学出版社，2001.

法域”或“多法域”国家。

难能可贵的是，这四个法域之间法律制度相互冲突、相互博弈、协调融合的过程，为三大法系及其法律制度的融合、趋同提供了珍贵的实验模本。中国是法律全球化的天然“实验室”，举凡立法体制、司法体制、监督体制、反腐肃贪体制、警察体制以及各种法律规范设计、机制运转和案件审理等各个层面，“两制度三法系四法域”都形成了鲜明的对比，可以相互借鉴学习①。目前四个法域在这方面已经建立了很多沟通平台，取得了很好的效果。

但同样不可否认，一些涉及基本价值、法治理念、体制模式的基石性问题在四个法域之间还存在差异性认识，一些原本存在的矛盾冲突可能愈演愈烈，在某种程度上阻碍了彼此融通。作为一个复合法域国家，四个不同地区之间日益紧密的经济文化和政治联系必将进一步加剧其法律制度中原本已有的矛盾冲突。仅以全国人大常委会解释香港基本法引发的广泛争议为例，几个释法案例中最具代表性的是居港权案。1999 年 1 月，香港终审法院裁定所有香港永久居民在内地所生的子女均拥有居留权。香港特区政府估计会有 167 万人来港，故行政长官提请人大常委会解释基本法。同年，人大常委会通过关于基本法的解释，指出只有在出生时，父或母已成为香港永久居民的内地子女，才可拥有居港权。而有关申请必须在内地申请，同时，释法亦宣布将单程证与居留权证明书重新挂钩。该释法遭到香港法律界强烈反对②。这些冲突对香港的法治和法律文化都产生了重大影响。从法律文化角度观察，基本法释法问题使香港比较统一的法律文化出现了赞成或反对人大常委会释法的二元法律文化，造成意见冲突、政争不断。

其五，从制度形成角度看，中国法治是强调理性主义目标规划的建构型法治。在国民经济和社会发展方面，有“一五”规划、“二五”规划，直到“十三五”规划；在法制建设方面，国家关于立法、司法、执法以及普法宣传工作的五年规划和年度规划也很多、很细。这清楚地表明，我国的法治改革不是断裂、解构或者漫无目标的，而是有领导、有规划、建设性的。

从社会现代化的角度看，中国属于后发现代化国家，与许多已经完成现代化的发达国家相比，在各个方面皆有“赶英超美”的远大理想，并具体表现在经济建设和法治建设中

---

① 例如，有学者指出，大陆、台湾、香港、澳门四个法域之间在死刑政策和立法、司法上是不一致的。然而这种冲突不仅不会成为废止或者限制死刑的障碍，反而会成为一种促进。（卢建平．“一国两制三法系四法域”语境下中国死刑废止前景展望．法学杂志，2009（10）.）

② 普通法与基本法（基本上属于大陆法）的冲突具体体现在以下几个问题：（1）行政长官是否有权向全国人大常委会提请释法；（2）若行政长官有权提请全国人大常委会释法，他应否动用该权力去启动人大常委会释法程序；（3）应否使用普通法原则解释基本法，（4）释法的定义。

的理性主义建构态度上。这种基于“历史使命感”和“改革责任感”油然而生的理性主义建构态度，让中国的法治改革者在文件表述和政策传达时呈现出某种思辨的、唯理主义特点。中共中央以及全国人大及其常委会、国务院、最高人民法院和最高人民检察院等政权机关均高瞻远瞩，可以制订较完美的法制改革方案。这与其他国家（除去苏联）的情况明显不同，既不同于普通法系国家，也有别于大陆法系国家。以立法当局对法律体系的认识和实践为例，1997 年中共十五大明确提出建设“建设法治国家”“到二〇一〇年形成有中国特色社会主义法律体系”，中间只有短短 13 年时间，但从上到下，从未有人对立法者从事和完成法律体系建设的能力手段产生过质疑。立法者们也确信自己经过不懈努力必将完成自足圆满的法律体系的目标。而按照中国立法机构对法律体系的理解——一个国家所有法律规范依照一定的原则和要求分类为不同的法律部门而形成的有机联系的统一整体，唯有采取理性主义建构态度，才可能不仅在数量上完成拟议建成的法律体系，而且实现对应由法律调整的社会生活关系的充分覆盖，同时实现法律体系内容有机整合的系统性要求①。事实上，这种理性主义建构态度体现在立法、司法、行政执法以及普法等各个法治环节。从 20 世纪 90 年代起，全国人大就开始制定五年立法规划、年度立法规划；司法改革方案也以五年规划和年度计划方式公之于世；即便是司法行政部门的普法工作，也是按照中央、省、市、县、乡逐级有计划、分步骤地贯彻实施的。

诚然如此，这种理性主义建构的实践结果并不完美。以法律体系的建构为例，按照预先设想到 2010 年形成有中国特色社会主义法律体系，即便从 1978 年中共十一届三中全会提出加强社会主义民主和法制建设起算也只有 32 年，这同西方发达国家大多经历了数百年时间才形成法律体系形成鲜明反差。2011 年 3 月 10 日，全国人大常委会委员长吴邦国在第十一届全国人民代表大会第四次会议上做报告，宣布法律体系如期形成。但仔细分析报告措辞，也只是强调基本制度、主体框架已经形成，而并非体系完备无缺。法律体系是一个动态发展的体系，需要不断在解决实际问题的基础上完善和发展。而且，相对于“纸面上”的法律法规逐步完善来说，法律思维和法治理念深入人心，法律得到全面彻底实施、法律权威真正树立才是最重要的。

再看立法规划，通常认为其“主要任务和目的在于使立法工作有计划、有步骤、有目的地进行，从而使立法工作科学化、系统化”②。有学者甚至指出，立法规划源于内生性的

---

① 张志铭．转型中国的法律体系建构．中国法学，2009（2）：140－158.

② 周旺生．立法学．北京：北京大学出版社，1998：502.

需求，它适应了国家或个人对制度需求的预期和理性选择。在立法资源有限的前提下，立法规划在立法需求与供给关系中可以节约立法成本，优化立法次序，寻求立法均衡，从而实现科学立法、民主立法、有序立法和有效率的立法①。我国从 20 世纪 80 年代开始制定立法规划。1981 年经国务院批准制定了 1982—1986 年经济立法规划；1986 年国务院批准了“七五”期间立法规划。1991 年七届全国人大常委会制定了 1991 年 10 月—1993 年 3 月的立法规划。此后周期性制定五年立法规划和年度立法计划。但就 1991 年至今全国人大及其常委会立法规划的实现率来看，具有理性主义建构风格的立法规划“可行性差”“执行率低”，落实情况并不理想。七届全国人大常委会立法规划（1991 年 10 月—1993 年 3 月）项目中，一类项目共 21 件，已审议 13 件，占比 61.9%；总项目为 64 件，已审议 15 件，占比 23.4%。八届全国人大常委会立法规划项目中，一类项目共 115 件，已审议 70 件，占比 60.9%；总项目为 152 件，已审议 78 件，占比 51.3%。九届全国人大常委会立法规划项目中，一类项目共 63 件，已审议 45 件，占比 71.4%；总项目为 89 件，已审议 56 件，占比 62.9%。十届全国人大常委会立法规划项目中，一类项目共 59 件，已审议 39 件，占比 66.1%；总项目为 76 件，已审议 43 件，占比 56.6%②。十一届全国人大常委会立法规划项目总共 64 件，其中一类立法项目 49 件，二类立法项目 15 件，实际立法中属于立法规划项目占比仅为 47.62%，这说明立法规划对实际立法的影响力逐届减弱，立法规划的实施率和科学性有待提高。究其原因，主要有以下几个方面：(1) 立法规划制定后，社会客观情势发生了重大变化，导致立法规划中原定的某些立法项目的紧迫性或必要性发生改变，使其不具备制定条件。(2) 立法规划编制科学性不足，立法调研和立法预测不够，部分立法项目脱离客观实际，未经筛选和充分论证，重点不突出，随意性较大，在编制立法规划时“盲目上马”，同时体系设计不甚合理，立法项目之间及立法项目和现行法律、法规之间既有交叉重叠，又有空白地带，难以立法落实。(3) 立法规划缺乏制度规范，权限归属、效力等不明确，使得已制定的立法规划没有约束力，是否实施随意性很大，相关单位或部门组织实施不够得力。(4) 立法规划制定和实施过程中过分强调部门和地方利益，存在立法“寻租”问题，发生利益冲突时，缺乏有效的协调机制，而实际立法中存在的回避矛盾、避重就轻、拈易怕难现象，在一定程度上影响了立法规划的有效落实③。

---

① 苗连营．立法程序论．北京：中国检察出版社，2001：167.

② 全国人大常委会法工委立法规划室．中华人民共和国立法统计．北京：中国民主法制出版社，2008：325-326.

③ 易有禄．科学立法规划与法律体系的完善．中国法学会立法学研究会参会论文．

其六，从制度运行角度看，中国法治是先易后难、小步快跑的渐进型法治。法治实践中，从中央到地方，从科学立法到司法改革，都审慎拟定改革方案，防范改革风险，渐次实现改革目标。

作为改革开放的总设计师，邓小平有过这样的论断："改革是中国的第二次革命"，"我们的方针是，胆子要大，步子要稳，走一步，看一步"①。改革就是难事。每项改革都是人们利益的重新调整，都会受到既得利益者显性或隐性的反抗。在过去40年的法治变革当中，中国政府和民众恰当地发挥了传统的实践理性精神，没有强行突破改革开放前初步定型的路线政策、法律制度，而是通过"放权让利"，鼓励人民群众的创新精神，大搞"增量改革"。

所谓"先易"和"后难"其实都是相对的。无论经济体制改革、政治体制改革、文化体制改革还是法治改革，都是一个相当长的、复杂的历史过程，或者说是一项系统工程，实际改革中应该首先明确目标，尽快组织专门班子，对改革方案进行系统研究和设计，细分成许多个改革单元，一个一个、一步一步地解决、推进。有些事比较简单，可以马上办，例如反腐败交给党的纪律检查委员会、人民检察院和政府监察部门，信访交给司法行政部门，这样小步快跑、不停步地改革，最终取得了良好的效果。根据经验观察，这种策略可以有效避免改革走过场或者"大呼隆"式改革，也可以避免欲速不达的情况。

当然，上述做法在实践中并不总是能达到良好的效果。在改革开放初期法治基础薄弱、法律体系尚不完备的条件下，我们提出了要"摸着石头过河"，先探索实践、试点试验，改革成果经过检验后，再通过立法予以确认。这种政策推动型的改革在当时特定历史条件下有其合理性和必要性，也发挥了积极作用。但随着依法治国基本方略的全面落实，实践先行立法附随的改革模式也日益显现出弊端。第一，改革中一味埋头拉车，不去抬头看路，发现"石头（困难）大了就绕着走"，回避紧迫的矛盾和困难，却积累了后患矛盾，导致最后积重难返，也可能错过立法和法治改革的最佳时机。例如，劳动教养方面的行政法规实行了五六十年，到后来其不利于人权保障的一面愈演愈烈，但直到2013年十八届三中全会才决定废除。又如关于计划生育的规定，中国自1980年开始实行一胎化生育政策，当时声明30年后政策可以做相应改变。尽管有专家从人口学、经济学、历史学、社会学、统计学、遗传学、法学、医学等多角度对该政策予以反思和批评，但由于制度惯性等多方面因素的阻碍，直到2013年才正式推行单独两孩政策，2016年才正式实施全面二

① 邓小平文选：第3卷．北京：人民出版社，1993：113.

孩政策。第二，改革与法治长期处于紧张状态，在一定程度上损害了法律的权威性，并导致“改革就是要突破现有法律”的认识误区，一些人打着改革的旗号理直气壮地绕开法制，甚至冲击法治。随着中国特色社会主义法律体系的形成和各方面制度体系的成熟，我们有条件也有必要从政策推动改革转变为法治引领改革，实现改革决策与立法决策的协调同步。立法不仅仅是对实践经验的总结，更要通过立法转变顶层设计、引领改革进程、推动科学发展；立法不仅仅是对实践的被动回应，更要对社会现实和改革进程进行主动谋划、前瞻规划和全面推进①。

其七，从绩效评估角度看，中国法治是注重实践、不断试验和总结经验、以点带面的学习型法治。

法治是规则之治，法律是一种能建立确定预期的正式制度，其主要功能在于建立和保持一种可以大致确定的预期，以便利人们的相互交往和行为。中国法治改革的实际过程是：反复试验、不断学习、抓住机遇、持续调整。这种情形可以形象地概括为“摸着石头过河”，其本质上是一种中国式实用主义，即为了灵活应对外界的不确定性，行为主体必须不断尝试各种方法、步骤和组织机构，以适应具体环境，从而找出与可行性成本相符的适用政策。这是在理性主义建构前提下采取的有机的、试错的、缓进的发展模式，从而导致中国具体的改革试验很少具有整体配套改革的特征，而更多是一种分期分批的改革过程。这种做法的好处不在于统一性而在于开放性。从中国当代的法治实践看，法律试行是消解法律保守性与创新性之间张力的有效办法。如同有些外国人难以理解中国改革将经济中的大胆实验与政治上的稳健发展巧妙结合起来一样，在必须具有能对抗事实变更的预期稳定性的法律领域中，充满了实验主义精神，是中国法制改革中的特点和优点。法律试行，在内容上包括立法、司法、执法几大领域，形式上则包括法律试行、暂行和区域（单位）试点多种办法。从经济学角度看，由法律试行而发生的法律创新主要是法律主体“边干边学”的经验积累过程，它可以汲取经由反复试错而来的学习收益、反思收益、决策主体多元化收益、体系化和日常化收益等②。

以立法为例，如果从1949年公布的《海关总署试行组织条例》及1950年公布的《契税暂行条例》算起，法律试行在新中国已经存续了近70年。数以百千计的试行、暂行法律法规，特区立法、特别行政区立法以及中国（上海）自贸区立法，构成了波澜壮阔的法

---

① 王乐泉．从摸着石头过河走向法治引领改革．在第九届中国法学家论坛上的讲话，2014－09－04.

② 冯玉军．法经济学范式．北京：清华大学出版社，2009：374－380.

治实验运动，其效果是非常显著的。但需要指出的是，法律试行及其关联现象也可能引起法治变革的如下矛盾和紧张关系：第一，在法律的变与不变、创新与保守、稳定性与灵活性之间存在着深刻的矛盾——既要紧跟时代的脉搏，进行必要的和有效的法律创新（改革），又必须避免因法律试行或者频繁地“修改完善法律法规”而难以建立法律的预期和权威，甚至破坏本来法律所要保证的已经建立的社会预期。大量试行法在给人以除旧布新印象的同时，其多数只开花不结果，迟迟不具有确定的法律效力，容易造成人们观念上的混乱①。第二，为适应社会根本性变革的需要而颁布的试行法律，常常引起上下位法之间、平位法律效力关系的紊乱。例如，我国地方性破产法规和《国有企业破产法（试行）》公布时，国有企业法和公司法均未制定，相关配套措施也不到位，导致企业改革中的债权债务机制改革严重滞后，经济效益不能依法实现。有时因法律试行还会发生违宪问题，例如我国《宪法》(1982 年）曾经禁止土地使用权转让，至 1988 年 4 月七届全国人大才通过关于土地使用权的宪法修正案，但以深圳特区为代表的一些省市允许土地使用权转让的法律条例却已经实施了很长时间。第三，法律试点地区（如经济特区、沿海开放城市、计划单列市等）或单位内部的权利义务关系与其他地区不同，同一种行为产生不同的法律后果，往往导致人们利用地区差异合法“寻租”。这种人为的不公平以合法的形式存在，对于法律的尊严构成了挑战。加之社会过程具有不可逆性，法律试行的错误就会产生深刻持久的不良影响。第四，法律的成熟与完备总是相对的，试行措施在实践中往往具有长期化和固定化的倾向。如果不能从法理上予以清晰解释和说明，或者从制度上（主要是立法法、行政法规制定程序条例、规章制定程序条例等程序性法）加以解决，当法律试行成为恒常性制度时，规范的稳定性和可预测性必然遭到减损。第五，法律试行的主体（即立法者）是权力机关的“委任立法者”，实践中常常是由国务院及其所属各部委担纲，由行政机关制定的各种暂行条例和试行法规约占试行法律总数的 95%以上。因此，试行法律在实践中往往还具有部门化、本位化和垄断化的倾向。许多试行规定在立法之初，就深深地打上了行政干预的烙印，其典型表现是试行规章中的强行性规范条款数量远多于任意性规范条款，管理性规范条款数量远多于平权性规范条款，从而出现了地方立法只强调地方利益、行业立法只强调行业企业效益而不管不顾国家整体利益和公民利益的局面。第六，法律作为具有普遍性和强制性的行为规范，要求逻辑上首尾一贯和效力上范围明确，否则在适用于具

---

① 有些暂行法律的实施期限长到超出一般预想的程度，例如 1951 年 6 月 8 日公布的《保守国家机密暂行条例》至 1988 年实施了 37 年之久。

体案件时就会遇到无所适从的困难。法律试行通过授权立法、暂行措施和正当性追认等技术手段来缓和上述紧张关系，这是可行的，但仍不充分。立法和法律试行的权限划分及程序步骤应该进一步立法，使之合理化、制度化，在规则变更和规则不完备的情况下，法律系统就会失去自我依据的完整性。此外，有必要完善发现、补充和修改具体规范的法律解释，而后者是以法官的良好职业素养和独立审判为前提的①。

其八，从价值目标角度看，中国法治是追求公平正义与社会和谐的社会主义法治。中国法治之所以带有浓厚鲜明的意识形态属性，同中国近代以来的积贫积弱的历史有关，同经济社会发展极不平衡的特殊国情有关，只有社会主义才能救中国，只有社会主义才能发展中国，这个真理性认识的凝结构成中国法治的底色。

毫无疑问，法治中国的建设具有明确而浓厚的意识形态属性，这是中国法治不同于西方资本主义法治的核心特质。“我国的法治和依法治国，是从中国国情和实际出发，立足于社会主义初级阶段，具有中国风格、中国文化和中国特色的社会主义法治。我们走的是一条坚持中国共产党领导、人民当家作主和依法治国有机统一的法治发展道路。它同时也意味着我国已经拥有了严谨的、科学的、系统的中国特色的社会主义法治理论，有自己独立的话语体系，从而破除了西方在法治理念上的话语霸权。”②

公平正义是社会主义理论体系和国家制度的核心价值追求，也是社会主义法治的核心价值追求③。公平正义的基本含义是：（1）国家尊重和保障人权，“给每个人他应得的”，保证所有社会成员，不论其年龄、性别、民族、地域、文化程度、职业、身份、贫富等状态，在法律地位和权利义务方面一律平等。（2）公正合理地调整利益关系，在公平正义理念和和谐精神的指导下，实现各个阶层、群体利益的最大化。（3）通过公正高效权威的社会主义司法制度，维护人民权益，让人民群众在每一个司法案件中都感受到公平正义。坚持公平正义的价值追求，就要尊重每一个人，维护每一个人的合法权益，在自由平等的条件下，为每一个人创造全面发展的机会。如果说发展经济、改善民生是政府的天职，那么推动社会公平正义就是政府的良心④。

---

① 冯玉军．法经济学范式．北京：清华大学出版社，2009：380－381．

② 中共中央政法委员会．社会主义法治理念读本．北京：长安出版社，2009：6－7．

③ 习近平总书记2014年1月7日在中央政法工作会议上讲话强调：“要把维护社会大局稳定作为基本任务，把促进社会公平正义作为核心价值追求，把保障人民安居乐业作为根本目标，坚持严格执法公正司法，积极深化改革，加强和改进政法工作，维护人民群众切身利益，为实现‘两个一百年’奋斗目标、实现中华民族伟大复兴的中国梦提供有力保障。”

④ 温家宝：“公平正义是社会主义国家制度的首要价值”．(2008－03－18)［2016－02－25］．http：//www.china.com.cn/2008lianghui/2008－03/18/content_12946346.htm．

社会和谐稳定是社会主义法治的基本任务。相对于人治而言，法治是现代文明的产物，是国家形态由传统走向现代的标志。一个不实行法治的国家不可能是现代化国家。国家主要以法律手段来治理国政和进行社会管理，只有社会生活的基本方面和社会关系纳入法制的轨道，国家权力的行使和社会成员的活动处于严格依法办事的状态，社会调控和管理才能摆脱随意性和特权，经济、政治、文化和谐发展与社会全面进步才有基本的秩序保障，整个社会才能既充满活力又和谐有序，成为一个民主法治、公平正义、诚信友爱、充满活力、安定有序、人与自然和谐相处的社会。

从法制改革的实现方式角度看，追求公平正义与社会和谐的崇高价值，首先体现为经济社会法制的先行发展，私权保护和市场法律秩序日益完善，社会公益和民生立法不断发展。以1979—2009年的立法实践为例，民商法、经济法、社会法和涉及经济管理的行政法，占全部已制定法律的80%以上（见表1）。

表1 中国制定的各类法律的数量和比例（1979—2009）

年代	总量/件	宪法及宪法相关法		行政法		刑法		民商法		经济法		社会法		程序法	
		数量/件	比例/%	数量/件	比例/%	数量/件	比例/%	数量/件	比例/%	数量/件	比例/%	数量/件	比例/%	数量/件	比例/%
1979—1989	96	30	31	28	29	2	2	12	13	17	18	2	2	5	5
1990—1999	138	21	15	49	36	3	2	23	17	29	21	9	7	4	3
2000—2009	140	12	9	44	31	6	4	29	21	37	26	8	6	4	3
总计	374	63	17	121	33	11	3	64	17	83	22	19	5	13	3

资料来源：根据中国法律年鉴等相关数据资料制作。又参见：朱景文．中国法律发展报告2010：中国立法60年——体制、机构、立法者、立法数量．北京：中国人民大学出版社，2011.

我国于1979—2009年制定的全部374件法律中，宪法及宪法相关法63件，占总数的17%，但其所占比重下降明显，20世纪80年代占31%，20世纪90年代占15%，21世纪前10年占9%；行政法121件，占比33%，其中有很大部分属于经济管理方面的法律；刑法11件，只占全部法律数量的3%；民商事立法在改革开放前的30年只制定了3件，改革开放后无论在绝对数量还是在比重上都急剧增加，由20世纪80年代的13%，上升到20世纪90年代的17%，21世纪前10年又上升到21%；经济法所占比重在改革开放后的上升趋势也较为明显，由20世纪80年代的18%，上升到20世纪90年代的21%，21世纪前10年的26%；社会法共制定19件，占5%，其中20世纪80年代2件，占2%，20

世纪90年代9件，占7%，21世纪前10年8件，占6%；程序法领域共制定和修改法律13件，占3%，是各部门立法中比重较小的。

追求公平正义与社会和谐的崇高价值，还体现为国家与社会之间的良性互动。国家与社会的关系是政治哲学与法学长期关注的经典问题。西方的讨论主要围绕“国家与civil society”展开，并产生了诸多理论模式。20世纪90年代初，市民社会理论以及“国家与社会”分析范式开始在中国学界勃兴，该理论认为，伴随着中产阶级人数占全部人口比例的日益提高，中国应当自觉地为市民社会与国家之间的良性互动创造条件和基础，实现国家与社会间良性的结构性安排以及这种安排的制度化①。在成就与危机中启动的全面深化改革的目标是：(1) 在国家领导体制和政治制度层面，全面推进依法治国、加快建设法治中国，推进国家治理体系和治理能力现代化，使权力运作法治化、程序化、透明化。(2) 在国家与社会关系层面，党和国家从更多的社会领域中退出，依法设定国家机关的权限范围和运作方式，合理划分中央和地方事权关系和支出责任，扩大人民有效参与国家公共事务的通道，通过发展人民民主、完善法治以及保障个人权利等为国家重新奠定正当性基础。(3) 在社会建设层面，继续发展社会主义市场经济，建设社会主义新农村，创新社会治理，激发社会组织活力，创新有效预防和化解社会矛盾体制，健全公共安全体系，形成有序、自治与公正和谐的社会。

追求公平正义与社会和谐的崇高价值，更要体现为社会保障制度的不断完善，让发展成果更多更公平地惠及全体人民。实践中，通过解决好人民最关心、最直接、最现实的利益问题，建立更加公平、可持续的社会保障制度，成为党和政府的核心责任。这方面的主要措施包括：在广大城乡全面推行社会统筹和个人账户相结合的基本养老保险制度、基本医疗保险制度，建立和完善城乡最低生活保障制度②和住房公积金制度，健全促进就业创业体制机制，完善以税收、社会保障、转移支付为主要手段的再分配调节机制，等等。2015年10月发布的十八届五中全会《中共中央关于制定国民经济和社会发展第十三个五年规划的建议》提出2020年我国现行标准下农村贫困人口实现全部脱贫的目标。中央扶

---

① 邓正来，景跃进．建构中国的市民社会//邓正来．国家与社会：中国市民社会研究．北京：北京大学出版社，2008：1-20；邓正来．国家与社会：回顾中国市民社会研究//张静．国家与社会．杭州：浙江人民出版社，1998：263-302.

② 最低生活保障线也即贫困线。凡是中国公民，只要其家庭人均收入低于当地城乡居民最低生活保障标准，均有从当地人民政府获得基本生活物质帮助的权利。“城市低保”包括国有企业下岗职工基本生活保障、失业保险和城市居民最低生活保障等“三条保障线”；“农村低保”对象主要是因病残、年老体弱、丧失劳动能力以及生存条件恶劣等原因造成生活常年困难，家庭年人均纯收入低于当地最低生活保障标准的农村居民。

贫开发工作会议和《中共中央国务院关于打赢脱贫攻坚战的决定》则对完善面向贫困人口的医疗救助制度、实行农村最低生活保障制度兜底脱贫、健全“三留守”人员和残疾人关爱服务体系等做了周密部署①。从目前各方面的工作情况来看，经过艰苦不懈的努力，2020年全面脱贫的目标能够实现。

需要强调的是，党的十八届四中全会提出了全面推进依法治国的数十项重要举措，希望借以推进社会主义法治体系和法治国家建设。但是，这轮改革面临的困难之大、问题之多也是空前的。例如，在政治制度领域要解决权力过度集中和权力“寻租”（贪污腐败）问题；在政治权力与市场之间、国家与社会之间要划定边界，在缩小国家权力空间的同时推进治理能力的提高；采取合适的进程与步骤，避免重蹈苏东国家和中东阿拉伯国家“颜色革命”的覆辙，即因大规模民主化导致国家、社会失控；重组和优化国家领导体制和治理体系，维护社会总体上的和谐稳定，避免城乡之间、沿海与内地之间、不同地区和阶层之间的利益失衡与断裂；借助社会主义公有制的基础，同时推进政治民主与经济民主建设，促进政府治理和社会自我调节、居民自治良性互动，协调社会财富的初始分配和再分配，构建一个党委领导、政府主导、社会各方面积极参与的社会救助、保障、福利制度体系，实现“人”的现代化，避免官民矛盾、贫富差距、食药风险、生态危机等造成社会倒退②。毫不夸张地说，这些危险已经成为法治中国发展乃至国家富强文明的重大挑战。

三、结语

英国哲学家伯特兰·罗素在其1928年所著《怀疑论集》中曾说过：“中国是一切规则的例外。”③ 我们且不去管他是否在刻意贬低中国，他至少提醒我们，在中国进行法治建设，其困难不是构建西方式法治的困难。由于问题、语境和背景的“例外”，中国既无必要也不可能建成西方式的法治，而只能建成中国式的法治，也即法治中国。

诚然，法治作为一种国家治理模式，是社会文明发展到今天最能体现全人类价值追

① 习近平在中央扶贫开发工作会议上指出：“消除贫困、改善民生、逐步实现共同富裕，是社会主义的本质要求，是我们党的重要使命。全面建成小康社会，是我们对全国人民的庄严承诺。脱贫攻坚战的冲锋号已经吹响。我们要立下愚公移山志，咬定目标、苦干实干，坚决打赢脱贫攻坚战，确保到2020年所有贫困地区和贫困人口一道迈入全面小康社会。”http：//www.agri.cn/V20/ZX/nyyw/201511/t20151130_4917779.htm.

② 江兴景．法治的中国语境与当代使命：国家与社会的视角．中外法学，2009（6）；王绍光．安邦之道：国家转型的目标与途径．北京：生活·读书·新知三联书店，2007：536-537；孙立平．断裂：20世纪90年代以来的中国社会．北京：社会科学文献出版社，2003.

③ 罗素．怀疑论集：上．严既澄，译．北京：商务印书馆，1933.

求、协调处理社会关系、配置社会资源、维护社会秩序的一整套制度体系及其实践。但就其起源和各国的实践来看，它又是一种“地方性知识”，从来没有统一的标准和模式。时至今日，不仅当代西方各国运行中的法治已同古希腊罗马传统大相径庭，而且各国之间的法治也基于不同国情、历史传统和特殊社会背景而存在很大差异。近代以来，欧美国家逐渐发展出不同的法治模式：英国“法的统治”（rule of law）模式、德国“法治国”（rechtsstaat）模式、法国“合法性”（legalite）模式、美国宪政分权法治模式。以美国法治模式为例，伴随着20世纪以来“美国霸权”的持续影响，世界各国唯美国式法治马首是瞻。尽管不少人赞赏美国人将法治理解为保护人权、实现自由、限制权力、诉讼救济的一整套实体与程序兼备的制度和实践体系，但若要简单照搬美国式法治到中国，显然不行。

笔者认为，任何现实而良善的法律都是在实然和应然中找寻和谐与平衡。除了前文已经提及的重要建议外，未来法治中国建设与发展的任务还有：政府权力运作公开透明、信息公开；积极吸纳、整合本土资源，实现中华法制创新；法律规则及其运作必须与本土生活相适应；法律制定和实施必须有助于实现基本人权；平等保护公民、法人的财产权利和人身权利；避免意识形态干扰，推进具体法治；彼此靠拢，避免政治家的法治决策与学术研究和建言方案相互脱节。这样的法治，应该是一个开放的、民主参与的、不断试错的法治，是多元统一、合理均衡的法治。

只要我们脚踏实地，坚守法治理念和法治精神，总结和吸取我国近40年来民主法治建设的经验教训，就会为人民共和国的百年法治梦奠定坚实的基础，开启美好的未来。

参考文献

[1] 邓小平文选：第2卷.2版.北京：人民出版社，1994.

[2] 习近平.在庆祝全国人民代表大会成立60周年大会上的讲话.人民日报，2014-09-06 (2).

[3] 林尚立.协商民主是我国民主政治的特有形式和独特优势.求是，2014 (6).

[4] 高全喜.法制变革及“中国经验”.中国政法大学学报，2009 (2).

[5] 游劝荣.法治成本分析.北京：法律出版社，2005.

[6] 冯玉军.法律与全球化一般理论述评.中国法学，2002 (4).

[7] 张志铭.转型中国的法律体系建构.中国法学，2009 (2).

[8] 周旺生.立法学.北京：北京大学出版社，1998.

[9] 苗连营．立法程序论．北京：中国检察出版社，2001.

[10] 邓小平文选：第3卷．北京：人民出版社，1993.

[11] 易富贤．大国空巢：走入歧途的中国计划生育．北京：中国发展出版社，2013.

[12] 冯玉军．法经济学范式．北京：清华大学出版社，2009.

[13] 中共中央政法委．社会主义法治理念读本．北京：长安出版社，2009.

[14] 罗素．怀疑论集：上．严既澄，译．北京：商务印书馆，1933.

中国特色社会主义法学话语体系研究反思

——以“党内法规”话语为例*

廖　奕**

【摘　要】就法律话语理论发展而言，严格意义上的法学话语研究极为必要。法学话语具有形式多元、去权力导向和情感主义等特征，对其体系化的研究应遵循历史实践逻辑。此种逻辑，在以“党内法规”为代表的中国特色社会主义法学话语的流变中可得到实证。党内法规体系话语的勃兴，反映了当下中国法治意识形态和法律治理过程的全面深化。然而，大量的相关研究忽略了法学话语的历史语境和限制条件，在学科体制的规训下难以发挥真正的理论引导功能。中国特色社会主义法学话语体系的构建，应当在更广阔的历史条件论述中推进，形成新的分析框架，重视对理论策略问题的讨论。

【关键词】法学话语；党内法规；政法话语；法治意识形态；历史实践

作为一个历史悠久、资源丰富的法理大国，中国的法学话语就像一处神秘的富矿，其价值举世公认，但开发颇为艰难。近代以降，中国人的生活方式、社会习俗、文化习惯乃至思维结构都发生了巨大变化。面对一座年代久远、地形复杂、蕴藏丰富的“矿山”，当代中国法学话语研究如同地质勘探，只有全面考察了标本的时空演变、“地形结构”，精准探测“话语矿藏”的类型和分布，才能对其能否开掘以及如何开掘提出专业意见。

---

* 本文原刊发于《法学家》2018年第5期。

** 廖奕，武汉大学法学院教授。

出于不同的观察，法学话语的“考古学”意见并不一致。一派认为，中国传统律学与经学的有机交融，形塑了中国独特的法文化范式，虽受西方冲击，但未彻底坍塌，因而恢复重建不仅必要，亦属可行。而相反的一派则认为，即使曾经存在中华法系话语系统，但它在外来思潮的强力冲击下，已经支离破碎，很难复原，故而现今中国法学话语体系的重建不能罔顾“西化”的事实。这两派都不否认，学习借鉴西方的法学话语，是近代中国的时务所需。但对法律移植的必要程度认识，两派又有殊难调和的分歧，对中国法学格局存有不同的判断，出现“西学普世”和“国情特色”的长期对峙。在继往开来的时代关口，中国法学究竟是以本土留存的话语系统为主导，还是坦然接受“西化”现实，亦步亦趋惯行下去？抑或，在中西二元对立之外发现“第三条道路”，来一个路线图的方向调整或重新规划？沿此问题，本文试以“中国特色社会主义法学话语体系研究”为反思对象，通过法学话语的概念分析，揭示内在的谜题和悖论，继以“党内法规”话语为例，探讨当前研究忽略的原初语境和限制条件，最后提出法学话语分析框架可能的更新思路及策略问题。

一、法学话语：为何研究与如何研究

“话语是一个棘手的概念，这在很大程度上是因为存在着如此之多的相互冲突和重叠的定义，它们来自各种理论和学科的立场。”[①] 法学领域的话语研究缘起于语言学、社会理论与法学理论的交叉，具有跨学科的特点。它并不构成法理学、法哲学或法律理论的主流，但需要以主流学术话语为样本进行批判分析。一方面，法的故事讲述体现了打破学科界限的方法论需求，随着女权主义、种族主义、后殖民主义等叙事的流行，法律话语的文化及政治研究蓬勃发展[②]；另一方面，既成定式的法律话语研究议题，如法律语言、法律论证、法律修辞、法律民族志等，依然地位牢固。在“法律东方主义”的影响下，法学领域的话语研究循着西方中心的帝国想象，热衷于用主流理论解读非主流问题。虽有学者对法律话语研究范式进行反思批判，但只是将之作为一种笼统的政治言辞加以批判，并未深及对法学预设立场的深度省察[③]。

---

① 诺曼·费尔克拉夫．话语与社会变迁．殷晓蓉，译．北京：华夏出版社，2003：2-3.

② Delgado R. When a story is just a story：does voice really matter？．Virginia Law Review，1990，76（1）：95-111；Volpp L. Feminism versus multiculturalism. Columbia Law Review，2001，101（5）：1181-1218.

③ 例如，格伦顿（Mary Ann Glendon）将美国式权利话语的显著特征描述为：对于绝对而张扬的形式化的偏好，对于责任的近乎失语，对于个人独立和自我满足的过度忠诚，通常在无视市民社会中间群体的情况下关注国家和个人，毫无愧意的偏狭，等等。但她并未将法学权利话语的知识生产主体及机制问题作为其研究的中心。（格伦顿．权利话语：穷途末路的政治言辞．周威，译．北京：北京大学出版社，2006：18.）

（一）从法律话语到法学话语

批判的话语，终归取代不了话语的批判。在过去几十年间，学者们对法律话语的抽象研究已表达出各种不满。由此而生的反叛运动所倡导的思想体系，被学者称为“语境论”。这个更为复杂的思想体系认为，法律话语应关注受其影响之人的具体生活①。立法者、法官、律师的“同情”，与法学家的“良知”一样，都需要主体对自身意识形态和其他限制条件保持清醒的认识。特别是法学家自我批判意识的薄弱，凸显了意识形态的强大惯性以及话语生产体制的异变僵化。没有对深层社会疾病的诊疗，法学家难以生产出真正有温度的法学话语。从法律话语研究中，一个新的关键词——“同情心”（empathy）——开始频繁地出现在批判法学研究、女性主义法学和“法律与文学”的研究作品中。此种研究趋向表明：就法律话语理论的推进而言，严格意义上的“法学话语”研究极为必要。问题在于，如何区分传统的法律话语研究与新近的法学话语研究？何为严格的“法学话语”？在当前话语研究的研究话语丛生芜杂的境况下，这些的确都是必须认真对待的“前题”。

须知，话语本身带有多元性，由此产生难以克服的类型化困境。法学与法律、法治等概念的天然亲缘，也决定了将它们严格进行分离的做法几近幻想。所幸的是，区分不等于分离，理论上的界限分析与实践中的功能耦合并不矛盾。与法律话语类似，法学话语也是多元主体博弈的社会实践产物，并非法界精英的专利。对此，马克思在《〈黑格尔法哲学批判〉导言》中有精彩的论述：“批判的武器当然不能代替武器的批判，物质力量只能用物质力量来摧毁；但是理论一经掌握群众，也会变成物质力量。”② 在为主流法学所忽略的“法律与社会运动”理论中，法律话语的微观动员过程得到了比较充分的实证研究③。此种进路的重要启示在于：法学话语的形成并非源于人与文本的机械作用，而是人们现实的社会互动。除了审判法庭、大学教室空间的话语交谈，法学话语在经济、政治、文化、社会等场域都会出现。各式各样的法学话语，大部分内容会被海量信息流冲淡淹没，成为无关紧要的历史踪迹或反光碎片；留存在主流学术系谱、政治国家记忆和公众话语图像中的，只是少数。法学话语的原材料生产和前期加工，多由法政精英提供并完成。有明确作者的法学话语生产活动，我们可称之为“法学家的文本生产”，其前提是对历史资源的优势占

---

① Massaro S T M. Empathy，legal storytelling，and the rule of law：new words，old wounds？. Michigan Law Review，1989，87（8）：2099-2127.

② 马克思恩格斯选集：第1卷．3版．北京：人民出版社，2012：9.

③ Benford R D，Snow D A. Framing processes and social movements. Annual Review of Sociology，2000，26（1）：611-639.

有和初次消费。法学话语的再生产和二次消费，则以实务法律人、社会大众和非资深学者等作为主体。在特定的社会连带关系中，不同主体位置的法学话语生产和消费活动无形中变成了一个有机整体。

对此隐蔽的秩序加以整体分析，探明理论话语背后的资源动员或政治过程，开辟了法学话语研究的新视角。它与马克思强调的理论具有强大物质力量的观点颇具契合之处。作为精英话语的法学话语要想掌握群众，必须对自身固有的精英立场进行颠覆性的翻转，产生内部革命性的质变。只有如此，新理论才能在大众社会的新时代真正说服群众，产生现实的强大力量。循此理路，“法学话语”的概念边界可以得到初步界定。

（二）法学话语的独特意涵

与法律话语的规范表达不同，法学话语在形式上更为多元。法学研究的对象首先是“法”，其次才是“法律现象”。“法”包含着万事万物的联系，通过语言表达有关权利和正义的知识与智慧，形成了“法学”的原初本相，也框构了法学话语的核心内涵。在人类文明的原初语境中，人们对法意的表达，可以不同的理性方式完成。基于不同的法理立场和取向，纷纭多样的法学话语得以涌现。代表真理的“大写”法学，承载着意识形态传输、国民心性塑造的重任，通过宏大叙事构建治理规则的认知图式。信奉公理的“中观”法学，通过价值中立的策略谋求科学知识话语权，以中型叙事、中层理论等策略建构专业术语系统，有意拉开与政治、道德话语和大众、情感话语的距离。看重情理的“小微”法学，通常散布在日常生活空间，以社会公共空间为场域，以碎片化的话语群为载体，以民间习惯规范为资源，以五花八门的“话语术”为武器，通过戏谑、反讽、质疑、揭发等方式展开权利抗争。此种沉积在社会底部的法学话语，或可被视为沉默大多数的另类书写。

与法治话语的权力导向不同，法学话语在效果上并不追求规范的治理。法学话语内蕴自生自发的秩序，但不论外在规则如何，自由的表达、丛生的歧义、无止的纠葛，始终是维系其生机的奥义。相比而言，法治话语更多属于大写的法学话语得到治理主体认可后的产物。它不仅需要由法学话语到法律话语的加工淬炼，而且还离不开对法律话语治理效能的实践评估。法治话语并不需要遵照理论逻辑，更不能掺杂过多的情感因素，它在本质上属于政治战略层面的理论工程，与法律的社会实践紧密相关。而法学话语需要以人们对社会生活的规则认知、正义同情与交互理解为原初素材，虽然客观上也会产生所谓的话语权问题，但知识与权力的界限并不会就此消泯，尤其是承载生活智慧的法学话语，如法律格言、警句等，随时可被召唤出来，因应当下需要，衍生新的意涵。

与法理话语的理性本位不同，法学话语具有或深或浅的情感主义特征。法学话语不排斥法情感的自然渗入和公然输出，甚至，越是在现代化的理性文明发达之际，情感主义的要求越是在法学话语中高烈度地凸显。正是基于天然的欲望、需求、正义感、同情心，抽象、高远的法理才能得到具体入微的生动阐释，形成仪态万千的学说总汇。正是通过法学话语的情感介质，法理话语与法律话语、法治话语才产生一体亲缘，抽象法与实证法、纸面法与行动法的罅隙方得弥合。

总之，法的多元性或曰法内在的矛盾、紧张、分裂，使得出自不同主体的法学话语在各自的限制条件下难以呈现体系化的外观，但社会自身的整合性、关联性需求，让最低限度的共识总是可以语境化地达成。追求规范共识的法律需要主流法学话语的智识支撑，而关注治理主权的法治也必须以国家法律话语为文化载体，它们都将问题指向了作为原初介质的法学话语。

二、法学话语研究的中国谜题

对中国而言，法学话语成为公众关心的时务课题，源起于清末变法改制引发的文化危机。千年未有之大变局，催生了中国“殖民地法学”的繁荣，反射出西学主导的时代景观，也造成了中西方在法治话语权上的激烈冲突。在早期左翼法学家们看来，“殖民地法学”的风景并不美好。他们主张中西融合，希望赓续传统，再造法理辉煌[①]。新文化运动后，西学和中学的对立逐渐打破，诸如真理、民主、科学、社会主义、权利等西方话语经过选择性吸收和学习，逐步为国人转化与重构[②]。中国文化强大的内生修复功能，让外来的法学话语在移植过程中产生了奇特的化学变化。

倘若仅是知识话语移植，与制度规范无关，那么法学家们不会那般纠结。当法学话语的革命与法律、政治乃至社会革命同步，旧世界的打碎，意味着新体系的发轫，这又是一个何其繁杂而动魄惊心的再生历程！新中国成立后，社会主义法学对新法制有奠基之功，但政治运动的扩大化，让法学多元话语遭遇寒冬。改革开放40年来，法学学术话语日渐专门化、多样化，形成了以理论法学和部门法学为主干的学科话语系统。曾经的“幼稚”

---

① 刘星．中国早期左翼法学的遗产：新型法条主义如何可能．中外法学，2011（3）：592－600.

② 金观涛，刘青峰．观念史研究：中国现代政治术语的形成．北京：法律出版社，2009：7－9.

标签，在很多法学家眼里，已变成了一种前行的动力①。法学的政治敏感、自我哀伤、故步自封，已是明日黄花。但中国法学话语原初的内生矛盾并未根本解决，取代“阶级话语”的“权利话语”正面临各方质疑。如何在一种包容性的法治战略框架下，结合大众的法律需求，提炼新的法学中心主题词，成为主流法学理论关注的前沿课题②。在此情形下，学界对中国特色社会主义法学话语体系的研究，不仅具有张扬主流的政法意蕴，同时也蕴含了“融通三统”的学术企求。如何在一个各方都能接受的超级框架下，从不同进路以各自的资源、贡献完成学术地图的升级重构，成为新时代中国法学研究的重大课题。反思喷薄而出的海量研究成果，关键也在于：其是否摆脱了法学话语的内在矛盾，形成了自洽融贯的表达体系？

（一）法学与话语的交遇及其悖论

改革开放后，快速的经济增长和整体转型，推动着法学话语主体和功能的变迁，法学家的角色逐步变成公民权利的代言人。20世纪80年代，诸多西方法律理论被重新打包引进，一时间思潮混杂。用“文化主义研究”包装的理论，受到与政治意识形态交织一体的“话语型构”（discource formation）之塑造③。既要吸纳多样化的西方学理，又要对之保持批判和警醒，没有一种合适的中介理论，殊难实现。于是，打着后现代主义、新马克思主义、西方马克思主义等旗号的理论话语，受到一些学者的欢迎。20世纪90年代后，“话语研究”在法学界成为时髦新词，成为一种将人物思想考察和文献研究方法“摩登化”的标签，同时也方便夹杂些许个人情感，让法律研究刻板的面孔得以缓和。于是，福柯（Michel Foucault）成为法学界经常引证的哲学天才，其话语分析理论成为符号标签，随处可见。世纪之交，随着全球化进程的加速，法学界对西方法学话语霸权的忧虑日重。1999年，一位北大法学院的博士研究生发表了题为《法学领域中的话语霸权》的随笔短文。这篇短文鲜明地表达了当时中国法学界对于本土化和西方化的思想迷惘，折射出中国法学研

---

① 20世纪80年代，在一次座谈会上，中国人民大学一位著名的历史学教授在发言中说，现在的情况是“经济学混乱，哲学贫困，法学幼稚”。从此“法学幼稚”就成了一些人的口头禅。但在马克思主义法理学家孙国华看来，新中国以马克思主义为指导的法学在世界观、方法论以及基本理论观点方面并不幼稚，不能把“以阶级斗争为纲”的错误指导所造成的恶果，全算在马克思主义法学的头上，但新中国的法学，在专门法律问题的研究上确实是幼稚的，因为确实产生过严重的忽视法律、全盘否定人类积累的法律文化成果的错误。在孙国华看来，用马克思主义最新成果武装中国法学，不等于不搞法律实务研究，要继续克服不重视、不研究专门法律问题，不研究具体法律手段，只关注宏观的、意识形态问题的错误思路，理论必须联系实际，实际必须有理论的指导。（孙国华．中国法学幼稚过吗？．检察日报，2008-10-20.）

② 张文显．法理：法理学的中心主题和法学的共同关注．清华法学，2017（4）：540.

③ 黄宗智．学术理论与中国近现代史研究．学术界，2010（3）：12-16.

究者夹身于学术与政治之间的复杂情绪，看似一种对旧霸权的抵抗，也像一种对新霸权的畅想[①]。出于批判西方法制的话语需要，主流法学家对“后现代法学”发出邀请，希望借此对教条化的法律意识形态有所纠偏，甚至全面更新法学研究范式，为法治探索未来[②]。

用西方的话语概念反对西方的话语霸权，这无疑是一种相当矛盾的思想状态。直至今日，此种吊诡的话语圈套依然深嵌于中国法学界当中。越是想摆脱，越是嵌得紧。当法学知识生产有了一定的积累，法学自主性的要求必会出现，但抵制西方法学话语霸权的口号并不能真正解决中国问题，反而有可能加剧思想迷惘。例如，邓正来在 2005 年连续发表的长文《中国法学向何处去》中，从学术层面系统地提出了中国法学话语的主体性问题。他的观念富有创见，提出中国法律哲学的“历史性条件”问题，倡议将“世界结构”引入反思和前瞻，在更为复杂的“中国与世界”的关系视角下描画中国法学的理想图景。但如何真正解决，他也没有给出完美的方案，最后只是将之作为“本质主义”的建构论谜题予以搁置。邓正来用一句格言式的话语结束了讨论：“当我把你从狼口里拯救出来以后，请别逼着我把你又送到虎口里去。”[③] 被他重点批评的权利本位论、法条主义、本土资源论、法律文化论等现代化范式，在转型中国的法学话语系统中并非都具有典范意义；被他批评的那些法学家们，或延续着原初的学术话语风格，或转入更具实践性的法律研究领域。关注世界结构的中国法学话语远未形成规模生产，遑论大众传播。在方法论上，法哲学的理想建构与严格的法学话语研究不在一个系谱，用西方社科自主性理论很难精准回应中国法学的话语矛盾问题。

（二）破解谜题的思路探寻

上述中国法学研究中的“话语”悖论，本身就是值得追问的话语事件。站在精英立场，比较一致的诊断结果认为，当前中国法学话语明显而严峻的问题在于，西化过度，中国化不足，有“失根”的危险。对西方法学话语霸权的警醒非常必要，它提示我们必须矫正脱离国情的胡乱比较、生搬硬套的机械移植以及脱离本土语言和文化传统的名词制造，从而增强文化自觉与自信。但如何才能增进法学家的话语自主表达、特色塑造和有机转化能力？这不是一个单纯的理论问题。盖因法学家的角色具有多重性，其话语受众较一般哲学社会科学的研究者更广泛且不确定，像古罗马的西塞罗（Marcus Tullius Cicero）那样

---

① 吕艳利．法学领域中的话语霸权．研究生法学，1999（4）：79.

② 信春鹰．后现代法学：为法治探索未来．中国社会科学，2000（5）：59－70.

③ 邓正来．中国法学向何处去（续）：对梁治平“法律文化论”的批判．政法论坛，2005（4）：71.

的集政治家和思想家、法学家和法律家、辩护人和演讲家于一体的法政精英，在分工日趋精细的当今社会大有绝迹之势①。

更现实的缘由在于，在当前法学学科体制下，话语悖论的产生几乎难以避免。比如，画地为牢的学科疆界对法学话语的博弈沟通形成掣肘，致使法学研究贵族化、议题偏狭化、争鸣肤泛化。法律理论话语与法律部门研究、法律实践话语的脱节愈发严重，甚至有人发出“法理学死亡”的盛世危言②；而作为拯救方案的法学理论实证转向，一方面显示出“大写法学”风光不再，另一方面又表现出“新方法”在解构与建构、个案与整体上的虚妄对立——单纯的规范研究或经验研究，不仅严重制约了大众社会的法律认知，亦使精英内部的法理沟通更加困难。中国本土的法学话语长期被封闭在法律史研究的狭小魔盒里，虽有少数学者辛勤开掘、勠力耕耘，但整体成效并不可观。注释法学的表达方式在日渐科学化的同时，仍沿袭着对政治话语和道德话语的套用路数，比较研究视野局限于西方法系，至为宝贵的学术批判精神未得发扬。

上述种种迫使我们追问：法学科学化的学科规训与法学大众化的社会要求，此二者如何才能达成均衡？在当代中国法学的迷乱格局下，如何克服主流话语与边缘话语、本土话语与外来话语、政治话语与学术话语、精英话语与大众话语等二元对立，在一个涵摄多元的超级框架下描画出新的法学话语体系？这就需要我们进一步反思分析法学话语的限制条件，破解二元对立的思维谜题③。对法学话语的生产而言，其原初语境在某种程度上决定了研究目的、话语风格甚至细微的表达策略。

围绕限制条件，我们可以合理地推断：当前中国的法学话语研究不可能脱离意识形态的超级框架，法律话语、法治话语、法理话语与法学话语的混淆属于“体制性模糊”。法学家既是政治法律实践的谋划者，也是学术系谱的传承人，更是大众法意识的培育师。与此相关，当前中国法学话语研究的风格/类型包括：第一，以政治话语为导向的法学系统构建。有意且有能力以此进路为其使命承担的学者，多属中国法学界的资深人物，拥有学科、学术的强大话语权，其对法学、法律和法治话语体系建构的主张，多从国家法治战略

---

① 西方法学的发展与修辞学密不可分，著名辩护人的演说经常被复写出来，以供广大公众阅读。西塞罗的例子也经常为中国法学研究者所引用，以此证明古罗马法学的繁荣发达和法律家的地位显贵。

② 徐爱国．论中国法理学的“死亡”．中国法律评论，2016（2）：189－197.

③ 经济学家林毅夫在自述其心路历程时提及，1988年回国时面对通货膨胀，他最初借助芝加哥学派的思想分析得出的结论是理性的政策是提高利率而非治理整顿。但后来，他意识到中国政府其实是理性决策主体，当初之所以采取治理整顿的策略，主要是基于国企亏损这一关键性的“限制条件”。如果单纯提高利率，那么国企将会需要更多的财政补贴，通货膨胀必将愈演愈烈。而行政手段的治理整顿，如砍投资、砍项目，虽然导致很多半拉子工程的出现，但权衡利弊，不失为理性决策。（林毅夫．固守“西天取经”得来的教条危害甚巨．北京日报，2017－08－14.）

和法学学科体制发展布局着眼，代表了中国政法一体的制度传统和话语优势。第二，以格局描绘、流派区分为主旨的法学类型化研究。例如苏力将当代中国法学的研究范式分为政法法学、诠释法学（法教义学）和社科法学三种形态。当初苏力给予厚望但边缘化的“社科法学”，近年大有走进主流之势，而被他委婉批评的政法法学则开出了新气象①。此类研究较为接近严格的法学话语界定，但与所有精英法学话语相似，它有意遮蔽了大众法文化的全景，用一种片段解释的方式剪裁出法学的“整体”格局，真正属于大众的“小微”法学话语仍沉没海底，有待打捞。第三，以部门法学学科发展为出发点的话语建构。此类研究话语秉持政法法学的基本立场，同时着眼法教义的文本疑难，关注法律适用中的技术问题，有意消融固化的学科内部界限，为广大民众生产标准化的法律概念、规则和原则话语。但由于移植知识很难转化为符合大众口味的话语，法律专家的意见总是时不时地与普通人代表的公众舆论发生激烈冲突。第四，以话语分析为方法的现实问题研究。从事此类研究的多为中青年法学研究者，较之前辈，其研究受西方范式影响更深，与国际接轨的意愿更为强烈。他们从不同的问题出发，运用各自的学科训练，努力建构界域分明、务实管用且富有个性的法学话语系统。

不难发现，在当前中国法学话语研究的图景中，本土与外来、大众与精英、政治与学术、中学与西学的鸿沟壁垒依然固执强大，“向何处去”的谜题仍旧幽暗不明。出于文化沟通的需要、知识传播的便利，不少学人将某种中国之外的“西方法学”视为先进之模板、启蒙之良师。但随着中国国力的增强，法治话语权需求不断提升——原有的“照着讲”和“接着讲”的传统法学话语模式，已不能满足学界“领着讲”的理论雄心。于是，一股寻找本土资源的复归运动，在 20 世纪 80 年代中后期开始扩散，后虽一度陷入孤独，而今又再放光彩。归根结底，此种话语的螺旋运动与转型中国的“话语国情”密切相关。既然在总体话语实力上我们尚处于“失语”或“语无力”的状态，盲目自大的膨胀后果可想而知。因而，面对西方法学话语的理性态度，不应是所谓启蒙完成后的抛弃式批判，而应是一种更成熟的同类对视，从单向度仰视转变为互文式沟通。当前中国法学话语最大的“客观实际”就是，中西二元对立渐趋消融，“你中有我，我中有你”的局面，让“中学/西学”这样的对立范畴难以辨明知识的归属。马克思主义法学的中国化进程，为此提供了有力的证明。就此意涵而言，以“中国特色社会主义”为法学话语体系的超级框架，诚属

---

① 苏力．也许正在发生：中国当代法学发展的一个概览．比较法研究，2001（3）：1－9；苏力．中国法学研究格局的流变．法商研究，2014（5）：58－66.

创新法学话语研究、走出法学话语悖论的重大课题。能否将法学学术话语从法律教条话语的束缚中解放出来，用一种平实准确的情理语言阐释法的原理，将精英的法理解读与大众的法理叙事有机结合，不仅关系到法学学科的长久发展，更是对法学话语生产者资质的检测和考核。在此情形下，围绕中国特色社会主义法学话语体系的研究具有重要意义。反思此种法学研究话语，并不妨碍我们从中得出可行的话语实践策略，为新的法理话语范式和体系的形成奠定基础。

三、作为政法话语的“党内法规”

中国特色社会主义法学需要更多的原创性概念，“党内法规”可以说是其中极具代表性的一个政法话语。“政法”是什么？这是一个比“法律是什么”更难回答的问题①。我们本可以将对此问题的解释责任落在自家人身上，但很可惜，中国本土法学在理论话语生产方面的表现并不出色，直接导致“政法法学”处于比较尴尬的状态。如果说当今中国存在一支相对独立的“政法法学”，那么很显然，其话语表达方式与之前已有霄壤之别。用苏力的话来说，近十余年来政法法学的浴火重生，大大拓展了法学学术背后的意识形态格局。他以冯象的“政法”研究和强世功的政治宪法学研究为例，试图表明：在中国，学术化的政法法学不仅可能，而且可欲，是一种正常的公共选择②。

我们不妨对当今中国政法法学的范围再加扩展。事实上，当代中国法律学术起始于“政法不分家”的对策式研究，政治和法律不仅在现实运作中难以切割，在话语生产上也逻辑相通。在中国学术研究高度建制化的背景下，官方主导的政法话语具有相对于私人学术话语的天然优势，即使某些学者特立独行，发展出标新立异且富有影响的话语范式，也很快会在支配性政法话语的选择性传播中异化流变，或者实质上就是一种主流话语的非常态诠释③。在日趋开放的信息社会，旧式政法话语逐渐消亡，取而代之的新话语势必吸纳新的智识资源，从表达方式上更注重科学的外观、文学的修辞以及政治和法律的多重正确。进而言之，“党内法规”话语的表达与实践，究竟是契合关系，还是背离状态？或是冲突后的融合走向？它能否体现出黄宗智所说的“中国法的独特思维方式”，即“结合高

---

① 侯猛．当代中国政法体制的形成及意义．法学研究，2016（6）：4.

② 苏力．中国法学研究格局的流变．法商研究，2014（5）：58－60.

③ 苏力本人就是一个例子，他的成名作《法治及其本土资源》一书针对当时的政法研究热点，运用新的研究方法，为沉闷的法理学研究打开了一扇窗，但并没有真正开启所谓独立法学研究的那扇门。苏力对法学的功能有清醒的认识，他的“谦虚”，很大程度上是基于对支配性政法话语的前提认同。

度道德化的表达以及比较实用性的实践，形成一个表达和实践既背离又抱合的统一体”[①]？在此意义上，对“党内法规”的话语分析，可作为中国特色社会主义法学研究反思的典型例证。

（一）从党规党法到党内法规：中国特色政法话语的诞生

近代以降，中国各政党秉持不同的政见，展开激烈的权力之争。党力之强弱，与党规之严密、松弛息息相关。中国共产党在革命时期逐渐形成了一套严密的建党治党方法，其卓然成效有目共睹[②]。1939 年，国民党中央组织部长张厉生感叹道：“其他政党常是用了无孔不入的方法来训练和组织他们的党员，我们党是把党章摆在桌子上，开着大门，要来就来，不来就去。”[③] 在当时的延安，一场轰轰烈烈的共产党党内整风运动正在展开，指导这场运动的重要依据正是中共六届六中全会通过的若干党法党规。1938 年 10 月，毛泽东代表中央做题为《论新阶段》的政治报告。在这个重要的政治报告中，他从抗战大背景出发，提出制定一种“党规”以健全“党的法纪”的主张，这被当前学界公认为中共党内法规概念的起源。根据当时的文献版本，毛泽东在报告的最后部分指出：

> 十七年来，尤其是五中全会以来的党的斗争经验，证明了有在党内、八路军与新四军内，继续坚持铁的纪律的必要。纪律是执行路线的保证，没有纪律，党就无法率领群众与军队进行胜利的斗争。在过去，由于克服了张国焘一类破坏纪律的倾向，保证了抗日民族统一战线与抗日战争的顺利执行。在今后，又必须坚持这种纪律，才能团结全党，克服新的困难，争取新的胜利。在这里，几个基本原则是不容忽视的：（一）个人服从组织；（二）少数服从多数；（三）下级服从上级；（四）全党服从中央。这些就是党的民主集中制的具体实施，谁破坏了它们，谁就破坏了党的民主集中制，谁就给了党的统一团结与党的革命斗争以极大损害。为此原故，党的各级领导机关，应该根据上述那些基本原则，给全党尤其是新党员以必要的纪律教育。过去经验证明：有些破坏纪律的人，由于他们不懂得什么是党的纪律。有些明知故犯的人，例

---

① 黄宗智．清代以来民事法律的表达与实践：历史、理论与现实（三卷本）．北京：法律出版社，2014：总序．

② 蒋介石曾在其日记中感慨：共产党进步得那么快，我们国民党再不奋起直追的话，国民党很快就完蛋了。在其日记中，他记录了阅看 1945 年中共七大党章的心得，觉得其中有两段写得太好了，一段讲党员和群众，另一段讲上级和下级。在蒋介石看来，这两段话简直可以解决国民党的一切基本问题，所以将其抄在自己的日记本里。蒋介石战败蜗居台湾后，多次在讲话中谈到了“延安整风”，并将之作为整党治党的镜鉴。（杨天行．告诉你所不知道的蒋介石．[2016－12－01]．http：//history. people. com. cn/GB/206507/206508/index. html.）

③ 王奇生．战时国民党党员与基层党组织．抗日战争研究，2003（4）：18.

如张国焘一类，则利用一部分党员的无知以售其奸。所以纪律教育，不但在养成一般党员服从纪律的良好作风上，是必要的；而且在监督党的领袖使之服从纪律，也有其必要。党的纪律是带着强制性的；但同时，它又必须是建立在党员与干部的自觉性上面，决不是片面的命令主义。为此原故，从中央以至地方的领导机关，应制定一种党规，把它当作党的法纪之一部分。一经制定之后，就应不折不扣地实行起来，以统一各级领导机关的行动，并使之成为全党的模范①。

毛泽东在讲话中并未直接采用“党内法规”的提法，而是在沿用“党纪”概念的基础上，创造性地论述了一种新的“党规”的必要性和重要性，并将之作为“党的法纪”的基本内容。结合当时的具体情境，毛泽东对党规话语的使用，其用意在于加强党内的纪律教育，特别是针对张国焘、王明等人所犯的政治错误而做出的回应性矫正。在这个报告中，“党规”和“党的法纪”均只提到一次。这些闪动的语词，或许源于毛泽东本人在起草报告时的灵光一现，想到了这个比“党纪”更富权威感的比喻性政法话语。但从中国共产党革命斗争的实际经验来看，此时的共产党已经初步具备党内治理制度化的基础和条件，延安时期的政权建设和司法工作也需要以党法为指引②。

在六届六中全会上，刘少奇做了关于党规党法的报告。在报告中，刘少奇结合毛泽东对党规和党的法纪的论述，将其思想概括为“党规党法”的话语表达。刘少奇的报告很简短，主要从三方面论述了制定新党规的必要性：第一，作为有了军队和政府的大党，单靠党章无法应对；第二，为执行民族统一战线、国共合作的政治任务，维护党内团结统一，必须有“法律上”的规定；第三，为进一步修改党章奠定基础③。最后，这次会议通过了三部重要的“党规党法”：《关于各级党委暂行组织机构的决定》《关于中央委员会工作规则与纪律的决定》《关于各级党部工作规则与纪律的决定》。

但党内斗争并未因几部党规的出台而告终结。在当时的延安，王明的右倾路线仍在延续，在思想上带来新的混乱，一些党的高级干部受其影响，使毛泽东一度处于少数派的地位。在李维汉的一次探访中，毛泽东向他感慨：“我的命令不出这个窑洞。”④ 延安整风运

① 毛泽东．中国共产党在民族战争中的地位．石家庄：新华书店晋察冀分店，1938：13－14.

② 1937年的延安，黄克功案轰动一时。毛泽东在写给雷经天的信中说：“共产党与红军，对于自己的党员与红军成员不能不执行比一般平民更加严格的纪律。当此国家危急革命紧张之时，黄克功卑鄙无耻残忍自私至如此程度，他之处死，是他的自己行为决定的。”黄克功案的主要争议，源于当时延安边区政府没有一套明确的成文法，党内的纪律规范正好发挥了替代作用。党纪严于国法，通过黄克功案得到了验证。

③ 建党以来重要文献选编（一九二一——一九四九）：第15册．北京：中央文献出版社，2011：749.

④ 李维汉．回忆与研究：上．北京：中共党史资料出版社，1986：443.

动正是在此背景下，通过一大批党规党法的制定和施行，理论学习、调查研究、纪律教育逐步铺展，实现了全党思想、政治、组织和作风各方面的深层改造和高度统一。

1945 年 5 月，刘少奇在中共七大上做了《关于修改党章的报告》。他在报告中对党的经验进行了系统的总结，特别强调了严密的组织和铁的纪律。与过去“党规党法”的话语表达略有不同，在这个报告中，刘少奇使用了与“党章”并列的“党的法规”这一新话语：

> 党章，党的法规，不仅是要规定党的基本原则，而且要根据这些原则规定党的组织之实际行动的方法，规定党的组织形式与党的内部生活的规则。党的组织形式与工作方法，是依据党所处的内外环境和党的政治任务来决定的，必须具有一定限度的灵活性[①]。

在中国共产党的政治话语中，“党规”虽早在 1938 年即由毛泽东提出，但“党的法规”“党规党法”等提法交相延续。新中国成立后，可能是考虑到中国共产党执政的特殊要求，以及避免将国法与党规混淆，在《毛泽东选集》的编辑中改用了“党内法规”这一更为强调规范效力范围限定的语词。真正强调将各种形式的党内法规整合为有机统一的法治体系的主张，始于中共十八大后的政法实践[②]。习近平在担任党的总书记后，在不同场合多次重申党内法规体系建设的重要性，反复强调“坚持全面从严治党，依规治党”[③]。在对党内法规的论述中，习近平指出：

> 我们党抓党的建设，很重要的一条经验就是要不断总结我们党长期以来形成的历史经验和成功做法，并结合新的形势任务和实践要求加以创新。因此，有必要通过六中全会，对近年来特别是党的十八大以来从严治党的理论和实践进行总结，看哪些经过实践检验是好的，必须长期坚持；哪些可以进一步完善并上升为制度规定，以党内法规的形式固化下来；哪些需要结合新的情况继续深化。所以，党中央决定同时制定准则、修订条例，这是着眼于推进全面从严治党、坚持思想建党和制度治党相结合的一个重要安排[④]。

从这段话语可以看出，中国共产党对于建党治党的实践经验，主要有三种处理渠道：

---

① 刘少奇选集：上卷. 北京：人民出版社，1981：316.

② 黄树贤. 大力加强党内法规制度建设. 人民日报，2014-12-16；许耀彤. 党内法规论. 中国浦东干部学院学报，2016 (5)：80-87.

③ 习近平关于严明党的纪律和规矩论述摘编. 北京：中央文献出版社，中国方正出版社，2016. 该书收录 200 段论述，摘自习近平 2012 年 11 月 16 日至 2015 年 10 月 29 日期间的讲话、文章等 40 多篇重要文献。其中，有关党内法规制度创新和体系建设的专题论述有 40 余段。

④ 习近平关于全面从严治党论述摘编. 北京：中央文献出版社，2016：15.

需要总结后坚持的，当为惯例；需要完善后固化的，形成法规；需要创新后深化的，继续探索。这三种路径殊途同归，都指向对执政党自我治理能力的维护和提升。党内法规处于中间层面，构成不成文惯例和不确定做法的桥梁：一方面，它以必须长期坚持的基本经验为主要渊源，可以不断根据需要实现惯例的成文化；另一方面，它对改革创新又是一种有形的制约和保障，摸索过河时必须依靠“石头”的指引和扶持。

（二）党内法规的体系构造：政法学术话语的流变

就学界而言，当前的党内法规研究呈现不断升温的热点化态势，但围绕体系化目标的基础理论研究仍非常不足①。与党内法规建设的政治话语相比，相关学术话语，特别是法理学承担的基础理论和战略研究功能，未能充分激发。在新的历史起点，如何厘清党内法规体系研究的问题、方法和框架，对中国特色社会主义法学话语体系而言，既是迫在眉睫的挑战检验，也是难能可贵的创新机遇。

改革开放后，以 1980 年《关于党内政治生活的若干准则》的公布实施为推动，中国共产党重启党法党规建设工程。围绕中共十三大首次提出的“从严治党”，党规研究话语出现首轮热潮。1987 年，中共中央纪律检查委员会向全党发出了《关于共产党员必须严格遵守党章的通知》，在学习研究过程中，党校系统学者对党章在党内法规体系中的核心地位做出了多方面的阐释，有从列宁思想切入者，有从比较视角着眼者，有从实际问题出发者②。这一时期，研究者主要从制度治党、加强监督的角度论述加强党内法规建设的重要性，将党内法规体系定位于以党章为中心的规范系统，特别是党内监督系统的构造③。1990 年，中共中央颁布了《中国共产党党内法规制定程序暂行条例》，正式从制度上确立了党内法规体系的基本框架。该条例的第二条明确规定：“党章是最根本的党内法规，其他党内法规是党章有关规定的具体化。党内法规对于加强党的建设，保证党的各项工作和

---

① “当前，党内法规制度建设理论研究相对薄弱，对党规党纪的历史渊源、地位作用、体例形式、产生程序等均需系统研究、予以确定；有的党规党纪与国家法律交叉重复，有的过于原则、缺乏细节支撑，可操作性不强，亟待完善。要认真总结我们党 90 多年、无产阶级政党 100 多年、世界政党几百年来制度建设的理论和实践成果，联系实际、求真务实，探索适合自己的党内法规制度建设途径。”（王岐山．坚持党的领导 依规管党治党 为全面推进依法治国提供根本保证．人民日报，2014-11-03.）

② 孙铭．增强学习和遵守党章的自觉性：学习列宁关于党章在党的生活中的地位和作用的论述．党政论坛，1987（7）：22-25；温云水．各国共产党、工人党章程比较研讨会简述．党校科研信息，1987（1）：4-6；李乐刚．党内“有章不依、违章不究”现象产生的原因之我见．理论学习，1987（5）：47-48，4.

③ 陈代平．略谈制度治党．党建，1988（7）：28-29；刘玉辉，雷高岭．试论党规党法的系统化．理论探讨，1989（6）：85-87；杨金陵，等．关于党内监督问题专题讨论会观点综述．党校科研信息，1988（34）：2-4；杨金陵．关于党的集体领导问题的再思考．理论学习月刊，1988（9）：5-9.

党内生活的制度化，具有十分重要的作用。”由此，党内法规的体系化内涵得到正式明确。

进入20世纪90年代，党内法规研究不断拓展，出现了一些新的话语。例如，有学者论证“党内法制”概念，认为“党内法规和制度应该是一个体系，这个体系由各种层次、各个方面、各种功能的不同党内行为规范组合而成”①。还有学者认为，完备的“党内法制，是由一系列党内法规，以及党内法规从制定、实施、遵守到监督保障、违章处置的一系列规程、办法、制度所构成的体系或系统”②。这种对党内法规体系的认识，已比较接近动态的法治体系概念。在此基础上，有学者进一步提出，以党内法制系统为本位的“依法治党”框架的基本逻辑可概括为：

> 党法党规是在全党范围内具有公平公正、强制效力和权威尊严的特殊规范。有了党规党法，就应该有完善的党内法制，而完善的党内法制必然要求党内立法、执法、司法、守法和法律监督等活动和过程都要依法办事，以维护党规党法的权威性和强制性，也就是要实行“依法治党”，不致于使党规党法和党内法制因领导人的改变而改变，因领导人的看法改变而改变③。

由于“依法治党”在概念上存在诸多争议，之后逐渐淡出，为“依法执政”“依规治党”等更为严谨的话语所代替。在这场讨论中，“党内法规体系”的概念得到普遍认同，在内涵和外延上不断深化和拓展④。随着反腐败法规体系构建任务的提出，在内部体系建设的同时，解决党内法规与国家立法相协调的问题，成为之后党内法规体系研究话语的关注热点⑤。

近年来，随着党内法规在法治战略中的地位凸显，相关问题受到法学界的重视，出现了政法法学、社科法学、法教义学竞相诠释的话语热潮，涌现出一批颇有分量的研究成果⑥。有学者认为，以党内法规体系为核心内容的依法执政研究，可以说是“法学乃至整

---

① 李乐刚．什么是以及为什么是党内法制．江汉论坛，1995（12）：28.

② 叶笃初，陈绪群．试论完备的党内法制．江汉论坛，1996（5）：46.

③ 尹德慈．试论“依法治党”的提出．社会科学，1998（7）：21.

④ 刘德威．“依法治党”问题研究述评．理论前沿，2001（4）：32－33.

⑤ 宋健．怎样使党内法规与国家立法相协调．学习时报，2005－05－30；兰亚宾．党内反腐法规体系研究．中共四川省委党校学报，2006（4）：19－22. 张立伟．法治视野下党内法规与国家法的协调．中共中央党校学报，2011（6）：87－90.

⑥ 例如：周叶中．关于中国共产党党内法规建设的思考．法学论坛，2011（4）：41－47；姜明安．论中国共产党党内法规的性质与作用．北京大学学报（哲学社会科学版），2012（3）：109－120；强世功．党章与宪法：多元一体法治共和国的建构．文化纵横，2015（8）：18－29；秦前红，苏绍龙．党内法规与国家法律衔接和协调的基准与路径：兼论备案审查衔接联动机制．法律科学，2016（5）：21－30；屠凯．论党内法规制度体系的主要部门及其设置标准．中共中央党校学报，2018（1）：37－44.

个社会科学发展史上最艰巨、也是最伟大的课题之一”①。还有学者认为，将党内法规纳入法治体系的视野进行整体研究，对于法学界尤其是法社会学研究领域，具有十分重要的学术价值和实践意义②。

作为典型的政法学术话语，近年来法学界对中共党内法规体系的研究，总体上是一种政治话语的法意诠释学，在研究风格上呈现出不同于中共党史和党建理论话语的特点，表现出摆脱西方法学话语范式支配的自主欲念。学者们的党内法规话语，不仅可为检验政法法学的生命力充当例证，而且可为反思中国特色法学话语体系研究提供样本。通过对党内法规学术话语流变的考察可发现，“从政治呼号到法律逻辑”的话语变迁③，不仅在底层民众权利抗争中得到展现，也反映在法治顶层设计的战略研究话语深处。其间的矛盾在于：将政治话语和法律话语截然区分，无助于解释中国政法话语的复杂构造；不将二者做必要的区分，又很难实现“权力修辞向法律话语的转变”④。话语悖论谜题之所以呈现，与当下中国社会共识建立的多元主张相关，更直接的因素在于，我们对法律和政治的应然关系没有基础共识，精英话语的领导权与大众的当下利益关注及话语资源匮乏之间存在着紧张撕裂⑤。事实上，许多政治话语本身就是法理渊源，甚至具有框构法规范的高级法效力；法律话语的表达也离不开政治话语的包装和保障，后者使其在公众传播和实践运行中克服专业话语的局限。党内法规虽非规范群众的政法体制，但大众对其充满期待，尤其是那些震慑人心的反腐故事和违法违纪典型案例，莫不是对党内法规话语的具象扩展。通过对党内法规研究话语的语境透视和条件分析，我们可以深入了解政法话语的复杂形成机理，让实践导向的问题意识更加鲜明。

（三）海外中共学的党规研究话语

第二次世界大战后，海外政党理论研究主要以宏观政党制度为研究对象，很少有对政党规范、政党法制和党内法规的专门论述⑥。相比而言，在政党法制比较健全的德国，关于政党立法、政党法制的研究较多，但主要是以国家法研究范式为主导，对政党权利、内部秩序、违宪禁止等方面问题展开的注释研究，鲜有对中国共产党党内法规的域外直接关注。即使是对政党内部法规的研究，也未形成稳定的研究范式和话语模式。

---

① 王振民．党内法规制度体系建设的基本理论问题．中国高校社会科学，2013（2）：153.
② 付子堂．法治体系内的党内法规探析．中共中央党校学报，2015（3）：22.
③ 程秀英．从政治呼号到法律逻辑：对中国工人抗争政治的话语分析．开放时代，2012（11）：73－89.
④ 陈金钊．权力修辞向法律话语的转变：展开法治思维与实施法治方式的前提．法律科学，2013（5）：43－53.
⑤ 刘星．重新理解法律移植：从“历史”到“当下”．中国社会科学，2004（5）：33－35.
⑥ 刘红凛．政党政治与政党规范．上海：上海人民出版社，2010：6.

随着中国的崛起，海外学者对中国共产党的研究日益增多，逐步形成了一个新兴的学术领域——海外中共学。从最初作为区域政治和国际关系研究的一个方向，发展到如今的综合交叉学科，海外中共学越来越重视对中国共产党的执政方式和执政能力进行微观实证分析[①]。以美国的中国研究为例，从以费正清（John K. Fairbank）、史华慈（Benjamin I. Schwartz）为代表的第一代，到以麦克法夸尔（Roderick MacFarquhar）、傅高义（Ezra F. Vogel）为代表的第二代，直至以裴宜理（Elizabeth J. Perry）、李侃如（Kenneth Licbcrthal）、沈大伟（David Shambaugh）、柯伟林（William C. Kirby）为代表的第三代，在长期累积的丰富研究素材中，不乏对中国共产党党内法规体制解释的话语典范。对海外这些独特的学术话语有必要予以批判性反思。例如，虽有海外学者对新时期中国共产党的法治意识形态做出了专门研究[②]，但从具体规则的微观角度，相关学术话语并没有给出有说服力的解释。中国共产党在实践中是否以及如何完成意识形态的重建？背后的规则是什么？在现实中如何运作？深入考察党内法规中的意识形态规范，我们不仅可以解释中国共产党的相关实践，而且可以对西方话语的“主义迷思”提供可能的破解之道[③]。

就当前党内法规话语更新而言，助益最直接的当属海外学者对中国共产党具体制度运作的实证研究，其涵盖组织制度、干部任用培训制度、会议制度、宣传制度、统战制度、纪检制度等方面。特别是中共纪检监察制度的运行，已成为海外学者研究党规治理的重要切入点。例如，有学者试图从新制度主义的理论视角考察纪检制度的实际效能。在其看来，纪检监察的本质在于通过自上而下的纪律措施规约党员的道德行为，所有纪检监察机关须遵守党的基本原则——民主集中制，即下级官员和普通党员须服从上级的权威，以及上级机关有权领导下级机关。因此，纪委在履行职能时要被钢铁般的纪律所约束，被那些本该被其监督的人约束。鉴于纪委只是党的机器的普通组成部分，缺乏机构的独立性和自主性，如何对党的其他机关特别是领导干部行使有效的监督，仍然是一个具有挑战性的问题。但是，如果纪检监察机关被授予了一个独立的地位，在中国当前的政治体制下，谁来

---

① 路克利．海外中共学成为国际显学，人民日报，2015-05-04；路克利．论海外中国共产党研究的兴起与发展．马克思主义理论与现实，2011（3）：19-26.

② Backer L C. “Rule of law”, the Chinese Communist Party, and ideological campaigns. Tran snational Law and Contemporary Problems, 2006, 16 (1): 29-102.

③ 例如在2015年，中国共产党首次制定发布专门的意识形态管理法规——《党委（党组）意识形态工作责任制实施办法》。该法规强调党委（党组）书记对意识形态工作的第一责任、分管领导的直接责任和其他班子成员的“一岗双责”。

监督这些“监督者”也是一个问题①。结合当前中国国家监察委员会的法治运行，海外的这些制度分析话语若能与中国党内法规实践话语进一步融通，形成交互，想必解释力会更加显著。

虽然海外中共学的学术话语呈现繁荣态势，但党内法规尚未作为得到普遍承认的概念被纳入正式的专题研究范畴。相关的学术话语仍带有固执的价值预设、浓厚的意识形态色彩，难以在短时间内摆脱极权主义、全能主义、新权威主义、技术精英主义等论述定式。大量关注微观的制度实证话语，即使有所谓中观理论模型的支撑，由于缺少真正的可信资料以及与大众话语的勾连，显得苍白乏力，很难深度解释中国共产党党内法规系统的实然运作。

四、结论与讨论

通过对党内法规话语的实例分析，我们发现：在革命年代的政党内部治理实践中，党内法规是边缘性的可替代话语；但当时代主题发生变化后，党内法规的命运必然与整个国家法治的兴衰息息相关。党内法规体系话语的勃兴，反映了当下中国法治意识形态和法律治理过程的全面深化。政治家和法学家的解释话语，都不能脱离时代条件的限定，都必须重视大众话语的响应。党内法规的研究话语必须回归原初语境，以之为逻辑起点，衍生话语才能有理有据。理解了此种逻辑，那种将党规和国法对立或混淆的观点，便很难再有说服力；理解了此种逻辑，我们才能在混乱中发现秩序，不至于臆想出所谓的完美体系去强加拼装。

中国特色社会主义法学话语不能脱离原初语境和限制条件，否则，它极易被学科体制规训所架空，致使学理交锋陷入权力迷思，变成概念泡沫和语词游戏。强调话语的时空条件特定性，将话语的文本分析、内部实践及社会实践整合一体，形成三重内核分明、里外一体的动态框架，是马克思主义话语理论的鲜明特征，对于中国法学话语的批判分析和体系建构也具有指引意义。就传统而言，“中华法系今天不仅在中国也在其他主要的东亚文明国家起到重大的作用，应该破除一些影响较大的盲点和误区，探索一条超越中西、古今二元对立分析框架的道路”②。就当前而言，在执政党与国家治理一体化的新宪制结构中，

---

① Ting G. The party discipline inspection in China：its evolving trajectory and embedded dilemmas. Crime，Law and Social Change，2008，49（2）：139－152.

② 黄宗智．中国古今的民、刑事正义体系：全球视野下的中华法系．法学家，2016（1）：1.

中国特色社会主义法学话语体系研究更应注重整体实践的深描，而非表层诠释或轻率评断。我们需要综合各方话语资源，以历史实践为“限制条件”，以文化认同和社会共识为导向证成核心概念，为法律科学的诠释及建构奠定理论基础。

在新的时代条件下，中国特色社会主义法学话语体系需要新的分析框架。在精英话语和大众话语的冲突中，有不少学者理想化地将法学家视为一种沟通中介，但前提是法学家的意识形态功能必须经过批判才能具备进入大众话语的正当性和可能性。首先，政治家和法学家在精英话语系统内部的均衡问题值得深入研究。其次，大众的法学话语主体功能如何实现也是一个相当复杂的问题。人民群众的智慧是无穷的，当然也包括对法律的见解，问题在于，其话语生产、表达和传播的能力存在严重不足。作为可行的话语赋权之路，通过中国共产党群众路线的贯彻执行，将专业法学、精英司法和大众媒体的话语系统建设坐地落实，从法学教育、法律职业和法律话语传播体制整体改革着眼，大众法学可予以明确规划。最后，对法律人而言，究竟是讲法？还是讲理？还是法理兼具？如何真正实现“法共体”的话语均衡？“法理”可以成为法学话语的中心主题，但抽象的法理如何变成具体生动的法律言辞？这些都是需要法学话语研究破解的难题。

中国特色社会主义法学话语体系归属于动态的历史实践范畴，是法治理论创新与意识形态坚守相互缠绕、不断博弈以求均衡的复杂过程。面向理想图景的批判性建构，应以历史实践为主线，可进一步讨论的策略问题包括但不限于：

第一，如何以科学批判为前提，防范新左派法学的话语风险？科学批判反对盲目极端，而新左派法学夸大了当前中国的社会矛盾，将其简单定性为阶级斗争延续或资本主义复辟，由此而生的“中国特色”话语极为内向封闭。就吸取外来法律文明精华而言，这不仅可能堵塞全球化时代法学话语的正常学术交流，而且对执政党的科学决策也弊害无穷。

第二，如何在科学批判的基础上，汲取多种文明精华？从话语发展史看，社会主义法律思想建立在对西方古典自由主义法理的批判基础之上。社会主义法理强调人民权力至上，而自由主义法理坚持个人权利本位。其矛盾显见而深刻，但并非不可调和。社会主义法学话语最初对自由主义法律观的批判异常激烈，致使自由主义法理很难具有基本的发言资格，从而导致其内蕴的诸多合理成分也被一并抛弃，出现了法律移植过程中的“形神分离”。源于西方的法律体系被抽去了内在的精髓，分割为徒具外观的零散部件，“进口”之后再以新的理念与原则重新拼接组装，不能不说是话语资源的浪费，并且加剧了法律移植的失败风险。然而，历史实践的伟大在于，如若不加以这样的“分离”和“重构”，社会主义的本土创新很难彰显。执政党最终选择了中国特色社会主义法治道路，对传统意识形态采取话语更新策略，将法律从自由主义到社会主义的进化视作历史发展的客观要求。在新的法学话语体系建构中，如何均衡配置各种资源，已成为当前亟待解决的现实问题。

第三，如何以新时代中国特色社会主义法理为蓝本，化解民族主义话语的内在矛盾？由于内部潜伏着传统性、现代性甚至后现代性等多种成分，民族主义话语呈现为极不确定的样状。在中国，民族主义与民粹主义或许只有一线之隔。从世界范围看似乎也是如此。不满外来势力时，民族主义会化身为传统文明的继承者和捍卫者，对“西化”图谋口诛笔伐；需要外力协助时，民族主义又会喷涌“国际主义”情怀，以西化的“民族国家”理论为权力扩张的正当性鼎力申辩。虽然民族主义谱系复杂，但其核心逻辑主张国家主导的法律体系建设，与社会主义法理话语存在激烈冲突。马克思主义经典学说认为，国家是社会基础的上层建筑，不能反过来压制社会，但现实中的国家机器莫不是社会控制的法律构造。因而，未来理想的人类共同体必须超越这种现实的国家法律主义逻辑。职是之故，民族主义话语应与社会主义法理相吻合，而非乖离；社会主义法理应对民族主义形成规约，防范极化。基于近代中国积贫积弱、备受欺凌的历史记忆，民族主义极力强调国家能力建设。而今情势已变，中国的国家实力已有质的提升，国家权能建设需要升级换挡，融入法治体系保障的均衡发展洪流。中华文明共同体的法学话语如何从“国家本位”过渡到“社会本位”？法治中国的话语内涵怎样实现以整体社会的法理再造为根本战略指向？这些都是值得我们深思的问题。

参考文献

[1] 马克思恩格斯选集：第1卷.3版.北京：人民出版社，2012.

[2] 路克利.论海外中国共产党研究的兴起与发展.马克思主义与现实，2011 (3).

[3] 王振民.党内法规制度体系建设的基本理论问题.中国高校社会科学，2013 (2).

[4] 苏力.中国法学研究格局的流变.法商研究，2014 (5).

[5] 黄宗智.中国古今的民、刑事正义体系：全球视野下的中华法系.法学家，2016 (1).

转型中国的社会态度变迁（2005—2015）*

李路路** 王 鹏***

【摘 要】本文利用CGSS 2005年和2015年的对比数据，从认知、情感性评价和行为倾向三个维度，以一致性、不均衡性和极化三个假设为分析工具，探究21世纪以来中国人社会态度变化的状况和趋势。研究表明，中国人的社会态度整体呈现出一致性的变化趋向，自我认知中幸福感提升明显且群体间差异缩小，情感性评价方面社会公德感和政府满意度在提高，行为倾向方面公众的政治参与和行为开放性也都有所提升；社会态度的极化现象在中国并未出现。与一致性趋势相伴随的是多种社会因素影响下的社会态度的差异化变迁。

【关键词】社会态度；一致性；差异化；社会结构

一、问题与背景

改革40年来，中国社会发生了巨大变革，“转型社会”的概念日益成为学术界和社会流行的基本概念。转型不仅发生在经济协调体制、社会治理和社会结构等领域，也出现在文化观念领域。因此，伴随经济、政治和社会领域的变迁，一种创新的文化转型概念应运

---

* 本文原刊发于《中国社会科学》2018年第3期。

** 李路路，中国人民大学社会学理论与方法研究中心教授。

*** 王鹏，中国人民大学社会学系硕士生。

而生，它关注的是中国人整体性的世界观念、价值观念，以及由社会连接方式的转变所带来的一种主体意识的转变①。而社会态度（social attitudes）研究关注的正是文化观念转型在中国人社会心理层面上的投射。

社会态度研究一直是社会心理学的重点关注领域。与近年来国内日益兴起的社会心态研究不同②，社会态度的研究对象，一般是指社会大众对外界事物的感受、评价及行为倾向的心理状况③。社会态度侧重于对事物的情感性评价，因而有着更强的行为倾向性，从而更加直接地与社会行动相关联。从研究脉络上看，社会态度与社会行动之间的关系一直是社会心理学、社会学、政治学关注的焦点问题④。

社会态度的研究不同于一般价值观研究。在文化观念的意义上，价值观是明确的、系统的和相对稳定的深层次社会观念⑤；而社会态度则更多属于情感性的、潜在的和分散的社会观念。在文化观念和社会变迁的研究中，不仅需要关注价值观的变化，同时也需要关注社会态度的变化。罗伯特·劳尔（Robert H. Lauer）曾对社会态度研究的意义做了如下概括：第一，社会态度会影响多种心理进程，包括认知与学习，任何与现有态度相左的内容将更难被学习或是留存。第二，社会态度作为一种生态学变量，是理解个体行为的重要因素，社会态度对于行动的影响过程包括情境定义、个体认知以及参照群体，因而社会态度变量将宏观背景与微观行为联系起来。第三，社会态度可以作为一些社会行为的促进或阻碍因素而存在，特别是在社会变革的过程中，社会态度以社会结构为支撑，可能会成为社会变革与现代化进程的促进或阻碍力量。因此，社会态度会影响人们的社会实践行为，而社会实践行为的变化也会造成社会态度的转变，二者之间相互关联且彼此影响⑥。

---

① 赵旭东．21世纪人类学讲坛开讲辞：面向一个文化转型的世界．广西民族大学学报（哲学社会科学版），2012（2）．

② 在我们看来，社会心态从更加宽泛的意义上反映了社会大众在价值观、社会需要、社会情绪等方面的一般心境状态。但现有关于社会心态的讨论，却趋向于两个极端：或者多限于理论和概念层面的探究，并借助过于宽泛的概念定义扩大社会心态研究的问题；或者直面某些具体的社会现象，更确切地说是某些“社会病态心理现象”。真正基于系统的理论框架和调查分析的实证研究非常少。

③ 菲利普·津巴多，迈克尔·利佩．态度改变与社会影响．邓羽，肖莉，唐小艳，译．北京：人民邮电出版社，2007：27－33；李小平．态度研究的动向．南京师大学报（社会科学版），1999（3）；Bohner G，Dickel N. Attitudes and attitude change. Annual Review of Psychology，2011（62）：391－417.

④ Schuman H，Johnson M P. Attitudes and behavior. Annual Review of Sociology，1976（2）：161－207；Brannon R，et al. Attitude and action：a field experiment joined to a general population survey. American Sociological Review，1973，38（5）：625－636.

⑤ 王俊秀，杨宜音．中国社会心态研究报告（2014）．北京：社会科学文献出版社，2014：4.

⑥ Lauer R H. The problems and values of attitude research. The Sociological Quarterly，1971，12（2）：247－252.

社会态度的变迁研究同样具有重要的意义[①]。社会态度既是社会变迁的潜在但现实的结果，也是社会变迁潜在及现实的动因。相对于价值观念和情绪体验来说，社会态度更具有社会“晴雨表”的作用：一方面，它可以作为分析和测量社会变迁趋势的重要工具和指标；另一方面，对作为“民意”体现的社会态度的分析无疑服务于政策、法律的实施，对于把握社会思想动态、推进社会治理具有重要意义。

国内已有相关研究基本上直接针对具体社会现实问题，且大多局限于对一些特定群体社会态度的探讨，如农民工群体、城市中等收入群体、青少年群体等[②]；或是针对某些具体的社会价值观领域，如政治价值观、社会公平感的讨论[③]。大部分研究缺乏某种理论分析框架，因而议题相对分散，结论莫衷一是，无法形成对社会态度的系统认识；即使是基于调查数据的研究，其资料也基本属于“截面数据”，而无法揭示社会态度的变迁趋势。

社会态度的取向或内容多种多样，影响社会态度变化的因素也是多方面的[④]，因此，社会态度的变迁呈现出某种复杂性。20 世纪 60 年代以来，学者们基于发达社会的社会态度变迁研究，在形式上将社会态度变化的趋势大致总结为三种基本模式。

格伦于 1967 年最先提出了社会态度变化的大众化/一致性假设（massification hypothesis），即社会不同群体之间态度与行为方面的差异性将随现代化的发展逐渐缩小[⑤]。这一假设基于现代化过程的一些基本要素，如大众传媒的发展、教育的标准化、地域流动与垂直流动率的提高以及农业比重的降低等，认为现代化程度的提高增进了不同人群间的交流，导致人们之间的相似性增强而异质性减弱，因而社会态度呈现出同质性的变化。

这一观点提出后很快就受到一系列实证研究的挑战[⑥]。与一致性假设相对应，不均衡

---

① James D A. Conservative weather in a liberalizing climate：change in selected NORC general social survey items，1972 - 1978. Social Forces，1980，58（4）：1129 - 1156；Stinchcombe A L，et al. Crime and punishment：changing attitudes in America. San Francisco：Jossey-Bass，1980；Smith A W. Cohorts，education，and the evolution of tolerance. Social Science Research，1985，14（3）：205 - 225.

② 李培林，田丰．中国新生代农民工：社会态度和行为选择．社会，2011（3）；李培林，张翼．中国中产阶级的规模、认同和社会态度．社会，2008（2）；王沛沛．当代青年群体的社会态度及影响因素．青年研究，2016（5）.

③ 史天健，玛雅．走出“民主”迷信．开放时代，2009（6）；李路路，钟智锋．“分化的后权威主义”：转型期中国社会的政治价值观及其变迁分析．开放时代，2015（1）；刘欣，胡安宁．中国公众的收入公平感：一种新制度主义社会学的解释．社会，2016（4）.

④ Kiecolt K J. Recent developments in attitudes and social structure. Annual Review of Sociology，1988（14）：381 - 403.

⑤ Glenn N D，Simmons J L. Are regional cultural differences diminishing?. The Public Opinion Quarterly，1967，31（2）：176 - 193.

⑥ Glenn N D. Recent trends in intercategory differences in attitudes. Social Forces，1974，52（3）：395 - 401；Barnartt S N，Harris R J. Recent changes in predictors of abortion attitudes. Sociology & Social Research，1982（62）：320 - 334.

假设得到更多的支持。不均衡假设强调社会结构在社会态度形成中的重要作用，因而也被称为结构性假设，该假设认为社会态度的变化首先发生于一些特定的人群，而后才会对其他人群产生影响。在这一过程中，社会态度的变化会随着一定的社会结构由部分群体向其他群体逐渐渗透，因而态度变迁的速度会因结构性因素的影响而产生差异①。值得指出的是，不均衡假设不是推翻而是修正了一致性假设，它认为不同群体态度变化的速度不同，但总的变化方向是一致的。而不同群体之间的态度差异，也可能随着结构差异的缩小而减少。

20世纪后半期美国社会的变化显现出不同于上述假设的新趋势，越来越多的学者倾向于认为，至少美国社会的社会态度没有走向一致或趋同，也没有因变化的速度不同而表现出不均衡的状况，而是正在走向碎片化甚至是两极化，在政治议题领域更是如此②。在美国，由于贫富差距的扩大，移民的多样化，种族分隔以及阶级不平等带来的文化与社会割裂，再加上两党政治的极化，大众的社会态度陷入空前的碎片化，甚至是两极化的状态中③。无论在文化价值观、种族、性别层面，还是在宗教层面，社会态度的极化反映了政治的动荡与不同社会群体间的撕裂，而这些都随着美国2016年的总统大选被推向高潮。三种理论假设的关系可以用表1概括：

表1 社会态度变迁的三种理论假设

	一致性假设	不均衡假设	极化假设
社会态度变化方向	一致	一致	相反
内部差异变化	差异缩小	差异持续，最终可能缩小	差异增大
变化原因	城市化 大众传媒 教育标准化 社会流动	年龄 性别 教育程度 社会经济地位	两党政治 贫富分化 种族分隔 移民

在中国，我们看到的是一个更为复杂的变迁过程中。一方面，当代中国社会正在经历

① Schreiber E M. Education and change in American opinions on a woman for president. The Public Opinion Quarterly, 1978, 42 (2): 171-182; Thornton A, Freedman D. Changes in the sex role attitudes of women, 1962-1977: evidence from a panel study. American Sociological Review, 1979, 44 (5): 831-842.

② DiMaggio P, Evans J, Bryson B. Have American's social attitudes become more polarized?. American Journal of Sociology, 1996, 102 (3): 690-755; Evans J H. Have Americans' attitudes become more polarized?: an update. Social Science Quarterly, 2003, 84 (1): 71-90; Fiorina M P, Abrams S J, Pope J C. Culture wars? : the myth of polarized America. New York: Pearson Longman, 2005; Baldassarri D, Gelman A. Partisans without constraint: political polarization and trends in American public opinion. American Journal of Sociology, 2008, 114 (2): 408-446.

③ Fischer C S, Mattson G. Is America fragmenting?. Annual Review of Sociology, 2009 (35): 435-455.

高速的现代化，现代化的机制和逻辑会影响社会态度变化的趋势；另一方面，当代中国又处在剧烈的体制转型过程中，经济、政治、社会领域的激烈转型，新旧体制的交错，势必会带来文化观念层面的深刻碰撞。迈入 21 世纪，随着社会的分化日益加剧，关于中国社会正走向利益诉求多样化、态度观念多元化甚至社会生态碎片化、社会结构断裂或极化的声音也越来越多①，随之而来的是价值观的多元与冲突②，也有学者将两极化作为当代中国人精神世界嬗变的本质特征③。在经历了近 40 年的巨大社会变迁、面对开创新的历史时期的关键时刻，依据系统的理论分析框架和实证资料，探讨和揭示 21 世纪以来中国社会大众的社会态度变化的状况和变化趋势，并对这种状况和趋势做出一定的评估，为中国社会未来的变迁展示一个虽然是潜在的但具有深远影响的社会侧面，就显得尤为重要。

鉴于社会态度分析对于社会运行和社会变迁研究的意义，特别是鉴于上述社会态度研究中存在的问题，本文将紧密结合当代中国巨大的社会变迁，特别是 21 世纪以来的社会变迁进程，利用中国综合社会调查（CGSS）2005 年与 2015 年跨越 10 年的对比数据，集中于两个方面的分析：一方面将社会态度的分析纳入系统的理论分析框架中，揭示中国社会大众的社会态度的基本状况；另一方面，探究 2005—2015 年十年间中国社会态度整体的变迁趋势和基本模式。

二、数据与研究假设

（一）数据

本文所使用的是中国综合社会调查（CGSS）2005 年与 2015 年两期数据。CGSS 涵盖全国 31 个省区市，按照严格的标准抽样执行调查；2015 年的调查问卷设置 10 年回顾部分，在社会态度方面与 2005 年的调查保持了问题设置的一致性，从而提供了很好的两期对比数据。其中，CGSS 2005 年共有城乡样本 10 372 个，2015 年共有城乡样本 10 968 个。在社会态度的数据比较过程中，由于限制条件的不同，满足信息完整的样本数可能存在一

① 廖小平．改革开放以来我国价值观变迁的基本特征和主要原因．科学社会主义，2006（1）；王春光．快速转型时期的利益分化与社会矛盾．江苏社会科学，2007（2）；孙立平．转型与断裂．北京：清华大学出版社，2004.

② 陈章龙．论社会转型时期的价值冲突．南京师大学报，2004（5）；杨学功．当前中国价值观冲突及其前景．天津社会科学，2013（4）.

③ 樊浩．中国社会价值共识的意识形态期待．中国社会科学，2014（7）；周晓虹．再论中国体验：内涵、特征与研究意义．社会学评论，2013（1）；周晓虹，等．中国体验：全球化、社会转型与中国人社会心态的嬗变．北京：社会科学文献出版社，2017：10－13.

定差异①。

（二）分析策略

社会态度状况的系统分析是本文的基本目标之一。所谓“系统”，首先是指本文的分析是基于社会态度的基本属性而不是囿于现象而分析现象，其次，认为态度概念是一个整体性的系统，而不是针对某一特定目标的支持或反对意见。

态度的一个经典定义是：“建立在认知、情感反应、行为意向以及过去行为基础上的评价倾向性”，人们关于某个事物的认知、情绪反应、行为意向及行为本身构成了一个整体的反应系统，即态度系统②。过去的行为对当下态度的影响同样体现为行为的倾向性，因此态度研究的三个基本分析性维度是认知、情感和行为倾向。这三者分别基于人类经验的三个方面——思想、感觉和行动，由此构成了态度研究的经典框架，即认知—情感—意向模型（cognitive-affective-conative model）③。

态度系统的不同维度是高度相关的，如一些学者所言，“态度是这个系统的整体反应……它意味着任何一个部分的改变都可能引起其他部分的变化”④。认知和信念的改变会引起情感反应和评价的变化，从而改变行为倾向与行为本身，而行为的转变也可能带来情感和评价的变化，并进一步影响深层的认知和信念。另外，对某一事物的态度和信念，也可能与对另一事物的态度和信念相关。

与之相对应，社会态度体现的是社会大众整体上对某一事物在认知、情感和行为意向三个方面的整体反应。与个体态度不同，社会态度的社会性不仅体现在它是个体态度的群体性集合，是超越个人层次的集体表征，同时，由于社会态度的对象包含了个人领域与社会领域，它反映了人们对个体及社会层次的事物的整体看法。

在社会态度的三个基本分析性维度中，“认知”是指对于自己或外界事物的主观感知

---

① 有关中国综合社会调查（CGSS）2005 年和 2015 年的具体情况以及问卷，请登录 CGSS 网站：http：//cgss. ruc. edu. cn。

② 菲利普·津巴多，迈克尔·利佩．态度改变与社会影响．邓羽，肖莉，唐小艳，译．北京：人民邮电出版社，2007：27－33.

③ McGuire W J. The structure of individual attitudes and attitude systems//Pratkanis A R，Breckler S J，Greenwald A G. Attitude structure and function. Hillsdale，NJ：Lawrence Erlbaum，1989：37－68；Hilgard E R. The trilogy of mind：cognition，affection，and conation. Journal of the History of the Behavioral Sciences，1980，16（2）：107－117；Ajzen I. Attitude structure and behavior//Pratkanis A R，Breckler S J，Greenwals A G. Attitudes structure and function. Hillsdale，NJ：Lawrence Erlbaum，1989：241－274.

④ 同②.

和判断，从认知的对象来看又可分为自我认知与社会认知两个方面[①]。自我认知或自我知觉指个体对于自身状况的感知和判断，社会认知指对于社会整体状况的感知和判断。“情感”指的是基于群体的情感和价值所进行的评价，即喜欢或厌恶，赞扬或贬斥等。群体情感性评价的集合则可以反映出对某种事物的社会评价。本文参考政治学公共领域与私人领域的相关概念[②]，根据社会评价的对象，区分出私人生活领域的行为评价与公共领域的行为评价。“行为倾向”即行动意向，包括谋虑、计划、企图等，体现于行动者对于某项行为的支持与反对或行动意愿，可以根据行为发生领域，分为私人生活领域行为倾向与公共领域行为倾向。在这一维度上态度与行为之间的联系最为紧密，它是判断群体采取某种行为的重要指标。

本文首先基于社会态度的三个分析性维度，分析 21 世纪以来中国大众的社会态度在不同维度变化的基本情况，然后分析中国社会态度变迁的基本模式。

（三）因变量和自变量

1. 因变量

社会态度的内容和取向是多种多样的，以什么指标来标识社会态度，应该根据具体的社会状况和研究目标来确定。本文一方面基于社会态度的三个维度揭示社会态度的基本状况，另一方面基于中国社会转型的背景和发展对中国社会态度的变化趋势和模式进行分析，因此，本文在三个分析性维度上选择了如下指标作为操作化的指标，这些指标虽不能涵盖每个维度的所有方面，但所涉及的内容和取向均是社会大众在急剧的社会转型中所深切感受到的焦点问题，具有一定的代表性。

在自我认知层面，主要包括个体幸福感（“您觉得您的生活是否幸福”）、个体收入合理性（“您认为您目前的收入是否合理”）等指标。在社会认知层面，主要包括社会公平感和社会信任感，社会公平感体现在如下问题上：“现在有的人挣钱多，有的人挣得少，但这是公平的”，“只要孩子够努力、够聪明，都能有同样的升学机会”。前者体现的是结果公平感，后者则反映了机会公平感。社会信任感体现在问卷中关于信任的八个问题上，我们选取八个答案的均值作为社会信任感得分。

在情感性评价方面，区分私人生活领域和公共领域两个方面，分别体现在对于违反社

---

① 吴金峰，等．从自我到社会认知：默认网络和镜像神经元系统．心理科学进展，2015（10）．

② 任剑涛．论公共领域与私人领域的均衡态势．山东大学学报，2011（4）．

会公德的个人行为，如“乱扔垃圾”等的反感程度，以及对政府行为（在问卷中体现为九个方面）的满意度评价。

在行为倾向上，同样区分了公共领域和私人生活领域两个方面，前者体现在被访者的政治参与度上，即“您在上一次的居民/村民委员会选举中有没有投过票”，后者包括对一般越轨行为如“未婚同居”“同性恋”等行为的反应，反映出被访者的行为开放度①。

三个维度之间既相互关联，又彼此影响。以这三个维度构建形式化的、相对稳定的社会态度分析框架，有利于分析社会态度状况及其变迁的长期趋势。

2. 自变量

本文的自变量主要考察影响社会态度变迁的结构性因素和个体性因素，包括城乡户籍、受教育程度以及职业类别。首先，按照被访者户籍类别划分为农村户籍和城市户籍；其次，为方便比较，将被访者受教育程度分为小学及以下、中学、大学（专）及以上三个类别；最后，按一般标准，将中国的职业阶层分为七类：农民、管理人员、专业技术人员、自雇佣者、办事人员、一般工人以及其他人员（无业或退休人员）。

（四）研究假设

由于社会态度概念的丰富性和中国社会转型现实的复杂性，可以预期，中国社会大众的社会态度变迁可能呈现出相对复杂的路径，甚至可能呈现出更为复杂的景象，因而完全无法用某种单一的模式加以概括。借助前述三类社会态度变迁模式的分析，可对中国的社会态度变迁模式提出如下竞争性的假设：

1. 一致性假设

这一假设基于格伦的大众化假设，它的实质是现代化的力量对人们态度和行为一致性的型塑。这与现代化理论同出一辙，强调现代化过程引发态度的变迁并规定变迁的方向。改革开放以来，中国社会在经济高速增长的同时，发生了人类历史上最大规模的人口迁移和城市化过程，人口跨区域流动加速了不同地区间人员、物质和文化的交流；与此同时，大规模的全民基础教育体系的建立，标准化的教育模式向全国各地各阶层民众传输着类似的思想观念；大众传媒不断发展，尤其是21世纪以来互联网的兴起更是将不同区域的人群纳入共同的网络空间中。所有这些条件都使得社会态度可能朝着共同的方向发生变化。

---

① 虽然都是针对特定行为的态度，社会公德感与行为开放度分别划入情感性评价和行为倾向的原因在于：前者在问卷中询问的是情感性的反应，即反感程度；后者则是落实到“指责”的行动上，可以直接反映出被访者的行为倾向。

因此可以提出态度变迁的一致性假设：

假设 1：21 世纪以来，中国经历了高速的经济增长，在现代化的内在逻辑作用下，中国社会态度在各维度上都朝着一致性的方向变化，且不同群体的社会态度趋于一致。

2. 不均衡假设

格伦在提出大众化假设后，在实证研究中却未找到证实这一假设的有力证据①，而后的大量实证研究反而发现态度变迁的速度在不同人群中存在差异，因而提出了社会态度变迁的不均衡假设。影响态度不均衡变化的因素主要是指，在经济或财富实现巨大增长的同时，大量的社会资源和机会没有在不同社会成员和社会群体之间相对均衡地分配，例如，日益显现的教育不均衡，收入差距拉大，等等。所有这些不均衡的现象又因中国社会同时经历的巨大体制转轨过程而被放大、强化和复杂化，并对社会态度及其变化产生影响。现代化和体制转轨在推动中国社会转型的同时，也增加了转型的复杂性。本文选择教育、职业和城乡户籍三个变量作为影响社会态度差异的基本变量，其中，教育通常被认为是在现代社会中决定个体特征的最重要变量之一，也是影响态度的重要变量②；职业是决定人们社会经济地位的综合性变量，它体现了人们的阶层地位；城乡户籍制度被认为是当代中国影响最大的结构性分割制度。这些结构性差异并未随着时间的推移而消弭，因而不同群体的态度差异也可能随着结构性因素的存续而持续存在，甚至强化。由此作为对一致性假设的修正，本文提出社会因素影响态度变迁的三个不均衡假设：

假设 2a：在户籍制度分隔下，农村居民与城市居民在社会态度上存在差异，且差异会随时间推移而持续存在甚至被强化；

假设 2b：不同受教育程度的人群在社会态度上存在差异，且差异会随时间推移而持续存在甚至被强化；

假设 2c：不同职业人群在社会态度上存在差异，且差异会随时间推移而持续存在甚至被强化。

3. 极化假设

依据社会态度变迁的基本模式，还可以构建出一个更具竞争性的假设，即所谓“极化假设”。与不均衡假设不同，极化假设下的社会态度不仅表现为不均衡的情况，态度变化的方向在不同群体间甚至截然相反，以致出现极端化的对立。本文构建极化假设的原因来自两个方面：第一，越来越多的学者认为，发达资本主义社会、特别是美国社会正在走向

---

① Glenn N D. Recent trends in intercategory differences in attitudes. Social Forces，1974，52（3）：395 - 401.

② Tuch S A. A multivariate analysis of response structure：race attitudes，1972 - 1977. Social Science Research，1984，13（1）：55 - 71.

极化，造成这一趋势的原因包括收入和财富分配的日益不平等、阶级阶层的不平等、种族分隔、移民和多党政治等，不同群体之间的利益、价值观和社会态度日益呈现两极化的态势。第二，中国的经济发展和体制转轨带来日益严重的财富（收入）分配和生活机会公正分配的问题，体制和道路选择的问题，以及价值观和社会态度的分化问题，因此有学者认为，当代中国社会正在走向社会生态的“碎片化”乃至“断裂”①，随着社会的两极化，社会态度也会走向极化，乃至形成对立冲突的两极。由此，本文提出社会态度变迁的极化假设：

假设3：由于中国社会在各方面呈现出的日益分化趋势，例如，收入差距日益加大的趋势，社会大众的社会态度也会朝向两极化方向变化。

但假设3并不能涵盖态度极化的所有情况，因为不同群体在社会态度上呈现出相反的变化趋势，最终体现在整体社会态度层面的结果可能是变化并不明显。例如，假设实际情况是城市居民对政府满意度越来越高，农村居民满意度越来越低，最终呈现在整体政府满意度层面的结果可能与之前相差不大。因此，本文进一步提出三个辅助性假设：

假设3a：农村居民与城市居民因在资源和生活机会分配上的分化而在社会态度上存在差异，且随时间推移呈反方向变化；

假设3b：不同受教育程度的人群因文化观念的分化而在社会态度上存在差异，且随时间推移呈反方向变化；

假设3c：不同职业人群因在社会经济地位上的分化而在社会态度上存在差异，且随时间推移呈反方向变化。

需要注意的是，与不均衡假设强调因变化程度的差异而出现态度不均衡的现象（实质上是对一致性假设的修正）不同，极化假设的三个辅助性假设强调的是，因这些社会因素的差异（和对立）而引发的社会态度的对立，体现了这些因素影响下的不同群体态度的反向变化趋势。

三、分析结果

（一）社会态度10年变迁

表2反映了在认知、情感性评价和行为倾向三个维度上，社会态度10年来在不同年份以及在不同群体中的变化情况，由此可以从整体上对21世纪以来社会态度变迁的状况

① 孙立平．中国社会结构的变迁及其分析模式的转换．南京社会科学，2009（5）.

加以系统的概述。

第一，2005—2015 年间，大部分社会态度的指标都在提升，其中情感性评价维度上的“政府评价”和行为倾向维度上的“投票率”两个指标有较大幅度的增长。而认知维度上的“升学机会公平性”以及“社会信任感”两个指标则出现了下降。也就是说，下降的指标集中在认知维度上，且都为社会认知的维度，可以看出，民众对于结果不公平（“收入不均合理性”）的接受程度提高，但是对机会不公平（如“升学机会”）的感受加深。同时，社会信任感的整体下降也与媒体报道以及学者观察①的结论相一致。

第二，需要关注群体内部异质性。在各个群体内部，绝大多数呈现出相对一致的变迁方向，即 2015 年各子群体相对 2005 年呈现相同方向上的变化。但社会认知维度上的“收入不均合理性”和“社会信任感”等指标出现群体内部变化方向不一致的情况。从描述统计看，社会态度整体变迁似乎呈现出一致化的趋势，在认知维度上的社会公平和社会信任方面则有态度分化的可能性，但这些结论需要进一步的检验。

表 2　2005—2015 年社会态度变化的整体情况

		自我认知		社会认知			情感性评价		行为倾向	
		幸福感	个体收入合理性	收入不均合理性	升学机会公平性	社会信任感	社会公德感	政府评价	行为开放性	投票率
2005 年均值		3.410	2.591	3.408	3.916	3.459	4.167	3.005	2.139	0.438
2015 年均值		3.867	2.657	3.493	3.797	3.371	4.298	3.441	2.390	0.486
差异及显著性		0.458	0.066	0.085	−0.119	−0.088	0.132	0.437	0.251	0.049
		***	***	***	***	***	***	***	***	***
社会态度变迁方向（2015 年均值—2005 年均值）	城市户籍	+	+	+	−	−	+	+	+	+
	农村户籍	+	+	+	−	−	+	+	+	−
	小学教育程度	+	+	+	−	−	+	+	+	+
	中学教育程度	+	+	+	−	−	+	+	+	+
	大专及以上	+	−	−	−	+	+	+	+	+
	农民	+	+	+	−	−	+	+	+	+
	管理人员	+	+	−	−	−	+	+	+	+
	专业技术人员	+	+	−	−	+	+	+	+	0
	个体户	+	+	+	−	−	+	+	+	+
	办事人员	+	+	+	−	+	+	+	+	0
	一般工人	+	+	+	−	−	−	+	+	+
	其他	+	+	+	−	+	+	+	+	+

注：*** 在 99%的置信水平上显著；“+”2015 年均值大于 2005 年均值；“−”2015 年均值小于 2005 年均值。

① 周怡．信任模式的社会建构．光明日报，2013-08-31（11）；翟学伟．信任与风险社会：西方理论与中国问题．社会科学研究，2008（4）；俞国良，王浩．社会转型：国民安全感的社会心理学分析．社会学评论，2016（3）．

各年份社会态度的整体离散程度可以利用标准差进行判断。从表 3 可以看出，各指标的标准差在 10 年间互有增减，除“个体收入合理性”指标的标准差下降明显外，其他指标的标准差均相差不大，显示出 10 年间社会态度总体离散程度保持平稳，个别指标的离散程度呈现缩小的趋势。

第三，组间差异（群体间差异）的变化不同于群内。用方差分析中的判定系数 R^2 衡量组间差异（BSS）占总差异（TSS）的比重，即组间差异对总差异的解释程度，可以看出组间差异的程度，其计算公式为：

$$R^2 = \frac{BSS}{TSS}$$

表 3 展示了 2005 年与 2015 年各社会态度指标中不同群体的方差判定系数。在考虑两个年份标准差存在差异的情况下，依然可以看出群体间社会态度的差异在各类型的态度指标上存在很大不同。自我认知、社会公德感以及投票率的组间差异占总差异的比重在减小，升学机会公平感的认知以及政府评价的组间差异的比重却呈现出明显上升趋势。与之前描述统计的结果不同，“收入不均合理性”以及“社会信任感”的组间差异整体上在缩小，因此，虽然在态度变化方向上出现了不一致的情况，但很难称之为“极化”。

总体来看，不同的社会态度指标中，群体间差异增大与减小并存，方差分析的结果支持了同质化假设以及不均衡假设，但没有支持极化假设。

表 3　2005 年与 2015 年各社会态度指标中不同群体的方差判定系数

		自我认知		社会认知			情感性评价		行为倾向性	
		幸福感	个体收入合理性	收入不均合理性	升学机会公平性	社会信任感	社会公德感	政府评价	行为开放性	投票率
2005 年标准差		0.771	0.950	1.149	0.965	0.569	0.571	0.677	0.762	0.496
2015 年标准差		0.821	0.567	1.039	0.941	0.606	0.562	0.643	0.803	0.500
2005 年 R^2（组间平方和/总平方和）	户籍	0.004	0.002	0.011	0.004	0.021	0.106	0.007	0.013	0.128
	教育程度	0.023	0.003	0.001	0.004	0.004	0.071	0.005	0.015	0.030
	职业	0.024	0.011	0.014	0.006	0.026	0.113	0.010	0.019	0.143
2015 年 R^2（组间平方和/总平方和）	户籍	0.005	0.001	0.009	0.008	0.002	0.050	0.012	0.004	0.022
	教育程度	0.011	0.002	0.003	0.021	0.006	0.060	0.035	0.024	0.026
	职业	0.008	0.003	0.006	0.019	0.007	0.038	0.032	0.032	0.051

可以通过更加直观的方式观察不同群体间差异大小的变化情况。图 1—图 9 就是利用国际上通行的形式，显示了 10 年间户籍、教育程度以及职业群体间态度指标相对于该指标总体均值的变化情况，将各子群体的态度得分均值减去该年份总体态度得分均值，再加以比较，或柱状图越短，则群体间态度差异越小。（限于篇幅，本文只展示变化比较显著的认知方面以及

情感性评价中有关政府评价的群体间差异。）图1—图9显示的结果与表3大致相同。

在认知方面，个体认知层面的群体间差异明显缩小。而社会认知的群体间差异则呈现出不同的状况，结果公平感（“收入不均合理性”）的差异在不同受教育程度群体间加大，在城乡户籍和职业群体间略有缩小；机会公平感（“升学机会公平性”）的差异则在各群体间明显增大。社会信任感的群体差异整体缩小，但不同受教育程度群体之间的社会信任感则略有增大。

在情感性评价方面，各群体间社会公德感的差异在缩小，而无论是城乡户籍、不同受教育程度还是不同职业群体，政府评价的群体差异都在明显加大。

在行为倾向方面，行为开放性的户籍差异在缩小，受教育程度差异和职业差异却在拉大，反映公共领域政治参与意愿的指标（投票率）的群体差异则在缩小[①]。

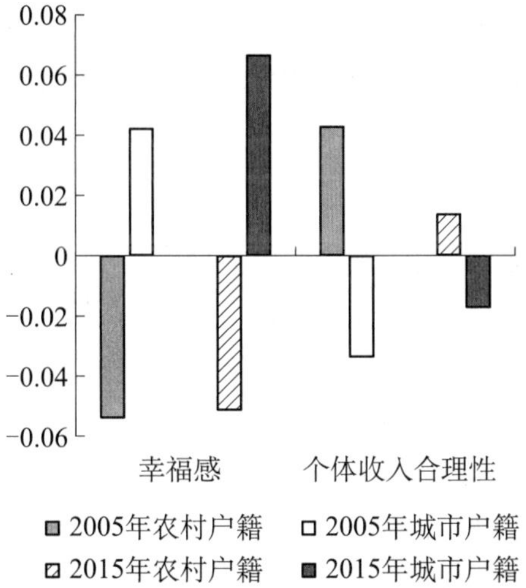

图1　不同户籍群体自我认知离散程度变化

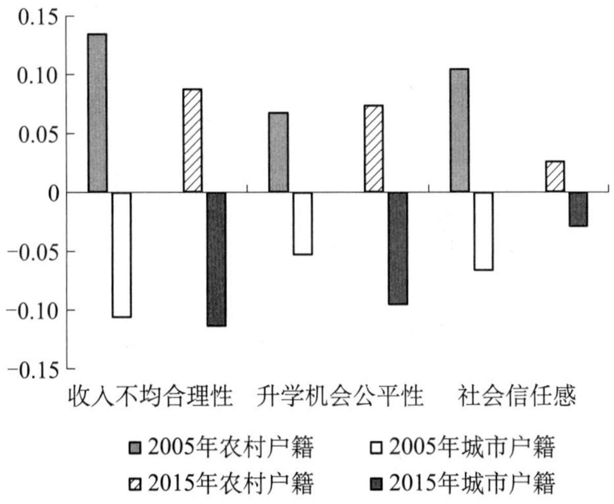

图2　不同户籍群体社会认知离散程度变化

① 社会公德感及行为倾向的离散情况分布图因变化幅度较小，限于篇幅本文未做展示。

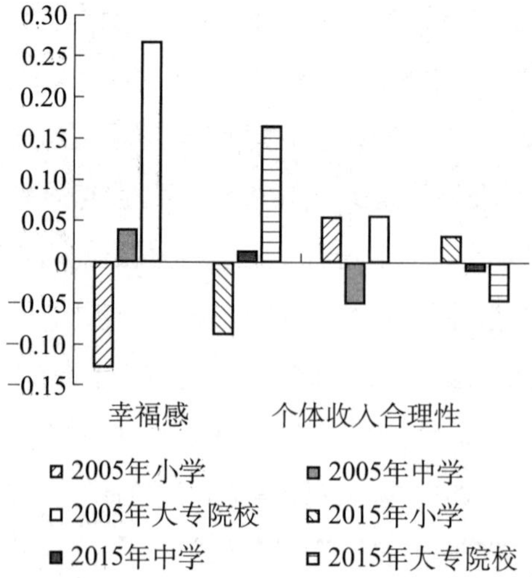

图3　不同受教育程度群体自我认知离散程度变化

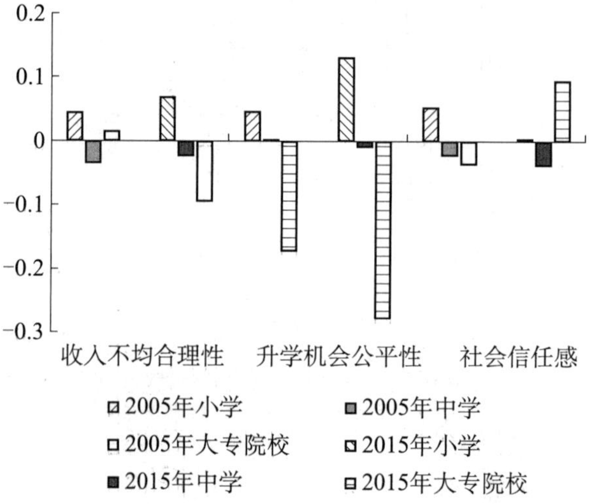

图4　不同受教育程度群体社会认知离散程度变化

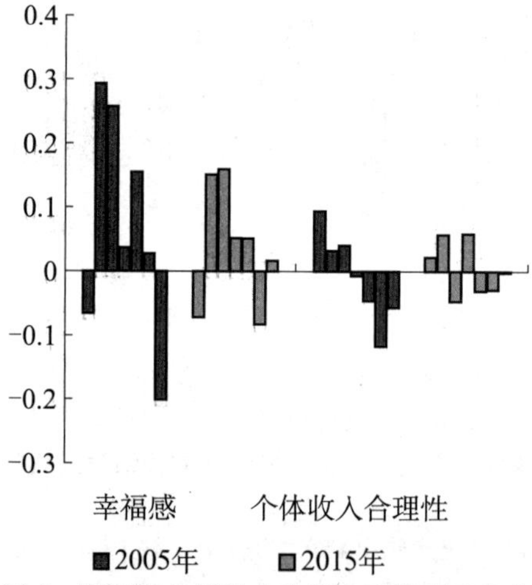

图5　不同职业群体自我认知离散程度变化

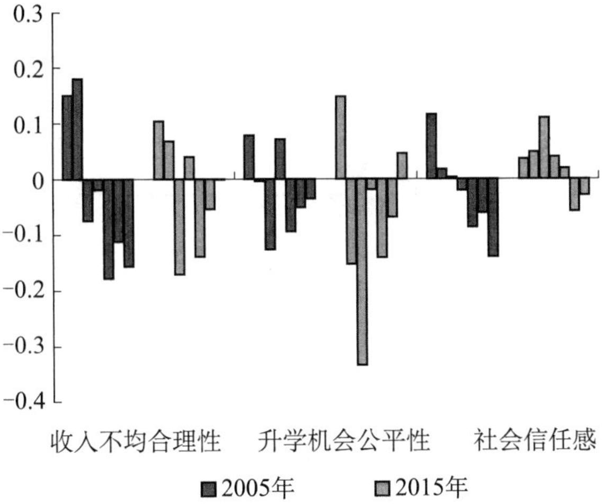

图 6　不同职业群体社会认知离散程度变化

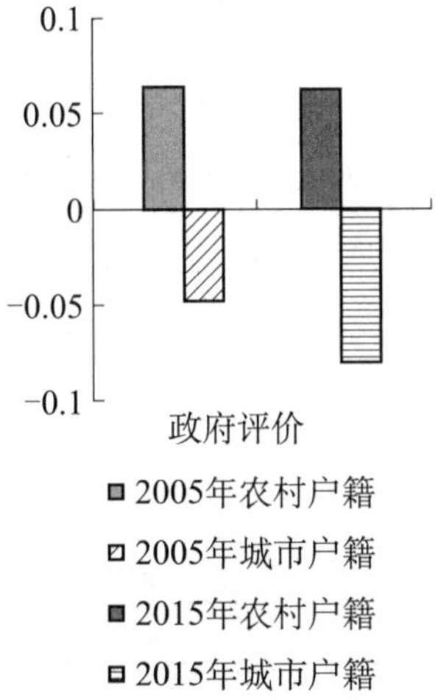

图 7　不同户籍群体政府评价离散程度变化

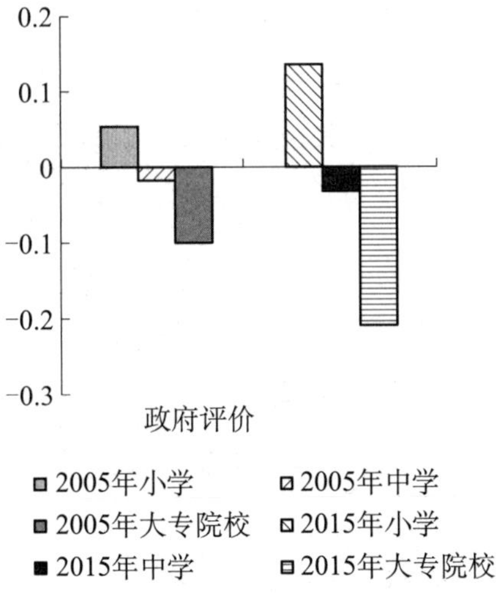

图 8　不同受教育群体政府评价离散程度变化

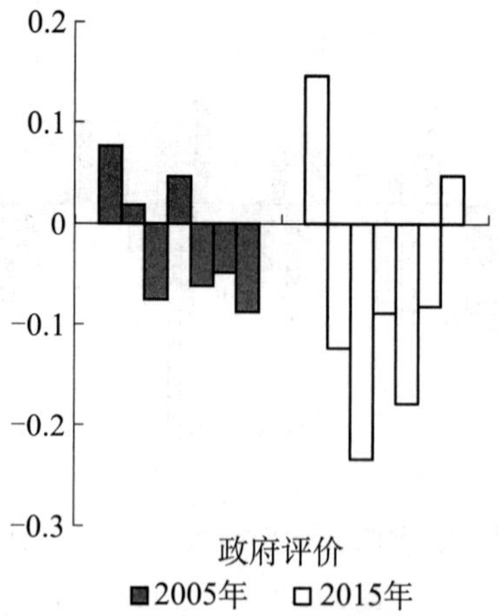

图9　不同职业群体政府评价离散程度变化

（二）模型分析结果

本文一方面关心中国社会大众社会态度的基本状况和变迁模式，另一方面关心影响社会态度变迁的社会因素。描述统计的结果虽然大致描绘出社会态度各维度的变迁方向及不同群体间差异的变化情况，但不同群体间的社会态度差异仍可能受到其他因素的影响。本文利用多元线性回归以及 Logistic 回归探究户籍、教育程度以及职业因素对社会态度的影响，其中除政治参与采用多元 Logistic 回归外，其他社会态度指标均采用 OLS 回归。除本文关心的社会变量外，模型还加入了性别、年龄、婚姻状况等人口学变量，以及收入、工作单位、党员身份等作为控制变量，以考察本文所关心的那些社会因素的净效应。同时，为了检验不同年份之间的变量系数是否存在显著性差异，本文借鉴已有研究①将 2005 年与 2015 年两年的数据合并，并加入年份的虚拟变量（2005 年＝0，2015 年＝1），以及所有自变量与年份的交互项，生成时期交互模型。

表 4—表 7 分别报告了不同社会态度指标回归模型的结果。其中每个指标的前两列是年份分组回归结果，第三列是时期交互模型的结果（户籍、教育程度和职业的参照组分别为城市户籍、小学教育程度和农民）。这里交互模型仅展示了主要自变量与年份交互项的系数及其显著性。以下为社会态度三个维度指标的回归结果。

首先是认知方面。与描述统计的结果基本一致，这两个年份自我认知层面的变量系数差异都不显著，或系数的绝对值显著变小，显示出社会态度的自我认知趋向于一致化；社

---

① 吴愈晓．影响城镇女性就业的微观因素及其变化：1995 年与 2002 年比较．社会，2010（6）．

会认知情况则相反，尤其是在社会公平感方面，大部分主变量系数都在增大，且城乡户籍以及不同受教育程度群体间的差异更加显著。社会信任感的情况略为复杂，不同受教育程度群体的社会信任感差异明显增大，不同职业群体间的差异则各有增减。总的来说，公众对于个体情况认知的群体间差异在缩小，而对于社会状况认知的群体间差异却呈现扩大的趋势。

表 4　不同群体自我认知回归结果

自变量	幸福感			个体收入合理性		
	2005 年	2015 年	年份差异检验	2005 年	2015 年	年份差异检验
农村户籍	−0.064***	−0.028	0.046	−0.293***	0.032**	0.256***
中学学历	0.078***	0.083***	0.002	0.046*	−0.029*	−0.054*
大专及以上	0.207***	0.204***	−0.006	0.178***	−0.056**	−0.220***
管理人员	0.156**	0.044	−0.085	−0.278***	0.102***	0.204**
专业技术人员	0.114***	0.028	−0.056	−0.308***	0.023	0.133**
自雇佣者	−0.105**	0.005	0.130**	−0.358***	0.048*	0.280***
办事人员	0.03	−0.068	−0.068	−0.351***	0.028	0.181***
一般工人	−0.018	−0.081***	−0.034	−0.407***	−0.024	0.196***
其他人员	−0.192***	0.03	0.243***	−0.383***	−0.030*	0.222***
控制变量	—	—	—	—	—	—
截距	3.423***	3.283***		3.420***	2.326***	
观察值	9 841	10 036		9 841	8 941	
R^2	0.11	0.066		0.065	0.025	

注：* $p<0.1$，** $p<0.05$，*** $p<0.01$。

表 5　不同群体社会认知回归结果

自变量	收入不均合理性			升学机会公平性			社会信任感		
	2005 年	2015 年	年份差异检验	2005 年	2015 年	年份差异检验	2005 年	2015 年	年份差异检验
农村户籍	0.086**	0.166***	0.078*	0.036	0.078***	0.057	0.120***	0.096***	−0.032
中学	−0.044	−0.055**	−0.011	0.011	−0.044*	−0.058*	−0.01	−0.016	−0.003
大专及以上	0.074	−0.102**	−0.179**	−0.076*	−0.207***	−0.128**	0	0.112***	0.112***
管理人员	0.186*	0.048	−0.143	−0.014	−0.103*	−0.048	−0.046	0.026	0.052
专业技术人员	−0.047	−0.173***	−0.131*	−0.117**	−0.217***	−0.055	−0.018	0.082**	0.078*
自雇佣者	−0.148**	−0.023	0.122	0.019	−0.062	−0.051	−0.059*	0.023	0.067
办事人员	−0.121*	−0.167**	−0.051	−0.100*	−0.08	0.065	−0.124***	0.004	0.106**
一般工人	−0.092**	−0.111***	−0.041	−0.081**	−0.094***	0.076*	−0.078***	−0.046*	0.005
其他人员	−0.105**	−0.01	0.091*	−0.068	−0.052**	0.047	−0.122***	−0.032	0.075**

续前表

自变量	收入不均合理性			升学机会公平性			社会信任感		
	2005 年	2015 年	年份差异检验	2005 年	2015 年	年份差异检验	2005 年	2015 年	年份差异检验
控制变量	—	—	—	—	—	—	—	—	—
截距	3.708***	3.549***		3.836***	3.739***		3.460***	3.166***	
观察值	9 727	9 920		9 766	9 980		7 792	7 614	
R^2	0.03	0.018		0.01	0.03		0.046	0.022	

注：* $p<0.1$，** $p<0.05$，*** $p<0.01$。

其次在情感性评价方面，回归结果显示，社会公德感的城乡户籍及职业群体间的差异在减小，不同受教育程度群体间的差异则略有上升。对政府满意度评价的差异化趋势非常明显，绝大多数自变量的系数都显著增大，显示出不同群体对政府评价的异质性增强。

再次，在行为倾向性方面，反映私人生活领域的行为开放性呈现出相对复杂的变化，城乡户籍间的态度差异在缩小，不同职业群体间的差异则各有增减。反映公共领域政治参与意愿的指标（投票率）的户籍差异和职业差异在减小，受教育程度差异的变化则不显著。

表 6　不同群体情感性评价回归结果

自变量	社会公德感			政府评价		
	2005 年	2015 年	年份差异检验	2005 年	2015 年	年份差异检验
农村户籍	−0.212***	−0.157***	0.061***	0.008	0.077***	0.080***
中学	0.139***	0.181***	0.041**	−0.027	−0.068***	−0.043*
大专及以上	0.184***	0.228***	0.041	−0.085***	−0.178***	−0.095**
管理人员	0.145***	−0.02	−0.151***	−0.004	−0.117***	−0.085
专业技术人员	0.088***	0.044	−0.028	−0.053	−0.200***	−0.116**
自雇佣者	−0.006	0.024	0.04	0.009	−0.139***	−0.129***
办事人员	0.072**	0.057	0.001	−0.065	−0.164***	−0.067
一般工人	0.052***	−0.004	−0.053**	−0.063**	−0.126***	−0.034
其他人员	0.043*	0.051***	0.018	−0.116***	−0.078***	0.059*
控制变量	—	—	—	—	—	—
截距	4.120***	4.328***		3.393***	3.324***	
观察值	9 841	9 793		9 841	9 583	
R^2	0.135	0.096		0.1345	0.0727	

注：* $p<0.1$，** $p<0.05$，*** $p<0.01$。

表7　不同群体行为倾向回归结果

自变量	行为开放性			投票率		
	2005年	2015年	年份差异检验	2005年	2015年	年份差异检验
农村户籍	−0.140***	−0.086***	0.058*	1.314***	0.580***	−0.750***
中学	−0.002	−0.043**	−0.043	0.277***	0.314***	0.044
大专及以上	0.075**	0.072**	−0.005	−0.056	−0.101	−0.035
管理人员	0.069	0.038	−0.022	−0.595***	−0.327**	0.223
专业技术人员	0.05	0.198***	0.158***	−0.734***	−0.819***	−0.135
自雇佣者	0.116***	0.078**	−0.031	−0.890***	−0.964***	−0.103
办事人员	0.113***	0.201***	0.098	−0.796***	−0.774***	−0.029
一般工人	0.135***	0.091***	−0.048	−0.851***	−0.646***	0.208**
其他人员	0.047	0.025	−0.016	−0.908***	−0.593***	0.283**
控制变量	—	—	—	—	—	—
截距	2.478***	2.756***		−2.194***	−1.922***	
观察值	9 841	9 018		9 841	9 583	
R^2 /虚拟 R^2	0.061	0.066		0.1345	0.0727	

注：* $p<0.1$，** $p<0.05$，*** $p<0.01$。

总的来说，回归分析的结果与描述统计结果基本一致。社会态度变化的一致性与不均衡性并存，一致性体现在自我认知领域以及情感性评价中的社会公德感，不均衡性则主要体现在社会认知领域以及情感性评价中的政府评价。可以看到，民众对于个体情况的感知以及私人领域事物的看法倾向于一致性的变化，但对于社会情况的感知以及公共领域事物的看法趋向于差异化的变迁。社会结构因素作为影响态度变迁的力量，更显著地作用于公共议题和政府行为的评价方面，而私人领域的态度则在更大程度上受到现代化力量的形塑。

因此，与研究假设中社会态度的单一变化趋势不同，现代化的逻辑与结构化的逻辑不是非此即彼的两种趋势，而是可能同时作用于社会态度的不同维度和不同领域。结合中国社会发展的现实有助于理解这一现象：经济的快速增长和现代化要素的扩张，在很大程度上会改变人的特征和品质，从而带来个体层面上感知的一致性变化：生活满意度提高，对收入不均的接受程度加强；“仓廪实而知礼节”，教育普及和地域交流，使得社会公德感呈现出一致性变化等。但与此同时，结构分化和利益分化会使得民众在群体层面和公共领域中的利益诉求日趋多元，机会公平感、对政府评价方面的社会态度差异则有所增大。社会态度的一致性与差异化在不同的层面同时变化，趋势并存，使得社会态度的变迁呈现出更加复杂的面向。

四、结论与讨论

本文利用CGSS 2005年和2015年数据，从不同维度分析了中国社会大众社会态度10年变迁的整体趋势及其内部的差异情况。

首先，在2005—2015年这10年间，中国社会大众的社会态度整体朝良性方向变化，个体幸福感、收入合理性、政府评价、行为开放性以及政治参与意愿都在提升，这与21世纪以来我国经济社会迅速发展、民众生活水平不断提升密不可分。对个体收入合理性以及社会收入不均合理性感知的提升，反映出民众对于市场经济带来的收入分配不均的接受程度在提高。另外，社会信任感、升学机会公平感则出现下降。后者可视为机会公平感。尽管对于收入分配不均的容忍度在提升，但对于机会不公平的关注使得后者的得分相较10年前要低一些，这也体现出转型期中国人“患不均，更患不公”的特点[①]。

其次，不同群体在社会态度方面的变化方向基本一致，并没有出现两极分化、社会共识破裂的状况，至少在社会大众层面如此。这一点符合社会态度变迁的“一致性假设”，其背后是城市化、工业化、教育标准化和社会流动等现代化的强大力量，这些因素使得民众的观念朝某一共同方向发生改变。社会大众社会态度变迁中社会公德感的提升以及行为开放性的增强就体现了这一点——民众对于违反公德行为的反感程度增加，但对一些私人领域越轨行为的容忍度提高。

本文还考察了群体间社会态度差异的变迁趋势。与整体态度变迁方向的一致性不同，态度内部的群体差异呈现出更加复杂的情况。方差分析以及回归分析的结果显示，幸福感、个体收入合理性、社会公德感的群体差异在缩小，而社会公平感以及政府评价的群体差异则明显增大，其他态度指标在不同的社会群体中呈现不同的变化。在私人生活领域，不同群体的态度趋向于一致，但在公共领域社会态度的差异化增强。城乡户籍、不同受教育程度以及不同职业群体的民众对于个人生活层面的观点相似性增强，这一点符合“一致性假设”，也可以用现代化过程加以解释。而政府评价的群体异质性意味着利益分化背景下不同群体对国家权力的期待日趋多样化，因此对政府施政行为的满意度虽然在提升，但同时差异也在不断扩大。尤其值得注意的是社会公平感的差异，如前所述，民众的机会公平感10年间呈现下降趋势，同时内部的群体差异性也在扩大。这一现象或许比纯粹的极

---

① 李路路，等．“患不均，更患不公”：转型期的“公平感”与“冲突感”．中国人民大学学报，2012（4）．

化更令人担忧。因此促进教育公平、增加弱势群体发展机会显得尤为重要。

社会态度是对大众心理状态以及行为趋向的反映，这使得其成为刻画社会整体状况、判断社会变化趋势的重要工具。社会态度的变化是社会转型在文化观念层面的反映。价值观通过态度间接地影响行为①，态度也深刻反映了社会结构与价值观念的作用。因此当人们关注中国的资源分配机制变革、社会治理体制创新、社会结构重组的过程时，同样需要关注文化观念的变迁，特别是其中的社会态度的转变。本文或许可以作为社会态度变迁理论与实证研究相结合的一次尝试，其意义在于从动态角度观察社会态度在各维度的变化情况，以及态度变迁的结构差异，从而更加全面地探索中国社会转型的不同侧面。尽管本文未能在一个更长的时间维度上分析社会态度的变迁状况，但现代化力量以及结构性因素作为影响态度变迁的约束条件，可以帮助我们在更长的历史时期对社会态度的可能变化趋势做出基本的预测。如果这些约束条件发生变化，那么，社会态度的变化趋势也会发生改变。

囿于数据等局限，本文还无法对所有社会因素，特别是一些结构性因素加以考虑。本文所选取的测量指标并非完备，以此构建态度系统也难以说十分成熟，但这一做法仍可视为社会态度系统性分析的一次有益尝试，以期积累知识，逐步提炼。此外，社会态度的一致化变迁与差异化表现究竟是中国改革开放以来长时期的变迁特点，抑或仅是一个更复杂的态度变迁过程的片段？社会态度的变化是否有可能出现极化的状况？社会态度的变迁会对大众的社会行为产生怎样的影响，以及这一影响又有着怎样的发生条件？这些问题尚待后续的研究予以解答。

---

① 王俊秀，杨宜音．中国社会心态研究报告（2014）．北京：社会科学文献出版社，2014：4.

网络化时代社会认同的深刻变迁*

刘少杰**

【摘　要】随着社会生活大规模的网络化发展，社会认同也日益超越个体认同和群体认同的边界，在网络交往中成为无边界限制、流动扩展的真正意义的社会认同。社会心理学和社会学根据社会生活和社会认同的实际变迁，实现了对认同的研究从个体认同、群体认同到社会认同的转变。由于网络化发展使社会空间呈现出三个层次，以网络化发展为基础的网络社会认同也出现层次分化。网络社会认同主要以社会表象的形式存在，这种在网络交往中形成的社会表象，超越了个体表象和集体表象的局限，对实现迪尔凯姆所希求的社会整合具有重要意义。由于人口众多、社会分化严重、感性文化传统和国家机构实行民主集中制原则等特殊条件，社会认同在中国的发展变迁具有特别重要的意义。

【关键词】网络化；社会认同；社会分化；社会表象

随着社会生活网络化的快速发展，社会认同逐渐成为人文社会科学研究的热门话题，并且这个话题所反映的内容也日渐复杂。这不仅因为社会认同是网络行为的核心因素，在日益增多的网络事件中发挥了越来越重要的作用，而且还在于社会生活网络化促使社会认同发生了形式与内容、地位与作用的深刻变迁。在中国特有的历史条件下，社会认同在网络化发展中呈现出的一系列问题值得深入思考。

---

* 本文原刊发于《中国人民大学学报》2014年第5期。

** 刘少杰，中国人民大学社会学理论与方法研究中心教授，博士生导师。

一、社会认同研究的转变与限制

社会认同首先是社会学和社会心理学研究的核心问题之一，虽然很多学者在20世纪前期对社会认同就已经开展了大量研究，但直到20世纪60年代，讨论社会认同的文献仍主要是关于个体的自我认同，诸如关于个体的身份认同、群体归属、地位和层次认知等，都属于通常的社会认同研究。因此，一些社会学家认为，20世纪前期的社会认同研究实际上是个体认同研究，真正从社会层面开展的认同研究“起源于20世纪70年代初期”[①]。

方文论述了社会认同研究在社会心理学中发生的从个体向社会的转变。方文认为，在1967年，社会心理学领域发生了两个重要事件：一个事件是被誉为“社会心理学教皇”的费斯廷格（Leon Festinger）厌倦了个体的社会心理学研究，导致了“社会心理学危机话语”的发生；另一个事件是泰弗尔（Henri Taifel）和莫斯科维奇（Serge Moscovici）举起了“社会关怀”的旗帜，开始了群体认同或群际认同的研究。这两个事件共同宣告了个体论的社会认同研究取得突破[②]。

需要进一步研究的是，对于社会认同研究从个体向群体乃至社会的转向，虽然应当看到是通过心理学家研究方式转变而实现的，但这种转变为什么是在20世纪60年代后期发生的呢？事实上，20世纪60年代后期后工业社会的来临为这个转变提供了重要的现实基础。1967年，丹尼尔·贝尔发表了《关于后工业社会的札记》，同年，加芬克尔出版了其代表作《常人方法学研究》。笔者曾指出：“贝尔以后工业社会理论直接概括和揭示了科技革命引起西方社会的深刻变化，而加芬克尔则是以社会学思维方式变革的理论主张和原则建构，间接地表达了对科技革命引起社会变革的理解和体验。”[③] 费斯廷格、泰弗尔和莫斯科维奇等人在心理学领域引起的转变，其实同贝尔和加芬克尔的研究一样，都不过是对科技革命推动后工业社会来临的一种学术反映。

由科技革命推动的后工业社会来临，之所以能够促进社会学和社会心理学突破个体论限制，最重要的原因可以概括为两点：

其一，后工业社会实现了产业结构转变，第一产业和第二产业在产业结构中所占的比重大幅度下降，而第三产业所占的比重则迅速上升。到20世纪60年代后期，美国等发达

---

① 迈克尔·A. 豪格，多米尼克·阿布拉姆斯. 社会认同过程. 北京：中国人民大学出版社，2011：前言1.
② 同①2.
③ 刘少杰. 后现代西方社会学理论. 北京：社会科学文献出版社，2002：52.

国家的第三产业在产业结构中所占的比重已经达到70%以上。产业结构的这种变化表明，面对物或面对自然的物质生产的地位已经下降，而为人服务的第三产业已经上升到主体地位，因此，发达国家的中心任务已经从物质生产领域转移到为人服务的领域。物质生产展开的主要是人与自然的关系，第三产业或服务业展开的则主要是人与人的社会关系，而这种变化也必然要求人文社会科学超越个体论的视角，切实从社会关系的视角去观察和研究社会生活。

其二，更为重要的是，推动工业社会向后工业社会变迁的技术革命是信息技术革命，以计算机为核心的信息技术革命，不仅大幅提升了信息传递的速度和规模，而且还极大地扩展了人类信息交流的途径和空间，提高了社会交往的能量和地位。信息技术革命以其强大的效率和不可遮挡的魅力，把越来越多的人从狭小的个体活动场所带入广阔的社会交往领域，各种场所中的群体活动甚至超越群体界限而在更广泛层面上进行信息交流，呈现出信息技术革命之前无法与之相比的活跃状态。人们在日益发达的信息交流或更加广阔的信息空间中，不仅能够更清楚地认识他人，也能够更明确地理解自己，原来在工业社会和农业社会局部空间中不易判明自己身份归属的问题，变成了如何在复杂的信息交流中认识群体乃至认识社会的问题。

因此，社会心理学对社会认同的研究从个体论转向群体论，其原因不能仅仅归结为研究者的心理变化和视角转变，更重要的是社会现实发生了深刻变迁。并且，社会生活网络化的发展，更明确地从现实基础上要求社会认同的研究实现转变。时至20世纪90年代，互联网和手机通信等新媒体技术迅速发展，使信息技术革命呈现出更加波澜壮阔的场景，社会生活实现了大规模的网络化变迁。人们在网络化潮流中涌入越来越广阔的社会空间，可以凭借新媒体技术便捷地进入城市社会、民族社会乃至全球社会。在不断扩张且充满新因素和不确定性的网络社会中，重要的问题已经不是自我属于这个社会的哪一个位置，而是自我应当怎样看待和评价这个瞬息万变的新型社会。

卡斯特是对网络社会开展了深入研究的学者，在他看来，网络社会是一种与在农业社会中崛起的工业社会具有同样重要意义的新社会形态，而其中最重要的变化是以互联网和手机通信等新媒体为基础的社会认同的转变。卡斯特在《认同的力量》中开篇就指出："我们的世界，我们的生活，正在被全球化和认同的对立趋势所塑造。"① 他之所以把认同与全球化看成一种对立趋势，并坚持在这种矛盾关系中审视网络社会崛起引起的各种社会

---

① 曼纽尔·卡斯特．认同的力量．北京：社会科学文献出版社，2006：1.

变迁，最根本的原因在于：全球化是新自由主义和西方各国政府推进的“战略决策性经济活动”①，它不仅引起了世界经济秩序的新变化，而且也冲击甚至剥夺了广大社会成员的利益，各民族的基层社会成员形成了抗拒性的集体认同。抗拒性认同通过网络媒体实现了穿越传统社会制度的横向连接，并动员起激烈冲击全球化秩序的各种大规模社会运动。抗拒性的集体认同成为必将引起人类社会发生空前深刻变革的强大的社会力量。卡斯特指出：“伴随着技术革命、资本主义转型、国家主义让位，我们在过去的25年里经历了集体认同强烈表达的漫天烽火。这些集体认同为了捍卫文化的特殊性，为了保卫人们对自己的生活和环境加以控制，而对全球和世界主义（cosmopolitanism）提出了挑战”②。

从卡斯特的论述中不难发现，他像泰弗尔等人一样，重视的不是个体认同，而是集体或群体认同。但与泰弗尔不同的是，卡斯特实质上已经超越了泰弗尔的群体认同论视野，而通常是在论述超出群体边界的更广泛意义上的社会认同。虽然卡斯特一再强调自己论述的认同是与个体认同不同的集体认同，但他论述的集体是没有清晰边界的，而是意指吸引了不同民族、不同社会阶层以及不同职业的社会成员参加的社会运动。在社会运动中的认同已经不是泰弗尔仅仅超越个体认同的群体认同，而是凭借信息交流和网络沟通穿越了各种集体边界的真正意义的社会认同。

这里要面对的问题是，卡斯特为什么坚持用集体认同概念来表达实质上已经超越了集体边界的社会认同？这或许是受到主流社会学的结构论研究方式的限制。从迪尔凯姆（Emile Durkheim，又译涂尔干）开始的结构论研究方式，虽然也重视对社会生活的整体性研究，但结构论的基本视角首先注意的是事物的构成因素及其相互间的关系，或者说，欲实现结构论的研究目的，就必须以弄清事物的构成要素为前提。正是基于这种基本原则，当卡斯特从结构论视角观察社会认同时，尽管他已经认识到网络社会中的认同是可以超越各种边界限制的社会认同，但仍然在结构论视野中寻找社会认同的构成，而寻找的结果只能是个体认同和群体认同，难以看清整体意义上的社会认同。因此，只有超越结构论的限制，才能从整体上把握突破了群体或集体边界的社会认同。

二、网络化时代的社会认同分化

超越结构论研究方式最有效的办法是从对社会现象的静态分析转向对实践论的动态考

① 曼纽尔·卡斯特．认同的力量．北京：社会科学文献出版社，2006：1.

② 同①2.

察。结构论和实践论是社会学创建以来一直延续的两大传统，如果说结构论因注重事物构成结构的分析而容易走向静态观察，那么实践论则因面对人们社会行动的考察而注重事物的运行变化及动态趋势。并且，正是因为实践论以社会实践为基础去认识人类社会，坚持实践论立场就能在本质上把握社会生活中存在的各种问题和演化趋势，其中道理如马克思所指："全部社会生活在本质上是实践的。凡是把理论引向神秘主义的神秘东西，都能在人的实践中以及对这种实践的理解中得到合理的解决。"①

马克思所说的实践，既包括处理人与自然矛盾关系的物质生产实践，也包括展开人与人矛盾关系的交往实践。因此，齐美尔论述的人类交互行动、韦伯和帕森斯论述的社会行动，以及福柯和利奥塔论述的话语实践、哈贝马斯论述的交往行为、布迪厄和吉登斯等人论述的感性实践等思想观念，都能在马克思那里找到根源和影响。马克思的实践观点之所以能在社会学领域保持广泛影响和持续承继，其根本原因在于实践观点符合社会生活的本质，立足实践，就能在人们同自然和同他人的相互作用关系中，在动态的社会行动中，看到一个由无数个体和群体展开的现实的社会。

由信息技术革命推动而成的网络社会，其基本内容是人们的信息交往实践，它是人类有史以来最活跃、最复杂、最广阔的实践场域或社会空间。因此，理解网络社会的问题就更应当从实践的观点出发，只有用实践的眼光或实践的思维方式，才能从本质上把握网络社会的矛盾及其展开形式。实际上，卡斯特也受到了马克思实践观点的影响，他在论述作为网络社会的核心问题的社会认同时，不仅论述了由社会认同凝聚的各种对抗全球化冲击的社会运动——而各种文化传统中的社会运动本身就是社会实践，并且还论述了网络社会作为社会认同发生的语境和存在的基础，其本质就是社会实践。卡斯特指出：网络社会展开了流动空间，"流动空间乃是通过流动而运作的共享时间之社会实践的物质基础"②。

把社会认同与网络化时代的社会运动和流动空间联系起来，或者说，把社会认同研究置于网络社会基础之上，既能认清社会认同的现实形式，也能发现社会认同的强大力量。从社会认同的现实形式看，个体认同与群体认同都不能成为真正意义的社会认同，因为个体和群体不过是社会的构成要素，它们只有超越自身的边界，实现没有边界限制的社会联系，才能形成真正意义上的社会认同。社会认同的主体是社会，而不是个体和群体。社会主体是通过个体和群体的交往联系而形成的，所以，个体和群体只有进入交往过程，形成

---

① 马克思恩格斯文集：第1卷．北京：人民出版社，2009：501.

② 曼纽尔·卡斯特．网络社会的崛起．北京：社会科学文献出版社，2006：383-384.

交往联系，他们的认同才能汇聚为社会认同。因此，不仅只有在交往关系中才能认清社会，而且也只有在交往关系中才能把握社会认同。

网络社会的崛起，既为个体和群体提供了可以超越自身界限的有效机制，也为他们的认同能够汇集为社会认同提供了便捷途径。在传统社会中，无论是个体还是群体，都受到特定的历史条件和制度环境的直接限制，所以，传统社会学和社会心理学在讨论社会认同问题时，或者是努力阐明个体因经济条件、生活状况和职业区别的限制而产生的身份认同，或者是具体分析在不同群体构成、组织结构和制度关系中发生的群体认同。而到了网络化时代，个体获得了相对自由地表达意愿和评价的灵活机制，微博、微信、短信、飞信、QQ 群和视频通话等形式多样的网络设置，使个体乃至他们身处其中的群体摆脱周围环境的限制，进入广阔的网络空间开展信息沟通，形成千百万个体以及无数群体共有的社会认同。

网络社会中的社会认同，是在社会空间分化的条件下生成的。在网络社会还没有充分发展起来的 Web 1.0 时代，人们把 BBS 和聊天室等早期网络设置展开的社会空间称为虚拟空间；而到了 Web 2.0 时代，网络社会迅速扩展，不仅网络交往形式更加灵活，而且交往空间也迅速扩大，涌入的人数也呈爆炸式增长。越来越多的人认识到，网络社会已经不是虚拟空间，而是同传统社会在存在空间上明显分化了的新社会形态。网络社会崛起引发的社会空间分化产生了三种基本形式的空间：

其一，传统社会的在场空间。虽然网络化已经在全球范围内大规模推进，但至今没有利用网络技术开展网络交往的人仍然占世界人口总数的三分之二，特别是在一些经济比较落后的地区，网络技术和人们的信息交往能力还处在一个较低水平，人们的生活还处于农业社会或工业社会初期阶段，可以称其活动空间为未网络化的传统社会的在场空间。

其二，在场的网络空间。与日俱增的个体和企业组织、社会团体、行政机构展开了活跃程度不断提高的网络活动，他们“脚踏实地”地进入了网络空间，也就是说，他们以真实的身份，在特定环境中为了追求现实的利益目标而展开了网络交往。我们可以称这种网络行为展开的网络空间为在场的网络空间，亦即个人或群体在特定场所中的网络活动所展开的空间。

其三，缺场的网络空间。数量急剧上升的个体和很多群体隐匿了自己的身份和实际存在形式，参与了不受地方性条件和制度规定限制的网络活动而形成的网络空间，这种吉登斯称之为“脱嵌空间”和卡斯特称之为“缺场空间”或“流动空间”的网络空间，是网民信息交流比较自由、思想观点容易汇集起来并达成共识的开放空间。

于是，当代人类社会在网络化推动下起码形成了三种空间状态：传统的尚未进入网络的在场空间，已经进入网络交往的在场空间，以及匿名的脱离了地方条件限制的缺场空间。三种空间状态的关系是：在场的非网络空间与缺场的网络空间是一种空间外延不重合的分离关系。前者具有相对确定性，而后者具有高度不确定性；前者具有地方局域性，而后者具有空间扩散性；前者具有个体和群体的边界性，而后者具有社会交往的互动性；前者具有实名性和公开性，后者具有匿名性和隐蔽性。介于二者中间状态的是在场的网络空间，它与另外两种空间状态之间是交叉关系，更明确地说，处于在场网络空间中的个体和群体，其活动可以通过新媒体技术大规模地进入网络社会空间，以其在场的存在开展缺场的活动。在场的网络空间的这种中间性，使其具有了传统在场空间和缺场网络空间的综合性特点。

社会存在决定社会意识。因为三种社会空间的并存，当代社会认同也呈现出层级分化状态。在传统的在场空间中，认同主要是个体的身份认同和群体的集体认同；在缺场的网络空间中，认同主要是超越了个体和群体边界的社会认同；而在介于二者之间的在场的网络社会中，认同主要是从个体和群体认同向社会认同提升的过程。简言之，在传统的在场社会中，社会认同是以个体和群体的初级形式存在的；在在场的网络社会中，社会认同是从个体认同和群体认同向社会认同提升和扩展的过程；只有到了缺场的网络社会中，社会认同才实现了超越个体和群体界限而进入到无边界、不确定、分延扩散的高级层次。

从当代人类社会三种空间并存的状态来看，社会生活网络化是一种如图海纳所论的“断裂式发展”。从网络技术的功能上看，网络化应当是无处不在、无孔不入的，但由于社会发展的不平衡性和一些人对网络技术认识与使用的滞后性，到目前为止，全球仍有三分之二的人口没有直接进入网络活动，虽然不能说他们完全处于网络化过程之外，但其中确有相当规模的人过着对网络化发展和网络交往活动不了解、不参与甚至反感和排斥的生活。这些处在网络化进程之外的人，如果不能接受网络化的影响而改变外在于网络社会的状态，就是图海纳所说的那部分被当代社会快速发展甩到社会底层的人，他们的生活和他们的观念都会成为断裂于当代社会的构成。并且，这些人的生活是被动地受到地方条件、制度环境和文化传统限制的构成，他们的认同通常只能处于个体身份认同，至多是群体环境认同的层次。

与外在于网络社会的人截然不同的是那些已经敏感地进入缺场的网络空间的网民。这些网民，他们或者以完全匿名的形式进入全球性的缺场网络空间，或者以前台匿名而后台实名的形式进入全国性的缺场网络空间，而无论哪种形式都表明他们已经超越了个别位置、特定条件的限制，并因此而不必再去关注自己属于社会的何种身份、何种地位与何种归属，甚至不必在意所在群体的关系制约和制度规范，而是从社会的一般原则、普遍意志和共同价值出发去表达自己的认同。在缺场网络空间中的社会认同已经不能用身份认同和群体认同的内涵去理解，在映射着各种社会运动和重大群体事件的网络认同中，认同的主体是由网络交往连接而成的社会，认同的性质不是为个体判定身份归属，而是表达对社会的要求，是反对与赞成、否定与承认等有强烈价值要求和明确价值取向的建构性的意义认同。

三、从集体表象到社会表象的提升

虽然缺场的网络化的社会认同因其匿名性、脱域性和扩散性等特点而给社会生活带来了大量不确定性和风险性，但就其总体趋势而言，缺场的社会认同对全球化和个体化两种相悖趋势对立并存的当代人类社会具有不可低估的积极意义。福山在《大分裂》中有这样的论述："正当西方社会的经济从工业化时代向信息化时代过渡之时，却出现了这样一些负面的社会趋势；这些趋势说明，西方社会中使人们团结在一起的那种社会联系和普遍价值观念正在变弱。"① 福山所说的负面的社会趋势，是指在信息化和全球化时代发生的个体化趋势。这种使工业社会的社会联系和普遍价值观念弱化甚至解体分裂的个体化趋势，是以网络信息技术支持的个体化工作方式的形成为前提的。正是个体借助计算机、互联网和移动通信等信息技术，获得了相对独立的工作空间和工作方式，并在此基础上形成了追求个体价值、个体地位和个体自由的价值原则，导致了工业社会基础上形成的价值体系的大分裂。

福山论述的这种社会分裂现象，在工业化处于上升时期的 20 世纪初也发生过，迪尔凯姆在《社会分工论》等著作中论述的社会分化问题也具有价值体系分裂、社会秩序遭遇尖锐挑战的严重性。为了稳定社会秩序、促进社会团结，迪尔凯姆给出的诊断是开展道德教化、整合价值观念，进而避免社会分裂。针对经济学和斯宾塞单纯鼓励个体竞争、加剧社会分化甚至社会分裂的片面性，迪尔凯姆主张培育集体观念、促进社会团结。所谓集体观念，就是在人们可以开展直接交往的社会群体中达成有关价值观念、道德规范和宗教行为规则的共识，而这种共识是介于逻辑思维和本能冲动之间的感性表象，迪尔凯姆称之为

① 弗朗西斯·福山．大分裂：人类本性与社会秩序的重建．北京：中国社会科学出版社，2002：5.

集体表象。把能够维持群体团结的共有观念理解为感性表象，这一点对于实现社会整合的追求十分重要。因为迪尔凯姆是在社会整体意义上来思考社会团结问题的，所以他一定要找到能把广大社会成员整合起来的思想观念，而这种思想观念既不能是理论层面的逻辑思维，也不能是本能无意识，只能是广大社会成员头脑中经常存在的感性意识。迪尔凯姆认为，感性意识可以对社会生活产生直接影响，因为感性意识直接同具体的日常社会生活相对应。他说："在所有能够产生这种强烈效果的事物中，首先应属我们的反向状态所造成的表现。实际上，这种表现并不只是一种简单的显示图像，也不是事物映射给我们的死气沉沉的幻影。相反，它是搅起机体和生理现象之波澜的力量。"① （引文中的表现 representation，应当译为表象——引者注）从心理学和认识论的角度看，表象是感性认识的一种形式，即在感觉和知觉基础上对认识对象的形象性、回忆性再现，一种具有一定程度反观性、概括性和能动性的感性认识。

在迪尔凯姆看来，并非像机械唯物主义者所论述的那样：表象是对事物的机械的、照镜子式的反映，相反，表象具有能动作用，可以作为支配人们身体及其行动的活生生的力量。"它非但是能够产生观念的一种神经流，从大脑皮质的原发点中流出，从一个神经丛流向另一个神经丛，而且在运动中枢里不断产生振动来确定我们的行动，或者在感觉中枢里不断产生振动来唤起我们的意象。"② 并且，迪尔凯姆进一步指出，表象因为是形象性的意识，它能产生比抽象观念对身体行动更大的支配力量。表象能对人们产生较大作用，根本原因在于它以形象意识直接同具体事物联系起来，进而对人们的行为产生明确的支配作用。正是基于这些考虑，迪尔凯姆把整合社会、促进社会团结的希望寄托于表象。

虽然迪尔凯姆将其讨论的表象说成集体表象，但他期望的是社会共有的道德观念和价值信念，因为他一直惦念的是社会的整体团结。于是，在迪尔凯姆那里也存在把社会的共有观念归结为集体或群体观念的问题。这与社会心理学在 20 世纪 60 年代后期试图把群体认同等同于社会认同的问题相同，问题的关键还是在于结构论研究方式的局限性。如前所论，结构论研究方式的重点在于揭示事物的内在构成，个体与群体是社会最明显的构成要素，迪尔凯姆作为结构论传统的奠基人，尽管他一再强调社会学研究整体社会，但结构论的眼光规定了他一定会把主要注意力聚集到个体与群体之上，当他反对个体主义的狭隘性时，从群体出发就是最接近的途径。

---

① 埃米尔·涂尔干．社会分工论．北京：生活·读书·新知三联书店，2000：59.

② 同①.

同时更重要的是，迪尔凯姆对交往实践的研究重视不够，而社会整体只有在交往实践中才能看清楚，所以，尽管他强调社会整体关注，但实际上看到的只是社会的构成要素，而不是动态的现实社会本身。这或许与社会的发育程度有关，迪尔凯姆所处的时代正是工业社会的上升时期，组织化、制度化、市场化等是资本主义工业社会得以成功的基本经验，这也是迪尔凯姆认识的工业社会的基本事实，而这些正是他强调职业群体意识或集体表象的根本原因。

到了网络化时代，人们凭借计算机、互联网和手机通信等新技术，不仅超越了在确定的制度规范限制中的企业组织和社会群体，甚至超越城乡社区进入了全民族社会空间乃至全球社会空间，一个动态活跃的、充满生机且不断扩展的网络社会呈现在人们的视野中。于是，社会认同的展开空间和认识社会认同的研究视野也逐渐明确地从个体、群体进入到社会。如果直面网络交往行为中的社会认同，不难发现网民们表达的大量社会认同是在表象层面展开的。特别是在微博这样一些短小而快捷的网络交流中，网民们表达的信念与评价、赞同与否认、接受与排斥等，鲜见逻辑推论和量化计算，而是大量的感性层面的意见，而这些意见在广大网民中形成了超越个体和群体界限的社会表象。

在网络交往中形成的社会表象，是真正意义上的社会表象，可以简称为网络社会表象。因为参与网络交往的网民尽管受到不同程度的个体和群体的限制，但他们可以匿名或前台匿名地在网络中表达观点、沟通意见，进而形成超越自身和群体限制的共同表象。并且，更为重要的是，网络行为是交往实践，它展开的交往关系不仅体现了社会的本质，而且也是社会主体的表现形式或现实存在。因此，不能把网络社会表象仅仅理解为个体表象及集体表象的汇集，网络社会表象是具有自身主体（社会主体）的感性意识，并因此具有与个体表象和集体表象不同的特点和功能。网络社会表象最明显的特点是动态性。传统心理学和认识论谈及感觉、知觉和表象等意识形式时，通常认为表象是感性意识中最稳定的形式。因为表象不仅是在相对完整的知觉意识基础上形成的，而且还能被形象地再现或回忆。网络社会表象也具有这种相对稳定的特点，但因为它是在无数个体参与的无边界的动态交往中形成的，所以网络社会表象既可呈现为不断扩展延伸的过程，也可呈现为渐进趋稳并最终沉寂湮没的过程。一些引起网民关注和参与的网络事件，一般都经历了兴起、高潮、衰落和沉寂等环节。在兴起和高潮两个环节中，随着网民的积极参与和网络信息的进一步传播，网络社会表象呈现为扩展延伸的过程；而在衰落和沉寂两个环节，随着网民围观热度的降低和网络信息传播的收缩，网络社会表象呈现为渐进趋稳和最终沉寂的过程。

在网络社会表象的扩展延伸过程中，网络社会表象具有个体表象和集体表象无法与之相比的巨大的社会整合能力和社会动员能力。当迪尔凯姆试图通过集体表象实现社会整合的理想时，他已经意识到集体表象的限制性。因为集体是有边界的，并且当各种集体表象过于强烈时，它们还会因为固守自身而相互排斥，并引起社会分裂。只有在网络交往中形成的社会表象，才既能表达个人意愿又能在交流互动中超越个体和集体的局限。

网络社会表象可以引起网络兴奋，它可以使网络动员进入高潮。迪尔凯姆论述集体表象时曾谈及集体兴奋。他指出，在宗教活动中，神职人员通过各种生动、形象而神秘的演说，努力引发教徒集体表象的生成并刺激教徒形成集体兴奋。集体兴奋不仅可以用来开展宗教动员，实现宗教群体的有效整合，甚至可以引发激烈的宗教行动甚至残酷的宗教战争。网络社会表象引起的兴奋是超越了个体和群体边界的社会兴奋，它凭借网络信息传递穿墙透壁、无孔不入的能力，把散存于不同角落中的个体乃至被限制在不同制度体制中的群体的兴趣和意象吸引、集中和调动起来，不仅在网络交往中达成共识，而且还能引导各种场域中的实际行为发生联结甚至大规模的群体行动。近年发生的温州动车事件、陕西“表哥”事件和归真堂活熊取胆事件等，以及 2011 年开始的席卷美国 1 600 多个城市的大规模“占领运动”，都充分地显示了网络社会表象引起集体兴奋并实现大规模社会动员的作用。

有效的网络动员，特别是引起社会兴奋甚至社会运动的网络动员，是一种积极的社会整合。尽管有时网络动员的结果并不一定像实体权力机构所期望的那样是一种稳定的社会秩序，而呈现为不断地持续变化的状态，但不能掩盖其积极的社会整合的作用。在农业社会和工业社会，统治者或社会管理者一直试图通过法律制度和组织纪律规定社会成员的行为，以便实现整合社会、稳定社会秩序的目的。应当承认，这种理性的制度规定在过去的历史中已经被证明具有明确效力，但在网络化时代，仅靠这种相对静态的社会控制手段来维持社会整合，显然已经力不从心了。如何清醒地认识网络社会表象的社会动员和社会整合作用，既是把握网络社会变迁的重要问题，也是促进社会整合、稳定社会秩序不可缺失的前提。

四、社会认同变迁在中国的特殊意义

随着社会生活网络化进程的快速发展，中国社会成员的社会认同也发生了深刻变迁。并且，因为人口众多、社会分化严重、感性文化传统以及国家机构实行民主集中制原则等特殊原因，网络化推动的社会认同变迁在中国具有特别重要的意义。

我国经历过漫长的封建专制统治，新中国成立后一度实行过极端化的“左”倾政治，这限制了社会成员的自我意识和社会意识，对经济、政治和文化等方面开展积极的建构性社会认同更是难以生成。改革开放后，中国社会成员的自我意识和社会意识迅速觉醒并逐渐提高，人们日益清楚地认识到那种逆来顺受的封建伦理和无条件服从的“左”倾政治的消极性。越来越多的社会成员不再被动地接受某种规矩和律令，不再消极地认可自己的劣势位置和不利条件，而是主动地在网络交往行为中对与己相关甚至间接相关的政策、制度、方案、机构和权利提出要求、发表评价并表达赞成与反对，网络社会认同在中国已经形成。

在一个拥有 13 亿人口的国家，没有边界限制的网络社会认同不仅是一种十分重要的精神力量，而且还是对社会生活可以产生重要影响的社会权力。据中国互联网络信息中心（CNNIC）发布的第 34 次互联网调查报告，截至 2014 年 6 月底，我国网民规模达 6.32 亿人，互联网普及率为 46.9%，手机网民规模为 5.27 亿人。尤为重要的是，占中国总人口接近二分之一的网民，90%以上是中青年人，他们是中国社会的中坚力量，是对中国经济、政治、文化、社会和环境各方面问题最关心、最敏感和最有参与能力的群体。因此，中国网民是中国社会的主体构成，他们通过网络微博、手机短信和其他网络形式表达的对社会生活各方面问题的拒斥与赞成，在很大程度上代表了中国社会成员的社会认同。

敏感而活跃的网民可以利用便捷的网络技术，把他们的社会认同传递至社会生活的各种层面，形成社会共识甚至一致行动，在社会动员、行动参与特别是在群体事件中显示了网络社会认同的强大力量。在郭美美炫富给红十字会带来巨大负面影响和网络围观“免费午餐”形成积极影响等网络事件中，能够清楚地看到数以百万计的网民通过抨击、赞同和支持等方式表达的社会认同的重要的社会作用。也有学者对网民通过微博等形式表达的社会认同予以较低的评价，认为网民不过是乌合之众，其评价性认同不过是一些缺乏思考的浅薄之见。事实上，成千上万网民对一些事情表达的共同评价，虽然其中难免有一些简单评判、过激言辞或不当之说，但毕竟是人民群众心声的真实表达。从历史唯物主义的观点看，在广大人民群众中形成的网络社会认同，一定有其值得认真对待的现实根据，理应得到政府机构的高度重视。

经过改革开放 30 多年的快速发展，中国社会在各个方面都取得了显著进步，但中国社会的发展进步呈现为严重的不平衡状态。不仅东部、中部和西部等区域发展的差距十分明显，而且不同阶层、不同行业和不同体制以及城市和乡村之间的分化也十分严重。发展失衡基础上的社会分化，特别是贫富两极分化、特殊群体分割财富与资源配置和收入分配不公等问题，引发了大量社会矛盾甚至社会冲突，对社会秩序稳定和持续发展都构成了严重威胁。如何清醒地认识和符合实际地把握严重的社会分化引发的社会矛盾和潜在的社会危机，一个有效途径是通过对网络社会认同的跟踪与分析，实现对广大人民群众的社会心态、利益诉求和社会评价等方面社会心理问题的清楚了解。

在社会生活网络化的新形势下，分化了的社会心理能在网络交往中发生整合，这为把握社会心理和社会认同的变迁提供了重要途径。虽然社会分化已经导致社会心理发生了复杂分化，不同阶层、不同群体和不同生活条件中人们的社会认同因此也发生了分化，但在网络交往中因为信息沟通和经验传递的流动性作用，已经分化了的社会心理可以在网络中实现沟通互动、交往整合。这会使社会认同蕴含的内容和反映的问题变得更加复杂，但也有助于清楚地把握反映了社会分化的社会认同。很多网络事件表明，人们在脱域的流动空间中可以超越特定位置或特定环境的特殊限制，面对共同的社会问题而形成共有的社会认同。在网络交往中了解这些超越群体界限的社会认同，对于在已经严重分化的现实条件下把握具有全局性、普遍性的社会心理问题，是一个十分有效的途径。

伴随中国社会复杂分化出现的一个严重问题，是一部分官员的腐化堕落。一些官员在市场交易行为和利益获取面前利欲熏心，不择手段地攫取财富和贪占钱色。这些问题已经严重影响了党和政府的威信和执政能力，影响到中国经济社会能否持续发展。中共在十八大以来高度重视网络舆论对官员廉洁执政的监督，特别是对那些遭到网民检举揭发和搜索围观的贪腐官员，实行严厉的查办和惩戒，这既说明了网络舆论监督的积极作用，又表现出利用网络认同监督和抵制贪污腐败的有效性。

网络社会认同在中国的特殊意义还与中华民族的悠久文化传统直接相关。先秦以来以儒家伦理为主要内容的文化教化，带来的最明显的社会结果是形成了重视人际沟通和社会交往的稳定传统，而这一传统在网络化时代得到了进一步的发扬。进展迅速的大规模网络化发展，不仅扩展了广大中国社会成员的交往空间，而且各种便捷的网络交往形式使亿万群众的感性交往能力得到了充分发挥。所谓感性交往能力，是指由感性意识活动支配的注重具体形象性和直接现实性的交往能力，这是相对于由概念推论和数学计算等逻辑思维活动支配的理性交往能力而言的。

虽然注重感性形象、人际关系和社会事务的感性交往自古有之，但在网络技术发展起来之前，感性交往通常只能发生在街坊邻里、酒店茶馆或田间地头等狭小而难以扩散的空间中，其中表达的对时事政治、社会事件、风俗时尚乃至公正邪恶等问题的评价认同，至多只能称为由个体认同汇集而成的群体认同，其社会的普遍意义很难传播开来。但在网络交往中，虽然 140 字的微博表达限制了逻辑推理的长篇大论，但却为人们的感性表达大开方便之门。尽管在文学艺术中感性表达也能形成鸿篇巨制，但在百姓的日常生活中，以感性意识活动为基础的赞成与否定、接受与排斥、褒奖与抨击等认同，通常是临场即兴、三言两语、简要述说，这些具有明确指向的感性表达，是以生活实践为基础的生动而充满活力的社会认同。

我国宪法规定，国家机构实行民主集中制原则。而无论是民主还是集中，都能在活跃的网络社会认同中获得支持。在 13 亿人口的大国实行民主集中制，一个难题是如何能真实地了解广大人民群众的民主诉求，然后在人民群众民主诉求基础上实现有牢固社会根基的集中。6 亿多网民在网络交往中积极表达自己的社会认同，灵活而生动地反映了群众的民主要求，为中央高层摆脱中间环节的限制而及时倾听群众心声创造了方便条件，为制定重要战略决策提供了重要的社会依据。虽然开展实地调查去了解民间实际生活状况和倾听百姓民主要求是不可缺少的，但在特定地点了解到的实际情况难免会受到时空条件的限制，其普遍性和代表性总会因为种种因素制约而不够充分。利用网络交往中生成的社会认同，可以在更加广阔的视野里了解民情民意，进而保证党和政府制定与实施的方针政策能够真实地代表人民群众的根本利益。

从地域社会到移民社会的转变*

周大鸣**

【摘　要】本文透过城市社区看中国社会从地域社会到移民社会转变这一过程，认为城市转型建立在文化转型的基础上，同时也是文化转型的一种表达。城市社区的转型是伴随着“移民时代”而到来的，中国城市的人口特征，实际上正逐步从一种相对封闭的地域型城市社会向多元开化的移民型社会转变。移民的多元化使城市在转型期间遇到了诸多问题，如公共资源的平等享有、家庭与亲属关系的变迁、地域性歧视、人际关系的复杂化、族群关系的复杂化等，本文认为与此相关的议题在未来也多有继续探讨的意义。

【关键词】地域社会；移民社会；城市社区；文化转型

过去我们时常探讨“文化转型”。一些学者习惯使用“文化变迁”这一概念代替“文化转型”，比如林淑容认为，“社会转型”和“文化转型”是两个建构的概念，相较于“文化转型”，她更赞同使用“文化变迁”，认为基本上没有所谓的文化转型，也就是说，文化从这个模式完全转变到另外一个模式，而这个模式与过去的模式是截然不同的，这是不可能出现的，因而文化只有延续、断裂、复振与创新。也有学者赞同“文化转型”的说法，比如赵旭东认为：伴随着权力支配方式转变，文化形态亦在发生着一种根本性的转变；同

* 本文原刊发于《社会学评论》2017 年第 6 期。

** 周大鸣，教育部长江学者特聘教授、中山大学历史人类学研究中心副主任、中山大学移民与族群研究中心主任。

时，在当代社会使用文化转型的概念也是一种策略性的选择①。笔者以为“文化变迁”与“文化转型”是两种说法的不同，而非概念性的不同，二者都旨在对当今社会文化现象的变化进行思考。在本文中，笔者更倾向于使用“文化转型”的概念，以分析当代城市社区在结构层面呈现出的急剧变迁态势。

笔者曾撰文探讨过都市化过程中的文化转型问题，从家庭、社会关系以及社会整合模式上探讨了都市化过程中的文化转型现象，认为文化转型具体表现为道德伦理的弱化、“圈子”的变化、乡村整合模式及人际关系的功利主义取向等②。中国过去的文化是在农业文明的基础上形成的，而现在我国城市人口超过了农村人口，开始了从农业社会向都市社会的转变，这是否也伴随着文化转型？与此同时，我们的城市本身是不是也在发生着转型？杨庆堃先生认为自近代以来，中国的城市发生了巨大的变迁，他将19世纪中叶至20世纪中叶这一时段的城市化称为商埠城市化（treaty port urbanization）的过程，而从新中国成立到20世纪末中国的城市化过程又先后经历了急速城市化、逆城市化、迅速城市化三个阶段；相应地，城市组织系统也经历了变迁，面临着如组织效用与效率等挑战与问题③。笔者以为当代中国的城市正处在一个转型期，城市转型描述的则是，中国过去的城市是建立在一个地域社会之上的地域型城市，现如今正在向一种移民城市转变。这是笔者最近提的一个概念和思路，将在本文中进行讨论。当然，本文的论述及许多观点仅仅是尝试性的，而并非确定的结论，其中有许多问题仍然值得深入探讨。

一、地域社会概念试析

笔者尝试使用“地域社会”这一概念对中国传统社会进行描述与概括，认为地域社会是在一定的地域文化基础之上而形成的社会。笔者以为地域社会的形成与以下因素相关：社会经济的运作模式，相关联的国家行政制度，市场体系的发生与形塑，以及较为保守的移民政策。具体来说，传统中国社会是以农为主的社会，以土为生的人不愿意轻易搬迁，久而久之也就形成了安土重迁的习惯。中国的农业传统与欧洲及美洲社会有所不同，后两者经营的是粗放型的农业。许倬云曾撰文称自汉代以来，中国的传统农业走的便是一条精

---

① 徐新建，等．社会转型与文化转型·海峡两岸圆桌论坛·实录//安晓平，徐杰舜．社会转型与文化转型：人类学高级论坛2012卷．哈尔滨：黑龙江人民出版社，2013：182－202.

② 周大鸣．都市化中的文化转型．中山大学学报（社会科学版），2013（3）.

③ 刘创楚，杨庆堃．中国社会：从不变到巨变．香港：香港中文大学出版社，2001：123－128.

耕细作之路，形成的是小农经济的社会经济形态。政府自秦汉以来推行“重农抑商”政策，与此种社会经济形态之形成亦有重要关联。对工商业的抑制并没有阻碍人们对于土地财富的追逐，尽管中央政府推行政策的初衷是强调以农固国，鼓励人们重视农业生产，然而却不可避免地导致了小农阶层的兴起，其典型的呈现方式是以主干家庭为基本生产和消费单位[①]。在中国农业社会里，由于是以家庭为生产和消费单位，其基本特征是生产是为了自身的消费，而不是将产品作为商品进行交换，这在中国的农业社会是一个很重要的特点。那么，随着人口的不断增长，农户自身的消费也不断增长，而土地却没有太多的增长，所以只有在有限的单位面积上不断增加劳动力的投入以获得更多的产量，这就是黄宗智先生所描述的农业经济内卷现象[②]。

过去，中国传统农业型社会通过集市把一家一户这些小农联系起来，传统中国小农经济耕作方式的一个很重要的特点，是在农忙和农闲的时候对劳动力的需求差别很大，农忙的时候大家要精耕细作，“种田如绣花”，需要投入大量的劳动力，农闲时农民无农事可忙，就做些其他营生，因而过去的小农经济基本上是一种兼业型的，也就是说一个家庭除了经营农业之外还经营其他一些东西，常见的如小手工业产品等。因此家庭手工业也是中国小农经济的一个特点。而又由于家庭小手工业这些产品不仅满足自身消费，还会拿到市场上交换，这样一来就形成了集市体系。农村地区“三天一小圩、五天一大圩”的这种圩市非常发达，各家各户逢时便将自家多余的农产品、手工业产品放到市场上去交换，把自己所需要又不能自己生产的东西交换回来，这也是中国传统社会的特征之一。久而久之，这些集镇也成为交易的中心，成为一种类型的城市。而从市场体系的发展来说，农民被镶嵌到市场关系中之后，加之存在缴纳税收等现金的需求，便会更加依赖市场交换，进而将更多的土地变卖以换取金钱。农民卖掉了土地成为佃农，当此类人口增多超出土地负荷的时候，政府便会进行政策调控。然而传统中国的人口政策是较为保守和闭塞的：一方面，人口的自由流动会受到限制，从秦朝开始，自由迁徙便是被禁止的[③]；另一方面，政府推行的移民政策大多是出于巩固北部边防的军事目的，比如屯民等边疆永久性移民[④]。另外，新中国成立以后还有一个很重要的制度变革，就是严格的户籍管理制度的建立。这种严格的户籍制度限制了人口的流动，限制了移民，因而也在很大程度上限制了城乡之间、城市

---

① 许倬云．汉代农业：早期中国农业经济的形成．南京：江苏人民出版社，2012：8－12.

② 黄宗智．华北的小农经济与社会变迁．北京：中华书局，1986.

③ 同①26.

④ 同①33.

与城市之间的人口流动，强化了地域性城市的发展。

中国是一个统一的国家，然而中国社会的内部差异极大。习惯上我们以地域来划分不同的文化类型，比如中原文化、闽南文化、江南文化、吴湘文化、闽粤文化等，即有多种地域文化类型。如今历史界与社会科学界对明清以来的中国社会都比较侧重地域社会的研究，现在经常讨论的地方与国家的关系，就是研究在一个大的历史背景下被淹没了的各个区域的历史，而事实上有的区域历史可能和大的历史不同步，发展史也不一定相同。例如，昆明在唐代的时候可能属于南诏国，在宋代的时候则属于大理国，小说《天龙八部》讲的便是这个情况；再如山西，笔者于前一段时间到山西做调查，知晓山西在宋代的时候也不是属于宋朝的，而是属于辽国的，我们现在通常称山西为中原地区，其实那个时候它是辽国的地方。这些年我们就发现每一个地域都经历着自身的发展过程，而且我们中国各个地区的差异非常大。具体来说，首先表现在不同地域之间的语言差异、习俗差异、食品差异、住宿差异上，还有很重要的一点是，我们中国人由于地域性的差异所造成的地域性的歧视也非常严重。比如南方人对北方人有一些刻板印象，会称北方人是“傻大个”；北方人对南方人也有一些刻板印象，认为南方人“个子小、很精明”之类。除了南北方的大的区域歧视之外，在每一个省域里又有一些歧视，会对某一个地方、某一个地域有歧视，这就是由地域性的差异所造成的。如果大家属于不同的群体，就会有不同的认同，存在排他性，这影响很深远。比如现在深圳、东莞等地区的企业招工，只招某省的人或者不招某省的人，歧视非常严重。总之，地域社会从总体上说，其结构是相对稳定的；其内部由于受到族群、自然地理环境、历史，特别是移民迁徙的历史过程等要素的影响而呈现出极大的文化差异。

二、地域、区域与城市社区

城市社区是观察中国社会从地域社会向移民社会转型的一个微观视角。马克斯·韦伯在讨论中国的城市时讲到，中国的城市是王者或管理人员以及工匠、商人的聚居地，在很多时候也是政治的中心，是军事要塞①。政治军事要塞的城市建设首先就是要建设一个城墙，它要有很好的防卫功能，即高筑墙。欧洲跟中国城市有所不同，欧洲的城市很多是以宗教为主体，其核心的建筑大多与宗教信仰相关，因而欧洲城市首先是一个神圣的中心，

① 马克斯·韦伯．儒教与道教．王容芬，译．北京：商务印书馆，1995.

然后才成为一个世俗的中心。杨庆堃将城市社区定义为“非农业的、异质性的社区”①，将城市区分为“军政的城市”和“经济的城市”两大类，认为中国最初只有军事及政治的城市，而后经济类的、宗教类的城市才逐渐形成。基于对城市社区的定义，杨庆堃认为中国的四大镇——朱仙镇、佛山镇、景德镇、武昌镇——都是经济性的城市②。然而不少此类城市却以生产官宦用品为主，物品较少投放到市场进行贸易，比如景德镇就是有名的官窑所在地，因此也难以产生资本主义城市发展的基础，中国经济性城市的形成与发展仍然与西方城市概念有本质的差别。

笔者认为中国传统城市是建立在地域社会之上的。对在一个地域社会之上形成的一个地域型城市，笔者概括了一些特点：第一，居民以从周边的农村移入城市为主。比如上海是一个移民城市，移民主要来自苏南和浙北，因此上海话是以苏州话为基准的一种方言，只不过音调发生了一些变化。第二，地域型城市的居民基本上以某一种方言群体为主体。比如广州人说广州话，上海人说上海话，武汉人说武汉话……第三，地域型城市同时也是行政区划的中心。这也跟我们的历史有关系，中国历来把城市作为军事、政治控制中心，每一个区域都有区域性的城市。第四，城市居民在严格的户籍制度下，与其他地方形成相对稳定而区隔的群体，并形成了强烈的地域城市认同。

三、移民与城市社区的转型

城市社区的转型是伴随着“移民时代”而到来的。随着工业化、城市化的进程，近年来中国人口的流动数量非常大，每六个人就有一个人是流动人口③。中国社科院发布的2011年的数据显示，北京市全市的流动人口比重已经达到40%。在广东，特别是珠三角地区，流动人口的比重更大，比如深圳市常住人口为1 000万，其中非户籍人口700万，占常住人口比例七成左右④。东莞外来暂住人口435万，占常住人口830万的一半还多⑤。因而从总体上看，珠三角地区移民的数量已经超过了本地原有的人口，改变了原来的人口结构。另外，当代中国的人口流动总体上是单向的，人口主要是从西部向东部流动，向东

---

① 刘创楚，杨庆堃．中国社会：从不变到巨变．香港：香港中文大学出版社，2001：100.

② 同①104.

③ 国家人口和计划生育委员会流动人口服务管理司．中国流动人口发展报告2012. 北京：中国人口出版社，2012.

④ 数据来源：《2014深圳统计年鉴》。

⑤ 数据来源：《2014东莞统计年鉴》。

南沿海流动，向较大的城市流动。从 2000 年与 2010 年中国区域人口流动数据来看，流动人口的总体区域的变化为：2000 年东部流动人口占全国流动人口的绝对多数，到 2010 年西部流动人口的增长速度超过了东部。2010 年，西部流动人口的增速是 86.8%，东部为 85.4%[①]。整个中国社会流动人口所占的比重越来越大，各区域流动人口的比重也越来越大，东部流动人口所占的比重最大，东北相对来说稍小一点，这主要还是由于经济机会太少，东北下岗工人较多，外来人谋生不易。东北流动人口比重不到 10%，西部达到百分之二十几，中部达到了 28%，因而整个中国社会人口的流动并非是局部性的，而是全局性的。

原有的户籍制度与人们日常生活的很多方面直接联系在一起，比如就业、粮食定量、燃料分配等。事实上，要真正施行户籍制度改革是不容易的。1978 年改革开放以后，虽然户籍制度尚未发生变化，然而人口流动已经开始发生，另外城市化也快速地进行。大约 1978 年，中国的城市化水平是 18%左右[②]，80%以上的人口是农业人口，因而我们过去叫农业大国。从 2011 年开始，中国的城市人口超过农村人口，且保持逐年增长的态势[③]，特别是十八大提出走新型城镇化道路后，城市化的速度加快。事实上，这种大规模的人口流动也给居民提供了更多的选择机会。随着人口流动规模的加大，我国从传统的农业社会走向现代的工业社会，逐渐完成了工业化、城镇化、现代化的进程。现在，我国开始进入城市化水平快速提高的时期，进入人口流动日益频繁的时期，中国的城市也就进入了转型期。如前所述，城市流动人口的数量占总人口的数量的比重越来越大，中国城市的人口的特征，实际上正逐步从相对封闭的地域型城市社会向多元开化的移民型社会转变，这也可以从人口结构上观察出来。

在当代中国的城市，单一地域的城市人口所占的比重越来越小。20 世纪 80 年代广州有 300 万人口，而在现在的 1 000 多万人中，除去一部分自然增长的以外，大部分都是移民构成的。因而笔者以为沿海城市已经进入移民社会，而不再是地域社会。那么为什么呢？主要是由于它的人口流向不再是以城市周边农村的人口流向城市为主，因为随着城市的扩大，周边的农村人口会进入城市，城市化过程也会逐渐把周围的农村变为市区，这些人口自然会成为城市人口，习惯上将这部分人口叫作政策性移民。实际上，政策性移民在沿海城市移民中所占比重不多。而今移民的来源和组成更加具有多元化的特性。过去，沿海基本都是单一的汉民族城市，现在，广州、深圳、上海、北京这样的大城市，55 个少

① 数据根据《中国 2000 年人口普查资料》和《中国 2010 年人口普查资料》整理所得。

② 武力．1978—2000 年中国城市化进程研究．中国经济史研究，2002（3）.

③ 根据 2011—2014 年国家统计年鉴公布的统计数据得出。

数民族都有。笔者到云南大学交流，一位教授说云南是少数民族最多的省市，笔者以为有待商榷，戏言云南只有 25 个少数民族，广州有 55 个少数民族。由此可看出，人口的来源和组成是多元化的。除此之外，移民内部也呈现出多样化的特征。比如近几年出现的“蚁族”群体，也就是城市里低收入大学生的聚居群体。因为随着高等教育的扩招，大学生群体越来越大，就业越来越困难，大学生就业的起点工资不是在提高而是在降低，大学生也算一类城市新移民，越是大的城市这一类移民越多。此外还有新生代农民工和城市的白领，这些都使城市的移民变得多样化。

四、城市转型中的文化调适

移民的多元化使城市在转型期间遇到了诸多问题，需要做出相应的文化调适。具体来说：第一，公共资源的平等享受问题，比如怎样才能实现同城化的问题。如今同城不同待遇的问题较为普遍，居住在同一个城市，却因为身份的不同导致各方面的待遇也不一样，特别是在教育及医疗、养老等社会保障方面。十八大提出了新型城镇化，其中就包括了农民的市民化。比如在珠三角，外来人口所占比重非常大，而且这些外来人口很多是举家迁移，子女也在本地上学，如此他们的教育需求、医疗保障需求变得越来越迫切。现在这些问题也引起了学术界的高度关注。然而政府推行各种改革措施的速度及成效不一，比如土地改革推行得较快，而农民市民化这个过程推进得就比较慢。这也与我国目前的税收制度有关，现在我国实行两税制，即地方与国家的分税制度，然而目前属于国家管理和地方管理的部分仍不太明确。部分原因是由于在施行两税制初期，中国的 GDP 很少，财政收入还不是太多，两税制暴露的问题还不多。如今，随着这块蛋糕越来越大，两税制在国家与地方之间表现出尖锐的矛盾。一般来说，国家分得税收的百分之五十多，省、地、县、镇的地方财政只剩下百分之四十多，而教育、医疗、卫生城市建设等都要归地方负责，所以现在在珠三角打工的人被强制性地交社保等很多名目的费用，倘若离开的话只能带走自己交的部分，企业或单位交的部分不可带走。这就是目前中国的情况，地方保护主义还是较强的。除了政策层面、制度层面的变化以外，在一个城市转型的过程中还有一种人类学所关心的文化转型的存在。这首先强调的是不同地域的文化差异性很大，随着人口结构的复杂化，来自不同地方的人把各自的文化带入城市，因此，多元的文化是移民社会很重要的特征，所以城市中存在从一种地域性的文化向多元文化的转型，在这样一个转型过程中会出现很多问题。

第二，家庭内部也会出现类似文化冲突的矛盾。过去住在一个地方的人，信仰同样的宗教，有着共同的文化及认同感、价值观，因而文化背景相似，家庭内部或家庭之间产生矛盾的机率相对较小，这从离婚率上也可以观察一二。笔者大约20年前在凤凰村做调查，当地的离婚率是零，可以说在传统的乡村社会中，家庭极为稳定；但是现在的中国社会家庭离婚率极高，很重要的一个原因是通婚圈在扩大，来自不同文化的人通婚越来越多。不少人认为婚姻是个人的事情，事实上受中国传统家族伦理的影响，婚姻是涉及两个家庭的事，而来自不同文化的人由于风俗习惯不一样，在嫁女习俗、礼品的馈赠、酒席的摆法、坐月子、保胎等方面都可能存在不一致，跨文化家庭内部的冲突极有可能导致离婚率上升。因而在文化转型的社会里，小到家庭，大到群体，都需要面对这些问题。

第三，在转型期里会有一些文化不适应。地域性歧视是其中一种，人们对某一地方的人有很多刻板印象，研究认为这种情况的产生是因为群体认同的存在，即自我的认同和排他，这种以自我为中心的心理在中国是根深蒂固的。另外是传统道德伦理的弱化。过去中国传统地域性文化是熟人社会，以血缘、地缘、亲缘为基础的三套制度分别是宗族制度、地缘制度、亲属制度①。进入移民社会后，这些传统就被打破了，我们可利用的资源发生了变化。在这个过程中，最反传统的制度便是传销制度，传销采取“杀熟”的做法，从最熟最亲近的人开始，先“杀”父母，后“杀”兄弟，再“杀”同学和战友。这种传销制度便是利用了父母亲属关系，是反传统的，也是有违伦理的。

第四，在移民社会里还有更为复杂的人际关系。过去将人分为“圈内人”“圈外人”，实际上，在移民社会里我们面对的更多的是圈外人，那么如何建立信任机制、如何建立和谐社会变得越发复杂。如今我们提出一个概念叫“依法治国”，而过去常谈以德治国，依法治国很好，然而如果解决任何问题都要靠法律、规章制度，那么社会运行的成本就会很高。以美国社会为例，律师是最赚钱的行业，因为美国的法律法规太多，既有联邦法，各州又有各州的法律。因而美国的法律系统较为复杂，在本州犯法，在另一个州可能无罪。中国传统文化讲做人首先要“修身”“齐家”，伦理道德的约束力要高于法律。实际上，从文化的角度来看，个人的行为也受到社会道德规范的约束，并不完全使用法律处理。

第五，族群关系的复杂性。个人之间的关系逐渐变得复杂，群体与群体之间的关系也在朝着复杂的方向变化。在一个城市中，一方面存在地域性人群类型的复杂性，比如在广州有山东人、河南人、湖北人等来自不同省的人群，又有潮州人、客家人等本省内不同的

① 周大鸣．庙、社结合与中国乡村社会整合．贵州民族大学学报（哲学社会科学版），2014（6）．

方言群体；另一方面，还有不同民族的复杂性，比如在工厂中，倘若汉族人之间出现冲突，一般工厂处理便可，然而倘若不同民族群体之间出现冲突，工厂管理人员又因缺乏专门的管理经验而表现得束手无策，就只能由政府出面处理。然而政府处理就已经导致这个事件性质的变化了。

五、小结与前瞻

前文回溯了如何从城市微观社区观察从地域社会到移民社会的转型过程，大多从国内移民的视角展开。事实上，伴随着全球化时代的到来，中国逐渐成为移民的目标国。笔者曾就国际移民做过专题研究，就广州的韩国人、日本人、非洲人，以及来自中东地区和东南亚等国的国际移民做过研究，广西也有不少来自越南、老挝、缅甸的移民，这些移民很多是以“嫁入新娘”的形式来到中国，女孩子嫁过来，构成家庭，因而这种移民就是从最基层开始的，一旦建立家庭便会有亲属关系，会有亲属网络，从而会对社会产生较大的影响。另外，不同身份类型的移民进入中国之后也产生了许多制度层面的问题，比如跨国婚姻伴侣的入籍问题以及移入中国的国际移民能否成为本国公民等。现在我国尚未出台移民法，也未设立专门的移民管理机构，如移民局等。也就是说，外籍公民如何成为中国公民尚无法律可依，无机构可管。目前广州成立了多家外国人服务中心，然而这些并不是政府的正式机构。在广州的日本人、韩国人有专门的商店、超市，有自己的消费场所、自己办的刊物、自己的教堂，他们会把自己的一套体系建立起来，因而情况变得越来越复杂，而且这些群体从人数上说仍在扩大。事实上，不少来到珠三角地区的韩国人、日本人，从事的是专业技术工人的职业，在佛山顺德也有许多韩国餐馆和超市，因而大量的韩国人实际上是蓝领，而不是白领。又比如在浙江义乌等地方，亦有许多外国人，他们经营小商品，卖到世界各地去。

中国处在转型期，发展速度极快，而与之相适应的法律、政策却相对滞后，相关研究同样较为缺乏。不少民族学、人类学研究仍然面对偏远的乡村社会，而非面对城市，对于城市社区或城市家庭的研究相对较弱，笔者认为若将人类学最基本的研究视野与研究方法放置到城市中，相信会对城市研究以及人类学理论视角及方法都具有一定的启发。都市的族群性、都市族群关系是政府层面少有关注的，比如我们在新型城市化的建设中尚未提及有关建设多元文化城市、多元族群城市的内容，同样地，我们在提到社会发展的时候，也没有把民族关系、族群关系作为社会发展的指标，不少东西都还是缺失的。因而，前文提到的伦理道德的弱化、家庭与亲属制度的变迁、国际移民与跨国婚姻等很多议题都是未来可做深入探讨的。

参考文献

[1] 东莞市统计局 .2014 东莞统计年鉴 . 北京：中国统计出版社，2014.

[2] 黄宗智 . 华北的小农经济与社会变迁 . 北京：中华书局，1986.

[3] 刘创楚，杨庆堃 . 中国社会：从不变到巨变 . 香港：香港中文大学出版社，2001.

[4] 陆学艺，等 . 社会建设蓝皮书：2011 年北京社会建设分析报告 . 北京：社会科学文献出版社，2011.

[5] 马克斯・韦伯 . 儒教与道教 . 王容芬，译 . 北京：商务印书馆，1995.

[6] 深圳市统计局 .2014 深圳统计年鉴 . 北京：中国统计出版社，2014.

[7] 武力 .1978—2000 年中国城市化进程研究 . 中国经济史研究，2002（3）.

[8] 徐新建，等 . 社会转型与文化转型・海峡两岸圆桌论坛・实录//安晓平，徐杰舜 . 社会转型与文化转型：人类学高级论坛 2012 卷 . 哈尔滨：黑龙江人民出版社，2013.

[9] 许倬云 . 汉代农业：早期中国农业经济的形成 . 南京：江苏人民出版社，2012.

[10] 国家人口和计划生育委员会流动人口服务管理司 . 中国流动人口发展报告 2012. 北京：中国人口出版社，2012.

[11] 周大鸣 . 都市化中的文化转型，中山大学学报（社会科学版），2013（3）.

[12] 周大鸣 . 庙、社结合与中国乡村社会整合 . 贵州民族大学学报（哲学社会科学版），2014（6）.

中国应对气候变化的努力及其社会学意义*

洪大用**

【摘　要】人为原因导致的气候变化已经被大多数科学家确认为一种客观事实。但是，不同地区、不同国家、不同文化的不同人群对于气候变化的认知并不均衡。中国政府确认气候变化的客观性，并为缓解和适应气候变化做出了积极的努力，在一些方面取得了进展，但是也面临着一些重要挑战。中国政府应对气候变化的努力，提示社会学家关注中国现代化转型的环境约束，特别是关注应对气候变化的政策设计和实践的社会复杂性，并基于社会学的视角，为改进气候政策的设计和绩效做出应有的贡献。

【关键词】气候变化；生态文明；环境问题；环境社会学；中国

全球气候变化无疑是当今世界所要面对的重要问题之一。每一次全球合作应对气候变化的谈判都会引起广泛的关注，每一次谈判的点滴进展都会让人欢欣鼓舞，而无法达成协议的谈判总是令人沮丧。随着全球政治气候的明显转向，刚刚达成不久的《巴黎协定》的执行问题，再次令人担忧。本文关注中国政府应对气候变化的努力及其所面临的主要挑战，进而分析应对气候变化实践的社会学意义，以期促进包括社会学在内的社会科学，更多地围绕应对气候变化开展有价值的研究。

---

* 本文的基础是作者在 2016 年 12 月 2—3 日在伦敦英国学术院和伦敦国王学院举办的第三届全球中国对话（Global China Dialogue，GCD III）上的主旨演讲。博士生范叶超和胡溢轩按照作者的指导协助制作了文中的图表。本文原刊发于《社会学评论》2017 年第 2 期。

** 洪大用，中国人民大学社会学理论与方法研究中心、环境社会学研究所教授。

一、不平衡的气候变化认知

在科学社区内，气候变化可能被很多人认为是自工业革命以来人类社会所面临的最大的环境风险，这种风险表现为大气层中温室气体的不断增加（见图1），其根源内在于现代社会之中，并需要通过现代社会自身的变革予以积极回应。这种科学社区的基本共识也越来越为全球各国领导者所认知，很多国家都在努力推动气候变化的全球治理。1992年，联合国政府间谈判委员会就气候变化问题达成《联合国气候变化框架公约》（UNFCCC），这是一个标志性事件。2016年11月4日，经过国家间的艰苦谈判而达成的《巴黎协定》（*The Paris Agreement*）终于生效。该协定已获得74个国家正式批准，这些国家的温室气体排放量占全球总量的58.82%。该协定为2020年后全球应对气候变化行动做出了安排，是气候变化全球治理的又一个重要的里程碑。

但是，在科学社区内，自然科学与社会科学关于气候变化的讨论并不平衡，社会科学，特别是社会学，介入气候变化的讨论非常有限。比如说，在中国著名的期刊全文数据库（中国知网，http://acad.cnki.net/）中，检索篇名中包含“气候变化”字眼的文献，总共可以找到11 626篇（截至2016年11月8日），但如果排除自然科学期刊，则只剩下1 844篇。也就是说，在人文社会科学期刊上讨论气候变化的文献只占15.9%！其中，社会学者研究气候变化的文献可以说非常之少。在检索到的中国最好的社会学专业期刊《社会学研究》所发表的2 889篇文献中，篇名中含有“气候变化”的文献只有一篇①。可以说，中国社会学者对于气候变化的社会原因、社会影响以及社会应对之策的关注非常之少，很多人想当然地认为这是自然科学家的事情。

就公众而言，如果你随机地采访一个人，问他是否了解气候变化，非常可能的是：他仅是听说过，但并不了解，或者只能跟你讨论一下“天气变化”。根据中国人民大学2010年度中国综合社会调查（CGSS）的数据，仅有5.7%的被访者认为中国最重要的环境问题是“气候变化”（见表1）。尽管最近的一项研究表明，约有63%的被访者听说过“全球气候变化”，另有23.6%的人表示“没听说过”，13.4%的人表示“不知道”，但研究者们在分析中也指出：中国公民对全球气候变化的知识“具有程度浅、不够准确的特点”②。

事实上，与世界上很多国家一样，中国公众正在为社会转型中的诸多问题所困扰，并非

① 张倩．牧民应对气候变化的社会脆弱性：以内蒙古荒漠草原的一个嘎查为例．社会学研究，2011（6）.

② 黄乐乐，任磊，何薇．中国公民对全球气候变化的认知及态度．科普研究，2016（3）.

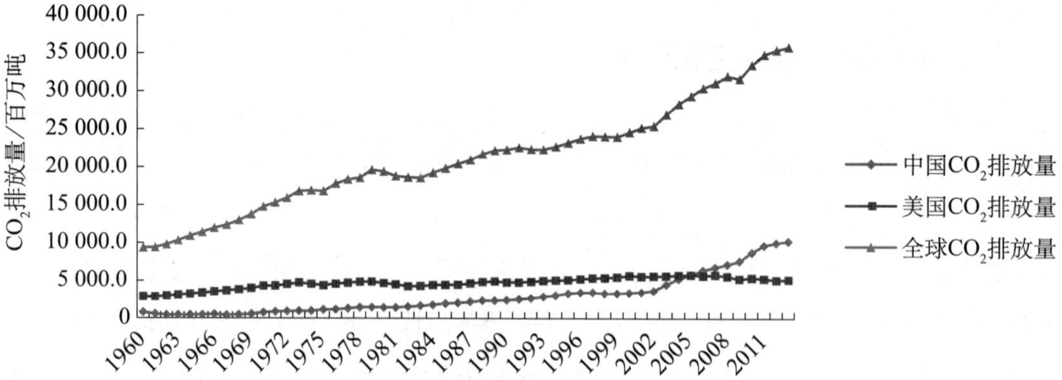

图1　1960—2013年中国、美国、全球CO_2排放量

资料来源：世界银行统计年鉴 . http：//data. worldbank. org/indicator/EN. ATM. CO2E. KT.

仅仅关注环境问题。例如，根据2010年中国综合社会调查数据，在医疗保健、教育、犯罪、环境、移民、经济、恐怖主义和贫困等诸项社会议题中，被访者认为中国最重要问题的依次是医疗保健（30.7%）、教育（23.5%）、贫困（16.3%）、经济（15.0%）和犯罪（6.1%）等，环境位列第六（5.5%）。即使是在世界上的发达国家中，环境问题在公众心目中的位置也都不在前列①。如果单就环境议题而言，中国的被访者更为关注的则是与其日常生活密切相关的空气污染（34.7%）、水污染（20.0%）和垃圾污染（17.7%）等问题，气候变化的重要性被排在后面。这一点则与发达国家有着明显的差别（见表1）。

表1　当前本国最重要的环境问题调查统计表（百分比＋样本数）

项目	中等收入国家	高收入国家	中国	合计
空气污染	27.2（3 884）	17.1（4 380）	34.7（1 138）	21.8（9 402）
化学和农药污染	8.0（1 148）	11.3（2 904）	10.1（330）	10.2（4 382）
水资源短缺	12.2（1 746）	7.2（1 854）	5.2（170）	8.7（3 770）
水污染	14.2（2 025）	11.4（2 915）	20.0（654）	13.0（5 594）
核废料	4.5（639）	8.2（2 107）	0.5（18）	6.4（2 764）
生活垃圾处理	9.0（1 285）	8.3（2 136）	17.7（581）	9.3（4 002）
气候变化	8.0（1 139）	18.1（4 643）	5.7（188）	13.8（5 970）
转基因食品	6.9（991）	4.5（1 139）	1.0（32）	5.0（2 162）

① 根据2010年国际社会调查（ISSP2010），高收入国家认为最重要问题的公众比例依次是经济（29.7%）、医疗保健（23.9%）和教育（15.4%）等，环境位列第六（6.6%）。

续前表

项目	中等收入国家	高收入国家	中国	合计
自然资源枯竭	8.0（1 145）	12.4（3 164）	4.0（131）	10.3（4 440）
以上都不是	1.8（259）	1.4（348）	1.1（35）	1.5（642）
合计	100.0（14 261）	100.0（25 590）	100.0（3 277）	100.0（43 128）

注：总样本量应是45 564个，部分样本没有选择，作缺失值删除。表中依据2010年世界银行按照人均国民总收入水平（GNI）对各国收入水平的相关分类，将ISSP2010数据中的30个国家划分为中等收入国家和高收入国家两类，前者包括10个国家，后者包括其余的20个国家。为了更加直观地进行国际比较，我们将中国单独作为一个国家类别进行分析。

资料来源：2010年国际社会调查（ISSP2010）；2010中国综合社会调查（CGSS2010）。

二、中国应对气候变化的努力

尽管存在着以上对气候变化的研究与认知不平衡问题，中国政府一直确认全球气候变化的严重性，并积极采取各种应对措施。中国不仅批准了《联合国气候变化框架公约》、《京都议定书》以及《巴黎协定》等一系列应对气候变化的重要文件，而且采取了切实的自主减缓和适应气候变化的各种行动。自1992年联合国环境与发展大会以后，中国政府率先组织制定了《中国21世纪议程——中国21世纪人口、环境与发展白皮书》，并较早成立了多个政府部门组成的国家气候变化对策协调机构，在研究、制定和协调有关气候变化的政策等领域开展了多方面的工作。从2001年开始，国家气候变化对策协调机构组织了《中华人民共和国气候变化初始国家信息通报》的编写工作，并于2004年底向《联合国气候变化框架公约》第十次缔约方大会正式提交了该报告。2007年，中国成立了“国家应对气候变化及节能减排工作领导小组”，并制定发布了《中国应对气候变化国家方案》。自2008年始，中国政府连续发布《中国应对气候变化的政策与行动》国家报告，向国内外公开中国应对气候变化的进程。

在中国，中国共产党的全国代表大会对于国家的内政和外交有着巨大影响。2007年，中共十七大报告第一次列入了气候变化议题，指出要“加强应对气候变化能力建设，为保护全球气候作出新贡献”。2012年，中共十八大报告进一步指出要“坚持共同但有区别的责任原则、公平原则、各自能力原则，同国际社会一道积极应对全球气候变化”，更加明确了中国应对气候变化的基本路径。应该强调的是，中国在实践中认识到保护环境和应对气候变化需要与更好的发展结合起来，与推动整个社会的全面变革结合起来。2003年，中国提出要树立科学发展观。2007年，中共十七大报告中提出要建设“生态文明”：基本形成节约能源资源和保护生态环境的产业结构、增长方式、消费模式。2012年，中共十八大报告中进一步提出要把生态文明建设放在突出地位，融入经济建设、政治建设、文化建设、社会建设各方面和全过程，努力建设美丽中国，实现中华民族永续发展，为全球生态安全做出贡献。自十八届三中全会以来，中国生态文明制度建设进程持续加快，一个系统完整的生态文明制度体系正在形成。特别是2015年以来，中国密集出台实施了一系列重要政策，其中包括被称为“史上最严”的环保法和《生态文明体制改革总体方案》。2015年召开的十八届五中全会提出了指导中国未来发展的五大理念，其中明确强调了坚持“绿色发展”理念：坚持节约资源和保护环境的基本国策，坚定走生产发展、生活富裕、生态良好的文明发展道路，加快建设资源节约型、环境友好型社会，形成人与自然和谐发展现代化建设新格局。

作为落实中共指导思想的国家“五年规划”，则在推动绿色发展、应对气候变化方面发挥着直接作用。自从“十一五”规划（2006—2010年）将单位国内生产总值能源消耗、主要污染物排放总量、森林覆盖率等环境指标作为约束性指标①以来，该类指标在“十二五”规划（2011—2015年）、“十三五”规划（2016—2020年）中的范围不断扩大，内容不断丰富，要求更趋具体。在“十三五”规划的25类主要指标中，资源环境类指标占到10个，全部为约束性指标，其中包括了与2015年相比，单位GDP能源消耗降低15%、非化石能源占一次能源消费比重增加3%，单位GDP二氧化碳排放量降低18%。该规划还设立了专章部署“积极应对全球气候变化”。从实际的统计数据看，中国应对气候变化的努力在一些方面已经取得一定成效。例如，从2008年之后，中国GDP的增速明显快于能源消耗总量的增速。而自改革开放以来，中国万元GDP的能源消耗量持续下降，到2014年已降至0.7吨标准煤（见图2）。在“十二五”规划实施期间，碳强度累计下降了20%，超额完成了“十二五”规划的确定17%的目标任务②。

与此同时，中国能源结构不断改善，在2014年的能源消费总量中，煤炭、石油、天然气和非化石能源分别占66.0%、17.1%、5.7%和11.2%。2015年非化石能源占能源消费比重达到了12%，超额完成了“十二五”规划所提出的目标，非化石能源消费占比持续增长（见图3）。

---

① 约束性指标是在预期性基础上进一步明确并强化了政府责任的指标，是中央政府在公共服务和涉及公众利益领域对地方政府和中央政府有关部门提出的工作要求。政府要通过合理配置公共资源和有效运用行政力量确保其实现。

② 新闻办介绍中国应对气候变化的政策与行动2016年度报告有关情况 . http：//www.gov.cn/xinwen/2016-11/01/content_5127079.htm.

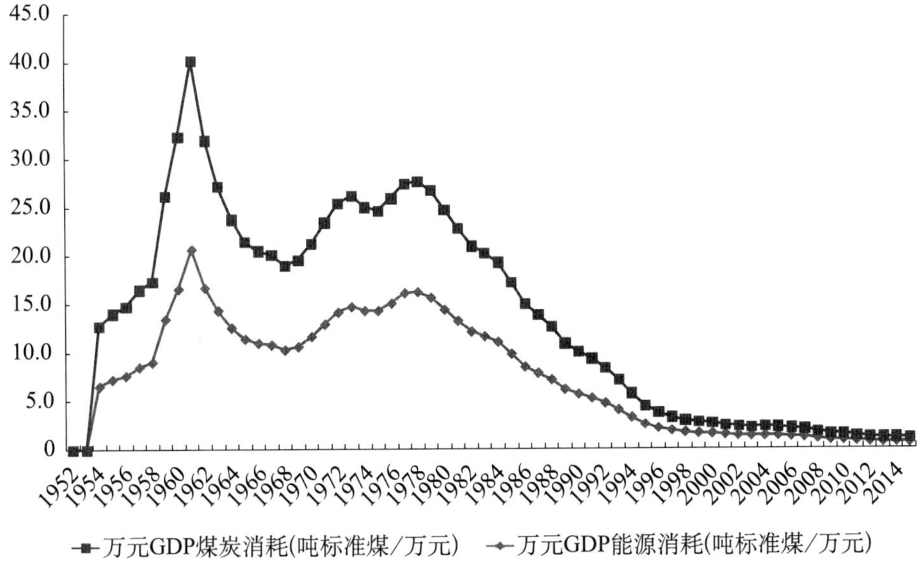

图 2　1952—2014 年中国万元 GDP 能源消耗以及万元 GDP 煤炭消耗

资料来源：国家统计局官网 . http：//www. stats. gov. cn/ztjc/ztsj/201502/P020150212308266514561. pdf.

中国在 2008 年发布的首份《中国应对气候变化的政策与行动》白皮书中曾经指出："中国把应对气候变化与实施可持续发展战略，加快建设资源节约型、环境友好型社会，建设创新型国家结合起来，以发展经济为核心，以节约能源、优化能源结构、加强生态保护和建设为重点，以科技进步为支撑，努力控制和减缓温室气体排放，不断提高适应气候变化能力"①，阐明了中国应对气候变化的基本路径。沿着这条路径，中国在调整经济结构，推进技术进步，提高能源利用效率，发展低碳能源和可再生能源，开展植树造林，控制人口增长，加强法律、法规和政策措施的制定，完善相关体制和机构建设，提高气候变化相关科研支撑能力，开展气候变化教育与宣传等方面，持续地开展工作。应该说，中国应对气候变化的路径是符合其实际情况的，走在了正确的方向上，充分考虑了促进经济、政治、文化、社会和环境的协调联动、协同变革，充分体现了中国应对气候变化的自主性。

三、中国应对气候变化的挑战

中国之所以能够在应对气候变化方面走在正确的道路上并取得一定的成效，主要是因

① 中华人民共和国国务院新闻办公室 2008 年发布了中国应对气候变化的政策与行动 . http：//www. gov. cn/zwgk/2008 - 10/29/content _ 1134378. htm.

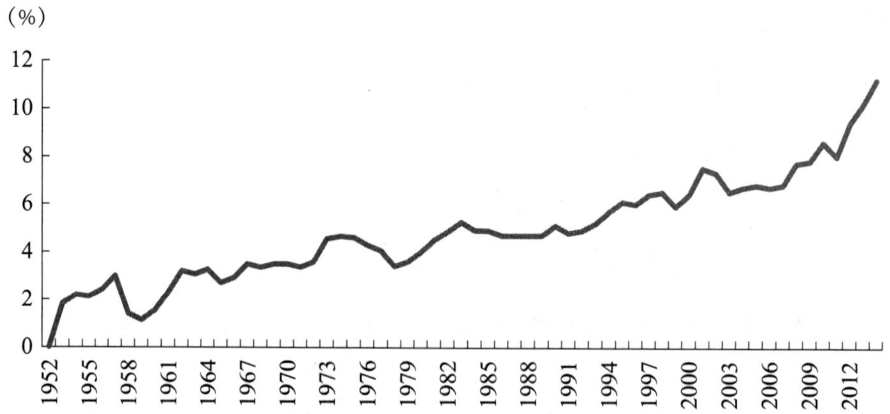

图 3 1952—2014 年中国非化石能源消费占比

资料来源：国家统计局官网．http：//www. stats. gov. cn/ztjc/ztsj/201502/P020150212308266514561. pdf.

为中国的政治体制具有很强的应对危机的能力，可以“集中力量办大事”。中国的执政党——中国共产党——具有广泛的群众基础、健全的组织体系和丰富的政治经验，有着很强的凝聚气候变化共识的能力，并且通过其有效的社会动员，将应对气候变化工作整合进各项社会经济工作之中，谋求环境保护与经济发展的统一、国家短期利益与长期利益的统一，提出了整体性的社会转型构想和策略。事实上，目前中国正在推行的以经济供给侧改革为主体的系列改革，包括价值观的建设，也在引导公众的合理预期方面发挥着重要作用，影响着中国人对于什么样的生活才是好生活的理解，而生活的绿色化、生态化就是其重要内涵。当然，中国幅员辽阔、人口众多，气候条件复杂、生态环境脆弱，所处的国际环境也复杂多变，因而其应对气候变化的工作仍然面临着巨大挑战。

就国内层面的挑战而言，第一，中国政府需要将其对于气候变化的认知与确认传导给广大的地区、复杂的行业和多样化的人群，从而获得广泛而有力的社会支持，培育来自社会内部的应对气候变化的动力。如前所述，这一工作是非常具有挑战性的，中国公众对于气候变化的认知还很有限。特别是中国城乡之间、地区之间、行业之间以及不同人群之间存在着明显的发展差距，这种差距的存在影响了各方利益诉求的一致性。例如，按照国家统计局发布的数据，2015 年，中国居民收入基尼系数为 0.462，虽然延续了 2008 年之后逐步回落的趋势，但仍然高居“警戒线”之上，也高于全球平均 0.44 的水平。按照年人均收入 2 300 元（2010 年不变价）的农村扶贫标准计算，2014 年中国农村贫困人口为 7 017万人。与此同时，城镇地区也有将近 2 000 万人为最低生活保障对象。

第二，中国需要平衡应对气候变化和促进当下发展的工作。毫无疑问，中国依然是一个发展中国家，经济发展水平低，发展经济、消除贫困与保护环境之间的矛盾还很突出。

考虑到国内发展的人均水平和广泛差距，以及中国与发达国家的差距，继续推动国家发展，符合国家的整体利益和长远利益。

第三，中国需要平衡其应对气候变化的雄心与可以利用的资源（特别是技术资源）之间的张力。无论减缓还是适应气候变化，都需要大量的资源保障，特别是需要先进的技术手段。尽管中国高度重视气候变化研究及能力建设，不断提高气候变化相关科研支撑能力，但是，中国已经掌握的技术手段并不是很充分、很先进，很多技术实际上依赖于发达国家，而发达国家转让技术的工作做得并不好。与此同时，中国也需要筹集用于应对气候变化的大量资金，这也同样存在困难。

第四，中国需要平衡其应对气候变化的政策目标与政策执行体系之间的张力。过度分化、过多层级的行政体系，看上去很庞大，但是也存在着制度性的低效率问题。中国不断推进的政治和行政体系改革，其重要目标之一就是提升行政体系的效能。比如说，中国正在推行的省以下环保机构监测监察执法垂直管理制度改革，就是试图打破地方保护主义，提升环保工作质量和效率。但是，其效果仍然需要进一步观察。

就国际层面的挑战而言，首先，共同但有区别的责任原则远远没有得到有效的落实，发达国家对于其历史排放没有履行应尽的责任。即使是就当前的情况而言，中国的人均排放依然低于美国的水平（见图4）。与此同时，全球范围内财富的两极分化趋势并未缓解。瑞士信贷发布的2014年《全球财富报告》显示，全球财富比2008年金融危机前的峰值还要高出20%。其中，北美财富增加最多，占到全球的34.7%；欧洲位居第二，占全球财富的32.4%。全球资产至少为5 000万美元的富人约有12.8万人，这些人近半在美国，欧洲占近1/4。考虑到这一点，发达国家未能有效履行其应尽之责，也是不公平的，中国需要为更加公平的责任分担而努力，需要与不平等的世界政治经济体系做斗争。

其次，随着中国经济规模的不断扩大，中国温室气体排放的总量持续增加，在全球目前排放总量中占有越来越多的份额。所以，中国不仅被发达国家要求承担更多责任，同时也被一些发展中国家和对气候变化具有更大脆弱性的国家寄予更多的期待，从而使中国承担了更大的履行责任的压力。对于这些责任的承担情况甚至与国家之间关系的处理密切相关。因此，中国不得不考虑对国际社会做出更多的承诺和贡献。

再次，按照各种国际条约的规定，发达国家承诺要给发展中国家转让先进技术和提供资金支持，帮助发展中国家提高应对气候变化的能力。但是，这些承诺往往是口惠而实不至的，不能有效地满足发展中国家的需求。中国需要就此开展更多的督促和推进工作，同时要更加努力地推进自主创新。顺便提到的是，中国作为一个发展中国家，参与全球治

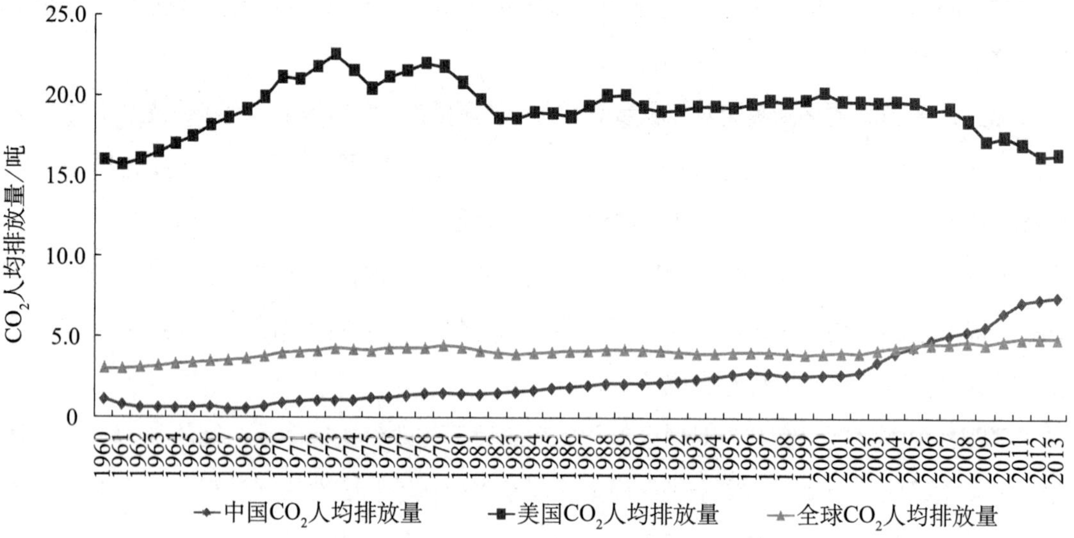

图 4　1960—2013 年中国、美国、全球 CO2 人均排放量

资料来源：世界银行统计年鉴 . http：//data. worldbank. org/indicator/EN. ATM. CO2E. KT.

理、应对全球危机的经验也在不断积累之中，这里有一个持续学习和不断创造的过程。

面对国内国际的复杂挑战，中国应对气候变化的努力只能是现实主义的，只能嵌入自身的发展进程之中，脱离中国发展实践的任何努力都难以取得有效的、持续的效果。减缓温室气体排放固然很重要，中国也一直在为此而努力，但是，适应气候变化同样重要，中国需要在创新和建设中持续加强适应气候变化的能力。在减少碳排放方面，中国具有自己的立场和进程，无论其他国家是否有所作为，中国都在积极地推进自主减排。我们还可以看到，在中国发展战略的转型中，绿色发展已经被确定为一个基本方向。中国试图在应对环境危机（包括气候变化）的进程中发现新的发展机会，创造新的发展路径和模式，塑造新的社会生活，建设新的社会形态。当然，我们还要提到，中国越来越希望参与更加密切有效的国际交流与合作，越来越希望借助人类命运共同体的力量，应对诸如气候变化之类的全球性危机。

四、应对气候变化实践的社会学意义

笔者前文所分析的中国应对气候变化的实践，实际上已经凸显了气候变化议题的社会复杂性。尽管从自然科学的角度，或许可以清晰地揭示气候变化现象的客观存在及其对人类和地球系统可能存在的真实影响，但是，这只是揭示了气候变化的一个面相。如果强调气候变化是由人类原因导致的以及人类社会必须采取行动应对气候变化，那么就必须关注气候变化的社会复杂性，也就是关注那些导致气候变化以及应对气候变化的复杂社会主体、社会动力和社会过程。在此意义上，气候变化还具有社会属性，表现为一种社会事实，需要社会科学（特别是社会学）的深入研究。迄今为止，应该说社会科学对于气候变化的研究还有很大的不足，因此妨碍了人们对于气候变化的深入理解和有效应对。

笔者在前文中已经提到，中国社会学社区中很少有人关注并研究气候变化，类似的现象在国际社会学社区中也存在①。就应对气候变化所需要的政治创新而言，安东尼·吉登斯教授在其 2009 年出版的著作中就指出，“我们还没有气候变化的政治”②。实际上，在很大程度上，我们面临的不仅仅是政治创新不足，经济、社会和文化体系的创新都有不足，尽管目前这种创新正在不同国家、不同地区，以不平衡的形式发生着。大体上说，我们基本上还是在“用旧瓶装新酒”，试图在既有的社会体系中处理气候变化这种新的全球性议题。很明显，这种做法越来越捉襟见肘，顾此失彼。为了更加有效地应对气候变化，我们需要更加深入和务实的社会科学研究，以便发现那种超越保守与激进的实实在在的社会体系创新之路。

观察并分析应对气候变化的社会实践，可以让我们进一步检视影响社会系统运行的生物物理因素，这些因素早就为人所知，并且在现代社会学诞生之前有着广泛的影响。但是，现代社会学排斥了生物决定论和地理环境决定论，片面强调了文化与社会因素对于社会运行以及社会系统中人的行为的重要性，这种理论倾向已经被认为是人类中心主义的③。当我们观察到在气候变化的影响下，人的观念、态度和行为正在发生变化，社会冲突的类型和社会不公正水平正在发生变化，社会的政治、经济体系正在发生变革，技术创新以及驱动这种创新的制度设计越来越多，我们恐怕很难说生物物理因素与现代社会的运行没有关联，因此也就没有理由在社会运行分析中忽略生物物理因素。

中国自主推进社会体系的整体变革，通过切实的制度建设创造一种新的社会文明形态——生态文明，因应日趋严峻的环境危机和气候变化，在一些方面取得进展的同时，也遭遇着一些重要挑战。这样一种社会实践或许可以为我们探索新型现代性的可能性提供一个鲜活的案例。旧式现代性日益加剧人与自然、人与社会、人与人之间的紧张关系，表现

① Dunlap R E，Brulle R J. Climate change and society：sociological perspectives. New York：Oxford University Press，2015.

② Giddens A. The politics of climate change. Cambridge：Polity Press Ltd，2009：4.

③ Catton W R J，Dunlap R E. Environment sociology：a new paradigm. The American Sociologist，1978（13）：41－49.

出明显的不可持续性。如果任由其发展，终将进一步加剧人类社会所面临的困境。而对旧式现代性的完全否定是不现实的，甚至是错误的，我们必须以生活实践的延续为中心，探索出新的文明发展道路。中国的实践或许可以告诉我们：为应对气候变化，国家的角色应该如何定位？政治共识如何形成？如何将应对气候变化整合进经济发展？如何倡导并巩固新的社会价值？如果中国的实践继续取得重大进展，那将给我们社会的未来带来新的希望。

当然，应对气候变化的实践也为大量社会学的经验研究带来了的新的机会，创造了新的空间。首先，社会学可以更好地描述气候变化的社会面向。社会学可以不去探究（事实上也非常困难）气候变化的自然面相，但是社会学的方法可以告诉我们，在我们的社会中，谁在说、如何说以及为什么说“气候变化”，社会学可以直观地揭示社会对于气候变化认知和行动的非均衡性，并且可以借用其所熟悉的关于权力、利益和价值的各种理论，以及对于社会结构、社会过程、社会实践分析的方法，解释这种非均衡性存在的原因。

其次，社会学可以更加具体地分析“人类”以及人类社会的复杂过程，从而更加全面地揭示气候变化所造成的社会、经济、文化影响的复杂性、多样性，特别是这种影响的差异性分配及其所造成的社会不公正和社会冲突等后果。

再次，由于以上两个方面的原因，社会学可以很好地贡献于气候治理，提供更为丰富的气候治理的替代选择，发展更为细致的气候治理评估，促进气候治理体制、结构、政策、机制和实践的不断完善。

最终，气候变化的出现以及应对气候变化的复杂性，又一次提醒社会学者必须始终保持对其研究对象的反思性、批判性和建设性，同时也包括了对于社会学者自身的反思与批判。现代性的发展往往带来未预期的后果，唯有保持清醒的反思性和批判性，才能不断修正我们对于社会运行和发展的认知，才能揭开一些未加说明的研究与实践预设，才能丰富社会行动的选择性。如同有的研究者已经指出的：采用社会学的批判视角，“可以揭露意识形态眼罩的想当然性质，并且为那些可能导致创新的和更加有效的应对气候变化战略的各种替代观点，打开知识空间”①。作为社会学者，我们既是现代社会进程的参与者，也是社会学习者；既是社会建设者，也是社会批判者。

在本文即将结束时，笔者想简要地提一下在东西方各自流传的一个故事或者传说。在

---

① Dunlap R E, Brulle R J. Climate change and society: sociological perspectives. New York: Oxford University Press, 2015: 17.

中国，一直流传着大禹治水的故事，据说发生在公元前2000多年。面对滔滔不息的洪水，鲧以堵法、禹以疏法，都体现了直面问题并解决问题的勇气，尤其是大禹，他带领人民采用疏导的办法，控制住了洪水的危害，增强了社会的适应能力，并因此成为杰出的领导人。在西方的圣经中，同样也有关于大洪水的记载，大概也是发生在公元前2000多年，但是诺亚凭借神的启示而建造了巨大方舟，成功逃避了洪水。这样两个故事放在一起，非常有趣，反映出了面对灾难的不同智慧和不同的应对方式。其中，中国的故事强调了勇敢面对、因势利导和积极适应的智慧。笔者以为，我们今天面对诸如气候变化之类的灾难，逃之避之可以是一种选择，但是也许更需要勇敢面对、积极适应。人类需要挑战自己，并变革自身。

参考文献

[1] 黄乐乐，任磊，何薇．中国公民对全球气候变化的认知及态度．科普研究，2016 (3).

[2] 张倩．牧民应对气候变化的社会脆弱性：以内蒙古荒漠草原的一个嘎查为例．社会学研究，2011 (6).

[3] Catton W R J，Dunlap R E. Environmental sociology：a new paradigm. The American Sociologist，1978 (13)：41－49.

[4] Dunlap R E，Brulle R J. Climate change and society：sociological perspectives. New York：Oxford University Press，2015.

[5] Giddens A. The politics of climate change. Cambridge：Polity Press Ltd，2009.

中国政治监督40年来的变迁、成绩与问题*

何增科**

【摘　要】改革开放40年来，中国的政治监督出现了一系列重要的变迁，包括：政治监督主体日益多样化，政治监督体系基本形成；政治监督内容日益丰富，逐步向纵深拓展；政治监督法规体系日益完备，监督依据和标准逐步清晰；政治监督方式传统和现代并重，技术监督和制度监督并举；政治监督客体实现了全覆盖。中国目前的政治监督制度在巩固党的领导和加强党风廉政建设方面取得了显著的成效，同时也遇到了一系列问题和挑战。为此，需要建立现代政治监督制度体系。

【关键词】政治监督体系；制度变迁；制度绩效；政治监督现代化

政治监督是对政治权力主体及其权力行使过程的控制和约束。政治权力的扩张性、腐蚀性和政治权力主体的自利性等特征使得对政治权力的控制和约束成为必要①。政治监督包括主体、客体、内容、方式和标准等基本要素，重点回答谁来监督、监督谁、监督什么、如何监督和依据什么来监督的问题。政治监督是国家治理的一个重要组成部分，也是政治学研究的一个重大学术问题，有学者倡导建立政治监督学②。政治监督既是一种政治

---

* 本文原刊发于《中国人民大学学报》2018年第4期。

** 何增科，北京大学政府管理学院中国政治学研究中心教授。

① 董云虎．论权力的制约和监督．人权，2006（6）；马宝成．政治权力制约监督的理论基础与运作机制．国家行政学院学报，2005，增刊．

② 陈哲夫．监察与监督．北京：北京大学出版社，1994；吴丕，等．政治监督学．北京：北京大学出版社，2007.

行为，同时又是一种制度体系和能力。政治监督现代化是国家治理现代化的重要组成部分。建设现代政治监督制度体系，提高政治监督制度执行能力，是监察监督体制改革的基本方向。

本文旨在研究自1978年改革开放以来40年间中国政治监督方面的制度变迁与制度绩效，分析中国现行的政治监督体系存在的问题及原因，展望中国政治监督现代化的前景。

一、改革开放以来中国政治监督的制度变迁

新中国成立初期，从1949年到1956年，国家政权建设取得长足进展，政治监督也受到重视。政治监督的基本制度框架逐步建立起来。党的纪律检查机关、行政监察机关、审计监督机关、人民代表大会、民主党派和政协制度、新闻舆论监督制度、群众监督制度等相继建立并初步发挥作用。1957年到1976年是政治监督受到削弱和领导人个人权力不受约束最终酿成悲剧的时期，党内外各种政治监督机构日趋萎缩并陷于瘫痪。

改革开放40年来，在汲取“文化大革命”惨痛教训的基础上，以邓小平同志为核心的党的第二代中央领导集体先后恢复了我国政治监督的基本制度框架，纪律检查机关、行政监察机关、审计监督机关先后恢复重建，人民代表大会和政治协商会议恢复正常运作，新闻舆论监督和群众监督受到重视。随后历代中央领导集体继续完善各种政治监督机构。在现代化转型和市场化改革过程中，新的社会阶层逐步形成，公民意识逐步觉醒，政治监督增添了来自社会的新力量。在党和政府主动变革和社会力量积极推动的合力下，中国在政治监督方面出现了一系列重要变迁。

（一）政治监督主体多样化，政治监督体系基本形成

改革开放以来政治权力主体日益多样化，政治监督主体也日益多样化，各个不同政治监督主体在党的统一领导下发挥各自的作用，初步形成了一个政治监督体系。

在纵向权力结构中，上级党委和政府作为法定授权主体对下级党委和政府发挥着政治监督的重要作用。纪委和监察机构合署办公，作为专门的党纪政纪监督机构在政治监督中发挥核心作用。审计机构在维护财经纪律进行经济责任审计和绩效审计方面发挥着不可替代的作用。按照党内民主理论和人民民主理论，党代会及其全委会、人民代表大会及其常委会、作为选民的公民和党员都是重要的授权主体和政治监督主体。在建设法治国家过程中，检察院、法院等司法机关在实行法律监督的过程中作用日益重要，党内和政府内部法

制办、人大常委会法制工作委员会及行政复议机构在党内法规、行政法规和国家法律制定和实施过程中发挥着重要的作用。据统计，截至 2017 年第四季度，全国共有社会组织 75.5 万个[①]，它们关心公共事务，对公共政策决策发挥着建言献策和批评监督作用。新闻媒体及其从业人员既是党的喉舌又是人民利益的代言人，他们在舆论监督中发挥着重要作用。截至 2017 年 12 月，我国网民规模达到 7.72 亿，互联网普及率达到 55.8%[②]。公民作为网民和自媒体人获得了一种政治监督的新的身份，网民监督成为信息时代政治监督的一种新的力量。政治监督主体多样化和社会化成为重要趋势[③]。

政治监督主体相对独立于监督客体是政治监督发挥效力的必要条件。深化纪律检查体制改革，加强对派驻机构的统一领导和对下级纪委的垂直领导，深化监察体制改革，组建监察委员会，使监察机关脱离行政机关序列，使之独立于行政机关这个监察对象，这些都是增强政治监督主体独立性的重要举措。各级党委也在努力强化统一领导，整合监督资源，以形成政治监督合力。当然，这种统一领导的边界是不能损害各个政治监督主体必要的独立性。

（二）政治监督内容日益丰富，逐步向纵深拓展

政治监督的内容是对政治权力主体及其权力行使过程中的不良行为、犯罪行为和突出问题的控制和约束。政治权力主体行使权力的行为可区分为抽象政治行为和具体政治行为，前者指制定法律法规政策的行为，后者指具体执行法律法规政策的行为，两者都属于政治监督的重要内容。《中华人民共和国行政诉讼法》1989 年颁布，并于 2014 年进行了修订，在法院设立行政法庭，为公民监督政府具体行政行为和实行权利救济提供了重要的司法渠道。1994 年通过并于 2013 年修改施行的《国家赔偿法》则为公民合法权益在国家行政机关及其工作人员行使职权过程中受到侵犯的行为提供了赔偿依据。行政复议制度为公民针对具体行政行为的申诉提供了行政救济渠道。对于抽象政治行为，党内和政府的法制机构主要通过党内法规和行政法规备案制度进行审查，约束力有限。唯有良法才能保证善治。中共十九大报告明确提出要“加强宪法实施和监督，推进合宪性审查工作”，建立合宪性审查制度将为针对抽象政治行为的政治监督提供制度保障。

---

① 社会服务统计季报（2017 年 4 季度）. http：//www.mca.gov.cn/article/sj/tjjb/qgsj/2018/201803131510.html.

② 最新报告：中国网民达 7.72 亿 手机网民占比 97.5%. http：//mil.news.sina.com.cn/2018－01－31/doc-ifyreuzn0529.

③ 虞崇胜，刘远亮. 中国民主政治建设中网络政治监督的发展趋势. 理论探讨，2015（2）.

政治权力主体行使权力的行为根据其触犯法律和纪律的差异可区分为不良或不端行为与违法犯罪行为，在当前中国语境中被区分为不正之风和职务犯罪行为特别是贪污贿赂等腐败犯罪行为。政治监督的内容应当既包括不良或不端政治行为，又包括违法犯罪行为。改革开放后中国的政治监督的内容从纠正不正之风到预防和打击职务犯罪特别是贪污贿赂犯罪，日益全面和广泛。

政治权力主体不良行为或者犯罪行为既可能表现在公务行为中，也有可能表现在工作之外的生活和交往活动中。政治监督的内容适应新的不断变化的形势，也在不断延伸，既包括政治权力主体履行职责的公务行为，也包括其个人乃至家庭的重大事项。中共中央办公厅、国务院办公厅 1995 年发布《关于党政机关县（处）级以上领导干部收入申报的规定》，2006 年、2010 年、2017 年相继发布《关于党员领导干部报告个人有关事项的规定》《关于领导干部报告个人有关事项的规定》《领导干部报告个人有关事项规定》，增加了抽查核实的内容，将监督内容聚焦为与领导干部的权力行为密切关联的家庭事务和家庭财产等，增强了针对性和威慑力。

政治权力主体的职务行为应合乎合法性和廉洁性要求。相应地，政治监督的内容包括合法性和廉洁性监督。改革开放以来政治监督的重点曾长期放在廉洁性要求上，纠正不正之风和预防惩治腐败犯罪成为专门监督机构工作的重中之重。中共十八大后随着全面依法治国日益受到重视，是否守规矩、守法日益成为专门监督机构工作的重要内容。

（三）政治监督法规体系日益完备，监督依据和标准逐步清晰

法治化是政治监督现代化的题中应有之义。依据权威性和约束力的标准，政治监督可以分为宪法监督、法律监督和党纪政纪监督。从监督法规体系的完备程度和可操作性程度来看，目前党内监督法规体系较为完备，法律监督次之，宪法监督缺乏专门的审查监督机构，尚未实现可诉化。

目前，党内监督法规体系基本形成，具体包括：为党内监督提供基本规范的《中国共产党章程》、《关于党内政治生活的若干准则》和新修订的《关于新形势下党内政治生活的若干准则》（2016 年）；纪律规范，如 1997 年颁布、2003 年和 2015 年先后修订的《中国共产党纪律处分条例》；为党内监督提供具体规范的《中国共产党党内监督条例》（2004 年试行、2016 年正式实施）、《中国共产党巡视工作条例》（2009 年试行、2015 年修订后实施）、《中国共产党问责条例》（2016 年施行）、《中国共产党党员权利保障条例》等一系列党内监督法规。这些法规体现了党内监督的制度化、规范化和程序化。随着监察体制改

革从试点到全面推行，2018年《监察法》颁行，为国家监察委员会和地方各级监察委员会履行职责提供了法律依据。全国和地方各级人民代表大会作为同级最高权力机关尚无专门的监督法，作为替代，2007年开始实施《各级人民代表大会常务委员会监督法》（俗称“小监督法”）。而新闻、网络、公民、社会组织监督等尚缺乏基本的法律依据和必要的法律保障。

（四）政治监督方式传统和现代并重，技术监督和制度监督并举

中国古代监察制度高度发达，其“谏上御下”的监察监督方式对维护王朝的长治久安意义重大①。毛泽东继承和发展了中国古代的监察监督方式，强调批评和自我批评，鼓励民主党派和政协对共产党开展批评、提出建议，鼓励群众给领导提意见和建议，主张依靠群众运动和严刑峻法惩治腐败犯罪。改革开放以来中国共产党历任领导人特别是十八大以来以习近平同志为核心的党中央，带头在领导班子内部开展批评和自我批评，鼓励民主党派和人民政协通过座谈会、提案等多种方式对各级党的领导干部提出批评和建议，强调领导干部要发扬民主作风，虚心接受社会各界的批评和建议，做开明、开放、包容的领导者。各级纪检监察机构则通过巡视、派驻等方式对监察监督对象实行全方位监督。

现代政治监督理论和实践强调分权制衡和程序约束等政治监督方式。20世纪90年代中期以来中国共产党人在提出建设社会主义法治国家目标的同时，接受了“以权力制约权力”的现代政治监督思想并认识到程序约束的重要性②。中共十六大以来，建立决策权、执行权和监督权相互分离彼此制约的新型权力结构和运行机制就成为党和政府加强权力制约和监督的重要努力方向。十八大以来积极推动监察体制改革试点和纪律检查体制改革，其目的在于增强监察机构和纪律检查机构相对于决策和执行机构的独立性。以程序约束来规范立法和决策活动，是现代政治监督的一种重要方式。2000年3月15日，第九届全国人民代表大会第三次会议通过了《立法法》，明确了立法权限和法定的程序，规范了各个立法主体的立法活动。正当程序原则经过这些年的普法教育日益深入人心，行政执法和司法行为因程序违法而受投诉乃至起诉或者被曝光的现象近年来已屡见不鲜。

将现代信息技术运用于政治监督实践中已经成为重要趋势。一些地方人民代表大会探索实现在线预算监督，专门监督机构则使用电子监察、电子审计、行政审批超时默许等系

---

① 邱永明．中国监察制度史．上海：华东师范大学出版社，1992.

② 陈国权，等．权力制约监督论．杭州：浙江大学出版社，2013.

统，监察审计监督更加有效。这些专门监督机构还通过开设电话热线、网络投诉和举报受理专区，为公民监督提供了便捷的新平台。新闻媒体网站为公民提供了网络公共空间，微博、微播、微信公众号等自媒体的兴起开创了政治信息新的来源，公民借助网络通过“集体凝视”和“全民围观”实现舆论造势迫使党和政府及时回应[①]。政府信息公开的制度和技术都取得长足进步，2007年国务院颁布全国性的《政府信息公开条例》，强制政府部门进行信息披露并在公民的知情权受到损害时提出救济措施，极大地增加了政府的透明度。2016年中办、国办印发《关于全面推进政务公开工作的意见》，政务公开的主体从政府向人大常委会、法院、检察院、公共企事业单位和党组织延伸。中共十八大以来，党和政府积极倡导“互联网＋政务服务”，倡导公共数据开放共享，推进政务公开，建设透明政府，保障公民的知情权，为公民监督提供了极大的便利。

（五）政治监督客体实现了全覆盖

政治权力主体及其权力运行的过程是政治监督的客体或对象。只有政治权力主体和权力运行过程全部处于政治监督的范围内，不留任何监督的“死角”和“盲区”，确保监督主客体的信息与权力对称，才能实现有效的政治监督[②]。改革开放以来，鉴于“文化大革命”中党的领袖个人权力膨胀和高度集权所带来的严重危害，政治监督的重点是各级党的领导干部特别是主要领导干部，相继建立任期制、集体领导制度，民主集中制得以恢复和强化。历任中央领导人一再强调反腐败无禁区。十八大后以习近平同志为核心的党中央强调坚持“老虎”“苍蝇”一起打，只要发现腐败犯罪都进行严厉查处。政治监督的对象不仅包括公职人员特别是领导干部，还包括公共组织的法定代表人即法人。十八大以后，巡视巡察、派驻机构和审计的监督也都实现了监督对象全覆盖，坚持反腐败无禁区、零容忍。

改革开放40年来，政治监督制度体系变革的走向是建立民主集中制框架基础上的混合型政治监督体制，它将现代政治监督主体、方式与传统政治监督方式结合在一起。这种混合型政治监督体制在吸纳社会力量进入政治监督体系，增强专门监督机构的相对独立性、专业性、权威性和实现政治监督制度化、规范化、程序化的同时，强化了对党和国家政权内部各个政治监督主体的统一领导，专门监督机构成为巩固党的领导权的有力工具。

---

① 杨嵘均．论网络空间草根民主与权力监督和政策制定的互逆作用及其治理．政治学研究，2015（3）．

② 肖仲思，罗比．有效权力监督的三个原理性问题．广州大学学报（社会科学版），2011（7）．

二、改革开放以来特别是十八大以来中国政治监督制度体系的绩效

改革开放以来，以权谋私的不正之风和腐败犯罪成为人们高度关注的社会政治问题。反对不正之风，预防和惩治腐败，成为党和政府的重要政治任务，同时也成为各个政治监督主体特别是专门监督机构如纪检监察机关、审计机关、检察院的首要工作任务，它们也被人们称为反腐败机构。衡量改革开放以来特别是十八大以来中国政治监督制度体系的绩效，主要应当衡量这些机构在反腐败方面的工作成效。

纪检监察监督在我国现行政治监督体系中占据着特别重要的地位。改革开放40年来，各级纪检监察机关认真履行自己的职责，在党纪政纪监督和反腐败方面做了大量工作，为党风政风好转做出了重大贡献。我们综合各个渠道的数据，对改革开放以来全国纪检监察机关查处党政干部情况做了一个粗略的统计：改革开放40年来全国纪检监察机关共查结案件515.46万件，查处党政干部356.2万人，其中县处级以上干部12.8万人①。无论是从立案数量、受处分人数还是县处级以上领导干部受处分人数来看，十八大以来的反腐败力度都是最大的。

审计监督是我国政治监督体系中一个重要组成部分。审计机关自1983年成立以来取得了显著成绩，年审计单位数在1983年只有1 200多个，到2005年达12.5万多个。党政领导干部经济责任审计范围已扩大到地市厅局级，对省部级党政领导干部经济责任审计正在开展试点工作。1999年至2005年，全国共完成经济责任审计项目23万个，审计党政领导干部21.5万人，国有企业领导人2万人，通过审计发现并移送司法机关处理的经济犯罪案件达6 800多件②。2015年全国审计工作会议总结了2010年之后的五年间审计工作的成就，这五年全国共审计近70万个单位，增收节支和挽回损失1.7万多亿元，移送重大违纪违法问题线索2.2万多件，推动健全完善制度规定2.7万多项③。审计监督在反腐败斗争中发挥了重要作用。

中国的检察制度自1979年恢复以来，各级检察机关在我国政治监督特别是反腐败工作中发挥了极为重要的作用。据统计，改革开放以来，中国各级检察机关共立案侦查贪污

---

① 笔者根据中央纪委网站历届中央纪委向党代会工作报告数据统计而来。

② 中国审计概述．中华人民共和国审计署网站．http：//www.audit.gov.cn/cysite/docpage/c340/200301/0109_340_662_668.htm.

③ 刘家义．继往开来　锐意创新　做好全面建成小康社会决胜阶段的审计工作：在全国审计工作会议上的讲话．http：//www.audit.gov.cn/n9/n982/n983/c90409/content.html.

贿赂、渎职侵权等职务犯罪案件119万多件，查处100多万人，其中县处级以上干部7万多人，为国家挽回经济损失1 842.1亿元（截至2018年3月）[①]。

经过这些年来各政治监督主体特别是专门监督机构持续的反腐败努力，中国公众对反腐败和廉政建设成效的满意度不断上升。十八大以来反腐败力度空前增强。公众对反腐败和廉政建设成效的满意度进一步上升。国家统计局的问卷调查显示，公众对反腐败和党风廉政建设工作的满意度从2013年的81%上升到2016年的92.9%[②]。

三、中国现行政治监督体系的诊断性分析

政治监督体系由目标、制度和价值三大部分构成。我们可以借鉴透明国际国家廉政体系的概念[③]，勾画出政治监督体系大厦的基本蓝图（见图1）。

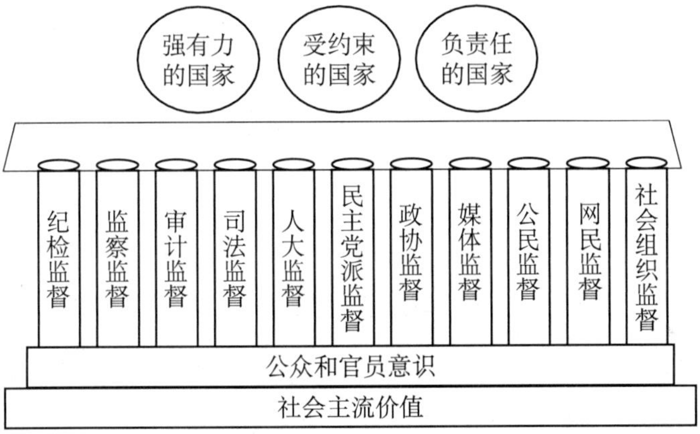

图1　政治监督体系示意图

政治监督体系的目标是达成国家治理现代化的三个基本目标，即强有力的国家、受约束的国家和负责任的国家[④]。廉洁高效、公平公正是强有力的现代国家的基本标志。国家还需要在法治的运行轨道上受宪法法律和正当程序的刚性约束，否则掌权者就容易自大任性、滥用权力。国家需要代表公众的利益并可由人民及其代表机关问责从而保证始终代表

---

① 笔者根据最高人民检察院1983—2018年的“五年工作报告”和最新的五年工作报告摘要提供的数据加总得出，其中2015年、2016年和2017年工作报告缺少有关追缴赃款或为国家挽回经济损失数据，2018年工作报告缺失查处职务犯罪案件数量的数据。可查阅最高人民检察院网站工作报告栏目。

② 抓反腐从严：打虎拍蝇　惩腐肃贪.http：//cpc.people.com.cn/n1/2017/1017/c414305_29590551.html.

③ 杰瑞米·波普.制约腐败：建构国家廉政体系.北京：中国方正出版社，2003.

④ 这是笔者在借鉴福山关于现代政治秩序三大基本要素（国家、法治和民主责任制）基础上提出的概念。弗朗西斯·福山.政治秩序与政治衰败：从工业革命到民主全球化.桂林：广西师范大学出版社，2015.

人民的利益。这三大目标之间相互维持均衡是现代国家治理体制的基本要求，若失去均衡，则可能导致国家治理体制发生病变。

政治监督体系大厦靠制度支柱来支撑，以实现政治监督的三大基本目标，这些制度支柱包括11大类政治监督主体，又包括为这些政治监督主体行使权力或权利提供的基本法律制度保障。政治监督体系大厦的基础或底座是社会的主流价值和作为其表现的公众与官员的意识。自由、平等、民主、法治、公正、和谐等社会基本政治价值是否上升为社会主流价值并内化为公民和官员的意识，决定着政治监督体系大厦是否牢固和体系运行是否顺畅。

40年来，中国的政治监督体系经历了一系列变迁，取得了显著的绩效，但也存在着不少问题，这些问题影响着政治监督的有效性。

第一，政治监督体系各个制度支柱发展不均衡，影响政治监督目标的达成。

政治监督体系制度支柱需要均衡发展，单靠一两根制度支柱支撑大厦必然难以持久。其中，纪检监督和监察监督的专业性和权威性最强，审计机关和司法机关也具有很强的专业性和权威性。相比之下，宪法赋予各级人民代表大会的具体监督职权缺乏专项法律规定因而可操作性不强，《各级人民代表大会常务委员会监督法》不能代替人民代表大会自身履行监督权所需要的监督大法。对于民主党派和人民政协履行自身监督职责，目前只有政策文件依据，缺乏可操作的法律规定。对于新闻舆论、公民、网民和社会组织监督，都缺乏对出版自由、言论自由、举报检举权利的必要法律保障，从而影响了各自监督作用的发挥。各个支柱不均衡的状态从长远来看不利于政治监督体系目标的达成。

第二，将各个政治监督主体特别是专门监督机构置于同级党委主要领导干部或曰一把手的统一领导下，导致对一把手的约束偏软。

从十八大以来查处的腐败案件来看，一把手腐败案件所占的比例很高。中国人民大学国家发展与战略研究院聂辉华教授带领的研究团队收集整理了2000年至2014年3月底所有公布的厅局级官员腐败案例，在367个厅局级腐败官员中，有219人担任或曾担任一把手职务，约占60%①。十八大以来，党中央高度重视国有企业党风廉政建设和反腐败工作。2014年至今，中央纪委监察部网站纪律审查栏目至少公布了115名国企高管涉嫌违纪

---

① “一把手”权力太大是腐败的主因．http：//cpc.people.com.cn/pinglun/n/2014/0807/c24122025424681.html.

违法接受组织调查的信息，其中一把手共65人，占比约56.5%[①]。在各级党委一把手已经掌握决策权和执行协调权的情况下，再将各个政治监督主体特别是专门监督机构置于其统一领导之下，导致对一把手的约束主要是一种柔性约束和自我约束，相关监督主体不敢监督或不能监督，易于滋生向腐败犯罪。自上而下的监督包括巡视监督往往是一种事后监督和惩治，无法在事前和事中对一把手腐败发挥预防和监督作用。

第三，在纵向授权和层级监督体制下，自上而下的监督执纪问责力度越强，则地方党委政府对上负责意识越强，而与此同时对当地民众负责的责任意识偏弱。

在下级党委政府、上级党委政府和当地民众的三方博弈中，由于地方民众不是本地党委政府的授权主体，缺乏选举问责手段，当地人大监督权力有限，地方层面的民主责任制严重缺失。自上而下的监督执纪问责越强，全力遵行上级要求就越成为地方党委政府最为合理的策略，其结果是对当地民众负责的责任感日益淡漠。地方民众则选择通过信访、举报等方式诉诸上级党委政府及其职能部门来解决当地问题，或通过闹事的方式迫使地方党委政府出于维稳考虑做出妥协让步。

根据中纪委在十九大上的工作报告，2012年之后的五年中，全国纪检监察机关共接受信访举报1 218.6万件（次）[②]。这一方面说明公民对纪检监察机关的高度信任；另一方面，信访举报保持高位运行，说明公民的监督主要是事后的监督，局限明显。在自上而下的授权和问责体制下，强化层级监督执纪问责，会进一步强化地方党委政府对上负责的趋势，地方层面的责任政治难以建立，地方政治陷于民众施压、上级党委政府干预和地方党委政府被动回应的怪圈之中。

第四，在法治监督和民主监督不发达情况下，过分依赖专门监督机构的监督执纪问责，在促进权力集中的同时会降低工作效率。

建设强有力的国家是国家治理现代化的重要目标，同时也是现代政治监督体制的重要目标。强有力的国家必须要有一个廉洁和效率并重的政府，一个廉而有为、廉而有能的廉能政府。专门监督机构通过严格执法执纪监督问责，清除政治投机分子和腐败分子，可以加强各级党委对各方面工作的领导，加强上级党委政府对下级的集中统一领导和权威，保证党员干部的政治忠诚和政治服从。这种集中统一领导和权威会提高决策效率，有利于集

① 数据解析115名国企落马高管案例：“一把手”成腐败大多数. http://fanfu.people.com.cn/n/2015/0518/c64371_27015478.html.

② 十八届中央纪委向党的十九大的工作报告. http://news.xinhuanet.com/mrdx/2017-10/30/c_136714263.htm.

中力量办大事，体现了国家治理能力的强大。但与此同时，加强党内和国家政权内部的执法执纪监督问责，横向上会促进权力向一把手集中，纵向上会促进权力向上级党委政府集中。干部为逃避问责风险会选择没有领导指示就不作为的行为策略，懒政、怠政现象有增无减。随着权力向上级党委政府的集中，下级的自主权、主动性和创造性越来越少，简单地、机械地执行上级指示的现象日益增多。单纯依靠处于各级党委统一领导下的专门监督机构的监督执纪问责，在促进权力集中的同时也会降低工作效率，从长远来看不利于建设一个强有力的国家。

第五，政治监督制度体系中专门监督机构过度发展，也会产生一定的风险和代价。

现代政治监督的目的是防止公共权力滥用，保障公民的自由和权利。宪法和党章规定的公民和党员的基本权利为中国现行政治监督体系划定了不可逾越的边界，框定了其活动的范围。但在政治监督的其他制度支柱发育不良的情况下，纪检监察等专门监督机构就成为各级党委在反腐败和党风廉政建设方面倚重的主要力量并不断得到强化。综合多方面数据，纪检监察、审计机关、检察机关等专门监督机构的人员总数到2014年已经达到120万人①。有些地方的主要领导人或专门监督机构相关人员滥用纪检监察、审计、检察等强制性权力，肆意侵害公民和党员的自由和权利，打击报复他人，造成了恶劣的影响。当专门监督机构权力扩张不受制约的时候，公民的自由和权利同样会受到威胁乃至侵害。

四、国家治理现代化与政治监督现代化

中国的执政党和国家政权是中国“追赶型”现代化这趟列车的火车头。只有率先实现国家治理现代化，这个火车头才能更好地领导中国人民按预定时间基本实现现代化并建成现代化强国。政治监督的现代化是国家治理现代化的重要组成部分。推进政治监督现代化，建设现代政治监督体制，保证不犯“颠覆性错误”并形成纠错机制，建立遏制特权腐败和不正之风的长效机制，是新时代中国现代化事业顺利推进的重要保证。为了深化政治监督制度体系改革，推动政治监督现代化，需要做好以下五个方面的工作：

第一，实现政治监督体系各个制度支柱的均衡发展，保证政治监督目标实现。

---

① 具体数据来源如下：全国81万纪检监察干部递交个人会员卡零持有报告（见 http：//news. eastday. com/c/20140105/ula7867552 _ 1. html），据此测算，截至2013年底全国纪检监察干部至少有81万人。审计署：审计人员数量不足 实际审计资金量仅1/3（见 http：//www. chinanews. com/gn/2014/07 - 07/6356943. shtml），推算截至2013年底全国审计干部至少有5.44万人。根据《中国检察官工作状况调查2011》中的数据，全国在职检察官人数为34.7万人。由此推算，全国纪检监察、审计机关、检察院等专门监督机构的干部总数约为120万人。

各个制度支柱若不能实现均衡发展，可能导致政治监督体系大厦的倾斜乃至坍塌，其结果是政治监督的三大目标（即建设强有力的国家、受约束的国家和负责任的国家）受到严重影响乃至落空。政治监督的支柱可分为两大类：一类是党和国家政权内部的制度支柱，可简称为党和国家监督体系，属于一种内部、同体或自我监督；另一类是由公民、社会组织、自媒体等构成的社会和民众监督体系，属于党和国家政权外部的监督和异体监督。二者相互补充，缺一不可。目前党和国家的监督体系相对比较发达和完善，而社会和民众的监督体系则缺乏核心规则的保障，其监督作用发挥不足。

为了实现两大类制度支柱的均衡发展，需要为公民和社会组织监督提供法律制度保障，使之能够有效发挥作用。在党和国家政权内部，针对专门监督机构比较发达，而人大监督、民主党派和政协监督、新闻媒体监督比较薄弱的状况，需要为人大监督、民主党派和政协监督、新闻媒体监督提供核心规则保障。在各个专门监督机构中，针对纪检监察机构比较发达而审计监督和司法监督尚有更大作用空间的现状，有必要进一步充实专业审计人员力量，同时需要为法官和检察官依法独立履行司法监督职能提供基本制度保障。政治监督制度体系建设重在补齐短板，实现各个制度支柱均衡发展。唯有如此，政治监督体系大厦才不会有发生倾斜乃至坍塌的危险。

第二，加强民主监督，建立权力监督闭合环和完整的责任链。

中国传统专制政治制度，主要依靠“谏上御下”的纵向监察监督系统来维护君权、驾驭官员，是一种对上的柔性约束和自我约束，其发挥作用的前提是皇帝开明、愿意纳谏、能够自律，同时皇帝重视发挥监察监督机构作用，毫无保留地支持反贪。在传统监察监督制度中，权力监督无法形成闭合环，因为监察监督权来自君主，对君主的约束是一种软约束，监察监督机构缺乏必要的独立性，其作用能否发挥和在多大程度上发挥取决于君主的意志，具有很大的不确定性。倘若君主缺乏自律又不接受柔性约束，不支持反贪工作，传统政治监督就会失灵。

现代政治监督制度体系与传统政治监督体系的最大区别是，后者主要依靠官僚系统内部的纵向层级来实行政治监督，而前者则以保障民权为目的，让人民有权对政府进行监督问责从而使国家切实代表人民利益并向人民负责，建立了权力监督的闭合环和完整责任链。在这样一个权力监督的闭合环和完整的责任链中：人民作为选民通过依法行使选举权、罢免权等政治权利而实现对人大代表和各级人民代表大会的控制和约束，人大代表和各级人民代表大会出于人民监督问责的约束而需要切实负起责任来；人民代表大会作为权力机关，通过依法行使各项权力而实现对政府、法院和检察院及其组成人员的控制和约束，后者则向同级人民代表大会负责并报告工作；政府则在法律授权下对民众遵守法律的情况进行监督管理，促使民众承担政治责任。在这个权力监督的闭合环和责任链中，没有人可以不受监督。党内民主监督的运行机理也同样如此。公民监督的核心是民主选举，相比于信访举报等事后监督方式来说，选举问责是一种更有力的事前监督。权力机关的监督需要为其行使否决权和罢免权提供可操作的法律程序，制定适合于各级人大监督权行使的监督法对于发挥人民代表大会自身的监督问责作用至关重要。党内也需要有适合于党代会与全委会发挥监督作用的相应监督法规。为了使人大代表和人代会真正代表民意，履行好监督职责，需要实现代表的去官化和专职化①，实现人民代表大会会期的制度化并大幅减少代表数量。

第三，建立现代国家治理结构和现代政党治理结构，实现决策权、执行权、监督权的相互分离彼此制约，破解一把手腐败难题。

现代国家和现代政党主权和治权相分离，需要职业官员来治理，这与在所有权和经营权相分离的情况下现代公司需要职业经理人来经营但同时又需要维护所有者利益的情况具有高度相似性。因此，可以参照现代公司治理结构，构建决策权、执行权和监督权彼此分离、相互制约的现代国家治理结构和现代政党治理结构。中国现代国家治理结构可包括三个组成部分：人大常委会、政府、监察委员会。人大常委会在人民代表大会闭会期间负责立法和重大事项决策、政府组成人员任免、预算审查、决算审议等，政府作为执行机关实行首长负责制，但作为一把手的首长只享有行政执行权，监察委员会则对人大和政府组成人员等的职务行为实行监督，三者职权彼此分离、相互制约。现代政党治理也可实行类似的治理结构②。在党内监督专责机关和国家监察委员会合署办公的情况下，为使党和国家的决策权和执行权更好地衔接协调，可考虑党委委员进入人大常委会任职，或进入政府成为政府工作人员，建立起现代政党—国家治理结构，改变决策权、执行权和监督权统一归属各级党委一把手领导的所谓“一把手体制”③。

---

① 孔繁军指出，人大代表中领导干部比例过高导致人大代表官僚化，容易消解掉人大的监督职能，人大代表去官化和专职化有助于我国权力监督体系的完善。（孔繁军．代表去官化：人大制度权力制约机制的内在要求．人大研究，2010（8）.）

② 列宁曾提出设立与中央委员会平行并专责监督中央委员会及其领导人的中央监察委员会的设想。（张杨．论列宁的政治监督思想．中共青岛市委党校青岛行政学院学报，2009（1）；尹彦．列宁对党和国家监督机制的思考与设计．中国延安干部学院学报，2011（1）.）

③ 陈家喜等人对“一把手体制”有很好的论述。目前一把手在党委领导班子中处于核心地位，在行政领导班子中处于统帅地位，在决策中处于主导地位，在实施决策中处于指导地位，在监察监督中处于领导地位，形成了各种权力向一把手集中的领导体制，可概括为“一把手体制”。（陈家喜，李辉勇．“一把手体制”与权力监督体系的重塑．长白学刊，2016（4）.）

第四，需要将决策权纳入法治的轨道，建立程序约束机制和纠错机制，避免出现无法挽回的颠覆性错误。

决策权是政治权力中最重要的权力，“把权力关进制度的笼子中”首先是把决策权关进法治的笼子中，完善权力制约监督关键在于决策法治化①。习近平总书记在中共十九大报告中提出加强宪法监督，推进合宪性审查工作，这是把决策权纳入法治轨道加以刚性约束的重大举措。为此需要建立合宪性审查机构，依据宪法和相关法律规定对已有的法律法规规章进行合宪性审查。党内决策也需要树立合乎宪法和党章要求的意识，党的建设也需要在法治的轨道上进行。此外，对即将进行的立法和决策行为也需要建立起刚性约束机制。为此，各级党委及其常委会决策可以考虑制定党委常委会决策程序条例，政府决策可以考虑制定行政程序法或重大决策程序条例，将党政一把手的决策行为纳入法制的轨道加以刚性约束。马怀德就行政程序法或重大决策程序条例所应包括的法定程序提出了完整的建议，这些重大决策必经的法定程序包括：合法性审查制度、专家论证制度、集体决策制度、风险评估制度、决策公开制度、决策评估制度、决策追责制度②。只有建立起对各级党政主要领导决策权的刚性约束机制，才能避免出现颠覆性错误，以免造成无法挽回的损失。

第五，根据分权制约和正当程序原则改造传统的监察监督模式，建立独立、权威、专业和负责的现代监察监督制度。

为了保障民权、防止暴政，需要依法划定不同种类权力的范围与边界，厘定权力间关系，通过合理的权力分配，实现以权力制约权力的目的③。从分权制约的角度看，对监察监督制度的改造需要使专门监督机关独立于作为监督对象的党政机关及其领导干部，解决人事编制和经费预算受制于同级政府的问题以及双重领导体制所带来的对同级党政主要领导的依附问题，走出党政权力“吸纳”监察监督权的困境④。为此，需要制定国家监察法和监察官法，依法保障国家监察机关的独立性，保障监察官依法独立履行监察职责的权威性，为国家和地方各级监察委员会依法履行监察职责提供法律依据和制度保障。正当程序原则强调对立面的设置、公开和交涉等特质，在监察监督程序中主要体现为当事人权利的

---

① 马怀德．完善权力监督制约关键在于决策法治化．中国党政干部论坛，2015（3）.

② 同①.

③ 孙笑侠，冯建鹏．监督，能否与法治兼容：从法治立场来反思监督制度．中国法学，2005（4）.

④ 陈平．当前我国权力监督的困境：党政权力“吸纳”监督权．天津行政学院学报，2016（1）.

告知、陈述辩护机制的设立、辩护律师的介入①、调查权与起诉权的分离等。程序约束和对立面的设置会成为约束监察权的强大力量。监察监督作为一种专业和职业，需要在人才培养、录用、培训、薪酬待遇、晋升等诸多环节体现专业素养要求，强化监察官职业伦理。为了使监察委员会成为一个负责任的和可问责的监察监督机关，国家和地方各级监察委员会应当接受多方面的监督和制约。首先，国家和地方各级监察委员会的成员要由人民代表大会选举或任命、接受人大的质询或加以罢免，从而对人大负责并可由人大实行问责。其次，合理划分监察权与起诉权、审判权的边界，检察院可以利用起诉权和批捕权、法院可以利用审判权对监察权实行有力的制约，避免将所有权力都集中于监察委员会而使之成为一个“超级机构”。此外监察委员会还需要接受社会的监督和党的监督②。

五、结束语

改革开放40年来，在民主集中制框架下的中国政治监督制度继承了中国传统监察监督制度的优秀遗产，吸收了民主和法治的现代理念，建立了民主监督和法治约束的制度框架。中国目前的政治监督制度是一种传统与现代相结合的混合型政治监督体制。这种政治监督体制在巩固党的领导权和加强党风廉政建设与反腐败方面取得了显著的成效。随着中国现代化进程的不断深入，建设强有力的国家、受约束的国家和负责任的国家作为国家治理现代化的目标，对政治监督体制的现代转型提出了越来越高的要求。改造传统的监察监督模式，强化民主监督和法治约束，防止公共权力滥用，保障公民的自由和权利，建立现代政治监督制度体系，将成为中国混合型政治监督体制变革的方向。

---

① 陈光中认为监察委员会的特殊调查相当于刑事侦查，基本与《刑事诉讼法》的侦查措施相对应，这一问题直接关系到程序公正和人权保障，应当允许律师介入。（陈光中．关于我国监察体制改革的几点看法．环球法律评论，2017（2）.）

② 马怀德．国家监察体制改革的重要意义和主要任务．国家行政学院学报，2016（6）.

中国传播学40年：基于学科化进程的反思*

胡翼青** 张婧妍***

【摘　要】中国传播学学科化进程走过40个年头，经历了从人员物资匮乏的草创阶段到当前学科队伍壮大、学科建设蓬勃发展的转变。本文将这一历史过程划分为前学科发展阶段与学科化发展阶段，在此基础上梳理和比较了两个时期中国传播研究的学术队伍、学术成果与学术理念，认为我国当前传播研究中依然存在功利主义倾向过强与学科意识形态保守的痼疾。在这种情况下，从新媒体传播打开的新问题域入手，关注媒介技术通过改变传播方式影响人的存在方式，以及被媒介形塑的人与社会反过来如何加强或弱化媒介技术自身的偏向，成为帮助中国传播学发展走出循环、走向进化的一种可能进路。

【关键词】中国传播学；学科化；反思

如果将1978年郑北渭先生在《外国新闻事业资料》第一期上译介的华伦·K. 艾吉的两篇论文《公众传播工具概论》和《美国资产阶级新闻学：公众传播》作为开端，传播学在中国的学科化进程已经完整地经历了40年的历程。之所以更多的意见认为传播学在中国走过了40年，并不是因为自郑北渭国人才接触到传播学。刘海龙就在对中国传播研究“史前史”的挖掘与反思中认为从1978年开始的传播研究在确切意义上指的是大众传播研

---

* 本文原刊发于《国际新闻界》2018年第1期。

** 胡翼青，南京大学新闻传播学院教授、博士生导师。

*** 张婧妍，南京大学新闻传播学院2016级博士生。

究，而西方学者关于传播的研究实际上早在20世纪初就通过杜威、帕克两位具有传播研究视角的社会学者的中国之行被引入。除了这种来自社会学的中介，早期新闻学研究对宣传和公关思想的关注也使得中国学者在1978年之前就与西方理论世界产生了一定共鸣[①]。这种说法当然有道理，只是自郑北渭以后，尽管其发展道路也有波折，但传播研究再也没有真正中断过，“总的说来该学术领域一直处于专业化的进程之中”[②]。所以，将中国传播学的起点放在1978年，基本上是说得通的。1978年至今，传播学学科化全面持续展开，无论是科学研究的专业化，人才培养的专门化还是学科地位的社会认可度，都有不同程度的进展。

每过10年，总会涌现出对某一学科或总结或怀旧的一批文章，这似乎是对一个学术共同体发展进行反思的绕不过去的时间节点。然而，这种反思也不能完全被看作是无病呻吟。时间的推移，可以帮助叙事者重新思考历史并生成新的视角。比如在10年前，笔者就倾向于把传播学的发展分成三个重要的阶段：“1978年到1989年是传播研究的萌芽阶段；1990年到1997年是传播学科地位确立的阶段；1998年至今是传播步入快速专业化进程的阶段。”理由是：“在1990年以前，学者们主要关心的是如何将西方传播理论引入中国为新闻体制改革服务，这是一个前专业化的阶段；20世纪90年代以后，学者们将关注的目标放在了大众传播研究如何实现理论化、本土化这些问题上，于是学科的专业化开始萌芽；1997年底传播学二级学科的地位确立以后，大量专职研究者进入这一场域，学科专业化进程大大加快。”[③] 然而，10年过去了，这种分期的缺点逐渐暴露出来，其实从学科建设的角度来看，真正的分水岭只有一个，那就是1997年。这一年，国务院学位委员会和国家教育委员会联合颁布了《授予博士、硕士学位和培养研究生的学科、专业目录》，传播学成为具有授予博士学位资格的二级学科。尽管传播学在1989年以后渐渐落入低谷，1993年以后又渐渐复兴，因此在20世纪90年代初有一个明显的转折点，但从1978年至1997年，总体上都可以被看作是传播学的前学科时期，其学术发展的总体样貌与1997年之后有着相当明显的不同。有鉴于此，以二级学科确立的时间为起点，将传播学科发展划分成两个阶段，更符合中国传播学科发展的实际情况。传播学在中国的40年，可以看作两个阶段：传播学的前学科阶段（1978—1997年）与传播学的学科化阶段（1998年至今）。

---

① 刘海龙．重访灰色地带．北京：北京大学出版社，2015：90－96.
② 胡翼青．专业化的进路：中国传播研究30年．淮海工学院学报（社会科学版），2009（4）.
③ 同②.

学科场域是一种两重性构造，学科发展必须在两者之间达成平衡："在社会层面，它是一种专业意识形态的构造，核心的游戏规则是权力……另一方面，学科也是一种认识论的构造……核心的游戏规则是学术创新。"① 任何学科的学科特性都会因为其知识更多地偏向社会应用或偏向学术建构而有所不同。传播学的学科合法性是被官方确定的，而并非是因为学理的自主原创和足够成熟而自然而然地产生。也正是因为如此，中国传播研究的学科化进程主要是由外部力量而非内部力量所驱动，因此这种学科化的过程有着非常独特的逻辑：它更容易受到外力的扰动而缺乏与之相对抗的内在自主性。也正是这种逻辑形成了中国传播学的独特样貌。

一、中国传播研究的前学科时代（1978—1997年）

在自发性的前学科阶段，中国传播研究的主要特点集中在以下几个方面：

（一）研究队伍：资源匮乏，人员稀少

尽管从20世纪80年代初起，各大学就陆陆续续地恢复或新建新闻传播专业，但新闻学仍然是这些专业的主攻方向。尽管到20世纪90年代中期，主要从事传播学研究的学者人数有所增加，但他们的数量仍然无法与新闻学专业的师资力量相提并论。

在20世纪80年代中早期，传播研究的主力部队集中在北京的中国社科院新闻所、新华社、中国人民大学和北京广播学院以及上海的复旦大学，人数不超过50人，其中社科院新闻所的学者相对比较活跃，较成规模。当时较为知名的传播学者有新华社的李启，社科院新闻所的徐耀魁、张黎、陈崇山、明安香等，中国人民大学的张隆栋、林珊等，北京广播学院的苑子熙、肖月等，复旦大学的郑北渭、陈韵昭、居延安等。另外，江苏的张学洪、邵培仁，广东的吴文虎，兰州的戴元光等则是北京上海之外的代表性学者。

由于资源有限，当时这批学者的知识生产量也同样有限，主要学术发表阵地是社科院新闻所的《新闻学刊》、中国人民大学的《国际新闻界》、北京广播学院的《新闻广播电视研究》、复旦大学的《新闻大学》等刊物的非固定栏目。由于缺乏足够的科研经费，分散在各地的他们聚在一起召开学术会议的机会非常有限，甚至互相讲学交流的机会也非常罕有。在这20年中，全国传播学研讨会一共就召开了5届，其他关于传播学的研讨都只能

① 胡翼青．传播学科的奠定：1922—1949．北京：中国大百科全书出版社，2012：266.

依托于各种新闻学的学术研讨会。学生资源的匮乏也是显而易见的，由于缺乏专门方向上的培养，传播研究不仅根本不能为业界提供专门人才，连自身后继人才的培养都很成问题。很多年轻学者跨入这个领域仅仅只是凭借自己的兴趣和热情，具有极大的偶然性。在《中国传播学 30 年：1978—2008》一书的学者自述部分，很多学者的经历都非常相似，他们完全是因为偶然接触到传播学的著作并对其视角产生浓厚兴趣而“不小心”成为了传播学者。由于在各校图书馆保存的可供参考的传播学文献少得可怜，学者们的研究往往是从翻译开始的，研究进展自然缓慢。

尽管人力物力都高度匮乏，但就是这所谓的“几个花甲上下的老人和十几个人来七八条枪”，为中国传播学的后续发展奠定了基调和格局。在他们的激情与坚持之下，20 世纪 90 年代初，一批更加年轻和更加专门化的传播学者如卜卫、王怡红、郭庆光、喻国明、胡正荣、李彬、张国良、吴予敏、段京肃、董天策等迅速在各个大学成长起来，为传播学后来的学科化进程奠定了基础。

（二）学术研究：局部突破，政策导向

与今天日渐弥散无边无际的传播研究不同，20 世纪 80 年代的传播研究局限在极其有限的几个领域，而且这些主要的研究突破都是集中在行政管理、社会治理和经营管理的框架范围内，如受众研究、传媒政策研究和公共关系研究等。尽管这一时期的研究不乏纯粹概念、方法、学派和理论体系上的讨论，但研究的主要目的还是为了推动政治和社会的变革或改良而非学理的创新和知识体系的建构。这种情况在 20 世纪 90 年代早中期略有改观，但基本的格局是一脉相承的。这种研究的优点是能够让缺乏资源的早期传播研究获得社会的重视，但缺点是它无法在学理上形成脉络与传统或者与其他学科的理论进行对话。

由陈崇山主持、社科院新闻所与北京新闻学会调查组联合开展的“北京地区读者、听众和观众调查”是这一时期现象性的研究之一，这种现象性不仅表现在其研究方法和水准上，也直接体现在这一研究想要达到的目的上。在 1982 年开展的这项调查主要采用了类型抽样法，研究者将北京市民按职业分为 22 个部门，用计算机分层抽选样本，样本量超过 5 000。从哪个角度看这在当时都是一项了不起的工程，所以该研究也被认为是“中国大陆第一次采用现代科学的方法和手段进行的受众调查”①。投入这么多人力物力所开展的

---

① 钱辛波．新闻民主的催化剂（代序）//陈崇山，弭秀玲．中国传播效果透视．沈阳：沈阳出版社，1989：1.

这项研究，其主要目的并非是理论，而仅仅是了解党报党台受众对媒体内容的看法和媒体使用行为。这种智库式的研究此后一次次翻版。1982年以后，陈崇山、张学洪、喻国明、祝建华等学者又在北京、浙江、江苏、上海等地做过一系列的受众调查，尽管统计工具变得越来越复杂，从以频数为基础的描述到后来的多元回归分析，从简单统计到数学建模，研究的实用目的也变得更加丰富，包括为落后地区发展寻找出路、为新闻体制改革甚至是政治体制改革提供思路，但这些调查仍然是面向社会问题的对策研究。到20世纪90年代，当资源更为丰富、人员更为专业的专业调查公司开始在中国建立它们的固定样本库以后，这种大型受众调查在学界便渐渐式微。

与“京派”研究不太相同的是，20世纪80年代“海派”学者的研究则更注意传播学的商业面向。早在1986年就出版了《信息·沟通·传播》的居延安，在1987年因为承担国家课题“社会主义公共关系的理论体系与方法运用和管理”而将兴趣转向公共关系。公共关系研究在居延安、潘玉鹏等学者的努力下，一度成为复旦大学应用传播研究的一大特色。在邓小平的南方谈话之后，随着社会主义市场经济体制改革的深化，关于“市场经济转型与中国新闻传播传媒”的讨论变得越来越引人关注。在20世纪90年代初，学者们普遍意识到市场经济体制下我国传播学将面临的诸多课题，如：市场经济下大众传播功能的延伸；大众传播活动中经济因素的介入及社会如何对大众传播事业实施宏观控制；大众传播者的权利、社会使命及职业道德规范；受众的媒介消费行为以及传媒集团的形成与管理；等等[①]。顺着这些问题，形成了当代应用传播学的许多传统，如媒介经济学、传媒经营管理、公共关系学等，但这些研究的目标同样是对策性的。

如果套用布迪厄的场域理论，我们不难发现，早期传播学的理论场域，更倾向于面向政策和市场的应用研究，因此受到政治场域和经济场域深远的影响。

（三）学术理念：中学为体，西学为用

美国实证主义传播学对20世纪八九十年代的影响是深远的。这种自我标榜为科学的传播研究范式，确实与新中国成立后的前30年中新闻学者们使用的方法和路径大相径庭。所以很多人在阅读了施拉姆的《传播学概论》和其他美国传播学论著后以后，被深深地吸引了，很快便陷入了一种内在东方主义的语境。

---

① 张咏华．市场经济与大众传播研究//中国社科院新闻研究所，等．传播·社会·发展：全国第四次传播学研讨会论文集．成都：成都科技大学出版社，1996.

西方传播学最能引发中国学者认同的便是它的研究方法。在接触到西方的传播研究方法后，陈崇山对以往中国受众研究的科学性表示了质疑。她指出："过去，我们习惯于把受众看成是个体的简单相加，仅从分析个体着手，'解剖麻雀'，再从对个体的认识中去推测全体。……这种做法从确定调查对象开始，就掺杂了调查者的主观因素，容易以点代面，以偏概全，使调查结果带有片面性。"① 因此，陈崇山认为很有必要将民意调查的方法引入中国的业界和学界，因为她认为民意调查是"一种运用现代化的科学方法及数理统计手段，迅速、及时、准确地收集、整理、统计、报告民众意见、测定社会舆情变化的社会活动"②。同样着迷于研究方法并将其作为终生志业的还有复旦的一批青年学者。祝建华在去美国深造之前，就在《新闻大学》上不断发表文章介绍各种传播研究方法。到了 20 世纪 90 年代，已经有学者将传播研究方法运用得炉火纯青。卜卫不但再次系统讨论了传播研究方法，进一步完善了祝建华等人在这方面所做的开创性工作，而且从规范的研究方法媒介与儿童的社会化、媒介与儿童观念的现代化、媒介与妇女儿童权利的保护、妇女儿童的媒介选择等方面的问题入手，结论颇具说服力和启发性。

而美国的主流传播理论同样令人着迷。从《新闻大学》第 1 期开始到第 8 期为止（第 5 期未刊），陈韵昭一共发表了 7 篇"传学浅谈"。这 7 篇文章系统涉及了传播的基本概念与研究现状，传播的基本要素，传播的符号、媒介与媒介的历史，传播者与受众之间的关系以及传播的效果等内容③。肖月则着迷于传播学背后的社会学理论，她讨论了社会学理论在美国传播学中形成的四大研究谱系：结构功能主义、进化论、社会冲突理论与符号互动论④。在此前后，选择性接受理论⑤、德弗勒关于受众理论四种类型的划分⑥、议程设置理论⑦等均先后进入中国学者的视野。尽管当时中国传播学界还没有能力完全掌握整个西方传播学的知识地图，但主流传播学理论作为一种科学理论的观念已经被确立。正如陈韵昭所说的，传播学就是一门客观的科学知识："他们［指西方传播学——引者］对传通过程的解剖是比较细致的；他们对传通效果的分析，不据主观推断而凭实际调查；他们已经摸索出来的若干传通模式，是符合客观实际的。"⑧

---

① 陈崇山．系统方法与受众研究．新闻学刊，1986（3）．
② 陈崇山，弭秀玲．中国传播效果透视．沈阳：沈阳出版社，1989：11．
③ 陈韵昭．传学浅谈．新闻大学，1981（1）．
④ 肖月．试析西方传播学的社会学理论．新闻广播电视研究，1984（4）．
⑤ 居延安．心理选择与宣传报道．新闻大学，1982（3）．
⑥ 俞旭．大众传播的接收对象．新闻大学，1983（1）．
⑦ 王怡红．美国大众传播学的一项新研究："议程安排"理论的探讨．国际新闻界，1986（4）．
⑧ 同③．

不过，不管传播学的理论和方法有多么引人入胜，学者们仍然倾向于将其看作一种理论工具，并想将其纳入有中国特色的传播理论框架中为己所用。他们对中国传播学科体系建设的讨论如火如荼。徐耀魁将建立中国的传播学理论体系看作中国传播学研究的最终阶段："我国传播学研究将经历三个阶段：一，评价外国传播学；二，与传统新闻学研究相结合；三，创建独立的传播理论体系。"① 基于对中国传统文化的浓厚兴趣，颜建军提出了建立中国沟通学的设想，他的总体设计是："以西方传播学的合理内核为框架，以中国传统的传播方式、习惯等等为内容，全面探索传播在中国文化背景下的规律。"② 吴文虎同样从当前中国新闻传播的现实关切出发，提出新闻传播应当建构起一个一体化的研究框架。他指出，新闻传播可分为内部子系统和外部母系统，其中内部子系统包括新闻的研究对象和方法、信息、媒介、传播者与受众以及传播效果等五个方面的要点；而外部母系统则包括新闻传播的社会功能、新闻传播的社会制约、新闻传播与现代化以及新闻传播与社会改革等四个要点③。

在此基础上，到了20世纪90年代，关于传播学本土化是否可能和何以可能终于成为争论的焦点。尽管本土化的议题在1982年施拉姆访华时便已经提出，在同年的第一次全国传播学研讨会上，就被作为发展目标写入了"十六字方针"，但真正设法启动这一设想却是在1993年。在香港学者余也鲁的推动下，以孙旭培教授为首的一批中国学者开始接手探索传播学本土化的一系列研究项目。在这一系列研究的总论《华夏传播论》中，孙旭培指出："传播学研究在经过必要的引进介绍以后，不能只依赖于西方人总结出的原理和方法。中国传播学者要做出自己的特殊贡献，就必须研究中国的传播实践。"④ 至于具体的做法，钟元指出："传播研究中国化也是一个过程，就是通过大量挖掘中国文化（包括传统文化和现代文化）中间关于传播方面的财富，促进传播学的发展，最终创造出集东西方文化精华之大成的传播学。"⑤ 然而，钟元的观点在当时并没有得到所有人的认同。李彬在当时就指出了这其中的内在东方主义的风险："以独立独行相标举的本土化，本质上也许恰恰显示出西方话语的支配性"，"从本土化的实绩看，传统文化似乎不像被'弘扬'，而倒像被拉到'国际'博览会上拍卖，一切都得按'接轨'的标准办理，结果就跟金发碧眼

① 徐耀魁．试论中国传播学研究的发展方向．新闻学刊，1986（5）．

② 颜建军．关于建立中国"沟通学"的构想．新闻学刊，1987（1）．

③ 吴文虎．传播学理论构架初探．新闻学刊，1986（5）．

④ 孙旭培．华夏传播论．北京：人民出版社，1997：1．

⑤ 钟元．为"传播研究中国化"开展协作：兼征稿启示．新闻与传播研究，1994（1）．

的西方女子穿一袭旗袍，让人总感到有种说不出的不伦不类"[①]。而王怡红则认为，就中国传播学当时的发展状况还够不上谈本土化，因为"我们始终缺乏一种对话的氛围和勇气"[②]。而《华夏传播论》及这一系列课题中其他作品也确实没有达到学界的预期，也许不能说这些研究成果只是西方传播学的中国经验注脚，但毫无疑问它们远远没有所谓的"自主创新"。

当时争论的双方可能都没有意识到，在前学科化阶段，在传播学知识积累极其匮乏的状况下，谈论本土化问题其实过于超前。如果只是用西方的传播学理论来解释中国的经验，也只是一次理论的旅行。就算不谈这种理论的旅行是否贴切或合适，也可以确定这远远不会是一种理论的原创而仍然只是一种工具性的移植和应用。现在看来，把理论作为一种工具直接使用而非创造性地发展理论，在任何情况下都不可能实现理论的本土化。

本土化的困惑，恰恰说明在1978年后的20年中，中国传播学并没有经历过学科化的洗礼，无法支撑本土化的美好设想。当然两难的是，在西方的学科化框架内，尽管知识增长的速度很快，但是否能够真正实现学者们期待的那种传播学本土化，这同样是大可存疑的。起码到现在还没有人能宣传这种努力已经取得了成功。

二、中国传播研究的学科化阶段（1998年至今）

1997年底，传播学学科地位被官方确立，传播学学科化的大幕终于拉开。大量的传播学二级学科博士点相继建立，成批量成建制地开展传播学硕、博士培养成为可能，高校纷纷开设相关专业，社会对大众传播学的教学和科研队伍有了更大的需求，使更多的学者加入了传播研究的行列，传播真正进入了快速发展的时期。到2016年底，全国一共有82个新闻传播学博、硕士一级学科点参与了教育部的学科评估，办学规模显得相当可观。相比于前学科阶段，这一阶段中国传播学的特点可以概括为如下几个方面：

（一）研究队伍：增长迅速，平台升级

自1998年以来，专职的传播研究者数量快速增长。用一个数字就能说明一切：1982年，第一届全国传播学研讨会20多个人与会且没有一篇真正意义上的研究性论文（有几

① 李彬．反思：传播研究本土化的困惑//中国社科院新闻研究所，等．传播·社会·发展：全国第四次传播学研讨会论文集．成都：成都科技大学出版社，1996.

② 王怡红．对话：走出传播研究本土化的空谷．现代传播（北京广播学院学报），1995（6）.

篇介绍性文章与译文，构成了后来的《传播学（简介）》一书），而最近一次在南京大学举办的第十三届中国传播学大会（2016），在严格限定与会人数的前提下，参会人数仍然接近 300 人，收到的论文超过 200 篇。

由于大量学科点的出现，学者们的构成发生了变化。那种凭借兴趣而偶然加入传播研究队伍的学者已经非常罕见，科班出身的学者不断增加。专业学科点的建设及其大规模招生为传播研究提供了一大批的阅听人，其中的佼佼者正不断成为学科的新鲜力量。另外，留学海外的学者和毕业生大批回到中华文化圈任教并更多地介入中国传播学的研究圈层，他们的介入进一步促进了中国传播研究的专业化。专业化和职业化学者比例的增加，导致的直接后果是传播学学术研究比前学科时代更加注重学术规范。相应地，一整套学术伦理也逐渐形成并受到越来越多的重视。

专业学科点的建立，意味着传播学有了自身的专属空间与发展平台。大量资源因而可以通过这一平台注入学科建设。尽管新闻传播学科还称不上是什么强势社会科学，但很多强势的新闻传播学科每年都能从各种渠道获得相当可观的学科建设经费。纵向科学研究经费以几何级数增长，每年立项的新闻传播类国家课题数已经从原来屈指可数的几项变成了上百项之多；传播业则为传播研究提供的大量横向经费。随着刊物和出版社的不断扩张，为出版和发表的新闻传播类著述提供了充足的空间。各种学术组织的纷纷成立，为学者们的学术交流创造了比以往多得多的机会。以学会牵头的各种学术研讨会为例，有时甚至就在一个周末，在全国各地会有三到四场传播学研讨会同时召开。与传播学有关的各种学术文献不仅数量可观，而且易于获得。另外，随着各种数据库的不断完善，研究者可以在第一时间同步阅读到国际同行的最新研究成果。这些供传播学教学和研究的优越外部条件，可能是 20 世纪 80 年代和 90 年代早期的学者根本不敢想象的。

（二）学术成果：数量的快速增长与领域的全面开花

队伍的繁荣壮大必然导致学术成果的快速增长，中国传播学学术生产能力在不断增强这几乎是一个不争的事实。进入 21 世纪以后，论文、专著、教材和译著数量一度以几何级数增长。近些年，尽管增速放缓，但仍处于不断增长之中。

在论文方面，在 2008 年前后，即使用最苛刻的标准来测量（不算书评，不算综述，不算应用传播学如广告、公关和媒介经营管理的论文），新闻传播类核心刊物（CSSCI）上发表的传播学论文年平均数量都超过 120 篇，约是传播学萌芽阶段年平均论文数量的 6 倍。在 2008 年以后，传播学在更多综合类 CSSCI 来源期刊上开辟了阵地，每年传播学论文发表量超过200篇。目前，《中国地质大学学报》《南京社会科学》《西南民族大学学报》《暨南学报》《山西大学学报》《中州学刊》等刊物都开设了固定的传播研究专栏。

专著和教材方面的增长更是惊人。今天，各大出版社每年出版的传播类专著数量，足以超过在传播前学科时代出版的传播学专著的总和。根据周伟明主编的《中国新闻传播学图书精介》提供的数据，1998年前出版的传播学专著与教材加在一起都不到40本①。而现在，仅仅一个中国传媒大学出版社，每一年新出版的传播学专著都不下20部。然而，上述的成绩与译著的出版相比，还是有相当差距的。进入21世纪以来，在各种硬件条件的支持下，大批西方传播学专著与教材被系统地译介进中国。其中“传播·文化·社会”译丛和“高校教材经典译丛·传播学”（华夏出版社）、“新闻与传播学译丛·国外经典教材系列”和“当代世界学术名著·新闻与传播学译丛·大师经典系列”（中国人民大学出版社）、“文化与传播译丛”（商务印书馆）等译丛已经在新闻传播人才培养和学术研究方面产生了巨大的影响力。在译者们的努力下，一些学术著作几乎可以做到与西方的发行同步。甚至有一些思想流派的几乎所有作品都被翻译进来，从而使本土研究者可以全面地把握一种思想的系谱和脉络。比如在何道宽等学者的努力下，媒介环境学的思想谱系被全面地译入中国。从伊尼斯、麦克卢汉到莱文森和林文刚，媒介环境学半个多世纪的经典文本在短短几年之间全面地呈现在中国学人面前。

从呈现在我们面前的学术文本内容来看，传播研究的视野得到了极大的拓宽，研究方法变得丰富多彩，研究对象也变得有趣，而传播学分支学科的研究也全面开展。

就理论研究而言，这20年来，传播学理论资源从空间到时间都得以较大地扩展。从空间上讲，学者们的视野开始从实证主义转向后实证主义，又渐渐关注后实证主义的对立面——诸多文化批判的思潮上。传播理论的起点也从狭隘的“美国传播学”走向包括哲学、史学、文艺学、社会学、政治学和人类学等的整个欧美人文社会科学。法兰克福学派文化研究、传播政治经济学派、后现代主义的学者们如今渐渐在这个学科耳熟能详。近些年来，随着社交媒体的兴起，媒介技术哲学渐渐成为传播学研究关注的热点。海德格尔、基特勒、德里达、斯蒂格勒等欧洲学者开始受到关注，媒介化社会理论的系谱被广泛讨论。这是理论空间拓展的典型范例。当然，即使不再拓展时空的维度，也能获得新知。学者们用新方法，比如知识社会学对一些旧有经典的再解读，也能深化人们对于经典理论的理解，因此有人重读芝加哥学派和哥伦比亚学派，重读拉斯韦尔和麦克卢汉，凡此种种，

---

① 周伟明．中国新闻传播学图书精介．上海：复旦大学出版社，2008：1-37.

都有很多新的收获。从陈力丹所做的年度总结来看，几乎每一年大家都会集中讨论一些理论和学派（见表1）。

表1　2009—2015年中国传播学反思性研究主题一览表

年度	传播理论研究	具体内容
2009	重读经典	通过重读《社会传播的结构与功能》，提出既有传播研究仅关注5W模式的做法窄化了拉斯韦尔的传播思想，并通过反思并不见得存在的“魔弹论”如何在研究者标榜自身效果理论创新性的过程中作为假想敌被建构的过程，批评了生硬套用美国效果理论解释中国问题的做法
	传播政治经济学	在传播研究中“重新发现”传播政治经济学，通过讨论从“文化工业”向“文化产业”概念的变迁，呈现20世纪70年代中期传播政治经济学的批判视角从宏大叙事转向对传媒业实践和具体文化现象的分析的过程
	文化研究	着重讨论伯明翰学派关于亚文化如何被主流文化收编的论述
	符号学	结合消费社会理论，讨论当代信息传播中的符号崇拜与符号迷思
2011	媒介环境学	麦克卢汉百年诞辰引发对其“媒介即讯息”“冷媒介”等概念对传播研究启发的再讨论
	文化霸权理论	以对概念翻译的讨论为起点对葛兰西文化霸权理论进行语境化解读
2012	经典理论重读	在施拉姆访华30周年纪念之际反思以“四大奠基人”为基础的学科史书写。介绍经验主义效果研究理论最新动态，并对议程融合、第三人效果等经典理论中的具体结论进行一系列再次验证
2013	编码解码理论	对霍尔编码解码理论形成的理论史进行回溯；对关于受众的民族志研究进行一系列讨论
	媒介环境学	梳理媒介环境学学派在中国的引进与传播；在绘制这一学派知识谱系的过程中对莱文森等具体学者的思想进行讨论
2014	重读经典	通过重读《媒介事件》与《作为文化的传播》厘清“媒介事件”与“传播的仪式观”概念，而斯图亚特·霍尔逝世引发对《编码/解码》再次关注
2015	传播的仪式观	通过追溯凯瑞“传播的仪式观”思想形成脉络及其人类学知识背景，与上一年通过重读经典对“传播的仪式观”概念的厘清形成学术交锋

研究方法的多样化运用和在某一时段的流行同样不容忽视。在1998年以后，张国良及其弟子做了一系列基于中国居民的问卷调查。“议程设置”“沉默的螺旋”“使用满足理论”“涵化理论”“知沟理论”“第三人效果理论”是这一系列研究的几大主旋律。对于这些研究，赞成的声音认为，有必要在中国的环境中重新证实西方的理论假设，这样可以更系统、更深入地理解西方的传播理论。而反对的声音则认为，这种对西方大众传播理论的模仿无助于中国传播学研究的本土化，也看不到什么理论创新。张国良用实证方法在中国验证西方的中层理论，这是在学科化知识生产后的一种本土化尝试，不过那种研究主体利

用西方理论解释中国经验的方法论似乎并没有发生变化。

在世纪之交，潘忠党开始在国内介绍框架理论，框架理论与内容分析在国内迅速流行起来。在21世纪初的中国，几乎当时世界上所有重要的热点事件都被用以进行框架分析。然而，这种研究方式终因其缺乏理论繁殖力而渐渐变成一种辅助性的研究方法，成为刚入门的研究生科研习作的常用手段。

2003年以后，郭建斌对独龙族媒介使用的田野研究逐渐引起了学界的关注①。传播人类学的方法开始逐渐影响传播学研究。此后这一类研究方法向任何具有空间意味的领域扩散。除了郭建斌自身对包括藏区在内的少数民族媒介使用的继续关注外，关于新闻生产的田野研究也在国内受到重视，周海燕等学者在集体记忆研究中也广泛采用了这种方法②，李红涛和黄顺铭等学者甚至将其运用到关于南京大屠杀的互联网集体记忆研究中③。与传播人类学研究相似的情况还包括话语分析和符号学等人文方法，它们也正在传播研究中发挥着越来越重要的作用。尤其是在赵毅衡的率领下，以四川大学为中心，传播符号学的影响力越来越得到彰显。

社交媒体的兴起，使传统的量化研究方法面临挑战。先是社会网络分析的方法得到重视，被运用于网络传播研究，后是大数据方法的先进性被传播学界所认知。大数据挖掘在2010年以后开始成为受人关注的量化方法。在此基础上，计算传播学研究逐渐受人关注，正在成长为传播学的学术前沿。自然科学和工程科学领域学者的介入，使这个领域更加弥漫着神秘的色彩。

与国外一样，传播学的分支领域在这20年中开始蓬勃发展，这是学科专门化的一个必然特点。早年就已经具有相当良好基础的发展传播学在这些年已经蔚为大观，成为农村传播研究的主要理论视角。随着传播全球化的趋势，国际传播研究和跨文化传播研究日益受到重视。在“非典”以后，一直无人问津的健康传播研究成为热点。这些年来健康传播已经成为传播学发展最快的分支领域之一，而大量海归的加盟则使健康传播的研究越来越国际化。同样的情况也发生在危机传播、环境传播和科技传播领域。大量的资金注入与学者队伍的不断扩充，是这些研究不断繁荣的根本原因。

当学科的社会基础得以确立，物质资源得以保障，快速成长便指日可待，20年来传

---

① 郭建斌．独乡电视：现代传媒与少数民族乡村日常生活．济南：山东人民出版社，2005.

② 周海燕．媒介与集体记忆研究：检讨与反思．新闻与传播研究，2014（9）.

③ 李红涛，黄顺铭．“耻化”叙事与文化创伤的建构：《人民日报》南京大屠杀纪念文章（1949－2012）的内容分析．新闻与传播研究，2014（1）.

播学的发展很好地说明了这一点。快速扩展学科的内涵与外延，也是一个新学科在学科化进程中必须经历的一个过程。

（三）学术理念：GDP 导向与自反性思考并举

资源的注入对学术研究当然有其正面的意义，但资源显然不是中立的，它会对学科产生型塑和导向的作用。资源是追求回报的，因此它必然追求目标的达成与运作效率，容易形成学术的社会动员效应。

在前学科的时期，传播研究者就习惯于工具性地使用西方理论去解决实际问题，形成了不以学术为目标的学术理念。到了学科化的阶段，这一问题非但没有得到改善，反而被进一步放大了。与其他社会科学场域一样，各传播学专业点的竞争结果将直接影响资源的分配，其结果就是：量化指标成为衡量学科发展优劣的唯一标准。课题数、SSCI 和 CSSCI 发文量、专著数、成果获奖情况等指标指挥着所有专业点的学科建设，量的追求所能获得的回报远远超过质的追求，而质的追求所需承担的风险又远远大过量的追求。因此，工具理性、行政导向、急功近利的问题成为了学术研究的痼疾。

今天看来，学科社会向面的过度发展，会使学科化进程对学科的认识论内核产生不可逆转的伤害。当然，这种过度发展也会召唤认识论层面的反击和抵抗。从目前的情况看，这种抵抗是通过对学科发展的不断反思实现的。尽管平衡学科社会向面的力量很弱小，但这种抵抗正在逐渐形成。对于自身研究的自反性思考以及对西方理论局限性的习惯性思考已经在传播研究中渐渐扎根。从陈力丹的每年度综述中可以看出，对学科发展和学科范式的反思性研究几乎每年都是受到高度关注的话题（见表 2）。

表 2　2009—2015 年传播理论与学派研究主题一览表

年度	传播理论研究	具体内容
2009	传播研究自身反思	将传播研究视为一个处在特定时空中的场域，继而讨论其中的知识生产与作为行动者的传播研究者
2010	传播研究自身反思	对传播研究中本土经验与西方理论间相割裂的现象进行反思；指出对社会环境和社会实践的高度敏感反映传播研究自主性程度低
2012	传播学科反思	反思传播研究主流范式中的科学至上主义以及对人本身的忽略
	反思结构功能主义	通过对与中国传播学发生与展开密切相关的结构功能主义进行知识考古，探讨超越这一框架的研究可能性

续前表

年度	传播理论研究	具体内容
2013	本土化研究反思	既有本土研究在东西方间人为建构的壁垒阻碍了中国传播研究在世界范围内的理论生产进行对话
2014	传播学科反思	《新闻记者》组织学界翘楚围绕传播学在中国发展的反思及其进路探讨进行笔谈
	传播学史反思	受国外传播思想史研究中“修正史学”影响，对既有传播思想史叙事进行解构与重新建构
2015	收视率研究反思	从文化研究角度对“收视率”概念的形成与运作逻辑进行分析；提出不能将电视市场乱象简单归结于对收视率的追求
	传播学科反思	探索传播研究的哲学根基与人本主义之根；在关注经验事实与追求数据之外增加传播研究中对历史视野的关照；增强传播研究多元视野与本地化知识之间的对话
	反思思想史研究	继续解构传播思想史主流叙事，重访思想史书写“灰色地带”；重新审视大众传播研究中“受众”观念的形成与变迁

在这些反思性文章中，学者们提出传播学存在的各种问题，从批判工具理性和功能主义的僵化世界观，到呼唤传播学的精神家园①，从批判传播学过于保守不够开放到用新的概念包装旧的的思维模式②，有力地提醒研究者们注意学科化的负面后果。

与此同时，中国学者对待西方理论的态度也在悄然改变。学者们开始习惯于挖掘传播不同学派学者的思想谱系，用各自的概念工具和方法去解构西方学者对西方传播理论的辉格史解读。以受众研究在中国的发展为视角回看传播研究的本土化，也可以形成一种并非以西方传播理论发展为动力，而是通过实用理性指导下兼有对策研究与理论研究两种属性的本土研究活动自然生发的叙事③。这一切在一定程度上改变了传播学理论知其然而不知其所以然的局面，使碰撞、批判与对话变得理所当然。西方理论再也不是教科书的经典，更不是理论神话，而只是一种需要不断反思其适用性的认知框架。当然，这种解构、质疑和批判并没有改变我们对西方各种概念、理论和方法的依赖，而且这种与西方思想的对话并不成熟，但应当说是一种学术自觉的开始。

① 吴飞．何处是家园?：传播研究的逻辑追问．新闻记者，2014 (9).

② 杜骏飞，周玉黍．传播学的解放．新闻记者，2014 (9).

③ 刘海龙．重访灰色地带．北京：北京大学出版社，2015：180 - 183.

三、40年的回顾与展望：进化抑或循环

历史到底是一种进化还是一种循环，这一直是两种历史观的斗争，但这两者通常并不排他，而往往可能并存。

站在今天去看20世纪80年代的传播研究，毫无疑问任何人都会感慨历史进化的力量。无论是著述数量和研究队伍，还是研究领域和学术规范性，从以上任何一个方面来评估，这40年的传播学研究都已经在整体上取得了长足的进步。不容否认的是：在著述方面，传播学教材、译著和专著的数量都成倍增长，每一个月都有不少相关成果问世；在研究队伍方面，专业化的培养体系不断成熟，使传播学的学术队伍不断壮大，优秀研究者不断涌现；在研究领域方面，更多的分支领域不断涌现，使学科研究体系更为全面；在学术水平方面，无论是理论的深度、广度还是规范性，均有较大的进步，有一些领域已经达到了较高的学术水准。

然而这些都只是现象层面的直观。这种繁荣是否仅仅是因为资源的注入和队伍的专业化而被堆砌出来的景观？这种繁荣有没有导致学术理念的真正革命？从陈力丹对历年新闻传播领域重要文献的梳理来看，并不能说新理论资源的引入力度不够。不仅有文化研究、符号学、霸权理论等多种理论框架的介绍，诸如认知神经科学这样的自然科学研究成果也为传播研究提供了新的测量工具，“大数据”“云计算”“虚拟现实”等围绕新技术层出不穷的新概念也都在一时间引发过热烈的讨论。然而与这种“乱花渐欲迷人眼”的热闹形成反差的却是知识产出的单薄，大量相关的论文基本还是停留在概念描述和理论介绍的层面，没有在此基础之上进行进一步的研究拓展与问题挖掘。有学者将这种现象描述为新闻传播领域盲目的“圈地”运动，执着于通过机械的“增量”来扩充本领域研究的疆界，却无法在已有的研究议题上深挖下去，造成“广田自荒”，使理论知识的增加无法回应现实问题，成为不接地气的“理论浮标”①。

在10年前，笔者指出：“我们有许多研究领域都还极其薄弱，我们的理论创新还少得可怜，我们的研究队伍也并非兵强马壮。那种认为当下中国传播理论已经成为显学或即将成为显学的思想实在是井底之蛙式的观点。”② 不幸的是，10年过去了，这种情形依然存

① 张涛甫．新闻传播理论的结构性贫困．新闻记者，2014（9）．
② 胡翼青．专业化的进路：中国传播研究30年．淮海工学院学报（社会科学版），2009（4）．

在于当下的传播学。所以完全有理由相信，这些年传播学的内在逻辑一直处于不断的再生产过程中，因而不断地被强化。在这个意义上，历史在深层逻辑上仍然是不断循环的。似乎有这么两个根本的理念，40年来一直被固守和再生产着：

一是研究的功利主义。学术之外的目的在传播学的领域总是强于学术目的本身，导致的结果是对策性研究远比基础性研究更受欢迎。中国的传播理论基本都是舶来品，根本就谈不上有什么本国的基础理论，但我们似乎比任何国家都善于应用现成的理论提出对策，而往往对耗时耗力的基础理论研究避之不及。传播学当然要注重应用研究，但如果没有理论创新的兴趣，那有什么可以应用呢，应用半个世纪前的理论来解释当前吗？那不是刻舟求剑吗？另外，没有与时俱进的理论，传播学又如何与其他学科的理论对话呢？如果更深一层去追究其中知识主体的工具性价值取向，就更让人感到担忧，因为只有工具理性的问题是专业化进程不断深化仍然无法解决甚至不断加重的问题。如果理论创新的兴奋和激情敌不过申请到一个国家重大课题或做一个上市公司的独立董事，那理论创新将永远都是一个口号。

功利主义的后果，常常会使研究者忽略一些真正重要的问题，比如什么是传播理论，什么是传播学的独特视角。这些问题在前学科化时代并没有经过充分的讨论，混沌一片，而到了学科化的时代，大家又无暇思考、讨论并形成相对一致的共识，导致的结果是，今天中国传播研究所使用的理论几乎都是关于媒介受众的社会心理学理论、关于媒介组织的公共管理或经营管理的理论。去掉这些，所谓的传播学理论便所剩无几，所谓的传播学视角更是不知所云。

二是自我封闭。布尔迪厄想通过场域理论说明新闻场域为什么总是封闭和保守的，然而这种情况在新闻传播学研究中也是普遍存在的。由于只关注自己的专业、研究对象和学术圈层，使许多传播研究者常常坐井观天。这主要体现在两个方面：

其一是学者团体内部欠缺良好的沟通、传承和认同，容易封闭在自己有限的视野中。传播研究可能是所有人文社会学科中争执最少的学科之一。这不是因为学科内部有完全一致的共识，而是研究主体常常自说自话、自娱自乐。这当然与传播研究的领域较为分散有关，但也与学科理论积淀不够有关。不仅本学科不同代学者之间，就是在同一代学者之间，基本没有什么可以对话的场域和语境。从传播研究主题的延续性来看，很少有人愿意在上一代学者的研究成果基础上继续辛苦耕耘。其结果必然是，中国传播研究无法形成自身的思想谱系，缺乏传承，而仅仅是一堆碎片化的知识景观。

其二是无法与社会公众和其他学科形成有效的对话。传播研究者面向受人关注的新闻事件，利用本学科的便利传播自己的思想并形成对公众的影响，这本是天经地义之事。让人感到沮丧的是，由于理论阐释能力的欠缺，即使本学科的研究者很有新闻敏感性，但他们类似常识的观点并不能真正引起公众的兴趣，也很少能引发其他学科学者的关注。从理论上讲，传播研究者常把自身的研究焦点放在媒介和大众文化景观上，容易忽略由此引发的一系列社会现象和深层社会结构问题。但更深层次的问题还是理论积累的欠缺。由于传播理论通常并不深深植根于哲学和人文社会科学的理论矿脉之上，也没有自身独特的贡献，其他学科学者显然缺乏与传播学者对话的兴趣。

如果承认面临的这些问题，对未来的传播学研究就应当抱有审慎乐观的态度。新媒体传播确实给传播学带来一片全新的开阔地带，它不仅型塑了新的媒介产业与媒介形态，也彻底地改变了传媒与受众的关系以及受众与受众的关系，它正在创造着一种完全不同的社会意义。新媒体给传播学提出了全新的问题域："一类新媒介一旦取老媒介而代之，它就会通过传播方式的改变而改变和重构人们的存在方式，这其中就包括个体的观念、行为方式与社会关系。这种存在方式的变化极其丰富，它包括：人的时空观念如何因传播和媒介的变化而变化；人们头脑中不同观念重要性排序如何因传播和媒介的变化而变化；历史与未来通过媒介以何种新的方式进入我们的观念世界；如何通过媒介和传播弥补已经消逝的社会行为引发的真空；如何通过媒介和传播缓解新出现的社会行为引发的焦虑；如何通过新媒介和传播重新审视人类旧关系的延伸和新关系的创立。另外，最重要的就是，这种观念、行为方式和社会关系的变化又以何种方式反过来强化或弱化新媒介的偏向与发展。"① 从技术哲学入手，以空间化的媒介观为起点，传播学可能会对这些问题贡献出自身独特的智慧。

正如喻国明教授所观察到的那样，关于互联网的研究已经成为全世界人文社会科学学术产出论文最多的领域。然而，这并不意味着传播学天然可以借此成为显学。如果我们不直面自己所存在的顽疾，中国传播学的历史将仍然是循环的而不是进化的。比如说，我们如果沿用以往的思路将媒介看作一个组织或一种功能性的社会关系，把传播学继续向媒介组织行为学或受众社会心理学方向推进，而不是把媒介看作是一个展现人与人关系的空间，如果以这种中介化和空间化的关系来解释中国人的行为，那么我们仍然会在原地打转，一次次地重复过去，陷入历史的循环。正如黄旦所说："当前的确是讨论新闻传播研究的一个上好时机，但要有新的基点和思路。我们不是再爬从前的那座山，修葺从前的那

① 胡翼青．重塑传播研究范式：何以可能与何以可为．现代传播（中国传媒大学学报），2016（1）.

座庙，而是需要新的想象力。”① 所以互联网研究确实可能或未来可能成为中国人文社会科学学术产出论文最多的领域，但话语权和影响力也许并不在传播学者这里。

参考文献

[1] 陈崇山. 系统方法与受众研究. 新闻学刊，1986 (3).

[2] 陈崇山，弭秀玲. 中国传播效果透视. 沈阳：沈阳出版社，1989.

[3] 陈韵昭. 传学浅谈. 新闻大学，1981 (1).

[4] 杜骏飞，周玉黍. 传播学的解放. 新闻记者，2014 (9).

[5] 郭建斌. 独乡电视：现代传媒与少数民族乡村日常生活. 济南：山东人民出版社，2005.

[6] 胡翼青. 专业化的进路：中国传播研究30年. 淮海工学院学报（社会科学版），2009 (4).

[7] 胡翼青. 传播学科的奠定：1922—1949. 北京：中国大百科全书出版社，2012.

[8] 胡翼青. 重塑传播研究范式：何以可能与何以可为. 现代传播（中国传媒大学学报），2016 (1).

[9] 黄旦. 美国早期的传播思想及其流变：从芝加哥学派到大众传播研究的确立. 新闻与传播研究，2005 (1).

[10] 黄旦. 对传播研究反思的反思：读吴飞、杜骏飞和张涛甫三位学友文章杂感. 新闻记者，2014 (12).

[11] 居延安. 心理选择与宣传报道. 新闻大学，1982 (3).

[12] 李彬. 反思：传播研究本土化的困惑//中国社科院新闻研究所，等. 传播·社会·发展：全国第四次传播学研讨会论文集. 成都：成都科技大学出版社，1996.

[13] 李红涛，黄顺铭. “耻化”叙事与文化创伤的建构：《人民日报》南京大屠杀纪念文章(1949—2012) 的内容分析. 新闻与传播研究，2014 (1).

[14] 刘海龙. 重访灰色地带. 北京：北京大学出版社，2015.

[15] 钱辛波. 新闻民主的催化剂（代序）//陈崇山，弭秀玲. 中国传播效果透视. 沈阳：沈阳出版社，1989.

[16] 孙旭培. 华夏传播论. 北京：人民出版社，1997.

[17] 王怡红. 美国大众传播学的一项新研究：“议程安排”理论的探讨. 国际新闻界，

① 黄旦. 对传播研究反思的反思：读吴飞、杜骏飞和张涛甫三位学友文章杂感. 新闻记者，2014 (12).

1986 (4).
[18] 王怡红. 对话：走出传播研究本土化的空谷. 现代传播（北京广播学院学报），1995 (6).
[19] 吴飞. 何处是家园?：传播研究的逻辑追问. 新闻记者，2014 (9).
[20] 吴文虎. 传播学理论构架初探. 新闻学刊，1986 (5).
[21] 肖月. 试析西方传播学的社会学理论. 新闻广播电视研究，1984 (4).
[22] 徐耀魁. 试论中国传播学研究的发展方向. 新闻学刊，1986 (5).
[23] 颜建军. 关于建立中国"沟通学"的构想. 新闻学刊，1987 (1).
[24] 俞旭. 大众传播的接收对象. 新闻大学，1983 (1).
[25] 张涛甫. 新闻传播理论的结构性贫困. 新闻记者，2014 (9).
[26] 张咏华. 市场经济与大众传播研究//中国社科院新闻研究所，等. 传播·社会·发展：全国第四次传播学研讨会论文集. 成都：成都科技大学出版社，1996.
[27] 钟元. 为"传播研究中国化"开展协作：兼征稿启示. 新闻与传播研究，1994 (1).
[28] 周海燕. 媒介与集体记忆研究：检讨与反思. 新闻与传播研究，2014 (9).
[29] 周伟明. 中国新闻传播学图书精介. 上海：复旦大学出版社，2008.

图书在版编目（CIP）数据

成就与经验：中国改革开放40年论文集/靳诺，刘伟主编．—北京：中国人民大学出版社，2020.9
ISBN 978-7-300-16354-3

Ⅰ.①成… Ⅱ.①靳… ②刘… Ⅲ.①改革开放-成就-中国-文集 Ⅳ.①D619-53

中国版本图书馆CIP数据核字（2020）第154344号

成就与经验
中国改革开放40年论文集
靳诺 刘伟 主编
Chengjiu yu Jingyan

出版发行	中国人民大学出版社		
社　　址	北京中关村大街31号	**邮政编码**	100080
电　　话	010－62511242（总编室）		010－62511770（质管部）
	010－82501766（邮购部）		010－62514148（门市部）
	010－62515195（发行公司）		010－62515275（盗版举报）
网　　址	http://www.crup.com.cn		
经　　销	新华书店		
印　　刷	涿州市星河印刷有限公司		
规　　格	185 mm×260 mm　16开本	**版　　次**	2020年9月第1版
印　　张	37.75	**印　　次**	2020年9月第1次印刷
字　　数	706 000	**定　　价**	116.00元（上下册）